Jakob Mauvillon

Geschichte und Darstellung des Brandenburgischen und Preussischen Soldatenwesens

bis zu der Regierung Friedrich Wilhelm II.

Jakob Mauvillon

Geschichte und Darstellung des Brandenburgischen und Preussischen Soldatenwesens
bis zu der Regierung Friedrich Wilhelm II.

ISBN/EAN: 9783742890412

Hergestellt in Europa, USA, Kanada, Australien, Japan

Cover: Foto ©ninafisch / pixelio.de

Manufactured and distributed by brebook publishing software
(www.brebook.com)

Jakob Mauvillon

Geschichte und Darstellung des Brandenburgischen und Preussischen Soldatenwesens

J. Mauvillons

Herzogl. Braunschweigischen Oberstlieutenant beym Ingenieur-Corps

Geschichte

und

Darstellung

des Brandenburgischen und Preußischen

Soldatenwesens

bis zu der Regierung

Friedrich Wilhelm II.

———

Aus der französischen Handschrift,
nach dem Tode des Verfassers, übersetzt
und mit Anmerkungen begleitet

von

F. von Blankenburg

Königl. Preußischen Hauptmann.

—————————

Leipzig,

im Verlage der Dykischen Buchhandlung
1796.

Vorbericht
des
Uebersetzers.

Der in dem vergangenen Jahr erfolgte Tod des Obristlieutenant Mauvillon veranlaßte den Herrn Verleger, mir die Vollendung der von jenem angefangenen deutschen Ausgabe des Werkes : Von der preussischen Monarchie anzutragen; und ich übernahm solche, weil ich mir einige Bekanntschaft mit den darin behandelten Gegenständen zutrauete. Von der Art und Weise, wie ich solches bearbeitet habe, will ich hier den Lesern Rechenschaft ablegen.

Gleich auf der ersten Seite machte ich die unangenehme Entdeckung, daß die Herren Verfasser, oder vielmehr der eigentliche Verfasser, Mauvillon, sehr schlecht von dem unterrichtet gewesen war, wovon er Andre unterrichten wollte.

Schon der Etat der Regimenter war, wie die
Leser sehen werden, ganz falsch. Und je näher ich
mit dem Werke bekannt wurde, je mehr fand ich
Unrichtigkeiten und Irrthümer; fast keine Seite
war davon frey: allenthalben zeigte sich Mangel
an genauer und vollständiger Kenntniß der preussischen militärischen Einrichtungen, und so gar
Mangel an Kenntniß der Sache überhaupt, wovon die Rede war. Sehr oft schien der Verfasser
nicht zu wissen, was er zur völligen Darstellung
und richtigen Beurtheilung derselben zu wissen
nöthig gehabt hätte, weil er sonst wohl Nachrichten darüber zu erhalten sich würde haben angelegen
seyn lassen, und auch sehr leicht würde haben erhalten können; sehr oft widersprachen seine letztern
Aussprüche und Nachrichten den erstern, u. d. m.
Mit einem Worte, allenthalben zeigte sich, daß
er wenigstens sehr flüchtig gearbeitet hatte. So
gar der Haupt - Gesichtspunkt, aus welchem
man die militärischen Einrichtungen irgend eines
Staates, meines Bedünkens, ansehen und beurtheilen muß, schien mir verfehlt, oder vielmehr
von dem Herrn Verfasser übersehen worden zu seyn.
Um etwas wirklich Unterrichtendes über dergleichen
Einrichtungen zu sagen, muß man solche nicht blos
im Verhältniß zu der Lage, Größe und den übri-

gen Eigenheiten des Staates, und der Bewohner desselben, sondern auch im Verhältniß zu der Lage, Größe u. s. w. seiner benachbarten mächtigsten Staaten, und deren militärischen Einrichtungen betrachten, und nun untersuchen, ob sie allem diesem gemäß beschaffen sind, ob alle und jede Theile seines militärischen Systemes, in Rücksicht hierauf, vollkommen zusammen passen, und in einander greifen. Nur alsdann läßt sich z. B. die Größe und Stärke eines Heeres, und die Art seiner Zusammensetzung, richtig beurtheilen, weil man nur alsdann eine Sache wirklich kennt, wenn man weiß, wodurch sie das ist, was sie, und zu welchem Zwecke sie da ist? Wäre z. B. das ehemalige Königreich Pohlen, so wie es beschaffen war, der mächtigste oder gefährlichste Nachbar des preussischen Staates und noch sehr kriegerisch gewesen; so würden die Bestandtheile des preussischen Heeres ganz anders haben seyn müssen, als jetzt, da das Haus Oesterreich für seinen mächtigsten und gefährlichsten Nachbar gehalten werden muß. ——

Diesem letztern Mangel der Urschrift gänzlich abzuhelfen, stand nicht in meiner Macht, wenn es auch in meinen Kräften gestanden hätte; dazu wäre eine völlige Umarbeitung erforderlich gewesen.

Aber die Verbesserung jener Unrichtigkeiten und
Irrthümer lag mir ob, und war auch), mit etwas
Fleiß und Mühe, möglich. Anfänglich wollte
ich diese Verbesserungen sämtlich stillschweigend
in den Text bringen; allein ich fand sehr bald,
daß auch dann das Werk eine Arbeit Mauvillens
zu seyn aufhören würde; und war folglich genöthigt zu eigentlichen Anmerkungen, so sehr mir
solche sonst auch zuwider sind, meine Zuflucht zu
nehmen. Ich habe indessen alles, was ich nur
gekonnt, gethan, um die Zahl derselben zu vermindern; und es ist nicht meine Schuld, wenn
deren noch so viele sind. Die mehrsten Seiten
in dem Werke, und auf vielen Seiten mehr als
ein Paragraph, erforderten schlechterdings Berichtigungen; ich habe also, um jene Anmerkungen
nicht noch mehr zu häufen, an sehr vielen Stellen,
ohne es weiter anzuzeigen, den Text geändert,
weggelassen was unrichtig oder falsch war, und
eingerückt was mir zur richtigen und völligen
Darstellung nothwendig schien. Wenn es dadurch nicht zu einem ganz tadelfreyen Werke geworden ist, so liegt die Schuld daran, daß ich,
da dasselbe den Namen seines Verfassers behalten
mußte, ihm auch nicht die diesem eigene Ansicht
der Dinge nehmen und die Urtheile desselben

gänzlich umändern durfte, und daß, wenn ich
z. B. die Veranlassungen und Zwecke der Einrichtungen des preussischen Heeres hätte ausführlich erörtern, oder einen ganz vollständigen Begriff von der Verfassung desselben geben, besonders aber, wenn ich das Angriffs- und Vertheidi-
gungssystem des preussischen Staates hätte genau
untersuchen wollen, der Zusätze und Anmerkungen
kein Ende würde gewesen seyn. Indessen hat
es denn doch immer, durch jene darin gemachten
Veränderungen, eine ganz andre Gestalt, als die
übrigen Bücher des Werkes, erhalten; es ist ihnen,
auf mehr als eine Art und von mehreren Seiten,
sehr ungleich geworden, und kann nicht zum
Maßstabe der Beurtheilung für die andern dienen.
Leser, welche die Mühe sich geben, diese deutsche
mit der französischen Ausgabe zu vergleichen, werden den Unterschied sehr leicht bemerken. Aber
ich schmeichle mir, daß es dadurch an Werth
nichts für diejenigen verloren hat, welchen es um
Wahrheit allein zu thun ist.

Daß ich dieser Wahrheit, bey allen Verbesserungen und Anmerkungen, vollkommen getreu
geblieben bin, daß ich die Sache, wovon die
Rede ist, weder verschönert, noch irgend etwas

davon verhehlt habe, würde ich den Lesern zu
sagen nicht erst für nöthig halten, wenn das ganze
Mirabeau = Mauvillonsche Werk überhaupt nicht.
so sehr viel Gläubige unter uns gefunden hätte.
Ich will diesem Werke seinen Werth keinesweges
absprechen.   Wenn es gleich eigentlich nur für
Frankreich, und so gar mit einem Auge auf
den damaligen Zustand desselben, geschrieben
wurde; wenn Mirabeau gleich dadurch nur seinen
Landsleuten einen Begriff von dem Ganzen des
preussischen Staates, und zugleich von Statistik
überhaupt, die sie noch nicht kannten, geben,
und er sogar nur gleichsam die Kritik der fran=
zösischen Verfassung darin machen wollte: so hat
doch die Idee davon, und die Uebersicht, welche
es von jenem Staate gibt, so wie der an so vie=
len Stellen darin gezeigte Scharfsinn, auch für
Deutschland seinen Nutzen gehabt; es hat
Untersuchungsgeist geweckt, und die Aufmerksam=
keit auf Gegenstände hingezogen, welche man sonst
vielleicht nicht beachtet haben würde.   Aber
durch alles dieses ist es denn doch wahrlich noch
nicht das, was es seyn will, ein treues Bild des
preussischen Staates geworden; und man braucht
von den darin behandelten Gegenständen keines=
weges eine genaue und ausführliche Kenntniß

zu beſitzen, um die ungünſtigen Urtheile, welche die Sachverſtändigen in dem preuſſiſchen Staate von je her darüber gefällt haben, ſehr gerecht und natürlich, und das zum Theil unbedingte und übertriebene Lob, welches ihm von deutſchen Schriftſtellern gegeben worden iſt, ein wenig ſeltſam und unnatürlich zu finden. Noch im Genius der Zeit *) heißt Mauvillon tiefforſchend, und ſein Werk das lehrreichſte für Fürſten und für Räthe der Regenten. Daß es ſehr oberflächlich geſchrieben iſt, daß der Verfaſſer ſich nirgends nur die Mühe des Nachfragens, vielweniger des Forſchens, gegeben hat, werden die Leſer aus der erſten beſten von mir beygefügten Anmerkung lernen können. Und was von dieſem Buche gilt, (dem ſiebenden des vollſtändigen, aus acht Büchern beſtehenden Werks) gilt von den übrigen noch weit mehr. Es iſt hier der Ort nicht, eine ausführliche Prüfung derſelben anzuſtellen; aber ſchon aus der Natur der Sache ergibt ſich von ſelbſt, daß ſie ſich nicht anders verhalten kann. Einmal war der Verfaſſer ſelbſt Soldat, oder wollte doch, Vorzugsweiſe, zum Soldatenſtande gehören; als ſolcher, mußte er wirklich

a 5

*) Monat September vom Jahr 1794. S. 77.

praktische Kenntnisse von demselben überhaupt besitzen, und also wissen, wonach er zu fragen hatte,
wenn er über das preussische Soldatenwesen schreiben wollte; zweytens, waren diese Nachrichten
leicht zu erhalten; fast jeder Offizier, fast jeder
Feldwebel oder Wachmeister hätte ihm z. B. sagen
können, daß ein Regiment Infanterie damals nicht
hundert und sechzig, sondern nur hundert und
achtzehn Unteroffizier hatte, daß die sämtlichen
Dragoner nicht schwer, sondern fast alle leicht
beritten waren, daß die sämtlichen Cavallerieregimenter, so gut wie die Infanterie, eine bestimmte Anzahl Ausländer haben mußten, u. s. w.
Ganz ungefragt sogar konnte er, aus der ersten
besten gedruckten Stamm- und Rangliste, ja schon
aus bloßem Nachdenken über die Sache, lernen,
daß nicht alle Regimenter in ihren Cantons einquartiert waren, und einquartiert seyn können
u. s. w. Und endlich, drittens, läßt über militärische Dinge sich mit weit mehr Gewißheit, als
über alle übrige raisonniren, weil man in jedem
Falle genau weiß, was und wie sie seyn sollen;
weil sie von allen Seiten genau bestimmt sind;
weil sie minder, wie alle andre, von der Will-
kühr einzeler Personen, vom Zufall, von äußern
Umständen, u. d. m. abhangen; mit andern

Worten, weil das Ganze eine bloße lebendige Maschine ist. Was vorgeschrieben wird, geschieht, und muß geschehen: aber, ob eine, z. B. den Landbau betreffende Veranstaltung genau befolgt worden ist, und diese oder jene Wirkung hervor gebracht hat, kann kein Mensch genau wissen, weil auch andre Dinge, und selbst die Art ihrer Ausführung und Befolgung, mancherley Einfluß darauf gehabt haben können. Es bedarf so gar viel wenigerer Mühe, sich von militärischen, als von andern Dingen zu unterrichten. Wer z. B. den Verpflegungsetat eines einzigen Kürassier- oder Dragoner- oder Infanterieregiments gesehen hat, hat sie alle gesehen; aber wer z. B. auch die Aus- und Einfuhren aus allen Häfen und Seestädten eines Staates kennt, kennt deswegen noch nicht alle Aus- und Einfuhren desselben, weil deren auch zu Lande sehr viele möglich sind. Wimmelt nun also ein Werk von Unrichtigkeiten in Ansehung jener Dinge; wie läßt sich nur denken, daß es, in Ansehung der letztern, auf getreue Darstellung Anspruch machen könne? Auch sind der Gründe so viele vorhanden, warum unser Herr Verfasser solche zu liefern nicht im Stande war, daß man schon Unrecht gehabt hat, sie nur zu erwarten. Es ist eine so ziemlich ausgemachte

Wahrheit, daß man, eben so wie man das,
worüber man schreiben will, ein wenig verstehen,
eben so man auch das, was man beschreiben will,
selbst gesehen haben muß; und meines Bedünkens,
muß man lange Zeit, und mit Aufmerksamkeit in
einem Lande gelebt haben, ehe man alle die verschiedenen Einrichtungen desselben, ihre Veranlassungen, Zwecke und Wirkungen, ihre Verhältnisse zu dem Ganzen und unter einander, die
Beschränkungen, welche sie gegenseitig durch sich
erhalten, u. d. m. genau kennen lernen kann.   In
diesem Falle befand sich Mauvillon nie; er schrieb
über den preußischen Staat, und —— gleich dem
berühmten Manne, welcher blos aus Bildnissen
oder Zeichnungen des Kopfes, oder einzeler Theile,
deren Wahrheit oder Treue er nicht beurtheilen
konnte, die Charaktere der Menschen, welche sie
darstellen sollten, bestimmen wollte — beurtheilte
er ihn, ohne ihn je, ausgenommen vielleicht einen
sehr kleinen Theil, und nur im Vorbeygehn, gesehen zu haben, blos nach Büchern und gedruckten Nachrichten.   Aber Bücher enthalten noch
seltner alles was da ist, und was man, um richtig zu urtheilen, wissen muß, als Gemählde und
Zeichnungen alle Züge eines Menschen darstellen;
und Bücher sind noch öfterer viel ungetreuer, als

Mahler und Zeichner. Ueberdem iſt es bekannt
genug, und öfterer bemerkt worden, daß, ungeachtet
der Aufmerkſamkeit, welche der preuſſiſche Staat
ſeit geraumer Zeit auf ſich gezogen hatte, dennoch über die Einrichtungen deſſelben ſehr wenig
gedruckt oder in Büchern zu finden war. Mußte
nun aber, dieſem zu Folge, Mauvillons Kenntniß
von demſelben ſehr mangelhaft ſeyn; wie könnte
ſein Raiſonnement darüber bündig ausfallen?
Immerhin hätten indeſſen ſeine Nachrichten un-
vollſtändig und mangelhaft ſeyn mögen; es gibt
bis jetzt kein ſtatiſtiſches Werk, das Anſpruch auf
vollkommene Richtigkeit machen könnte, und es
wird vielleicht nie eines dergleichen geben: aber
der Verfaſſer nahm auch das Anſehn an, als ob
er den Zuſtand der Dinge beſſer und genauer kenne,
wie die unterrichteten Bewohner des Staates
ſelbſt, und hat nicht blos beurtheilt, ſondern
abgeurtheilt, abgeſprochen; und dieſer zuver-
ſichtliche, entſcheidende Ton, dieſe kecken Ausſprüche vertragen ſich nun allerdings ſehr übel
mit jenem, allenthalben nur zu ſichtbaren Mangel an genauer und ausführlicher Kenntniß der
Sache. ――

Ein anderer Grund, welcher der Wahrheit
des Werkes eben ſo nachtheilig geworden iſt, liegt

darin, daß der Verf. den wirklichen Zustand der Dinge, und die Einrichtungen des preussischen Staates, nach einem idealen Maaßstabe.gemessen hat.
Zwar versichert er (S.XVII. seiner Vorr. zum ersten
Bande) daß er keinesweges in dem Werke: „Beweise für die Wahrheit des physiokratischen Systems,
habe aufstellen wollen;" aber ein paar Zeilen nachher hat er denn doch in den bewährtesten und für
das System. Friedrichs II. am mehrsten einge-
nommenen Schriftstellern, „Beweise zu hunderten
für die Wahrheit der physiokratischen Lehrsätze«
gefunden; und aus seiner eigenen Vorrede zu den
von ihm herausgegebenen Lettres du Comte de
Mirabeau (S. XV. vergleiche mit S. XX.) so
wie aus mehrern Briefen (als S. 516. und
526.) erhellt zur Gnüge, daß er das Werk
vorzüglich unternommen hat, um seine Meynungen über Staatswirthschaft in ein größeres und
anziehenderes Licht zu setzen.   Nun kann dieses
System, wenn es allgemein eingeführt wäre,
oder allgemein eingeführt werden könnte,
immer sehr gut seyn; aber den Zustand irgend
eines wirklichen Staates nach ihm prüfen, ist
wahrlich nicht viel weniger, als wenn man, in
Gedanken, die Bewohner der Erbkugel in den
Sirius, oder in irgend ein anderes Gestirn, von

welchem man nichts Gewisses weiß, versetzt, und
sie nun im Verhältniß zu diesem betrachtet.
Wirklich kennen lernen wird man sie dann sicherlich nicht. Und Keiner von uns kann mit Gewißheit wissen, was ein Staat unter gewissen, vielleicht obendrein unmöglichen, Bedingungen seyn,
oder werden würde, weil Keiner von uns nur die
Wirkungen möglicher Bedingungen zu berechnen
fähig ist; und wer verlangt, daß jenes System
in dem preussischen Staat eher, als in den ihn
umgebenden Staaten, oder zuerst eingeführt werden soll, muß die äußere Form und Lage desselben nicht einmal auf die flüchtigste Art in Erwägung gezogen haben, oder muß wollen, daß solcher, als Staat, als das, was er bis jetzt gewesen ist, betrachtet, zu existiren aufhören soll.
Nun hat unser Herr Verfasser dieses keinesweges
gewollt; er hat vielmehr sich sehr ernstlich für die
Aufrechthaltung desselben erklärt: aber um desto
mehr ist es zu verwundern, daß er alle die Folgen
und Wirkungen, welche die Einführung jenes
Systems in den preussischen Staat nothwendiger
Weise haben müßte, sich nicht deutlich zu machen
gesucht hat; und es ist zugleich sehr natürlich zu-
gegangen, wenn er darüber öftrer mit sich selbst
in Widerspruch verfallen ist. Der aufmerksame

ſeſer, welcher die einzeln Ausſprüche und Behauptungen in mehrern Büchern mit einander
vergleicht, wird dieſer Widerſprüche mehrere und
von mancherley Art finden. Der Geiſt des Werkes,
um mich ſo auszudrücken, iſt in einigen Theilen
deſſelben ſehr verſchieden von dem, welcher in andern Theilen herrſcht. Auch iſt das, was der
Verfaſſer in der Vorrede zu der deutſchen Ausgabe
deſſelben, S. XVII. u. f. von der Möglichkeit
jener Einführung ſagt, mehr blendend als gründlich, und macht ſeinem Witz mehr Ehre, als ſeinem Prüfungsgeiſt. Er ſetzt z. B. eine vollkommene Aehnlichkeit zwiſchen der Ideen - und
der wirklichen Welt voraus, wenn er Verſuche
zur Läuterung von bloßen Vorſtellungen und Begriffen, für eben das hält, was Verſuche zu Um-
ſchaffung der Dinge in der letztern ſeyn würden.

Hiemit verbindet ſich, in dieſer Ausgabe des
Werkes, ein ſichtbarer Grad von Bitterkeit
gegen die preußiſche Staatsverfaſſung überhaupt.
Sey es, daß er war aufgebracht worden, weil
ſein Werk nicht ſo viel Aufmerkſamkeit, als er es
deren für würdig hielt, erweckt, und beſonders
nicht alle die Wirkungen, welche er vielleicht davon erwartete, hervorgebracht, oder daß andre
Dinge

Dinge Einfluß auf seine Vorstellungsart gehabt
hatten: genug, in dieser deutschen Ausgabe scheint
für ihn nur das wahr gewesen zu seyn, was für
jene Verfassung nachtheilig klang. Sichtlich hat
er hier alles mit schwärzern Farben, als die
Wahrheit es erforderte, gemahlt, sichtlich immer
den härtesten Ausdruck gebraucht, sichtlich sich
vorzugsweise an diejenigen Schriftstellern gehalten, welche den Zustand des preussischen Staates
von der schlechtesten Seite darstellen, so wie jede
Nachricht, welche vortheilhaft ausfiel, bezweifelt,
und jeden, welcher andrer Meynung als er war,
oder die Sachen besser und genauer, als er, wissen
konnte, auf eine höhnische und zum Theil weg-
werfende Art behandelt. —

Doch genug von dem Werke überhaupt! Ich
setze nur noch hinzu, daß ich den zweyten Abschnitt
nach einer mir mitgetheilten handschriftlichen Umarbeitung des Verfassers liefere, mit welcher ich
indessen, eben so frey, als mit den übrigen Ab-
schnitten umzugehen genöthigt gewesen bin.
Nur die beyden dabey befindlichen Tabellen habe
ich, so wenig genau sie im einzeln sind, unverändert gelassen, weil sich das ganze Raisonnement
des Herrn Verfassers darauf bezieht, und ich dieses denn doch nicht umschmelzen konnte, ohne dem

b

Werke seine Eigenheit zu nehmen. Eben so verhält es sich mit der Liste von der Stärke und Vertheilung des preussischen Heeres; sie ist indessen, bis auf die Kleinigkeit, daß die Zahl der Garde du Corps sich höher, als darin angegeben worden ist, und überhaupt auf 522 Mann belauft, völlig richtig. Uebrigens habe ich diesem Buche, um es zu einem völligen, eigenen Ganzen zu machen, eine kurze Einleitung, welche den Umriß einer Geschichte des preussischen Heeres, bis auf die Zeiten Friedrichs II., und einen Anhang beygefügt, welcher eine Nachricht von den Veränderungen gibt, die nach dem Tode dieses Fürsten in dem Heere vorgegangen sind.

Leipzig, am 6ten May
1795.

F. v. Blankenburg.

Einleitung.

Umriß einer Geschichte des Brandenburgischen
und Preussischen Soldatenwesens bis zu der
Regierung Friedrichs II. *)

Die stehenden Truppen der ersten Churfürsten von
Brandenburg bestanden, so wie damals die
Truppen aller Fürsten, aus einer Leibwache von ungefähr hundert Mann; welche einzeln, ursprünglich
Einspänniger, nachher Trabanten genannt wurden,
und deren zuerst unter der Regierung Johann Georgs
im Jahr 1571 gedacht wird; und aus einigen Compagnien sogenannter Landsknechte, welche zur Besatzung der Festungen dienten, deren Stärke aber nicht
bekannt ist. Die Zahl jener war indessen auch nicht
immer gleich. Johann Sigismund hatte im Jahr
1615 nur noch neun Trabanten. Eine andere, so-

b 2

*) Aus den Memoires de Brandenbourg und mehrern
Schriften gezogen.

genannte adeliche reisige Leibgarde, welche aus vier-
und zwanzig adelichen Burschen bestand, wurde von
dem Churfürsten Johann George ums Jahr 1593 errichtet; und diese, so wie die erste, wurde alle Jahr
von neuem verpflichtet. Im Fall eines Krieges wurde
hier, wie bey allen Völkern, der Bann aufgeboten;
die Edelleute machten die Reiterey, und die Lehnleute
das Fußvolk davon aus. Wie z. B. Joh. Sigismund
sich wegen der Erbschaft von Jülich und Bergen rü-
stete, berief er solchen zusammen; es erschienen sieben-
hundert sieben und achtzig Edelleute zu Pferde, wovon
er vierhundert auswählte; der Adel stellte zugleich
tausend Mann, und die Städte zweytausend sechshundert Mann Fußvolk; und außerdem wird noch einer
besondern Anzahl Pikirer gebacht. Die Offizier wurden von dem Churfürsten ernannt; und die Stände
gaben den Sold zu der Unterhaltung dieser Truppen
her; gewöhnlich wurden solche aber nur auf drey
Monate bezahlt, nach deren Verlauf sie aus einander gingen. Auf eben solche Art errichteten die
Stände, unter dem Churfürsten Georg Wilhelm, im
Jahr 1620 ein Corps Truppen; aber sie waren so
wenig im Stande, es zu unterhalten, daß sie den
Soldaten das Vorrecht ertheilten, im Lande Almosen zu sammeln, und den Landleuten anbefohlen,
jedem der von solchen sie anspräche, einen Heller zu

geben. Unter eben dieser Regierung erging im Jahr 1623 ein Aufgebot an das ganze Land, sich, mit Ausnahme der Geistlichen und der Schöppen, an einem bestimmten Orte, bewaffnet und gerüstet zu versammeln; man musterte die zusammen gekommene Mannschaft, und bildete daraus zehn Schwadronen Reiter und fünf und zwanzig Compagnien Fußvolk, deren Stärke sich überhaupt auf etwan viertausend Köpfe belief. Diese sollten nach dem Prager Frieden, im Jahr 1635, auf fünf und zwanzig tausend Mann vermehrt werden; aber es kamen deren nie über eilftausend zusammen; und Georg Wilhelm hinterließ seinem Nachfolger überhaupt nur ungefähr drey- bis viertausend Mann Fußvölker, und zweytausend Reiter, welche in den Festungen vertheilt lagen, und wovon die erstern, nach seiner Rückkunft aus Preußen, im Jahr 1631 gleichförmig in Blau gekleidet waren. Auch stammt von diesen Truppen noch das älteste preußische Regiment her, welches aus der Garde des Churfürsten, im Jahr 1619 gebildet wurde.

Daß bey diesem Zustande des Soldatenwesens, die Truppen mit den übrigen zum Krieg führen erforlichen Bedürfnissen sehr schlecht versehen waren, läßt sich denken. Die ganze Artillerie des Churfürsten Friedrichs I., bestand in einer großen vier und

b 3

zwanzig pfündigen Kanone, womit er die Schlösser der aufrührerischen Edelleute belagerte, und zur Unterwerfung zwang. Und daß unter der Regierung George Wilhelms die Artillerie noch nicht sehr vermehrt war, erhellt aus dem Einfluß, welchen die Kanonen Gustav Adolphs auf die Entschlüsse der Minister dieses Churfürsten, bey Erscheinung des Königes von Schweden in der Mark, hatten. Auch bestand die ganze Artillerie, welche jener bey dem Zuge nach Preussen, im Jahr 1627, mit nahm, nur aus ein und vierzig Köpfen.

Unter der Regierung Friedrich Wilhelm des Großen wurde anfänglich ein Theil der bis jetzt erhaltenen Kriegsvölker abgedankt, oder dem Kaiser überlassen. Nur ungefähr zweytausend Mann Infanterie und zweyhundert Reiter wurden beybehalten; aber nach Maßgabe der Umstände und der Lage der Dinge, bald vermehrt, bald vermindert. Bey Gelegenheit des Krieges mit Pohlen soll die brandenburgische Reiterey sich auf vierzehntausend Köpfe belaufen haben; und da die pohlnische Kriegsmacht vorzüglich in dieser Art von Truppen besteht, so ist es möglich, daß der Churfürst, um seinen Feinden gleiche Waffen entgegen zu stellen, und ihnen Ehrfurcht einzuflößen, alle seine Kräfte vorzüglich hiezu aufgeboten hat. So viel

ist gewiß, daß die Zahl der verschiedenen Befehlshaber dieser Truppen sehr ansehnlich ist; die Namen derselben sind auf uns gekommen; und nach ihnen zu urtheilen, kann das Heer nicht ganz schwach gewesen
seyn. Auch führte diese Reiterey Kanonen bey sich.
Bey dem Absterben dieses Fürsten hinterließ er acht
und dreyßig Bataillonen Infanterie, zwey und dreyßig Schwadronen Küraßier, acht Schwadronen Dragoner, dreyzehen Garnison Compagnien, und ungefähr dreyhundert Mann Artillerie, welche zusammen
ungefähr dreyßigtausend Mann ausmachten.

Aber, was vorzüglich bemerkt zu werden verdient, ist, daß unter dieser Regierung die Truppen
zuerst auf einen gewissen regelmäßigen Fuß gesetzt
wurden. Jedes Bataillon bestand aus vier Compagnien, und jede Compagnie aus hundert und funfzig
Mann; und auf jede Schwadron rechnet man hundert und zwanzig Köpfe. Ein Drittheil des Fußvolkes war mit Piken bewaffnet; die übrigen führten
Musketen, und fochten in fünf bis sechs Gliedern.
Auch war solches einförmig gekleidet, und hatte,
außer der Montierung, lange Mäntel, welche sie auf-
gewickelt auf den Schultern trug. Die Reiterey war
noch auf die alte Art bewaffnet, und focht in Schwadronen; da aber jeder Reiter sich selbst mit Pferd,

Rüstung und Kleidung versehen mußte: so läßt sich leicht denken, daß keine Uebereinstimmung und keine Disciplin bey ihr möglich war. Friedrich Wilhelm scheint ihr indeffen den Vorzug vor seinem Fußvolk gegeben zu haben; bey den Schlachten von Warschau und Fehrberlin focht er an ihrer Spitze; und wenn man die Natur seiner Staaten, welche fast durchaus flach und eben sind, in Erwägung zieht: so läßt sich dieser Vorzug erklären. Was die Besoldung anbetrifft: so war solche, bis zu seiner Regierung, aus keinen bestimmten Quellen genommen worden, und er selbst unterhielt seine Truppen anfänglich noch von den Hülfsgeldern, welche er von Schweden, Oesterreich, Spanien und Frankreich zog. Aber wie man im Jahr 1676 die Accise in den Städten einführte, wurden die Einkünfte davon der Kriegskaffe angewiesen, und der Sold des Infanteristen monatlich auf einen und einen halben Thaler festgesetzt.

Der Zustand der Artillerie während seiner Regierung, ist nicht genau bekannt; man weiß nur, daß, wie gedacht, die Reiterey Kanonen bey sich führte. Bey der Schlacht von Fehrberlin belief die Zahl derselben sich auf zwölf Stücke. Des schweren Geschützes scheint, nach der Belagerung von Stettin im Jahr 1677 zu urtheilen, sehr wenig gewesen zu seyn. In-

deſſen kommt denn doch unter den Generalen dieſes
großen Mannes ein Generalfeldzeugmeiſter vor. —
Von dem Ingenieurweſen gibt die gedachte Belagerung keinen ſehr vortheilhaften Begriff. Auch können zum Beweiſe hievon die Werke dienen, welche
er um Berlin herum aufführen ließ. Aber die Kriege,
welche Friedrich Wilhelm zu führen genöthigt war,
und die Einſichten und der Muth, mit welchen er
ſolche führte, flößten den preuſſiſchen Truppen zuerſt
wahren kriegeriſchen Geiſt ein.

Unter der Regierung Friedrichs I. Königes von
Preuſſen wurde die Zahl der Kriegsvölker, je nachdem dieſer Fürſt mehr oder weniger Hülfsgelder von
andern Mächten zog, bald vermehrt, bald vermindert. Bey ſeinem Abſterben beſtanden ſolche aus acht
und dreyßig Bataillonen Infanterie, zwey und dreyßig Schwadronen oder zehn Regimentern Küraſſier,
vier und zwanzig Schwadronen oder ſechs Regimentern Dragoner, achtzehn Garniſon-Compagnien,
und ungefähr dreyhundert Artilleriſten, welche zuſammen nicht viel mehr als dreyßigtauſend Mann
ausgemacht haben können. Indeſſen gingen während dieſer Regierung eine Menge Veränderungen in
den militäriſchen Einrichtungen vor. Zuerſt wurden
die Piken abgeſchaft, und dagegen zu der Vertheidigung

und Beschützung des Fußvolkes gegen die Reiterey, die sogenannten spanischen Reiter eingeführt. Dann wurden die Musketen mit der eigentlichen Flinte vertauscht; und die Truppen nicht höher, als vier Glieder gestellt. Aber sie waren ungeheuer belastet. Außer ihrem Gewehr und ihren Waffen, mußten sie ihre Mäntel, Zelter und spanischen Reiter selbst tragen. Die Reiterey erhielt mehr Gleichförmigkeit; die Reiter bekleideten und bewaffneten sich nicht mehr jeder selbst, sondern bezahlten, um in den Dienst zu kommen, etwas gewisses, und erhielten dafür alle ihre Bedürfnisse von dem Staate. Auch fing man an, vorzugsweise, auf große Leute zu sehen. Der Markgraf Philipp gab das erste Beyspiel davon, und der Fürst von Anhalt folgte diesem Beyspiele. Zugleich legte der letztere den Grund zu der strengen Mannszucht und Unterordnung, wodurch das preußische Heer sich so lange ausgezeichnet hat, und worin immer vorzugsweise die Stärke der stehenden Heere bestehen wird. Das Ingenieurwesen gelangte zu größerer Vollkommenheit. Magdeburg und Wesel sind beyde unter dieser Regierung befestigt worden. Eben so sehr wurde durch die Feldzüge, welche die preußischen Truppen, unter dem Prinzen Eugen, und unter der Anführung des gedachten Fürsten von Anhalt, in Deutschland und in Italien machten, der kriegerische Geist in diesen

Truppen unterhalten und vergrößert; und es ist bekannt, daß solche sich in diesen Kriegen öfterer
auszeichneten. *)

Friedrich Wilhelm I. scheint mit dem Vorsatze,
seinen Staat militärisch zu bilden, den Thron bestie-
gen zu haben. Schon als Kronprinz, vierzehn Jahre
alt, errichtete er zu Wusterhausen, zu seinen Jagd-
zeitvertreiben, eine Art von Jagdgarde, von ungefähr dreyßig jungen Leuten, welche gleichförmig, als
Grenadier, Musketier und Füselier gekleidet, und
anfänglich mit hölzernen, nachher mit ordentlichen
Flinten versehen waren. Außer ihrer Bestimmung,
bey der Jagd zum Treiben zu dienen, übte er, in
eigener Person, sie fleißig in den Waffen, hielt sie zu
der größten Reinlichkeit und Ordnung an, und lernte
durch diese Beschäftigung mit ihnen, den Werth und
die Bestimmung jedes Waffenstückes kennen. Sie
wurden das Muster und der Stamm der nachher von
ihm gestifteten bekannten großen Garde. Mehrere
Vorfälle nährten die Vorliebe, welche aus diesen Zeitvertreiben für den Soldatenstand in ihm entsprang,
und machten ihn aufmerksam auf die Nothwendigkeit
eines gut gebildeten und ansehnlichen Heeres. Er

*) Ueber diesen Zeitpunkt verdienen H. Hennerts Bey-
träge zur Brandenburgischen Kriegsgeschichte . . .
Berlin 1794. 4. nachgelesen zu werden.

hörte, wie er als Kronprinz einen Feldzug in den
Niederlanden mitmachte, zwey englische Generale
über die Kriegsmacht, welche ein König von Preussen
zu unterhalten im Stande sey, einen Streit führen,
der ihn überzeugte, daß der preussische Staat sehr gering geschätzt wurde; vorzüglich aber sah er an der
Regierung seines eigenen Vaters, daß ein Staat,
ohne ein ansehnliches, gut unterhaltenes Heer, sehr
oft den unangenehmsten Demüthigungen ausgesetzt
ist. Die Kriegsvölker König Friedrichs I. gehörten
mehr seinen Bundsgenossen, welche ihm Hülfsgelder
bezahlten, als ihm selbst; und die Schweden und
Russen zogen ungefragt durch seine Staaten. Friedrich Wilhelm I. fing also seine Regierung mit einer
sehr ordentlichen Einrichtung der Staatswirthschaft
an, und vermehrte zugleich sein Heer. Schon im
Jahr 1718 bestand solches aus sechzigtausend Mann;
es wurde indessen in der Folge noch mehr verstärkt,
und er tauschte unter andern, gegen ein Bernstein-
und Porzellan-Kabinet, sechshundert Dragoner von
dem König August von Pohlen ein. Damit das Land
dadurch nicht an Menschen zu sehr erschöpft werden
möchte, führte er, in eben diesem Jahre, die fremde
oder Reichswerbung ein, dergestalt, daß bey seinem
Absterben sich die Zahl der Ausländer, unter seinem
Heere, auf sechs und zwanzigtausend Köpfe belief.

Zugleich wurden, um den, bey der einheimischen Werbung möglichen Mißbräuchen und Unordnungen vor-
jubeugen, und zugleich um die festgesetzte Anzahl von
Kriegsvölkern beständig und mit Gewißheit vollzählig zu haben, die preußischen Staaten, mit Ausnahme der mehrsten westphälischen Provinzen, im Jahr
1733 in sogenannte Cantons eingetheilt, und jedem
Regiment ein eigener davon angewiesen, aus welchem es die ihm nöthigen oder fehlenden Leute zu ziehen berechtigt war. *) Eben so sehr war er bedacht,
Ordnung, Gleichförmigkeit und Mannszucht unter
das Heer zu bringen. Zu diesem Endzwecke zog er
nicht allein die Reiterey, welche bis jetzt einzeln auf
dem Lande und in Dörfern einquartiert gelegen hatte,
in die kleinen Städte zusammen, sondern machte auch
im Jahr 1726 für jede der verschiedenen Arten von
Truppen ein eigenes Reglement bekannt, in welchem
der, jeder dieser Art von Truppen zukommende Dienst,
und die für jede nothwendigen Uebungen genau und
ausführlich vorgeschrieben waren. Um desto sicherer
bey der Abfassung desselben zu Werke zu gehen, stu-
dierte er vorher sorgfältig die Kriegsreglements der
vornehmsten europäischen Mächte, unter welchen

---

*) Eine nähere Nachricht von dieser Einrichtung ist von
dem Uebersetzer in das Werk selbst S. 70 u. f. ein-
geschaltet worden.

ihm das ausführliche spanische am mehrsten gefallen haben soll, und auch von ihm benützt worden ist. Nichts ist indessen darin festgesetzt, als was er nicht vorher mit seiner großen Garde versucht und genau geprüft hatte; und um die Uebungen mit desto größerer Gewißheit übereinstimmend zu machen, mußte jedes Regiment einige Offiziere, Unteroffizier und Gemeine nach Potsdam schicken, wo ihnen der Mechanismus der neuern Einrichtungen und Anordnungen von dem Könige selbst gezeigt wurde. Zugleich war in diesem Reglement die Stärke und Zusammensetzung der Regimenter, so wie solche in dem folgenden Werke angegeben worden ist, bestimmt, weil Friedrich II. hierin wenig oder nichts geändert hat.

Was die Bewaffnung des Heeres anbetrifft: so erhielt solches unter der Regierung Friedrich Wilhelms, zur Beförderung der Geschwindigkeit im Laden und Feuern, zuerst die eisernen Ladestöcke, deren Erfindung dem Fürsten von Anhalt zugeschrieben wird. Ferner wurden ums Jahr 1733 zuerst die Bajonette eingeführt; jedoch bediente sich deren anfänglich, bey dem Chargiren und Feuern, nur das erste Glied; und aus den Berichten der Schlacht bey Mollwitz erhellt, daß auch damals noch, wenigstens das dritte Glied, sie gewöhnlich nicht auf dem Laufe gehabt. Um das

Heer gehörig, und mit zweckmäßig verfertigten Waffen
zu versehen, wurden die bekannten Gewehrfabriken zu
Spandau und Potsdam, in den Jahren 1722 bis
1723, angelegt.

Die Bekleidung des Heeres erlitt mancherley
Veränderungen; die vorher eingeführten Mäntel
wurden gänzlich abgeschafft, und die Röcke wurden,
zur Erleichterung der Bewegungen und Uebungen,
verkürzt. Zu den sogenannten kleinen Montirungs-
stücken, als Hemden, Schuhen, Stiefletten, Hals-
binden, wurde monatlich eine gewisse Summe ausgesetzt, von welcher die Leute, zu bestimmten Zeiten,
diese ihnen nothwendigen Bedürfnisse regelmäßig erhielten; und alle Jahre wurde das Heer, von einhei-
misch gearbeiteten Tüchern, neu gekleidet.

Als eine Pflanzschule für die Offiziere des Heeres
wurde die Cadetten-Schule zu Berlin im Jahr 1716
angelegt. Zwar hatte schon Friedrich I. zu Berlin,
Magdeburg und Colberg einige wenige Cadetten unterhalten; aber Friedrich Wilhelm zog sie sämtlich
nach Berlin in ein Haus zusammen, erweiterte die
Anstalt, dergestalt, daß mehr als zweyhundert junge
Edelleute daselbst erzogen werden konnten, und
machte zu der Bildung derselben zweckmäßigere Ein-

richtungen. Auch ein eigenes Ingenieur-Corps von
dreyßig Offizieren wurde errichtet.

Durch alles dieses erhielt das preussische Heer
Bestand und Selbstständigkeit, und wurde zu einem
festen, dauerhaften Ganzen gebildet. Friedrich Wilhelm I. sorgte von allen Seiten für dasselbe. Der
Sold des gemeinen Mannes wurde monatlich mit
zwölf Groschen erhöht, jeder Compagnie des Fußvolkes
wurde, zur Fortschaffung ihrer Zelter und ihres Feldgeräthes, welches die Leute sonst selbst tragen mußten,
im Kriege zwey Packpferde verwilligt, zur Unterhaltung in Kriegeszeiten, Vorrathshäuser in den mehrsten Festungen angelegt, und zur Versorgung für
Soldatenkinder, das große Waisenhaus in Potsdam
gestiftet.

Jährlich wurde das Heer von dem Könige selbst
gemustert, und der Zustand jedes Regimentes genau
untersucht. Jeder Mangel, jeder Fehler in den
Uebungen wurde sorgfältig bemerkt; und nachher den
Regimentern die, zu Abstellung derselben, nöthigen
Befehle ertheilt. Dieser Befehle sind bey mehrern
Regimentern noch viele vorhanden, welche beweisen,
daß diesem Fürsten auch die geringfügigsten Kleinigkeiten, welche zur Uebereinstimmung des Ganzen
gehörten,

gehörten, nicht entgingen. Auch gelangte das Fußvolk binnen sehr kurzer Zeit zu einer, bis dahin uner-
hörten Vollkommenheit in den vorgeschriebenen Uebungen. „Es machte solche mit so vieler Genauigkeit,“
sagt Friedrich II., „daß die Bewegungen eines ganzen
„Bataillons den Wirkungen des Triebwerkes einer
„vollkommen gemachten Uhr gleich waren.“

Diese Uebungen selbst waren vielleicht nicht alle
zweckmäßig. Man legte zu viel Werth auf die soge-
nahnten Handgriffe, und hielt sich zu lange bey ihnen
auf. Auch hatten die unausgesetzten Beschäftigungen
mit dem Soldatenwesen vielleicht zu allerhand übertriebenen Verfeinerungen, besonders in Rücksicht auf
Anzug und Putz, Anlaß gegeben. Der lange Friede
führte, von der Vorsorge für Ordnung, Reinlichkeit
und Mannszucht, endlich auf Kleinigkeiten blos für
das Auge; und der eigentlich kriegerische Geist erlosch
zum Theil in mehrern Offizieren. Sie dachten minder daran, ihre Leute zum Kriege, als Vortheile von
ihren Compagnien zu ziehen. Aber selbst diese Dinge
trugen zur Vervollkommung der Unterordnung und
Mannszucht bey; und wenn sich gleich nicht leugnen
läßt, daß das Heer nicht zu großen kriegerischen Bewegungen gebildet, und daß die großen Theile der
Kriegskunst ihm nicht bekannt waren: so ist es doch
gewiß wahr, daß es, an innerer Ordnung und a:

festem, gesetzten Muth, so wie an Geschwindigkeit im Feuern, damals alle Heere von Europa übertraf.

Die Reiterey war, in Rücksicht auf eigentliche kriegerische Ausbildung, noch hinter dem Fußvolk zurück. Sie war äußerst schwer beritten; es fehlte ihr an Gewandtheit, an Schnelligkeit, an richtigen Begriffen von ihrem Dienst und ihrer Bestimmung; die Reiter waren nicht Meister von ihren Pferden, und dachten mehr auf den Aufputz derselben, und auf ihren eigenen, als auf zweckmäßige Vollkommenheit in ihren Uebungen. Die Schuld hievon lag indessen nicht sowohl an den Truppen selbst, als an dem Könige, und an dem Manne, welcher, nächst ihm, den mehresten Einfluß auf das Soldatenwesen hatte, an dem Fürsten von Anhalt. Beyde legten auf die Reiterey gar keinen Werth, beyde glaubten, daß man auf solche gar nicht mit Gewißheit rechnen könne, weil sie, bey ihren Feldzügen, mehrere Beyspiele vom schlechten Verhalten dieser Arten von Truppen gesehen hatten, und vernachläßigten solche daher.

Bey dem Absterben Friedrich Wilhelms I. bestand das Heer aus folgenden Regimentern:

Fußvolk.

Garde	•	3 Bataillon,	jetzt Rhodig, oder alte Grenadiergarde
Kronprinz	• 2	— —	jetzt die Garde

Markgraf Karl	2	Bataillon,	jetzt von Götzen
Anhalt Dessau	3	— —	jetzt von Thadden
Glasenap	2	— —	jetzt von Kuhnheim
Holstein Beck	2	— —	jetzt Holstein Beck
Bredow	2	— —	jetzt von Owstien
Flanß	2	— —	jetzt von Hausen
Prinz Dietrich	2	— —	jetzt von Romberg
Roeder	2	— —	jetzt von Brüneck
Gräveniß	2	— —	jetzt Prinz von Baden
Wedel	2	— —	jetzt von Kalkstein
Marwiß	2	— —	jetzt Herz. v. Braunschw.
Lehwald	2	— —	jetzt von Lahrisch
Oßenhof	2	— —	jetzt von Braun
Glaubiß	2	— —	jetzt Amaudruß
Loeben (Leps)	2	— —	jetzt von Manstein
La Motte	2	— —	jetzt von Raumer
Borf	2	— —	jetzt von Klinkowström
Schwerin	2	— —	jetzt von Frankenberg
Derschau	2	— —	jetzt Kronprinz
Kleist	2	— —	jetzt Jung Schwerin
Markg. Heinrich	2	— —	jetzt von Kleist
Anhalt Zerbst	2	— —	jetzt von Pirch
Sydow	2	— —	jetzt von Lichnowsky
Prinz Leopold	2	— —	jetzt von Knobelsdorf
Dohna	2	— —	jetzt von Reitz
Jeeß	2	— —	jetzt von Rüchel

Kaltstein	•	2 Bataillon,	jetzt von Moellendorf
Bardeleben	•	2 — —	jetzt von Wendessen
Dossow	•	2 — —	jetzt von Lattorf
Kroecher	•	1 — —	} jetzt Pr. v. Hohenlohe.
Beaufort	•	1 — —	

Ueberhaupt 66 Bataillone, wovon jedes aus fünf Musketier- oder Füselier-, und aus einer Grenadier-Compagnie bestand.

Küraffier.

Gensb'armes	5 Schwadr.	
Prinz Wilhelm	5 — —	jetzt von der Marwitz
Leibregiment	5 — —	
Karabiniers	5 — —	
Buddenbrok	5 — —	jetzt von Dolfs
Katt	5 — —	jetzt von Mannstein
Bredow	5 — —	jetzt von Borstel
Alt Waldow	5 — —	jetzt von Dalwig
Geßler	5 — —	jetzt von Mengden
Mkgr. Friedrich	5 — —	jetzt Pr. Ludw. v. Würt.
Jung Waldow	5 — —	jetzt von Görtz
Pr. Eu. v. Dessau	5 — —	jetzt von Byern

Ueberhaupt 60 Schwadronen.

Dragoner.

Schulenburg, Grenadier	jetzt von Prittwitz und
10 Schwadr.	von Katt.
Bayreuth 10 — —	
Platen 10 — —	jetzt Pr. Ludw. v. Preuß-
	sen, und v. Brückner
Thüren 5 — —	jetzt von Schenk
Moellendorf 5 — —	jetzt von Werther
Gonsfeld 5 — —	jetzt von Schmettau

Ueberhaupt 45 Schwadronen.

Husaren.

Wurm 3 Schwadr.	jetzt von Göckingh
Bennikowsky 6 — —	jetzt von Ezetteritz.

Ueberhaupt 9 Schwadronen.

Artillerie.

Ein Bataillon Feldartillerie, aus 6 Compagnien
bestehend.

Ein Bataillon Garnisonartillerie, aus 4 Compagnien
bestehend.

Garnisonregimenter.

Hopital	•	1 Bataillon	für Memel.
Wobser	•	1 — —	für Pillau.
Sack	•	1 — —	für Colberg.
Persode	•	1 — —	für Magdeburg.

Die ganze Anzahl dieser Truppen belief sich auf siebenzig bis achtzigtausend Mann. Aber außer diesen errichtete Friedrich Wilhelm noch die nunmehr eingegangenen Landregimenter, welche überhaupt ungefähr fünftausend Mann ausmachten, und jährlich nur vierzehn Tage zur Uebung zusammen kamen. —

Aus diesem kurzen Abrisse wird man, verglichen mit dem folgenden Werke, die Vermehrungen, Veränderungen und Verbesserungen, welche das preussische Heer Friedrich II zu verdanken hat, zum Theil ersehen können.

Inhalt.

Druckfehler.

Seite 38 Zeile 16: statt nöthigten, lies nöthigen.
Seite 65 Zeile 17: statt davon, lies von ihnen.
S. 115 Z. 2: der Anmerkung ist, nach dem Worte
Hauptleute, und einzurücken. S. 120 Z. 10: statt
die Stelle der, l. ihrer Stelle. S. 129 Z. 18: statt
Pfuschereh, l. Fuscheleh. S. 160 Z. 6: statt dem Sol-
datenstand, l. den Soldaten. S. 166. Z. 23: nach dem
Worte standen, sind die Worte, das Futter, einzurücken.
S. 203 Z. 9: nach dem Wort, errichteten, ist das Wort, zu,
einzurücken. S. 361 Z. 30: dazu, l. zu jenem. S. 465
Z. 18: ist nach dem Worte, den, das Wort, ersten, ein-
zurücken. Ebendaselbst Z. 24: statt fehlte, l. fehlt.
S. 468 Z. 14: ist nach dem Wort, Ertheilung, das Wört-
lein, an, einzurücken.

Einleitung.

Der Gegenstand, den wir uns abzuhandeln vorgesetzt haben, ist soviel umfaßend, daß wir genöthigt sind, unser Werk in verschiedene Abschnitte zu zertheilen. Wir wollen den Anfang mit einer ausführlichen Darstellung von der Eintheilung und Stärke des preussischen Heeres, so wie solches bey dem Tode Friedrich II. beschaffen war, machen; dann wollen wir von der Bildung und Verfaßung desselben, von seiner Bewaffnung und Bekleidung, handeln, hierauf den wirklichen Geist des militärischen Systems dieses großen Königes untersuchen, von seiner Artillerie, seinen Ingenieurs und seinen Festungen Rechenschaft geben, und endlich das Angriffs- und Vertheidigungs-System der preussischen Monarchie entwickeln.

Wenn irgend ein Leser geneigt seyn sollte, sich zu verwundern, daß wir es gewagt haben, eine so tiefgehende Untersuchung der militärischen Verfaßung des ersten aller kriegerischen Staaten in Europa zu unternehmen, wir, von welchen das Handwerk der Waffen, seit den frühesten Jahren

A

nicht mehr getrieben worden iſt: ſo würden wir
antworten, daß, da wir fünf Jahre unſrer Jugend auf das unausgeſetzte Studium und das
Nachdenken über dieſes Handwerk, welches, dem
natürlichen Lauf der Dinge gemäß, eigentlich das
unſrige auf Zeitlebens hätte ſeyn ſollen, verwandt
haben; der Aufenthalt eines ganzen Jahres zu
Berlin und die unausgeſetzte Beſuchung der preuſſiſchen Kriegsſchulen von der niedrigſten an bis zu
den künſtlichſten Bewegungen ganzer Corps, ſo
wie öftere Unterhaltungen mit Kriegsmännern vom
erſten Range, hinlänglich genug geweſen ſind, unſre
Lieblingsideen und die Spuren jener erſten Arbeiten unſrer Jugend wieder aufzuwecken. Wir
ſetzen noch hinzu, daß es uns nicht an edlem und
großem Beyſtande gefehlt hat, und daß es uns
ſchwer fällt, unſre Erkenntlichkeit dafür nicht
öffentlich und gerade heraus bezeugen zu dürfen.
Und endlich ſind wir der feſten Ueberzeugung,
daß die Kriegskunſt, ſo wie alle übrigen Künſte,
ihre Charlatane hat; daß, wie es unter andern
ein Beyſpiel aus dem ſiebenjährigen Kriege lehrt,
auch ein Mann, ohne Uniform a), die größten
militäriſchen Dinge auszuführen, im Stande iſt,
mit einem Worte, daß ein der Anſtrengung fähi-

---

a) Herr v. Weſtphal, damaliger Sekretär des
　　Herzogs Ferdinand ꝛc. — deſſen Geſchäfte und
　　Verdienſte unter andern in Mauvillons Geſchichte
　　des Herzogs Ferdinand, Theil 2. S. 345 u. f.
　　erzählt worden ſind.
　　　　　　　　　　　　　　A. d. Ueberſ.

ger Kopf jeden Gegenstand, auf welchen er seine Aufmerksamkeit richtet, verstehen, umfassen, beurtheilen, und so gar ergründen kann: eine Wahrheit, welche nur von den Charlatanen allein bestritten, oder geläugnet wird.

Erster Abschnitt.
Eintheilung und Stärke des preussischen Heeres.
1. Fußvolk.

Das preussische Fußvolk besteht aus Feld- und Garnison-Regimentern. Diese letztern werden für minder gut eingerichtet, für minder gut geübt, und für minder gut mit Offiziers besetzt, als jene, gehalten. Friedrich bediente sich deren so wenig als möglich in der Linie oder bey Treffen; er gebrauchte sie zur Besetzung von Posten und festen Plätzen, zur Bedeckung von Transporten, u. d. m., mit einem Worte, zu allen bey einem Heere erforderlichen Frohndiensten. *)

A 2

b) Diese letztern, die Garnison-Regimenter, waren eigentlich ursprünglich gar nicht zum Feldbdienste, sondern zur Besetzung der Festungen, während einem Kriege, bestimmt; aber die Menge der Feinde im siebenjährigen Kriege nöthigte Friedrich II. sie größtentheils, nach und nach, ins Feld zu ziehen; sie standen dann im zweyten Treffen.

A. d. Uebers.

Außer diesen gibt es noch vier Regimenter sogenannter Landmiliz, welche nie als im Falle der Noth versammelt werden, deren Offizier, Unteroffizier und Tambour aber ernannt sind [c]), und beständig den halben Sold ziehen, wozu aber die Provinzen, welchen sie zur Beschützung dienen sollen, in jenem Falle die Mannschaft erst stellen müssen, aus welchem Grunde wir denn sie auch nicht hier in Rechnung bringen wollen.

Feldregimenter. Ein jedes Feldregiment besteht aus zwey Bataillonen, und jedes dieser Bataillone aus sechs Compagnien, mit Inbegriff einer Grenadiercompagnie [d]). Diese Grenadiercompagnien verlassen, sobald die Truppen sich versammeln, sowohl im Kriege, als in den Uebungslägern zur Zeit des

[c]) Schon unter Friedrich II. wurden, in den letztern Zeiten, die abgehenden Offizier nicht immer ersetzt.
A. d. Uebers.

[d]) Nicht doch! das in dem folgenden Verzeichniß unter Nro. 49 aufgeführte Regiment hatte bey Lebzeiten Friedrichs keine Grenadiere, sondern erhielt solche erst im Jahr 1787. Dafür bestand das, in dem gedachten Verzeichniß mit Nro. 6. bezeichnete Bataillon, so wie das zweyte Bataillon des Garderegiments, aus lauter Grenadieren, obgleich jedes davon immer eine Compagnie besonders zu der Formirung der Grenadierbataillone abgab.
A. d. Uebers.

Friedens, ihre Bataillone e), und bilden dann eigene Grenadierbataillone, deren jedes aus den Grenadieren von zwey Regimentern zusammen gesetzt, und also vier Compagnien stark ist. In dem ganzen preussischen Heere gibt es nur ein einziges Regiment von drey, und zwey von einem Bataillon, mit Ausnahme des Bataillons Leibgarde, wovon der König selbst der Inhaber ist.

Ein Feldregiment von zwey Bataillonen besteht aus:

50 Offizieren
160 Unteroffizieren
38 Tambours
4 Pfeiffern
14 Zimmerleuten
6 Hautboisten
218 Grenadieren
1220 Musketieren ob. Füselieren

Zusammen 1710 Mann.
hiezu kommen 12 Compagniefeldscheerer
7 Unterstab

Ueberhaupt 1729 f)

A 3

e) Die Grenadiercompagnie von der Leibgarde stößt nie mit andern Grenadieren zusammen.
A. d. Uebers.

f) Wo in aller Welt haben unsre Herren Verfasser diesen Etat hergenommen? Wenigstens weiß ich nirgends die geringste Spur davon zu entdecken. Dem Reglement zu Folge, auf welches unsre Herren Verfasser sich zu beziehen scheinen, ist ein Feldregiment stark:

Eine jede Compagnie hat, außer dem Inhaber oder Chef derſelben (der, da der Inhaber des

<pre>
        50 Offizier
       118 Unteroffizier
        37 Tambour
       252 Grenadier (worunter
                   die 12 Zimmer-
                   leute mit einbe-
                   griffen ſind.)
      1140 Musketier
         1 Regiments-⎤
           quartier-│
           meiſter │
         1 Feldpredig.│
         1 Auditeur │ Dieſe
         1 Regiments-│ Perſo-
           feldſcheer│ nen ma-
        12 Compagnie │ chen den
           feldſcheer⎰ eigentli-
         1 Regiments │ chen Un-
           tambour   │ terſtab
         6 Hautboiſten│ aus.
         6 Pfeiffer │
         1 Büchſen- │
           macher   │
         1 Büchſenſch.│
         1 Profos   ⎦
</pre>

Zuſammen: • 1629 Köpfe.
Hiezu kommen die Ueber-
completten, für jede
Musketiercompagnie
8, für jede Grenadier-
compagnie 10 Mann • 100.

Welches denn freylich auch 1729 Köpfe, aber auf eine

Regiments selbst, so wie der Commandeur deſſelben, und die ſämtlichen dazu gehörigen Stabsoffizier,

A 4

etwas andere Art, ausmacht. Zwar wurden in dieſem Etat, der unter Friedrich Wilhelm I. gemacht worden, unter Friedrich II. einige Veränderungen vorgenommen; die Zahl der Pfeiffer wurde im Jahr 1748 auf vier herab geſetzt, und die Zimmerleute eines jeden Regiments mit zwey vermehrt, dergeſtalt, daß, wenigſtens in dieſen zwey Puukten, die Rechnung unſrer Herrn Verfaſſer richtig zu ſeyn ſcheinet; allein auch hier ſcheint ſie es nur; denn die letztern, die Zimmerleute, erhielten im Jahr 1783 wieder eine Vermehrung von 6 Mann, welcher zu Folge ſie, bey dem Ableben Friedrich II. ſich bey jedem Regiment auf zwanzig beliefen. Und die übrigen Beſtandtheile der Regimenter weichen, in der Wirklichkeit, um deſto mehr von den Angaben unſerer Herrn Verfaſſer ab; ſie haben jedem Regiment 42 Unteroffizier mehr, als es wirklich hat, gegeben, aber dafür 54 Grenadier abgenommen, und dieſer Unterſchied iſt von einiger Bedeutung, weil auf das Verhältniß der Zahl der Unteroffiziere zu der Zahl der Gemeinen nicht wenig ankommt, und weil ſo ſchwache Grenadiercompagnien einen ſehr ungleichen Dienſt mit den viel ſtärkern Muskettiercompagnien würden gehabt haben, beſonders in Kriegszeiten, wo nur vier derſelben ein Bataillon ausmachten, u. d. m.!! — Ferner waren nicht alle von Friedrich II. errichtete neue Regimenter auf ganz gleichen Fuß mit den alten gebildet. Sowohl diejenigen, deren Grenadiere ſich

Compagnien beſitzen, ſowohl General als bloßer
Capitain ſeyn kann,) noch drey Offizier, einen
Premierlieutenant, einen Seconbelieutenant und
einen Fähnbrich, ober zwey Seconbelieutenants.
Die Zahl und die Art der Stabsoffiziers ſind
indeſſen bey allen Regimentern nicht gleich.
Zwar befinden bey jedem derſelben ſich, mit Inbegriff ſeines Inhabers ober Chefs, nicht minder
als fünfe, und jedes hat auch beſtimmte, ſogenannte Stabstractamente, das heißt, der Oberſte
ober Chef, und einige Obriſtlieutenants und Majors derſelben, ziehen als ſolche, noch eine beſon-
bere feſtgeſetzte Beſoldung; aber zuweilen, und beſonders in Kriegszeiten, hat jedes Regiment auch
ſechs und mehrere Stabsoffiziere überhaupt; und
der Oberſte deſſelben iſt gewöhnlich immer ſchon
General, und der, eigentlich als Obriſtlieutenant
beſoldete, iſt öfters ſchon Oberſter, zuweilen aber
auch nur noch Major, ſo wie die als Majors be-
ſoldeten zuweilen ſchon Obriſtlieutenants ſind,
weil, wie wir in der Folge ſehen werden, die

---

bey den ſtehenden Grenabierbataillons befanden
(in bem folgenden Verzeichniß Nro. 41. 44. 45.
und 48.) als dasjenige, welches urſprünglich
beren gar keine hatte, (Nro. 49.) hatten bey
jeder Compagnie Muſketier, zum Erſatz der
ihnen, vermittelſt jener Einrichtung, mangeln-
ben Zimmerleute, eigentlich zehn Uebercomplette,
und waren alſo zwanzig Mann ſtärker, als die
übrigen.

A. d. Ueberſ.

sämtlichen Stabsoffizier dieser Regimenter, nach
Maßgabe ihres Ranges unter sich, befördert werden. Zuweilen sind auch einige von denen, welche
nur das Gehalt von Hauptleuten haben, bereits
Majors.

Dieses war der reglementsmäßige, gewöhnliche Bestand der Feldinfanterieregimenter. Aber
im J. 1768 beschloß Friedrich die Stärke derselben
zu vermehren. g) Jede Compagnie der zu Berlin
und in den übrigen Theilen der Churmark stehenden
Regimenter sollte mit einem Unteroffizier und
vierzig Mann, und jede der übrigen mit einem
Unteroffizier und zwanzig Mann vermehrt wer-

A 5

g) Schon während dem siebenjährigen Kriege
wurden die sämtlichen preussischen Regimenter
ansehnlich vermehrt; aber diese Vermehrung
wurde, nach geschlossenem Frieden, entlassen.
Indessen scheint Friedrich II. von diesem Zeitpunkte an auf eine dauernde Vermehrung bedacht gewesen zu seyn; denn gleich nach diesem
Kriege wurden die zur Ausrüstung von vierzig
Mann erforderlichen Mondirungsstücke, als Bekleidung, Waffen, Zelter, Zelterdecken, Feldkessel,
Schüppen, Hacken u. s. w. an die Inhaber der
Compagnien, zur Verwahrung auf die Mon-
dirungskammer, allmählig abgeliefert. Die
Vermehrung selbst fing aber weit später an, und
kam erst nach dem Teschner Frieden vollkommen
zu Stande; hieß auch ursprünglich nicht Vermehrung, sondern Dispositionstruppen.
                                    A. d. Uebers.

den. [h]) Da diese Vermehrung indessen nur allmählig gemacht werden sollte, und nicht alle Regimenter gleich viel Leute aus ihren Cantons ziehen
konnten, [i]) oder durch die auswärtige Werbung
erhielten; so waren solche, während einer gerau-
men Zeit, nicht alle gleich vollzählig. Noch jetzt
gibt es Regimenter, welche die Vermehrung nicht
haben; aber zu wissen, welche diese sind, ist nicht
möglich. [k]) Hieraus folgt denn aber, daß die

[h] Nicht doch! Nur die Berlinische und Märkische
Inspection wurde mit vierzig Mann auf die
Compagnie vermehrt; die Potsdamsche, welche
doch auch in der Churmark liegt, erhielt nur
zwanzig Mann auf jede Compagnie; und die
übrigen Regimenter keinesweges, sämtlich, eben
so viel, sondern die Ost- und Westpreussischen
nur zehn Mann. Und, was die Vermehrung
der Unteroffizier anbetrifft: so hat solche nie
Statt gehabt.
A. d. Uebers.

i) Aus den Cantons sollte zu dieser Vermehrung
eigentlich kein Mann gezogen werden; sie sollte
aus lauter angeworbenen Leuten, oder Ausländern bestehen.
A. d. Uebers.

k) Zur Zeit, wo unsre Herren Verfasser schrieben,
im Jahr 1788 war der ganze Etat der preussischen Regimenter bereits abgeändert, und von
jener Vermehrung gar nicht mehr die Rede.
Der Ausdruck, même à present, ist also, wenigstens sehr sorglos, und um desto sorgloser,
da sie in einigen ihrer folgenden Anmerkungen,

Stärke der preussischen Regimenter verschieden
ist; einige bestehen aus zweytausend zweyhundert,
einige aus neunzehnhundert und sechzig, einige
aus noch weniger Köpfen. [1] Wir werden in-

Rücksicht auf die, von Friedrich Wilhelm II.
im Jahr 1787 vorgenommenen Veränderungen
mit der Einrichtung des preussischen Heeres
genommen haben, und also davon unterrichtet
waren. Eben so sorglos und unbestimmt ist,
was sie von der Unmöglichkeit sagen, zu wissen,
welche Regimenter die Vermehrung hatten oder
nicht? Aus dem Vorhergehenden sowohl, als
aus einer folgenden Stelle, welche ich gerabezu
weggelassen, weil sie nichts als Wiederholung
des schon Gesagten war, erhellt nämlich, daß
sie unter Vermehrung hier die, für die verschiedenen Regimenter festgesetzte Anzahl
derselben; und nicht das, was wirklich davon
sich damals schon bey den Regimentern befand,
verstehen; und diese festgesetzte Anzahl war aller
Welt bekannt.

A. d. Ueberf.

1) Diese Angabe trifft weder mit der Stärke,
welche die Regimenter wirklich haben konnten,
noch mit der, die sie haben sollten, genau überein, wie die Folge zeigen wird. Und die erstere,
wenn sie auch von der letztern verschieden gewesen wäre, d. h. wenn den Regimentern auch
Leute zu ihrem festgesetzten Etat gemangelt, oder
sie deren mehrere gehabt hätten, kommt hier
gar nicht in Betracht.

A. d. Ueberf.

dessen in der Folge dieses Abschnittes die neuesten,
und folglich genauesten Listen von allen Regimentern dieses Heeres dem Leser darlegen.

Verzeichniß der preussischen Feldinfanterie-Regimenter.

Namen der Inhaber.	Zahl der Bataillone.	Jahr der Errichtung.	Quartier-stand.
1. Alt-Bornstädt, jetzt (im Jahr 1795) Kunheim　·	2	1656	Berlin
2. Anhalt, jetzt Brün-neck　·　·	2	1656	Königsberg in Preussen
3. Leipziger, j. Thadden	3	1665	Halle
4. Egloffstein, j. Amau-brüß　·　·	2	1671	Elbingen
5. Lengefeld, jetzt Kalk-stein　·　·	2	1672	Magdeburg
6. Alte Garde　·	1	1673	Potsdam
7. Goltz, jetzt Owstrien	2	1677	Stettin
8. Scholten, jetzt Pirch	2	1677	Stettin
9. Budberg, jetzt Man-stein　·　·	2	1677	Hamm
10. Strwolinsky, jetzt Romberg　·	2	1683	Bielefeld
11. Voss, jetzt Herzog v. Holstein　·	2	1685	Königsberg in Preussen
12. Wunsch, jetzt Kleist	2	1685	Prenzlau
13. Braun, jetzt Arnim	2	1687	Berlin
14. Graf Henkel, jetzt Lahrisch　·	2	1688	Bartenstein
Summa	28		

Namen der Inhaber	Zahl der Bataillone.	Jahr der Errichtung.	Quartierstand
Transport	28		
15. Garde, bestehend aus der Leibgarde · dem Garderegiment ·	1 2	} 1689	Potsdam
16. Romberg, jetzt Hausen · ·	2	1690	Königsberg in Preussen
17. Jung Renitz, jetzt Raumer · ·	2	1694	Coeslin, jetzt Danzig
18. Prinz von Preussen, jetzt Kronprinz ·	2	1698	Potsdam, jetzt Berlin
19. Herz. Friedrich von Braunschweig, jetzt Goetze · ·	2	1702	Berlin
20. Jung Bornstädt, jetzt Prinz v. Baden	2	1706	Magdeburg
21. Herzog von Braunschweig · ·	2	1713	Halberstadt
22. Gr. Schlieben, jetzt Klinkowström ·	2	1713	Stargard
23. Lichnowsky ·	2	1713	Berlin
24. Beville, jetzt Frankenberg · ·	2	1713	Frankfurt an der Oder
25. Möllendorf ·	2	1713	Berlin
26. Alt Woldeck, jetzt Schwerin ·	2	1714	Berlin
27. Knobelsdorf ·	2	1715	Stendal
28. Kalfstein, jetzt Ruitts	2	1722	Brieg
29. Wendessen ·	2	1725	Breslau
30. Schönfeld, jetzt Rüchel · ·	2	1728	Anclam
Summa	61		

Namen der Inhaber	Zahl der Bataillone.	Jahr der Errichtung.	Quartier-stand.
Transport	61		
31. Tauenzien, jetzt Lattorf	2	1729	Breslau
32. Prinz von Hohenlohe	2	1730	Neisse, jetzt Breslau
33. Goetzen, jetzt Pfau	2	1740	Glatz
34. Prinz Ferdinand v. Preussen	2	1740	Ruppin
35. Prinz Heinrich von Preussen	2	1740	Spandau
36. Brüning, jetzt Puttkammer	2	1740	Brandenburg
37. Wolframsdorf, jetzt Hiller	2	1740	Glogau
38. Hager, jetzt Wittingshof	2	1740	Frankenstein
39. Alt Kreutz, jetzt Crousaz	2	1740	Königsberg in d. Neum.
40. Erlach, j. Steinwehr	2	1740	Schweidnitz
41. Jung Wolbeck, jetzt Schladen	2	1741	Minden
42. Markgr. Heinrich, jetzt Lüttwitz	2	1741	Breslau, jetzt Neisse
43. Graf zu Anhalt	2	1741	Liegnitz
44. Saudi, jetzt Kunitzky	2	1742	Wesel
45. Ekartsberg, jetzt Grävenitz	2	1743	Wesel, jetzt Bayreuth
46. Pfuhl, jetzt Thiele	2	1743	Berlin
Summa	93		

Namen der Inhaber	Zahl der Bataillone.	Jahr der Errichtung.	Quartier= stand.
Transport	93		
47. Lehwald, jetzt Graf Herzberg . .	2	1743	Burg, jetzt Glatz
48. Elchmann, jetzt Kö= then . .	2	1743	Wesel
49. Schwarz, jetzt Schönfeld . .	2	1758 m	Neisse
50. Troschke f. Sterenfen	1	1772	Silberberg
51. Krokow, jetzt Han= stein . . =	2	1773	Marienburg, jetzt Danzig
52. Gr. Schwerin .	2	1773	Preussisch= Holland, f. Thoren
53. Favrat, f. Gr. v. Anh.	2	1773	Braunsberg
54. Bonin, f. Mosch .	2	1773	Graudenz
55. Kospenbahr, jetzt Hollwede . .	2	1774	Mewa, jetzt Posen
Ueberhaupt	110		

m) Eigentlich wurde dieses Regiment bereits im
Jahr 1742 errichtet, und im Jahr 1758 nur
zu einem Füselierregiment gemacht; es sollte
also Nro. 45 haben.

A. d. Uebers.

Garniſon-
regimenter. Die Garniſonregimenter ſind auf verſchiedene
Art zuſammen geſetzt; es gibt deren von einem,
und von vier Bataillonen; und da ſie entweder
gar keine Grenadier haben, oder dieſe bey den,
in der Folge vorkommenden, ſtehenden Grenadier-
bataillonen ſich befinden, und ſie zugleich an der
vorher gedachten Vermehrung keinen Antheil hatten: ſo liegt bey ihrer Zuſammenſetzung, der gewöhnliche Beſtand der Musketiercompagnien der
Feldregimenter zum Grunde, und dieſem gemäß
beſtehen diejenigen, welche vier Bataillone, oder
zwanzig Compagnien ſtark ſind, aus

80 Offizieren
200 Unteroffizieren
60 Tambours
2440 Gemeinen
20 Compagniefeldſcheerer
5 Perſonen vom Unterſtabe

Ueberhaupt : 2805 Köpfen. ")

Und nach Verhältniß dieſer wird es nun leicht
ſeyn, die Stärke derjenigen, welche nur ein Bataillon, oder fünf Compagnien ausmachen, zu
beſtimmen.

Verzeich-

n) Um die Leſer nicht durch unaufhörliche Berichtigungen zu ermüden, habe ich hier ſolche gleich
in den Text gebracht, und dieſen der Wahrheit
gemäß abgeändert. Die Herrn Verfaſſer hatten dieſen Regimentern dreyßig Feldſcheerer
gegeben.

A. d. Ueberſ.

Verzeichniß der preuſſiſchen Garniſon-regimenter. o)

Namen der In-haber.	Zahl der Batail-lone.	Jahr der Errich-tung.	Quartierſtand.
1. Boſe	4	1714	Roeſel, in Oſt-preuſſen
2. Plrch	4	1715	Schibliß bey Danzig
3. Wittinghofen	1	1715	Colberg
4. Hülſen	1	1748	Acken
5. Natalis	4	1741	Croſſen
6. Saff	4	1741	Coſel
7. Kowalſky	4	1741	NeuſtadtEberß-walde
8. Heucking	4	1741	Glaß
9. Salenmon	1	1743	Geldern
10. Oven	4	1743	Neiſſe
11. Berrenhauer	4	1743	Heiligenbeil
12. Courbiere	1	1744	Embden p)
Ueberhaupt	36		

o) Dieſe Garniſonregimenter ſind, wie der An-hang zeigen wird, unter der Regierung Friedrich Wilhelm II. aufgehoben, oder vielmehr in an-dere Regimenter umgebildet worden.

A. d. Ueberſ.

p) Obgleich die mehreſten dieſer Regimenter in mehrern, von den Herrn Verfaſſern nicht ange-führten, kleinen Städten einquartiert lagen: ſo habe ich doch dieſe nicht hinzugeſetzt, ſon-dern nur den Ort, wo der Stab ſtand, ange-

B

Stehende Grenadier- bataillone.

Ferner gibt es, außer dieſer Infanterie, noch einige für ſich beſtehende und beſtändig zuſammen gezogene Grenadierbataillone, welche größtentheils aus den Grenabieren der Garniſonregimenter zuſammen geſetzt und ebenfalls nicht vermehrt worden ſind. Ihre Anzahl beläuft ſich auf ſieben, und die Stärke derjenigen, welche nur vier Compagnien ausmachen, auf

17 Offizier

36 Unteroffizier

16 Spielleute

560 Gemeine, mit Inbegriff
der Zimmerleute

4 Compagniefeldſcheerer

3 Perſonen vom Unterſtabe

Ueberhaupt auf   636 Köpfe.

Das erſte derſelben beſteht indeſſen aus ſechs Compagnien, nämlich aus den Grenabieren der Garniſonregimenter Nro. 3, 4, (welche aber nur ein Bataillon ſtark ſind, und alſo jedes nur eine Compagnie dazu geliefert haben) Nr. 7 und aus zwey in Charlottenburg ehedem gelegenen Compagnien. Dieſem gemäß iſt es denn auch um ein Drittheil ſtärker, als die übrigen. Jedoch werden, bey den Muſterungen und im Kriege, die beyden Compagnien des Garniſonregiments Nro. 7

führt, weil, wie gedacht, dieſe Regimenter aufgehoben worden ſind.

A. d. Ueberſ.

davon getrennt, und mit den beyden Grenadiercompagnien des Feldregiments Nro. 36 zu einem
besondern Bataillon vereint. Sein Quartierstand
ist Treuenbriezen.

Das zweyte dieser Bataillone besteht aus den
Grenadiercompagnien der Feldregimenter Nro. 45
und 48. Sein Quartierstand ist Magdeburg.

Das dritte Bataillon besteht aus den Grenadiercompagnien der Feldregimenter Nro. 41 und
44. Sein Quartierstand ist Magdeburg.

Das vierte Bataillon besteht aus den vier
Grenadiercompagnien der Garnisonregimenter,
Nro. 1 und 2. Sein Quartierstand ist Königs-
berg in Preussen.

Das fünfte Bataillon besteht aus den vier
Grenadiercompagnien der Garnisonregimenter
Nro. 5 und 10. Sein Quartierstand ist Bres-
lau und Glogau.

Das sechste Bataillon besteht aus den vier
Grenadiercompagnien der Garnisonregimenter Nr.
6 und 8. Sein Quartierstand ist Neisse und
Brieg.

Das siebente dieser Grenadierbataillone besteht aus vier Grenadiercompagnien des Garnison-
regimentes Nro. 11. Sein Quartierstand ist
Königsberg in Preussen. q)

B 2

_____

q) Auch diese Grenadierbataillone sind, wie der
Anhang zeigen wird, umgeschaffen worden.
A. d. Uebers.

Die übrigen, in Kriegszeiten oder in Uebungslägern, aus den Grenadieren gebildeten Bataillone sind auf folgende Art zusammen gesetzt:

Das 1te aus den Grenad. Compag. der Feldregim.
N. 30 u. 47

— 2te —	—	— 29 u. 31
— 3te —	—	— 38 u. 33
— 4te —	—	— 51 u. 52
— 5te —	—	— 2 u. 16
— 6te —	—	— 26 u. 23
— 7te —	—	— 17 u. 22
— 8te —	—	— 21 u. 27
— 9te —	—	— 9 u. 10
— 10te —	—	— 15 u. 18
— 11te —	—	— 24 u. 39
— 12te —	—	— 35 u. 46
— 13te —	—	— 3 u. 6†)
— 14te —	—	— 5 u. 20
— 15te —	—	— 4 u. 53
— 16te —	—	— 19 u. 25
— 17te —	—	— 11 u. 14
— 18te —	—	— 13 u. 1
— 19te —	—	— 12 u. 34

†) Von dem erstern Regimente, das aus drey Bataillonen besteht, sind dabey drey, und von dem letztern, der alten Grenadiergarde, welche nur Ein Bataillon stark ist, nur eine Compagnie befindlich.

A. d. Uebers.

Das 20te aus den Grenad. Compag. der Feldregim.

N. 40 u. 43

— 21te — — — 7 u. 8

— 22te — — — 28 u. 32

— 23te — — — 37 u. 42

— 24te — — — 54 u. 55

— 25te — — — 36 und

zwey Compagnien des ersten stehenden Grenadierbataillons, oder die Grenadier von dem Garni-
sonregiment Nro. 7. s)

Wiederholung.

110 Bataillons Feld-Infanterie

36 Bataillons Garnison-Infanterie

7 stehende Grenadierbataillons

25 nur in Kriegszeiten, und in den
Uebungslägern, aus den Regimentern gezogene Grenadierbataillons.

Ueberhaupt 178 Bataillons.

B 3

s) Da ein aufmerksamer Leser ohnfehlbar bemerken würde, daß in diesem Verzeichniß von den
Grenadierbataillonen keine Grenadiere von den
Regimentern Nro. 49 und 50 vorkommen: so
will ich, was die Herrn Verfasser selbst wahr-
scheinlicher Weise entweder nicht bemerkt, oder
warum sie sich nicht bekümmert haben, hier bemerken, daß das Regiment Nro. 49 keine
eigentlichen Grenadiere, sondern ursprünglich
zwey Compagnien Mineur, und das Regiment

leichte Infanterie befand ſich lange Zeit nicht im preuſſiſchen Heere. Friedrich ſah endlich die Nothwendigkeit davon ein.   In ſeinen beyden erſtern ununterbrochen ſiegreichen Kriegen fand er ſich dennoch immer von allen Seiten von den feindlichen leichten Truppen umgeben; die Unterhaltung wurde ihm erſchwert, der Mundvorrath ſowohl als das Pferdefutter konnten immer nur mit Mühe in das Lager gebracht werden; mit einem Worte, er konnte kaum ſich gegen Feinde im Felde behaupten, die er unaufhörlich ſchlug. Dieſen Fehler verbeſſerte er während dem Laufe des ſiebenjährigen Krieges ; er errichtete eine Menge leichter Truppen zu Fuß, und vermehrte auch die Anzahl leichter Cavallerie = Regimenter.

Jene nannte man damals Freybataillons. Aber Friedrich machte ſich gegen ſie, ſo wie gegen die neu errichteten leichten Cavallerie = Regimenter einer Handlung ſchuldig, welche man unter die kleine Anzahl derjenigen ſetzen muß, bey welchen er außerordentlich hart erſcheint, ob ihm gleich dieſe Härte, unſers Erachtens, keinesweges natürlich war. Man führte dieſe Regimenter, nachdem der Friede zu Hubertsburg war geſchloſſen worden, nach den preuſſiſchen Feſtungen Magde-

Leichte Infanterie.

Nro. 50, als aus einem Bataillon beſtehend, deren nur eine Compagnie hatte, und überhaupt blos zu einem Beſatzungsregiment für die Feſtung Silberberg errichtet wurde.

A. d. Ueberſ.

burg, Glogau, Wesel. Wie sie dem bedeckten
Wege sich näherten, fanden sie die Besatzung
unter den Waffen; diese umringte sie, und ließ
sie das Gewehr strecken, und die Reiterey absitzen.
Hierauf wurde den Offiziers bekannt gemacht, daß
sie hingehen könnten, wohin sie wollten, und daß,
wenn der König gleich diejenigen, welche sich
Vorzugsweise gut gehalten hätten, vielleicht wie=
der anstellte, doch auch diese hierauf nicht mit
Gewißheit rechnen dürften. ¹) Die Inhaber der

B 4

¹) Auf solche Art erzählen die beyden Herren Verfaßer des Werkes den Hergang dieser Sache:
und obgleich beyde nicht Augenzeugen waren;
so erzählen sie ihn denn doch nicht anders, als
er gewöhnlich in der militärischen Welt erzählt
wird. Es ist indeßen zu bedauern, daß beyde
nicht mehr Untersuchung und Nachdenken auf
diesen Gegenstand verwandt, und den Vorfall
bloß so dargestellt haben, wie er ihnen wahrscheinlicherweise von Personen, welche auf irgend eine Art dabey gelitten hatten, berichtet
worden ist. Nun erlaube man auch einem Augenzeugen ihn zu erzählen. Erstlich wurde keinesweges allen Offizieren angekündigt, daß sie
hingehen könnten, wohin sie wollten, sondern
mehrere derselben, und nicht bloß von denjenigen, welche vorher bey regelmäßigen Regimentern gestanden hatten, wurden unmittelbar
wieder bey dergleichen, wo Offizierstellen offen
waren, angestellt. Das Regiment selbst, bey
welchem der Verfaßer dieser Anmerkungen stand,
erhielt deren drey; und der General von Seidlitz

Compagnien waren genöthigt, die Waffen und

nahm seinen damaligen erſten Generaladjutanten, obgleich ſolcher nicht vorher bey einem regelmäßigen Regimente gedient hatte, aus einem dergleichen aufgehobenen leichten Dragoner-Regi-
mente. Zweytens, war es dem Könige ſo ſehr
Ernſt, diejenigen Offiziere der leichten Truppen, welche auf irgend eine Art beybehalten zu
werden verdienten, wieder unterzubringen, daß
er (wie es jeder alte Offizier noch wiſſen muß)
in der ganzen Armee bekannt machen ließ, er
würde allen denjenigen Offizieren von den regelmäßigen Regimentern, welche ihren Abſchied
verlangten, ſolchen ertheilen. Noch mehr, die
Inhaber dieſer Regimenter erhielten ſogar den
Befehl, auch diejenigen ihrer Offiziere, welche,
auf irgend eine Art, ſich des Dienſtes unwerth
gemacht hätten, oder ſonſt dazu unfähig wären,
wenn ſolche gleich nicht von ſelbſt ihren Abſchied
fordern ſollten, dazu vorzuſchlagen. Dieſes
geſchah denn doch wohl in der Abſicht, um
Platz für jene Offizier der Freyregimenter zu
erhalten? Und der Erfolg bewies, daß es deswegen geſchah; denn die erledigten Stellen
wurden zum Theil mit jenen beſetzt. Drittens,
wie hätte Friedrich es wohl anfangen ſollen,
oder können, um diejenigen, welche nicht wieder angeſtellt werden konnten, oder angeſtellt
wurden, zu befriedigen? Sollte er etwan die
ſämtlichen Freyregimenter beybehalten? Aber
dieſes werden wenigſtens unſre Herrn Verfaſſer
nicht verlangen, da ſie ganz ausdrücklich ſchon
im 1ten Bande ihres Werkes und in der Folge
behaupten, daß bereits die, von Friedrich II.

das Geräthe ihrer Mannschaft abzuliefern, ohne

B 5

während dem Frieden gewöhnlich unterhaltene
Anzahl von Truppen, nicht in Verhältniß mit
der Bevölkerung und den Einkünften des preuß=
ßischen Staates stand, und daß die ungeheure
Größe dieser seiner Armee ein sehr großes Uebel
war. Oder sollte er jenen Offizieren besondere
Pensionen geben? Woher aber, wären diese zu
nehmen gewesen?/ Aus dem Schatze? der war
ausgeleert. Es hätten also neue, besondre
Auflagen dazu gemacht werden müssen. Und so
etwas könnten die Ankläger Friedrichs II. in
dem gegenwärtigen Falle zu einer Zeit verlangt
haben, wo die preussischen Staaten größtentheils erschöpft, zu Grunde gerichtet, und
zum Theil sogar in Wüsteneyen verwandelt waren! Man muß wirklich nichts, gar nichts
anders, als Soldat seyn, um dergleichen
Dinge zu fordern. — Und endlich hatte
Friedrich II. keinem dieser Regimenter (mit
Ausnahme eines einzigen,) sein Wort gegeben, daß es auch im Frieden beybehalten
werden sollte, und schon daraus, daß sie im
Kriege errichtet wurden, hätten sie schließen
können, und sollen, daß man sie nur für den
Krieg errichtete. Sie konnten also ihr Schicksal zum voraus wissen, und hatten folglich
auch minder Recht, sich zu beschweren. Freylich wollten sie dieses nicht wissen, und behaupteten zum Theil, daß sie auf immer wären errichtet worden; aber durch eine bloße Behauptung
wird eine Sache noch nicht wahr. Ich setze
noch hinzu, daß, außer den, bey den regelmä-

im geringſten dafür entſchädigt zu werden. u)

ßigen Regimentern wieder untergebrachten Offizieren von dieſen Freyregimentern, mehrere derſelben bey der damals errichteten Werbe-Com-
miſſion, als Werbe-Offiziere angeſtellt wurden,
daß mehrere, beſonders in der Folge, bürgerliche Bedienungen erhielten u. ſ. w. und ich glaube
zugleich mit Gewißheit ſagen zu können, daß
wenn auch alle wären verſorgt worden, doch
die Unzufriedenheit derſelben dadurch nicht würde
gemindert worden ſeyn. Dieſe entſprang eigentlich daraus, daß ſie, wie jeder, welcher den
Soldatengeiſt kennt, fühlen wird, durch die
Aufhebung der Regimenter, bey welchen ſie
geſtanden hatten, das Anſehn zu erhalten
glaubten, als ob ſie bey unnützen, unbedeutenden Corps gedient hätten; und dieſes Anſehn
will natürlich keiner gern haben. — Durch
alles dieſes verlange ich indeſſen nicht, dieſe
Sache überhaupt, oder an und für ſich, zu
rechtfertigen; ſie hätte, blos als ſolche allerdings ganz anders ausfallen können, oder anders ausfallen ſollen. Es frägt ſich nur, ob
ſie, unter den gegebenen Umſtänden,
anders ausfallen konnte? Es frägt ſich, ob das,
was durch die Lage und die Verhältniſſe eines
Menſchen nothwendig gemacht wird, dem
Charakter deſſelben angerechnet werden dürfe?
　　　　　　　　A. d. Ueberſ.

u) Mit Erlaubniß unſerer Herrn Verfaſſer iſt dieſes, gerade heraus geſagt, nicht wahr, wenigſtens nicht gänzlich wahr. Die Sache verhält
ſich auf folgende Art: Die Inhaber von den

Diese Handlung ist barbarisch und grausam.

Compagnien der bey der Preussischen Armee errichteten Freyregimenter hatten von dem Könige nichts, gar nichts zu fordern. Gewehr und Waffen, Kleidungsstücke und Feldgeräthe für ihre Mannschaft, so wie die Pferde für die Reiterey, waren ihnen, vom Anfange an, von dem Könige geliefert worden; und wenn gleich verschiedene derselben, um zu dem Besitze von Compagnien zu gelangen, denjenigen, welche diese Regimenter oder Bataillone errichteten, anfänglich eine Summe Geldes gegeben haben sollten (welches leicht möglich seyn kann,) so war doch dieses nie auf Befehl des Königes geschehen, nie von ihm zur Bedingung, unter welchen sie Compagnien erhalten könnten, gemacht worden. Welche Ansprüche an ihn zu machen waren sie also berechtigt? Aber Friedrich II. hatte auch die, bey der allirten Armee befindlichen leichten Truppen, nach dem Friedensschlusse zu Versailles, und ehe er noch seines Friedens mit dem Hause Oesterreich gewiß war, in Sold genommen; und die Offiziers derselben waren, um die Worte der Herrn Verfasser zu gebrauchen, „durch die Befehle des Königs „aufgemuntert worden, ihre Compagnien voll„zählig zu machen, sie gut zu bewaffnen und „auszurüsten, und besonders sich unter einan„der hiebey zu unterstützen, weil mehrere unter „ihnen, während dem Kriege, ihre Beutel ge„füllt hatten, und andre dagegen gänzlich arm „waren.‟ Sie hatten indessen mit jenen ein gleiches Schicksal; sie wurden wie jene, und auf eben solche Art, aufgehoben: und nun frägt

Wenn gleich verschiedene dieser Offiziere eben so
sehr das Räuber- als das Soldaten-Handwerk
getrieben hatten: so kam es doch keinem Könige
zu, das Wiedervergeltungsrecht an ihnen zu üben,
und am allerwenigsten Friedrich II., dessen Länder
nicht von ihnen waren geplündert worden. Auch
fanden sich mehrere rechtschaffene Männer unter
ihnen, welche ein besseres Geschick verdient hatten.
Was die Unteroffizier und Gemeinen anbetrifft:
so wurden diejenigen, welche preussische Unttertha-
nen waren, gänzlich entlassen und ins Land zurück

es sich, wie viel die Inhaber von den Compagnien bey den letztern, von ihrem eigenen Vermögen, in dieser sehr kurzen Frist von einigen
Monaten, auf ihre Ausrüstung zu den Diensten Friedrichs II. verwandten? Ob sie vorher
schon gewisse Compagniengelder (woran sich
doch mit Recht zweifeln läßt) hatten erlegen
müssen? u. d. m. Da es mir an genauen Nachrichten hierüber fehlt, und ich den, zwischen
Friedrich II. und dem Befehlshaber dieser Truppen, dem General Bauer geschlossenen Vertrag
nie zu Gesichte bekommen habe: so getraue ich
mir nicht hierüber etwas zu entscheiden, und
schränke mich blos auf Widerlegung der im
Texte behaupteten Allgemeinheit dieses Satzes
ein. Was in diesem Texte sonst noch von den
Absichten des Königs bey dieser Sache erzählt
wird, gehört in die Geschichte desselben; und ist
oben drauf nicht einmal gegründet; es ist also
gänzlich weggeblieben.

A. d. Heberf.

geschickt, die Ausländer aber den regelmäßigen Regimentern einverleibt, und die Pferde unter die Landbewohner und Dörfer ausgetheilt.

Der schätzbare und scharfsinnige Verfasser des zu wenig bekannten Werkes, über den Einfluß x) des Schießpulvers auf die Kriegskunst, sagt, daß, wenn leichte Truppen blos bey dem Anfange eines Krieges errichtet, und nach Endigung desselben wieder abgedankt werden, dieses, nothwendigerweise, Einfluß auf den Geist derselben haben, und sie raubsüchtig, so wie höchst unsicher machen, und ihren Muth bey allen Gelegenheiten, wo sie nicht eine der Gefahr angemessene Beute sich versprechen dürfen, schwächen wird, daß sie nur durch eine dauerhaftere Einrichtung zu etwas besserm gemacht werden können. Man wird leicht einsehen, daß die Abdankung derselben nach dem siebenjährigen Kriege, Friedrich II. für die Zukunft keine bessern zu verschaffen im Stande war. Auch hatte er alle mögliche Ursache mit denen unzufrieden zu seyn, welche für den Bayerischen Erbfolgekrieg angenommen wurden. Wenigstens scheint er, gegen das Ende seiner Tage, den Vorsatz gefaßt zu haben, dieser Art von Truppen eine beständige Dauer in seinem Heere zu geben; er ließ deren drey Regimenter errichten, zu welchen er die Offiziers ernannte, und wovon jedes aus zehn Compagnien bestehen, und

x) Der nunmehr verstorbene Herzogl. Braunschweigische Ingenieur Obristlieutenant Mauvillon.

42 Offizier

100 Unteroffizier

30 Tambour

1220 Gemeine

10 Compagnie = Feldſcheerer

4 Perſonen vom Unterſtabe

———

Ueberhaupt 1406 Köpfe
ſtark ſeyn ſollte. Aber er erlebte es nicht, ſie ganz
vollzählig zu ſehen ʸ). Dieſes indeſſen war das
einzige Mittel, der leichten, ſo vortrefflichen Infanterie des Hauſes Oeſterreich, im kleinen Kriege
gehörigen Widerſtand leiſten zu können. Die
Croaten beſitzen von Natur alle Eigenſchaften,
welche zu dieſem Dienſte erforderlich ſind; ſie ſind
alle Jäger, weil in einem noch wenig angebauten
und beynahe ganz wilden Lande, die Jagd eines
der wichtigſten Mittel zum Unterhalte des Lebens
iſt; ſie werden alle zu der härteſten Lebensart erzogen, weil der Zuſtand ihres Landes und ihrer Cultur keine andre geſtattet. In ſolchen Lagen fehlt
es den Menſchen faſt niemals an Muth; und die
natürlichen Folgen dieſer Lage ſind zugleich, daß
die Croaten, ehe wie andre Menſchen, die Gegenden wo ſie hinkommen, richtig zu beurtheilen,
und ſich in ihnen gleichſam zurecht zu finden wiſſen,
daß ſie zu ihrer Unterhaltung wenig bedürfen, oder

ʸ) Auch dieſe Regimenter ſind, wie der Anhang
zeigen wird, unter der Regierung ſeines Nach-
folgers, umgeſchmolzen worden.

A. d. Ueberſ.

den Mangel daran ohne Unwillen ertragen, und
daß ihre Wachsamkeit nicht so leicht ermüdet.
Außerdem sind solche dem Hause Oesterreich
äußerst zugethan, und verstehen kein Wort von
der Sprache des Landes, in welches man sie zum
Kriege hinführt; und ob nun gleich der letztere
Umstand sie in mancherley Schwierigkeiten ver-
wickelt, und zuweilen nöthigt, Gewalt statt List
zu gebrauchen: so ist die natürliche Wirkung bey-
der doch, daß sie fast nie zu ihren Feinden übergehen, oder selbstflüchtig werden. Auch hat das
Haus Oesterreich den größten Theil seines kriegerischen Ruhmes seinen Croaten und Husaren zu verdanken. Ohne solche würde es in dem Kriege vom
Jahre 1740, und selbst in dem siebenjährigen
Kriege gänzlich untergelegen haben.

Ein anderes Corps, welches im Ganzen zu **Fußjäger.**
den preussischen leichten Truppen gezählt werden
kann, sind die Fußjäger. Friedrich II. hatte
deren im Anfange des siebenjährigen Krieges nur
einige sechzig; aber diese leisteten ihm so gute
Dienste, daß er solche, während diesem Kriege,
bis auf ein Bataillon vermehrte. Sie wurden
im Frieden auf diesen Fuß beybehalten; und wie
der König die Errichtung regelmäßiger leichter
Truppen beschloß, auf zwey Bataillone gesetzt.
Dieses ist ein sehr gutes, aus den Söhnen von
Jägern und Unterförstern gebildetes Corps,
dessen Mannschaft dadurch, daß solche eine bessere
Art von Erziehung, als der ganz gemeine Mann

erhalten hat, eines größeren Gefühles von Ehre
fähig, und alſo auch ſicherer und treuer iſt. Eine
Neuerung indeſſen, welche Friedrich II. einige
Jahre nach dem ſiebenjährigen Kriege darin einführte, hätte es bald um den Ruhm der Treue
bringen können, ob gleich die Wirkung dieſer
Neuerung zu gleicher Zeit das Daſeyn jenes Gefühls von Ehre bewieß. Es war nämlich urſprünglich mit Büchſen bewaffnet geweſen; eine
ſolche Büchſe iſt das gewöhnliche Gewehr eines
Jägers; aber dieſes Gewehr hat im Kriege allerhand Nachtheile. Es ladet ſich langſamer; und,
wenn der Jäger auf freyes, offenes Feld kommt,
ſo iſt er, da es kein Bajonet hat, verloren. Das
Jägercorps ſelbſt hatte im ſiebenjährigen Kriege,
auf dem Rückzuge von Berlin nach Spandau, die
Erfahrung hiervon gemacht; und der König, in
Erwägung deſſen, beſchloß, ſtatt der Büchſen ihm
gewöhnliche Flinten mit Bajonets zu geben. Aber
ſo vortheilhaft dieſe Neuerung vielleicht auch ſeyn
mochte: ſo urtheilten die Jäger ſelbſt anders davon, und lehrten dadurch, daß man bey Einführung militäriſcher Neuerungen auch auf die Vorurtheile des gemeinen Mannes Rückſicht nehmen
muß. Sie hielten ſich dadurch für entehrt, waren misvergnügt, verrichteten ihren Dienſt ſchlechter als vorher, und in dem Bayerſchen Erbfolgkriege riß die Feldflucht unter ihnen ein. Wie der
König hievon unterrichtet wurde, gab er den neu-
angeworbenen wieder Büchſen, dergeſtalt, daß
bey ſeinem Abſterben dieſes Corps, zum Theil mit

gezo-

gezogenen, zum Theil mit glatten Büchsen, zum Theil mit gewöhnlichen Flinten und dazu gehörigen Bajonets, bewaffnet war. ")

Folgendes war also der damalige Bestand der Preussischen leichten Infanterie:

Das Regiment Fußjäger, das sich damals auf 720 Gemeine belief, und seinen Quartierstand zu Mittelwalde und Zossen in der Mark hat.

Das, aus Schweizerischen Freywilligen bestehende, zehn Compagnien starke Regiment Müller, in Besatzung zu Xanten am Rhein

Das Regiment Chaumontel von zehn Compagnien, in Besatzung zu Löwenberg in Niederschlesien.

Das Regiment Arnaud von zehn Compagnien, in Besatzung zu Conitz in Ostpreussen.

II. Reiterey.

Die Preussische Reiterey überhaupt ist aus drey verschiedenen Arten von Truppen, aus sogenannten Kürassieren, aus Dragonern, und aus Husaren, zusammen gesetzt.

Jedes Regiment Kürassier ist in fünf Schwa- *Kürassier.* dronen abgetheilt, und jede dieser Schwadronen besteht aus zwey Compagnien, welche zusammen nur eine Estandarte haben, bey den Uebungen,

a) Jetzt führt das ganze Corps wieder Büchsen.
A. d. Uebers.

C

auf Märſchen u. ſ. w. miteinander verbunden ſind, und dann von demjenigen Compagnie - Inhaber unter ihnen, welcher, dem Range nach, der älteſte iſt, geführt werden. ª)   Hievon iſt jedoch die Garde du Corps ausgenommen; ſie iſt nur drey Schwadronen ſtark, und dieſe ſind nicht wieder in Compagnien abgetheilt.

Ein ſolches Regiment von fünf Schwadronen oder zehn Compagnien, beſteht aus

$$37 \text{ Offizieren}$$
$$70 \text{ Unteroffizieren}$$
$$12 \text{ Trompetern, mit Inbe-}$$
griff des Paukers
$$720 \text{ Gemeinen, mit Inbegriff}$$
der 60 ſogenannten Uebercompletten oder Unberittenen.

Ueberhaupt - 839 Dienſtleuten.

Hiezu kommen noch   5 Schwadr. Feldſcheerer
$$10 \text{ Fahnenſchmiede}$$
$$7 \text{ Unterſtabsperſonen.}$$

Ueberhaupt - 861 Köpfe.
und   - 742, vom Könige unterhaltene Pferde.

ª) Unter der gegenwärtigen Regierung ſind die Küraſſierregimenter auch aus zehn Compagnien auf fünf Schwadronen geſetzt worden.

A. d. Ueberſ.

Folgendes ist das Verzeichniß dieser
Regimenter.

Namen der Inhaber.	Zahl der Schwadronen	Jahr der Errichtung.	Quartier-stand.
1. Bohlen, jetzt Dolffs	5	1666	Breslau
2. Backhoff, jetzt Marwitz	5	1666	Kyritz
3. Leibregiment	5	1672	Schönebeck
4. Mengden	5	1672	Neustadt in Oberschlesien
5. Prinz Ludwig von Würtenberg	5	1683	Treptow an der Rega
6. Rohr, jetzt Byern	5	1688	Aschersleben
7. Kalkreuth, jetzt Borstel	5	1689	Salzwedel
8. Pannewitz, jetzt Gr. v. Görtz	5	1690	Ohlau
9. Braunschweig, jetzt Manstein	5	1691	Oppeln
10. Gensd'armes	5	1691	Berlin
11. Carabinier	5	1692	Rathenau
12. Dalwig	5	1695	Ratibor
13. Garde du Corps	3	1740	Potsdam
Summa	63		

36   **Vom Preussischen**

Dragoner.   Ein Regiment Dragoner besteht gewöhnlich aus fünf Schwadronen; doch gibt es deren auch, welche zehn Schwadronen, und also noch einmal so stark sind. Diese sind wieder in zwey Bataillone abgetheilt, vorzüglich damit der Felddienst während eines Krieges, von allen Regimentern gleich verrichtet werden könne. Auch hat diese Abtheilung insofern ihren Nutzen, als dergleichen Regimenter sich nun leichter, wenn es nothwendig ist, welches öfters sich zuträgt, in zwey verschiedene Corps trennen lassen.

Die Stärke eines Dragonerregimentes von fünf Schwadronen beläuft sich auf

       37 Offizier
       70 Unteroffizier
       10 Trompeter
       5 Tambour
       6 Hautboisten
       720 Gemeine, mit Inbegriff der 60 sogenannten Uebercompletten od. Unberittenen. b)

Ueberhaupt   -   848 Dienstleute
Hiezu kommen   -   5 Schwabr. Feldscheerer
       5 Fahnenschmiede
       7 Unterstabspersonen

Ueberhaupt   -   865 Köpfe
und   -   750, vom Könige unterhaltene Dienstpferde.

b) Die Herren Verfasser hatten jedem Dragoner-

Verzeichniß der Dragonerregimenter.

Namen der Inhaber	Zahl der Schwadron.	Jahr der Errich- tung.	Quartier- stand
1. Gr. v. Roccum, j. izt Pr. Ludw. v. Preussen ·	5	1690	Schwedt
2. Wahlen, jetzt Schmet- tau · · ·	5	1690	Lüben, in Nie- derschlesien
3. Thun, jetzt Prittwitz	5	1705	Friedeberg
4. Goetzen, jetzt Katte	5	1705	Landsberg an der Warte
5. Markgraf von An- spach · · ·	10	1717	Pasewalk
6. Posadowsky, jetzt Werther · ·	10	1717	Königsberg in Preussen
7. Bork, jetzt Schenk · ·	5	1725	Tilsit
8. Platen, jetzt Barde- leben · ·	5	1725	Insterburg
9. Zitzwitz, jetzt Bruck- ner · · ·	5	1727	Riesenburg
10. Rosenbruch, jetzt Frankenberg · ·	5	1727	Osterrode
11. Bosse, jetzt Voß ·	5	1741	Sagan
12. Kalkreuth, jetzt Bieberstein · ·	5	1748	Greiffenberg
Summa	70		

C 3

regimente 740 Gemeine, aber dafür auch wieder nur 740 Dienstpferde zugeeignet.

A. d. Ueberf.

Huſaren.   Was die Huſaren anbetrifft: ſo iſt ſchon ihr Name allein und ihre Tracht ein entſcheidender Beweis von der Ueberlegenheit der leichten Truppen des Hauſes Oeſterreich. Urſprünglich beſtanden die öſterreichiſchen Huſaren eigentlich aus Ungariſchen Edelleuten, welche in Kriegszeiten ſich beritten machten. Der Ungar hat von Natur viel Geiſt, und ſogar Verſchlagenheit; er bewohnt ein Land, welches Ueberfluß an Pferden, und noch viel wüſte, unangebaute Gegenden hat; und da in einem ſolchen Lande wenig Arbeit ſtatt findet; ſo beſchäftigt er ſich mit der Abrichtung ſeines Pferdes, und erlangt eine ganz beſondere Geſchicklichkeit in dieſer Art von Reiterey. Die geringe Bevölkerung dieſes Reiches und die weit von einander zerſtreuten Wohnſitze, nöthigten ihn, auf die Gegend aufmerkſam zu ſeyn, damit er bey ſeinen Herumſtreifereyen den Rückweg wieder finden könne. Auf dieſe Art erzogen, iſt er, mit einem Worte, ein von ſelbſt gebildeter leichter Reiter, und bedarf keiner Anweiſung. Aber es fehlt viel, daß ein Landbewohner aus andern Gegenden, welchem man die Rüſtung eines Huſaren anzieht, deswegen ſchon ein Huſar wäre. Der König von Preuſſen hatte indeſſen die leichten Truppen ſeiner Feinde hierin zum Muſter genommen, die ungariſchen Huſaren nämlich und die Ulanen oder Koſaken.

Ein preuſſiſches Huſarenregiment beſteht aus:

52 Offizieren
110 Unteroffizieren
10 Trompetern
1320 Gemeinen

Ueberhaupt 1492 Dienſtleuten.
Hiezu kommen 10 Schwadronenfeldſcheerer
10 Fahnenſchmiede
4 Unterſtabsperſonen.

Zuſammen 1516 Köpfe
und 1440 vom König unterhaltene
Pferde.

Verzeichniß der Huſarenregimenter.

Namen der Inhaber	Zahl der Schwadron.	Jahr der Errich-tung.	Quartier-ſtand.
1. Czettritz	10	1721	Herrnſtadt
2. Eben, jetzt Söckingk	10	1730	Berlin
3. Rocoszegy, j. Köhler	10	1740	Bernſtadt
4. Prinz Eugen von Würtenb. j. Lebewarp	10	1740	Oels
5. Hohenſtock, j. Suter	10	1741	Goldap
6. Groeling, jetzt Wolff radt	10	1741	Preiskret-ſcham
7. Uſedom, jetzt Trenk	10	1743	Ruttno
8. Schulenburg, jetzt Blücher	10	1758	Stolpe
9. Die Bosniaken	10	1760	Lyck
10. Wuthenow, j. Wolfy	10	1773	Solbau
Summe	100		

Wiederholung.

Küraſſier	· ·	63 Schwadronen
Dragoner	· ·	70 ———
Huſaren	· ·	100 ———
Ueberhaupt	·	233 Schwadronen

Die Generale, welche dieſe Truppen führen, ſind folgende:

Der regierende Herzog von Brannſchweig iſt bald nach dem Abſterben Friedrich II. zum Feldmarſchall ernannt worden. Die öffentliche Stimme nennt ihn den erſten Feldherren von ganz Europa; und was unbegreiflich, aber darum nicht minder wahr iſt, er verſteht den kleinen Dienſt eben ſo genau und vollkommen, als er groß in den höhern Theilen der Kriegskunſt iſt. c)

c) Wir haben das Glück gehabt, dieſen Fürſten öfters in der Nähe zu ſehen, und ſind überzeugt, daß er in allen Klaſſen der bürgerlichen Geſellſchaft und in allen Ständen des menſchlichen Lebens, ein Mann von ausgezeichnetem Verdienſte würde geweſen ſeyn. Wir haben keinen einzigen Zweig von der Wiſſenſchaft der Staatsverwaltung entdecken können, von welchem er nicht eben ſo vollkommen richtige Grundſätze, als eine unermeßliche Kenntniß der kleinen Umſtände gehabt hätte. Er hat für uns nichts gethan, wird und kann für uns nichts thun, als durch ſeine Achtung uns, in unſern eigenen Augen, ſchätzbar machen; und wir dürfen uns

Die brey Generale ber Infanterie find bie
Prinzen Heinrich und Ferbinand, und ber Herr
von Tauenzien,ᵈ) ein Offizier von mehr als gewöhnlichen Fähigkeiten.

Unter ben Generallieutenants ber Infanterie,
beren funfzehn find, verbient ber Herr von Möl-
lenborf ᵉ) eben fo fehr feiner Tugenben, als feiner
Einfichten wegen, Ehrerbietung. Den Herrn
von Sengefelbᶠ) haben wir, wegen feiner Gefchick-
lichfeiten, loben hören; und ber Herr von Anhalt ᵍ)

E 5

fchmeicheln, baß wenig Menfchen, vermöge ihres Charafters, fo wenig bem Verbachte von
Lobrebnerey als wir ausgefetzt find. Aber auch
ber ftrengfte Schriftfteller, ber immer, ohne
Furcht und ohne Anfehn ber Perfon, feine Meynung frey gefagt hat, ift ber außerorbentlichen
Erfcheinung eines fo allgemeinen Talents und
befonbers bem auf immer ehrwürbigen Beyfpiele
einer eben fo fehr erleuchteten, als väterlichen
Staatsverwaltung, beren glückliche Wirkungen,
in Rückficht auf bie Zerrüttung, worin biefer
Fürft feine Länber fanb, wirflich unbegreiflich
fcheinen, feinen Beyfall fchulbig.

A. b. Verf.

d) Ift geftorben.

e) Gegenwärtig General-Felbmarfchall.

f) Ift geftorben.

g) Erhielt balb nach Antritt ber Regierung Frie-
brich Wilhelm II. jeboch mit bem Zufatz, „baß
wenn ber König ihn zu gebrauchen Gelegenheit
hätte, er ihn wieber anftellen würbe, und baß

iſt als ein Mann von großen militäriſchen Talenten
bekannt, aber hart bis zur Wildheit und vielleicht
durch einen unglücklichen Fall mit dem Pferde eben
ſo ſehr innerlich, als äußerlich, am Kopfe beſchä-
digt worden.

Außer dieſen gibt es noch fünf und dreyßig
Generalmajors von der Infanterie, unter welchen
der Herr von Gaudi bemerkt zu werden verdient.
Er iſt der ſcharfſinnigſte, ſo wie der gelehrteſte
Lehrer der Kriegskunſt; ſeine handſchriftliche Geſchichte des ſiebenjährigen Krieges, beſonders bis
zum Jahre 1759, ſoll ein Meiſterſtück ſeyn. h)
Uebrigens finden ſich unſtreitig unter der Anzahl
von dieſen Generalmajoren noch mehrere ſehr
einſichtige und fähige Anführer; aber ſie ſind
uns nicht bekannt genug, um ihnen hier eine
Stelle geben zu können.

Wir haben geſagt, daß man in Preuſſen die
Feldregimenter von den Garniſonregimentern un-

er ſich alſo nicht als außer Dienſt anſehen
möchte," ſeinen Abſchied.
A. d. Ueberſ.

h) Er iſt als Generallieutenant geſtorben; und
der gegenwärtige König hat dieſe Handſchrift
an ſich gebracht. Nach den Bruchſtücken zu
urtheilen, welche der Ueberſetzer davon zu leſen
und zu hören Gelegenheit gehabt hat, enthält
ſie eben ſo ſehr eine Kritik, als eine Erzählung
der Unternehmungen in dieſem Kriege; und iſt,
mit einer vielleicht übertriebenen Strenge abgefaßt.
A. d. Ueberſ.

terscheidet; ben letztern ist ein niedrigerer Rang
angewiesen. Und wenn es gleich zuweilen sich zuträgt, daß ein Offizier von einem Feldregimente,
wegen seines Alters, wegen irgend einer Schwäch-
lichkeit ober auch wegen irgend eines begangenen
Fehlers, zu einem solchen versetzt wird: so rücken
die Stabsoffiziere berselben doch eigentlich nur unter sich weiter, und bilden gleichsam ein eigenes
Corps. Diesem gemäß glauben wir also die, bey
diesen Regimèntern stehenden, Generale besonders
anzeigen zu müssen; es sind deren sieben, ein Generallieutenant und sechs Generalmajore. Indessen ist es auch nicht ohne Beyspiel, daß ein solcher
General wieder an die Spitze eines Feldregimen-
tes wäre gestellt worden.

Die Reiterey hat sieben Generallieutenants;
denn wir zählen den Markgrafen von Anspach nicht
mit, weil für ihn dieser Rang nur ein bloßer Titel
ist, und er nie Dienste verrichtet hat. Einer
dieser Generallieutenants steht bey den Husaren.
Unter ihnen genießt der Herr von Dalwig eines
allgemeinen Rufes; und der Herr von Prittwitz,
Inhaber der Gensb'armes, wird für einen geschickten Offizier und den kühnsten aller Menschen
gehalten. i)

Unter den Generalmajoren der Cavallerie,
welche sich auf sieben und zwanzig belaufen, und
wovon acht bey den Husaren bienen, sind der Herr

i) Er hat als General der Cavallerie seinen Abschied genommen.

von Thun, [k]) und besonders der Herr von Kalk=
reuth, [l]) welcher schon in seinem zwanzigsten Jahre
für einen General vom ersten Range gehalten
wurde, und von seiner Jugend an mit dem
großen Kriege vertraut gewesen ist, zu be=
merken.   Uebrigens ist, wie wir es in der Folge
zeigen werden, das preußische Heer so einge=
richtet und gebildet, daß man, unter den Offizie=
ren desselben, mehrere finden kann, welche sowohl
ben kleinen Dienst, als das Ganze desjenigen
Theiles, bey welchem sie dienen, vollkommen
inne haben und übersehen.

Endlich giebt es noch Offiziere in dem Gefolge
des Königs, welche bey keinem Regimente ange=
stellt sind, und Offiziere von der Armee heißen.
Unter ihnen sind einige Generale, welche können,
und auch ohnstreitig werden gebraucht werden;
aber welche wir nicht mit in Rechnung gebracht
haben, weil sie gegenwärtig keinen Antheil an der
Führung der Truppen haben.

III. Artillerie.

Feldartille-
rie zu Fuß.   Die Artillerie des Königs von Preussen besteht,
wie das Fußvolk, aus Feld= und Garnison=Ar=
tillerie.

k) Gestorben.
l) In den Grafenstand erhoben; jetzt General=
   lieutenant, und Inhaber des Dragonerregimen=
   tes von Anspach.

A. d. Uebers.

Die Feldartillerie ist sehr stark; sie beläuft sich auf vier Regimenter. Das erste derselben ist drey Bataillone, und zwey dieser Bataillone, jedes fünf, und das dritte drey Compagnien stark. Das letztere derselben wurde im J. 1782 errichtet, und der König ertheilte es dem Hrn. v. Tempelhoff als Major, ob er gleich einer der jüngsten Hauptleute war. Aber dieser Offizier verdiente, wegen seiner ausgezeichneten Fähigkeiten, diesen Vorzug auf alle Weise. Auch antwortete Friedrich II. den ältern Offizieren des Corps, wie sie ihm, wegen dieses Vorzuges, Vorstellungen machten, daß sie darüber ruhig seyn möchten, daß dieses ein außerordentlicher Fall sey, und daß er besondere Absichten mit dem Herrn von Tempelhoff habe. Wirklich ist dieser Offizier nicht allein seit langer Zeit als ein sehr gründlicher Mathematiker bekannt; m) sondern er hat auch eine Fortsetzung von der, von dem General Lloyd angefangenen Geschichte des siebenjährigen Krieges herausgegeben, die, in vieler Rücksicht, ein Muster einer Kriegsgeschichte ist, und einen Schatz von Kenntnissen in diesem Fache enthält: das Studium dieses Werkes ist jedem Offizier, welcher den gegenwärtigen Zustand seines Handwerkes genau kennen will, unumgänglich nothwendig, und gewährt den vollkommensten Unterricht über das Praktische des

m) Wie es seine Anfangsgründe der Analysis endlicher Größen, seine Anfangsgründe der Analysis des Unendlichen, u. a. W. m. beweisen.

A. d. Verf.

großen Krieges. Mit einem Worte, Herr von
Tempelhoff hat durch dieses Werk gezeigt, daß
er, wenigstens in der Theorie aller Theile des Krieges, einer der einsichtsvollsten Männer ist, welche
Europa gegenwärtig besißt.

Die andern drey Artillerieregimenter sind
jedes in zwey Bataillone, und jedes dieser Bataillone in fünf Compagnien abgetheilt, welches
denn überhaupt drey und vierzig Compagnien ausmacht. Vor dem siebenjährigen Kriege hatte der
König deren nur zwölfe. Aber schon in der
Schlacht bey Leuthen machte er die Bemerkung,
daß die Artillerie mehr, wie man sonst geglaubt
hatte, zu Erfechtung der Siege beytrage, und
beschloß die Vermehrung derselben. Bereits im
Jahre 1762 bestand solche aus sechs Bataillonen,
oder dreyßig Compagnien; diese wurden nach ge-
endigtem siebenjährigen Kriege in drey Regimenter abgetheilt, und bald nach der Besißnehmung
von Westpreussen wurde das vierte Regiment von
zehn Compagnien errichtet. Die Stärke dieser
Regimenter ist verschieden, wie die beygefügte
Tabelle zeigen wird; aber das ganze Corps dieser
Feldartillerie besteht aus:

213 Offizieren
43 Oberfeuerwerkern
129 Feuerwerkern
420 Unteroffizieren
989 Bombardierern
7812 Canonirern

Ueberhaupt 9606
Hiezu kommen 43 Compagniefeldscheerer
71 Spielleute
8 Unterstabspersonen.

Ueberhaupt 9728 Köpfe.

Unter dieser Feldartillerie ist die sogenannte Reitende reitende, oder vielmehr berittene Artillerie Artillerie. mit einbegriffen, n) welche daher ihren Namen hat, daß die Artilleristen dabey zu Pferde sind. Sie kam während dem siebenjährigen Kriege, im Jahr 1759, zuerst bey dem preußischen Heere in Gebrauch; und da der Nutzen, welchen sie ver-

n) Von der ganzen reitenden, oder berittenen Artillerie, war — wer sollte es glauben? — hier im Original kein Wort gesagt! Nur in der Folge gedenken die Herrn Verfasser derselben. Da solche indessen eben so sehr zu den Eigenthümlichkeiten, als zu den Bestandtheilen des preußischen Heeres gehört: so habe ich, obgleich solche, wie gedacht, kein eigenes Corps ausmacht, doch hier, wo von den Bestandtheilen dieses Heeres die Rede ist, gleich in dem Texte eine Nachricht von ihr geben zu müssen geglaubt. A. d. Uebers.

ſchafte, ſo einleuchtend war: ſo wurde ein Stamm dazu auch im Frieden beybehalten, zu welchem die Cavallerieregimenter im Jahr 1772 einige Leute abgeben mußten. Dieſer beſteht überhaupt aus ſieben Offizieren, 30 Unteroffizieren und 180 Gemeinen, welche aus dem ſämtlichen Artillerie-corps ausgezogen, wovon aber nur zehn Unter-offizier und 60 Mann eigentlich beritten waren. Dieſe hatten, unter den Befehlen eines eigenen Stabsoffiziers, ihren Quartierſtand in Potsdam, wurden aber jährlich abgelößt.

Garniſon-Artillerie. Was die Garniſon-Artillerie anbetrifft: ſo iſt ſolche auf folgende Art in die Feſtungen ver-theilt:

1	Compagnie	zu Weſel.
1	—	zu Königsberg in Preuſſen.
1	—	zu Stettin, von welcher ein Detachement zu Cüſtrin ſteht.
1	—	zu Magdeburg.
1	—	zu Colberg.
1	—	zu Graudenz.
1	—	zu Breslau.
1	—	zu Neiſſe.
1	—	zu Glatz.
1	—	zu Schweidniß.
1	—	zu Coſel.
1	—	zu Glogau.
1	—	zu Silberberg.

Aber, ſo viel wir wiſſen, ſind dieſe Compagnien nicht

nicht alle gleich ſtark, ſondern im Verhältniß mit
der Größe und Stärke der Feſtungen, in welchen
ſie vertheilt liegen. Ueberhaupt beſteht ſolche
aus:

5 1 Offizieren

1 3 5 Unteroffizieren

2 2 6 Bombardieren

1 4 3 7 Artilleriſten
_____

1 8 4 9

hiezu kommen - 3 Feldſcheerer

Ueberhaupt 1 8 5 2 Köpfe.

Dieſe bilden unter ſich zwey Bataillone, wovon
das erſtere und ſtärkere das Schleſiſche heißt. Der
Inhaber deſſelben iſt zugleich Befehlshaber der
ſämtlichen ſchleſiſchen Garniſon-Artillerie, ſo wie
der Inhaber des zweyten, der Befehlshaber der
ſämtlichen preuſſiſchen und pommerſchen.

Außer dieſen gibt es noch ein beſonderes Corps
von Mineuren, welches urſprünglich aus zwey,
mit dem Regimente Nro. 49 verbundenen Compagnien beſtand, aber im Jahre 1758 davon getrennt, und in den Jahren 1772 und 1783 auf
vier Compagnien geſetzt wurde. Sein Quartierſtand iſt Glatz, Neiſſe und Graudenz, und
ſeine Stärke beläuft ſich auf

1 2 Offiziere

2 8 Unteroffiziere

3 2 0 Gemeine

3 Feldſcheerer
_____

Ueberhaupt - 3 6 3 Köpfe.

D

Ferner eine Compagnie von Pontonieren, welche aus zwei Offizieren, 3 Unteroffizieren, und 75 Gemeinen, überhaupt 80 Köpfen besteht.

Alle diese Truppen zusammen genommen beliefen, bey dem Tode Friedrich II., sich also ungefähr auf folgende Anzahl:

12 Regimenter Feldinfanterie, mit der Vermehrung von vierzig Mann auf jede Compagnie, und mit Inbegriff des Unterstabes, der Feldscheer, und überhaupt allem, was im Solde steht, jedes 2215 Köpfe, überhaupt

Köpfe

26,580

25 Regimenter Feldinfanterie, mit der Vermehrung von zwanzig Mann auf jede Compagnie, und mit Inbegriff des Unterstabes u. s. w. jedes 1975 Köpfe, überhaupt

49,375

10 Regimenter dergleichen, mit der Vermehrung von zehn Mann auf die Compagnie, und mit Inbegriff des Unterstabes u. s. w. jedes 1855 Köpfe, überhaupt

18,550

5 Regimenter dergleichen, mit der Vermehrung von zwanzig Mann auf die Compagnie, und mit Inbegriff des Unterstabes u. s. w. deren Grenadiere aber bey den stehenden Grenadierbataillons sich befinden, und wovon eines (Nro. 49) keine Grenadiere

Summa : 94,505

Transport -   49,505

hatte, jedes 1637 Köpfe, überhaupt · · · · ·   8,185

   1 Regiment von drey Bataillo-
nen, mit der Vermehrung von zwanzig
Mann auf die Compagnie, und mit
Inbegriff des Unterstabes u. s. w. ·   2,960

   3 Regimenter, jedes von einem
Bataillon, (worunter die königl. Leib-
garde mit einbegriffen ist,) überhaupt[o])   3,070

   12 Garnisonregimenter, wovon
diejenigen, welche aus vier Bataillonen bestehen, jedes 2805, und diejenigen, welche nur ein Bataillon stark
sind 705 Köpfe, mit Inbegriff des
Unterstabes u. s. w. ausmachen, überhaupt · · · · ·   25,264

   7 beständig zusammen gezogene
Grenadierbataillons, wovon eines aus
6 Compagnien bestehend, 956, die
übrigen sechse, jedes aus 4 Compag. _____

        Summa ·   133,980

        D 2

o) Die Zahl dieser hier oben angeführten Regimenter beläuft sich zwar auf 56, und in dem
   vorhergehenden Verzeichniß sind deren nur 55
   aufgeführt; aber man muß bemerken, daß in
   dem letztern die Leibgarde und das Garderegiment nur eine Nummer haben, und hier oben,
   als verschiedene Corps, zweymal vorkommen.
                A. d. Uebers.

Transport · 133,980

nien bestehend, 636 Kö-
pfe stark sind, überhaupt · 4,772

3 Regimenter leichter
Infanterie jedes zu 1407
Köpfen, überhaupt · · 4,221

Das Jägercorps zu Fuß
überhaupt · · · 804

13 Regimenter schwere
Reiterey, wovon 12, jedes
von fünf Schwadronen,
861, und eines von drey
Schwadrmen, 608 Köpfe,
mit Inbegriff des Unter-
stabes, u. f. w. stark ist,
überhaupt · · · 10,940 Köpfe, und
12 Regimenter Drago- 9482 vom
ner, wovon 10, jedes von Könige un-
fünf Schwadronen, aus terhaltene,
865 Köpfen, und 2, jedes ober soge-
von zehn Schwadronen, aus nannte
1715 Köpfen, mit Inbe- Dienst-
griff des Unterstabes, u. f. w. pferde.
bestehen, überhaupt · · 12,680 Köpfe, und
10,500
vom Könige
unterhalte-
ne oder so-
genannte
Dienst-
————————pferde.

Summa 166,797

Transport - 166,797

10 Husarenregimenter,
jedes, mit Inbegriff des
Unterstabes, u. f. w. aus
1516 Köpfen bestehend,
überhaupt - - - 15,160 Köpfe, und
14, 400
vom Könige
unterhalte-
ne, soge-
nannte
Dienst-
4 Regimenter Feld-Ar- pferde.
tillerie, überhaupt - - 9,728

2 Bataillone Garnison-
Artillerie - - - 1,852

Das Mineurcorps - 363

Die Pontoniers - - 80
_____

Ueberhaupt 193,980 Köpfe, und
34,382
vom Könige
unterhalte-
ne, soge-
nannte
Dienst-
pferde.

D 3

Da indeſſen unter dieſer Anzahl, wie gedacht, alles, was der König beſoldet, mit gerechnet iſt: ſo muß der Unterſtab und die Feldſcheerer der ſämtlichen Regimenter abgezogen werden,
wenn man die reine Anzahl der eigentlich Streitenden haben will. Ferner iſt dieſes nur der Beſtand der Regimenter in Friedenszeiten, welches
beſonders wegen der, bey den Cavallerieregimentern beſtändig befindlichen, Uebercompletten oder
Unberittenen bemerkt werden muß, weil dieſe, ſo
bald die Regimenter ins Feld rücken, beritten gemacht, und die Zahl der Dienſtpferde alſo außer
der alsdenn gewöhnlich erfolgenden beſondern
Vermehrung um ein Anſehnliches vergrößert
wird.

. Was aber vorzüglich bemerkt werden muß,
iſt, daß das preuſſiſche Heer in Friedenszeiten
nicht jederzeit vollſtändig verſammelt iſt. Nur
zwey Monate im Jahre ſind hiezu beſtimmt, ob
dieſe gleich für die verſchiedenen preuſſiſchen Provinzen ſo verſchieden feſtgeſetzt ſind, daß von dem
Monat April an, bis zu dem Monat September,
beſtändig ein Theil dieſes Heeres, in irgend einer
dieſer Provinzen, ſich bey ſeinen Fahnen zur
Uebung zuſammen befindet. Während den übrigen Monaten des Jahres iſt ein Theil der Regimenter beurlaubt. Die Regimenter ſind nämlich, wie wir in der Folge ſehen werden, aus
Ausländern und Einländern, und zwar nach einer,
für jede dieſer zwey Claſſen beſtimmten Anzahl
derſelben zuſammen geſetzt; und den letztern,

den Einländern, ist es nun, während jener Zeit, gestattet, in ihre Heimath zurückzukehren, und dort, oder wo es ihnen sonst gefällt, und selbst im Auslande, wenn sie solches gehörig anzeigen, ihre Arbeit oder ihr Handwerk zu treiben. Auch diejenigen Ausländer, welche gehörige Sicherheit zu stellen im Stande sind, können diese Erlaubniß erlangen. Die Zahl dieser zu Beurlaubenden war ursprünglich nicht genau bestimmt; der allgemeine Befehl war nur, daß von der Infanterie immer so viel Mannschaft in den Standquartieren zurückbleiben sollte, daß jeder gemeine Soldat zwey bis drey Nächte frey von der Wache wäre, und von der Reiterey so viel, daß jeder nicht mehr als zwey Pferde zu füttern hätte. Aber nach dem Hubertsburger Frieden wurde auch dieses, und zwar mit Ausnahme der Infanterieregimenter Nro. 6 und 15, und des Kürassierregimentes Nro. 13, als welche der Regel nach, gar nicht beurlauben, für jede Infanteriecompagnie 62 Mann, für jede Schwadron Dragoner 52 Mann, und für jede Compagnie Cürassier 26 Mann, zur Beurlaubung festgesetzt.

Die nähere Aufsicht über diese und alle übrigen Einrichtungen des preußischen Heeres ist den sogenannten Inspecteurs desselben anvertraut. Das ganze Heer, sowohl das Fußvolk, als die Reiterey, ist nämlich in Inspectionen eingetheilt, und diese sind nach Endigung des siebenjährigen Krieges erst eingeführt worden. Die lange Dauer und die Heftigkeit dieses Krieges hatten natür-

licherweiſe den größten Theil der urſprünglich
mit in den Krieg gezogenen Offiziere gekoſtet;
faſt alle Subalternoffizier waren erſt während dem
Kriege in den Dienſt gekommen, und alſo mit
dem Friedensdienſte gar nicht bekannt. Die noch
aus den vorigen Zeiten übrigen waren, entweder
als Subaltern ins Feld gegangen, oder hatten
doch in den Feldzügen den Friedensdienſt gänzlich
aus den Augen verloren. Die Gemeinen ſelbſt
beſtanden größtentheils aus neuen Leuten, und zugleich hatten die Regimenter, aus allen dieſen
Gründen, von der vorigen Pünktlichkeit, Ordnung und Uebereinſtimmung in ihren Uebungen
viel verlieren, ſo wie Mannszucht und Unterordnung darin geſchwächt werden müſſen. Mit andern Worten, das preuſſiſche Heer mußte gleichſam
von Neuem wieder gebaut werden; und, wenn
auch die zunehmenden Jahre des Königs, und die
aus dieſem Kriege entſprungenen größern Regie-
rungsſorgen, es ihm nicht unmöglich gemacht hätten, ſo wie vorher, ſeiner Armee unmittelbar
ſelbſt und allein vorzuſtehen: ſo war die erſte, alte
Vollkommenheit derſelben, doch nicht von einem
Menſchen allein wieder herzuſtellen. Friedrich II.
ernannte alſo in den verſchiedenen Provinzen diejenigen Generale, zu welchen er das mehreſte Zu-
trauen hegte, zu Inſpecteuren der darin liegenden
Regimenter. Sie bereiſen ſolche, ſo oft es ihnen
gefällt, und laſſen ſie ausrücken, um ſie zu üben,
und um zu unterſuchen, ob ſie die zum Dienſt feſtgeſetzte Mannſchaft bey den Fahnen haben? Die

Offiziere, welche Urlaub oder auch den Abschied verlangen, müssen, jedoch mit Vorbewußt des Inhabers ihres Regiments, desfalls sich an sie wenden; und sie lassen, wenn sie es für gut finden, das Gesuch derselben an den König gelangen, und schlagen diesem zugleich diejenigen vor, welche an die Stelle der verabschiedeten weiter rücken. Mit einem Worte, sie genießen alles desjenigen Ansehens, was zur Aufrechthaltung der Mannszucht, und sowohl der öconomischen als militärischen Ordnung, in den Regimentern nothwendig ist, und arbeiten dem Könige gleichsam vor, der nachher, bey den Musterungen, den Zustand der Regimenter selbst in Augenschein nimmt.

Und nun bleibt uns noch übrig, von einigen besondern Corps zu reden, welche zu dieser Armee gehören.

Das erste ist das Corps der Ingenieur. Es besteht aus

Es Ingenieur.

1 Obersten
1 Obristlieutenant
5 Majors
18 Hauptleuten
25 Lieutenants, und
14 Conducteuren.

Dieses Corps hat zweyerley Bestimmungen; die eine, die Unterhaltung und den Bau der Festungen zu besorgen, die andere, den jungen Offizieren von der Infanterie Unterricht in der

D 5

militäriſchen Mathematik zu geben. In dem
Mittelpunkt jeder Inſpection iſt für die dazu gehörigen Regimenter, in irgend einer Feſtung
oder in einer der großen Städte, ein Ingenieur
zu dieſem Zwecke angeſtellt; jedes Regiment
ſchickt zwey Offizier dahin, welche alle zwey
Jahre mit andern abwechſeln, um unter dieſem
Ingenieur zu ſtudieren, und er iſt verbunden,
dem Inhaber des Regiments, und dem In-
ſpecteur Rechenſchaft von ihren Fortſchritten zu
geben.

General-
ſtab.

Das zweyte beſondere Corps iſt der Generalſtab, oder Quartiermeiſterſtab der Armee. Der
König nimmt aus ſeinen Regimentern mehrere
unterrichtete, thätige und fähige Offiziere zu ſich
nach Potsdam, und läßt ſie dort in dem Fache arbeiten, wozu er ſie beſtimmt. Ihr Befehlshaber
iſt der erſte Generaladjutant des Königs, und ſie
behalten gewöhnlich den Rang, welchen ſie in ihrem Regimente haben und die Uniform deſſelben
bey; auch werden ſie öfterer, wenn die Reihe zu
einer Compagnie an ſie kommt, dahin zurück geſchickt. Uebrigens gehören im Ganzen zu dem
Generalſtab der Armee auch noch die verſchiede-
denen General- und Flügel-Adjutanten des Königs,
deren Rang und Anzahl nicht beſtimmt iſt. Sie
beſtehen ſowohl aus Cavallerie, als Infanterie-
offizieren, und tragen, ob für ſie gleich eine eigene
Uniform beſtimmt iſt, und ihre Stellen in den

Regimentern, aus welchen der König solche zieht, immer besetzt werden, doch zuweilen noch die Uniform dieser Regimenter.

Das dritte dieser besondern Corps sind die Felbjäger. Jäger zu Pferde, oder Feldjäger. Sie sind alle die Söhne von königlichen Oberförstern, und belaufen sich auf hundert zwey und siebenzig, p) welche gewöhnlich unter den Befehlen des ersten Generaladjutanten des Königs, und zweyer eigenen Hauptleute stehen. Ihr Quartierstand ist Köpenick; indessen befinden sich deren beständig zwölfe zu Potsdam, wovon die Hälfte immer ihre Pferde gesattelt hält, um die Befehle des Königs auszurichten. Ihre gewöhnliche Bestimmung ist, die Briefe, welche an den König kommen, täglich von Berlin abzuholen, und die seinigen dorthin zur Post zu bringen. Auch zu eigentlichen Courieren werden sie gebraucht. In Kriegszeiten dient ein Theil derselben der Armee zu Führern; und hiezu konnten keine schicklichern Personen gewählt werden. Kein Mensch wird so schnell sich in einer Gegend zurechte finden, und Wege so leicht wieder erkennen und richtig beurtheilen, als wer zum Handwerks der Jagd erzogen worden ist, und von Jugend auf, Berg und Thal, und Wald und Feld,

---

p) Die Herren Verfasser hatten deren nur zwey und siebenzig aufgeführt.

A. d. Uebers.

durchſtrichen hat. Die Beſoldung dieſer Jäger
iſt ziemlich mittelmäßig, und ihre Beſchwerlichkeiten ſehr groß; aber man gibt ihnen zur Verſor-
gung, Vorzugsweiſe, die einträglichſten Forſt-
und Jagdbedienungen, welche in dem Lande ſich
finden. Auch ſuchen die jungen Leute von dieſer
Claſſe, ſogar wenn ihre Väter wohlhabend ſind,
dieſen Dienſt, ſo beſchwerlich er immer auch ſeyn
mag.

Invaliden.   Das vierte Corps beſteht aus den Invaliden.
Ihnen iſt zu Berlin ein Haus erbaut worden,
worin ſechshundert derſelben, welche in drey Compagnien vertheilt ſind, verpflegt werden; ſie haben
hier ihre freye Wohnung, Holz und Licht, und
erhalten eine ihnen eigene Mondirung, ſo wie
den gewöhnlichen Sold. Ueber der Thür dieſes
Hauſes lieſt man die Worte: Laeſo et invicto
militi; eine Inſchrift, welche mir nie gefallen
hat. q) Die preuſſiſchen Invaliden werden übrigens ſo ſchlecht gehalten, daß einige davon gelaufen ſind; und hierin iſt Friedrich II. ſeinem Syſteme, die Menſchen, beſonders ſein Heer, durch
die Hoffnung zu leiten, nicht treu geblieben. r)

q) Und aus welchen Gründen nicht! Dieſe ſind
die Herrn Verfaſſer ihren Leſern ſchuldig geblieben.
        A. d. Ueberſ.

r) Wenn das Factum, welches ich nicht weiß,
gegründet iſt, ſo ſind ſie wahrſcheinlicherweiſe,

Die Invaliden der Garde sind in einem kleinen Städtchen bey Potsdam, welches der Werder heißt, und eine von der Havel gebildete Insel ist, untergebracht, und sind hier sehr gut versorgt. [s])

Das fünfte dieser Corps endlich sind die Cadetten; die ganze Einrichtung desselben ist militärisch. Diese jungen Edelleute, welche unter den Befehlen von Offizieren und unter der Aufsicht alter Unteroffiziere stehen, und unter welchen selbst schon eine Art von Unterordnung eingeführt ist, werden zwar hart, aber zweckmäßig erzogen, und haben Lehrmeister, welche Kenntniß genug besitzen, um den großen Haufen derselben hinlänglich zu unterrichten, und diejenigen, welche nach einem höhern Grade von Kenntnissen streben, auf den rechten Weg dahin zu bringen. Diese Au-

Cadetten-corps.

nicht wegen ihrer schlechten Verpflegung, sondern deswegen davon gelaufen, weil sie irgend einer Ausschweifung sich schuldig gemacht hatten; denn nichts war, bey der großen Anzahl damals noch unversorgter Invaliden leichter, als aus dem Invalidenhause freyentlassen zu werden.

A. d. Uebers.

s) Nur die Ausrangirten von dem Regiment Garde und von der alten Grenadiergarde liegen in Werder; die von der Leibgarde, oder dem ersten Bataillon, sind in Potsdam.

A. d. Uebers.

ſtalt, ſo wirthſchaftlich ſie auch eingerichtet iſt, koſtet dennoch große Summen, und wird von den
Einkünften des Lotto ᵗ) unterhalten. Man hat
dieſer peſtilenzialiſchen Erfindung, durch Anwendung derſelben auf gute Werke, in allen Ländern
eine Art von moraliſcher Stütze zu geben geſucht;
aber ſie iſt darum nicht minder die verderblichſte
und unrechtmäßigſte von allen; die gute Verwen-
dung eines ſchändlichen Gewinnſtes kann denſelben
nicht heiligen. — Das Cadettenhaus iſt von
großem Umfange, und enthält zweyhundert und
ſechs und dreißig junge Edelleute; aber man nimmt
ſie nicht vor dem vierzehnten Jahre ungefähr darin
auf; und die Kinder der ganz armen Edelleute
würden alſo Gefahr laufen, bis zu dieſen Jahren
ganz ohne allen Unterricht zu bleiben, und ſo in
der Folge deſſen gänzlich unfähig zu werden, wenn
man nicht verſchiedene Vorbereitungsanſtalten
angelegt hätte. — Eine derſelben findet ſich zu
Potsdam, wo ſie, in gewiſſer Art, mit dem großen
Waiſenhauſe verbunden iſt; eine andre zu Stolpe
in Pommern, eine dritte zu Culm in Oſtpreuſſen.

ᵗ) Nicht doch! Sie zieht von den Einkünften des
   Lotto nicht einen Heller; und es iſt mir unbegreiflich, wie man dergleichen Sachen in
   die Welt hinein ſchreiben kann, da das Gegentheil allgemein bekannt iſt. Auch beſtand das
   Cadettencorps ja ſchon ſehr viele Jahre, ehe
   das Lotto eingeführt wurde.
                              A. d. Ueberſ.

Hier nimmt man die jungen Leute in einem Alter
von sieben bis acht Jahren an, und setzt sie in
Stand, nachher nach Berlin geschickt werden zu
können. Zu Potsdam finden sich vierzig Cadetten
dieser Art, zu Stolpe acht und vierzig, und eben
so viel zu Culm. Der König von Preussen erzieht
also auf seine Kosten überhaupt dreyhundert und
zwey und siebenzig junge Edelleute. Wenn man
hiezu die, zu Potsdam unterhaltenen fünftausend
Soldatenkinder rechnet: so muß man zugeben,
daß es wenig Staaten gibt, wo man in Rücksicht hierauf, so viel für das gemeine Beste thut.
Und was besonders bemerkt zu werden verdient,
keines dieser Erziehungshäuser ist auf irgend eine
Art in den Händen von Theologen; [*]) folglich
nimmt man auch dort Rath an, und führt ohne
Schwierigkeiten nützliche, von Erziehungskundi-
gen vorgeschlagene und erprobte, Neuerungen ein;
und in dem achten Buche des Werkes: Ueber die
preussische Monarchie, werden wir zeigen, daß in
keinem Lande so viel gute Köpfe, als in Deutschland, sich mit dieser Materie beschäftigt haben, und
daß solche nirgends so gründlich als hier untersucht worden ist.

[*]) Auch dieses hat sich gegenwärtig geändert.
Wenn gleich diese Anstalten nicht gänzlich in
die Hände von Theologen gekommen sind, so
haben doch auch, z. B. die Cadetten zu Berlin,
eine Art von theologischen Aufsehern erhalten.
A. d. Uebers.

Friedrich II. hatte noch eine andere Erzie-
hungsanſtalt dieſer Art (im Jahr 1765) angelegt,
welche die ausbrückliche Benennung von Kriegs-
ſchule (Ecole militaire) führt. Sie iſt für funfzehn junge Edelleute beſtimmt, welche aus dem
Cabettencorps unter denjenigen ausgewählt werden, welche ſich durch Geiſt auszeichnen. Sie
werden hier mit Verſchwendung und im Ueberfluß
erzogen; ſie haben beſondere Gouverneurs, Be-
dienten, und einen gut beſetzten Tiſch. Außer
dieſen funfzehn wird auch noch eine gewiſſe Anzahl
junger Edelleute, deren Eltern im Stande ſind,
ein feſtgeſetztes Koſtgeld von vierhundert Thalern
zu bezahlen, darin aufgenommen, und mit den
übrigen gleich gehalten und unterrichtet. Dieſe
Anſtalt ſcheint ein Lieblingskind Friedrich II. geweſen zu ſeyn; er entwarf ſelbſt eine Anweiſung, wie
der Unterricht darin gegeben werden ſollte; aber
vielleicht koſtet ihm ſolche mehr, als ſie werth iſt.
Die angeſtellten Lehrer erhalten ſechshundert bis
achthundert Thaler Beſoldung; und die von den
Cabetten nur dreyhundert bis vierhundert Thaler,
und man unterrichtet dieſe jungen Günſtlinge in
den ſchönen Wiſſenſchaften, in der Philoſophie,
in dem Naturrecht, und in vielen Dingen mehr,
wovon man die Cabetten nichts lehrt. Es ſcheint,
als ob die Abſicht Friedrichs II. geweſen ſey, in
dieſer Pflanzſchule ſowohl Zöglinge für ſein Heer,
als zu Geſandtſchaftspoſten zu ziehen. Aber die,
zu vielen Dingen zugleich geſchickten Menſchen ſind
ſelten;

selten; und das sicherste Mittel, eines sehr gut zu
verstehen, ist, daß man es sich gefallen lasse, in
den übrigen unwissend zu bleiben. Doch dem sey
wie ihm wolle, genug alle diese jungen Leute werden in dem Heere angestellt, und zwar die auf königliche Kosten erzogenen sogleich als Offizier, und
die übrigen als Fahnjunker, wofern sie nicht
etwan unter dem Corps selbst schon Unteroffizier
gewesen sind, auf welchen Fall sie denn ebenfalls
als Offizier in die Regimenter kommen.

Auch die Pagen, wenigstens der größte
Theil derselben, haben eben diese Bestimmung.
Da wir nicht glauben, daß die Erziehung der
preussischen Pagen eine Ausnahme von der allgemeinen Regel der Erziehung der Pagen ist; so
wissen wir nicht, ob das preussische Heer sehr viel
Vortheile davon zieht. Das Beyspiel eines unterrichteten, und in vielen Fächern sogar gründlich unterrichteten, Königs indessen, und noch mehr,
sein außerordentlicher Scharfsinn, junge Leute von
geistreichen natürlichen Anlagen zu erkennen und
auszuwählen, haben auch hier ihren Einfluß gezeigt, und viele von seinen eigenen, besonders von
den eigentlichen Leibpagen, sind sehr gut einge-
schlagen und Offiziere von großem Verdienst geworden. Da Friedrich diese letztern, wenn er
einmal an sie gewöhnt war, ziemlich lange Zeit
bey sich behielt: so wurden sie gleich als Lieutenants angestellt.

E

Alle dieſe Pflanzſchulen ſind indeſſen nicht
hinlänglich, ein ſo zahlreiches Heer, als das
preuſſiſche, hinlänglich mit Offizieren zu verſehen.
Man zieht deren noch, wie wir in der Folge
zeigen werden, eine große Anzahl aus den Provinzen.

'uskelier oder üſelier.	Ueberhaupt.
1620	2215
1620	2216
...	...
1420	1975
1420	1976
1420	1976
1420	1975
1420	1975
610	705
7710	10582

	Grenadier incl. der Zimmer-leute.	Musketier oder Füselier.	Ueberhaupt.
5	560	——	636
5	560	——	636
3	300	1320	1855
3	300	1320	1856
3	300	1320	1855
3	300	1320	1856
3	300	1320	1855
3	——	2440	2805
0	——	2440	2805
0	——	2440	2805
3	2620	13920	18964
8	300	1320	1855
8	300	1320	1856
8	300	1320	1856
8	300	1320	1856
8	300	1320	1855
0	——	1220	1407
0	1500	7820	10685
0	——	1440	1637

Trupp	Gemeine.	Ueberhaupt.	Dienst- pferde.
	432	5*8	482
	720	865	750
	1320	1516	1440
	1320	1516	1440
	1320	1516	1440
berhau	6840	8000	7304
	720	861	742
	720	861	742
	720	861	742
	1320	1516	1440
berhau	3480	4099	3666

Beſtand- ctle der pee von Min- h und Min- g.

ine.	Ueberhaupt.
50	2217
92	622
50	2209
50	2198
70	2482
74	1001
53	851
75	80
24	11660

nadler	Musketier oder Füselier.	Ueberhaupt.
520	11340	15509
120	5680	8861
800	11260	14686
200	9840	14815

Zweyter Abschnitt. a)

**Bildung und Verfassung des preussi‑
schen Heeres.**

Nachdem wir die zählbare oder äußere Stärke
des preussischen Heeres, um uns so auszu‑
drücken, kennen gelernt haben, müssen wir, um
zur Kenntniß seiner innern Stärke zu gelangen,
jetzt die Art und Weise untersuchen, wie die
Mannschaft derselben zusammen gebracht wird.

Alle Regimenter ohne Ausnahme bestehen,
der Regel nach, aus Einländern, oder im Lande
Gebornen, und aus Ausländern. b) Schon
Friedrich Wilhelm I. führte die auswärtige Wer‑

*(Randnote: Bestand‑
theile der
Armee von
Einlän‑
dern und
Ausländ‑
dern.)*

E 2

a) Ich liefere diesen Abschnitt nach einer, mir mit‑
getheilten handschriftlichen Umarbeitung, von
dem verstorbenen Maudillon, ohne mich jedoch
buchstäblich treu an diese Umarbeitung zu halten.
Die darin enthaltenen Thatsachen waren größ‑
tentheils nicht richtiger und genauer, als in
dem vorhergehenden; und die gelieferten Nach‑
richten noch weit mangelhafter.
A. d. Uebers.

b) Die Herrn Verfasser hatten hier für gut gefun‑
den, zu erzählen, daß die preussischen Küraßier
und Dragoner, der Regel nach, gar keine
Ausländer haben sollten. Woher sie diese
Nachricht haben, ist mir unbekannt; aber daß
sie ganz falsch ist, wissen wir alle. Ich habe

bung ein; und die Regimenter beſtrebten ſeit dieſer
Zeit ſich bey den jährlichen Muſterungen dem Könige ſo viel neue und große Ausländer, als ſie nur
hatten anwerben können, vorzuzeigen. Auch ſind die
großen Summen, welche dieſer Fürſt auf Anwerbung derſelben verwandte, und die Gewaltthätig-
keiten, welche man, um deren habhaft zu werden,
gebrauchte, ſo wie die Verdrüßlichkeiten, welche
daraus entſtanden, bekannt genug. Aber in Anſehung der Anzahl derſelben war nichts genau feſtgeſetzt; es hieß nur allgemein im Reglement, daß die
Inhaber der Compagnien und Schwadronen ſich
beſtreben ſollten, zwey Drittheil davon unter ihren Leuten zu haben. Erſt nach dem Hubertsburger Frieden beſtimmte Friedrich II. aus Gründen,
welche ſehr nahe zur Hand liegen, dieſe Anzahl.
Da nämlich während dem ſiebenjährigen Kriege
alle eigentliche auswärtige Werbung weggefallen
war, und die blutigen Schlachten eine große Anzahl von Menſchen weggerafft hatten; ſo beſtand
der allergrößte Theil der mehreſten, beſonders der
Infanterieregimenter, aus Einländern, und zugleich war hiedurch ſowohl, als durch die übrigen

ſie daher mit ſammt dem Raiſonnement, wozu
ſie Anlaß gegeben hatte, und das, wie man
leicht denken kann, nicht richtiger ſeyn konnte,
als die Nachricht ſelbſt, gleich aus dem Texte
weggelaſſen, und dafür das eingeſchaltet, was
zur völligen Kenntniß der Sache nothwendig iſt.

A. d. Ueberſ.

Drangsale des Krieges, das Land an Menschen
äußerst erschöpft worden. Bey der Sorgfalt
dieses Fürsten, seine Staaten wieder herzustellen,
war es also sehr natürlich, daß er vorzüglich darauf bedacht war, dem Lande so viel Handarbeiter
als möglich wieder zu schaffen; und da es nun nicht
zu erwarten stand, daß die Regimenter freywillig,
so schnell und so viele Einländer, als er wünschte,
würden aus dem Dienste entlassen haben; so setzte
er fest, daß von nun an jede Musketier- oder Fü-
seliercompagnie deren aus ihrem Canton nur 71,
jede Grenadiercompagnie nur 79, jede Küraffier
oder Dragonerschwadron deren nur 84 ziehen
sollte, indem er selbst zugleich, wie die Folge zeigen wird, die Werbung der, zum vollzähligen
Stande der Regimenter nöthigen Ausländer,
deren Anzahl natürlich durch die Bestimmung der
Anzahl der erstern nun auch bestimmt war, für
die mehresten derselben übernahm. Freylich aber
waren diese Ausländer nicht sogleich angeworben,
und die Regimenter mußten demnach, bis diese
herbeygeschaft werden konnten, an der Stelle
derer, welche ihnen noch mangelten, Einländer im
Dienste behalten, wurden aber ausdrücklich be-
fehligt, diese, sobald jene angekommen seyn würden, zu verabschieden.

Was die Art und Weise anbetrifft, wie die Einländer
Eingebornen oder Einländer zum Kriegsdienste oder Can-
gezogen werden; so sind solche seit der Zeit, daß Cantonwe-
Friedrich Wilhelm I. anfing, auf die Bildung sen.

E 3

eines Heeres bedacht zu ſeyn, ſchon dem Dienſt-
zwange unterworfen geweſen.　Dieſer Fürſt ge-
ſtattete nämlich urſprünglich den Regimentern die
großen und tüchtigen Leute, wo ſie ſolche im Lande
fänden, zu Soldaten wegzunehmen; keiner war,
wenn er ſich ſchlafen legte, ſicher, die Nacht nicht
aus ſeinem Bette weggeholt zu werden; und oft
legte man dem neugebornen Kinde ſchon eine rothe
Halsbinde, zum Zeichen der Beſitznehmung deſſelben zum Soldaten, und um den Anſprüchen anderer Regimenter darauf zuvor zu kommen, auf
die Wiege.　Aber hieraus entſtanden ſo mancherley Unzufriedenheit, Klagen und Unordnungen,
daß dieſer Fürſt, bereits im Jahr 1733, die
ſämtlichen preuſſiſchen Länder, mit Ausnahme von
Geldern, Cleve, Lingen, Tecklenburg, Mörs,
und einem Theile der Grafſchaft Mark, in ſogenannte Cantons dergeſtalt eintheilte, daß jedem
Infanterieregimente fünftauſend Feuerſtellen, und
jedem Cavallerieregiment achtzehnhundert Feuerſtellen angewieſen wurden, c) aus welchen jedes
in Friedenszeiten jährlich dreyßig, und in Kriegszeiten jährlich bis hundert Mann zu ziehen, be-

c) Da Friedrich II. von der einen Seite mehr Re-
　　gimenter errichtet hat, als in den von ihm er-
　　oberten Provinzen zur Beſatzung liegen, und
　　von der andern die Zahl der Feuerſtellen in
　　den Erblanden ſehr vermehrt worden iſt: ſo
　　will ich die rechnungsſüchtigen Leſer nur erin-
　　nern, daß ſie, nach dieſer Angabe, weder die
　　Feuerſtellen in den preuſſiſchen Staaten über-

rechtigt war. Was ihnen mehr abging, sollten
sie durch auswärtige Werbung ersetzen. Kein
einziger Bewohner der preussischen Staaten, ausgenommen die Söhne der Edelleute, und derjenigen Bürger, welche ein Vermögen von zehntausend Thalern besaßen, wurde von der Verbindlichkeit, Soldat zu seyn, befreit; und jeder dieser
verschiedenen, den einzelnen Regimentern angewiesenen Cantons, war wieder in zehn Theile unter
die verschiedenen Musketiercompagnien eingetheilt.
Nur die Grenadiercompagnien hatten dergleichen
nicht, weil sie die ihnen abgegangenen Leute von
den Musketiercompagnien ersetzt erhielten.

Durch diese Einrichtung wurde der Soldatenstand natürlicherweise der unbeschränkte Herr
von den mehrsten männlichen Bewohnern der
preussischen Staaten, und Mißbräuche waren die
unvermeidliche Folge hievon. Die Hauptleute
der Compagnien nahmen zu Soldaten wen sie
wollten und wenn sie wollten; sie verabschiedeten
nach Gutdünken; und wer nicht verabschiedet war,
durfte ohne ihre Erlaubniß sich nicht verheirathen.
Aber diese Verabschiedungen sowohl, als die sogenannten Trauungsscheine wurden verkauft; und
die mancherley Plackereyen, welche hieraus entstanden, veranlaßten schon im Jahre 1738 eine

E 4

haupt, noch die gegenwärtig zu einem Canton
gehörigen Feuerstellen bestimmen.

A. b. Uebers.

Verordnung, vermöge welcher den Inhabern der
einzelnen Compagnien, das Vorrecht, Abſchiede zu
ertheilen, genommen, und dem Inhaber des Regimentes allein gegeben, und zugleich befohlen
wurde, daß jeder, der nicht in ſeinem fünf und
zwanzigſten Jahre zum Soldatenſtande tauglich
ſey, den Abſchied, ſobald der Landrath des Kreiſes
ſolches verlange, unentgeltlich erhalten ſolle.
Unter ähnlichen Beſchränkungen führte Friedrich II. dieſe Einrichtung in ſeinen neueroberten
Landen, aber nicht gänzlich, ein, indem er in
Schleſien die ſechs Gebirgskreiſe und die Städte
Breslau, Brieg, Glatz, Reichenſtein, Silberberg, Glogau, Tarnowitz, die Herrenhuter- und
böhmiſch-reformirten Pflanzſtädte, ſo wie das
Herzogthum Oſtfriesland, und in den ererbten
Landen noch die Städte Berlin, Potsdam,
Brandenburg und die Altſtadt Magdeburg davon
ausnahm. Zugleich wurde durch neue Verordnungen, welche in den Jahren 1740, 1742,
1743 und 1752 erſchienen, die dem Soldatenſtande durch jene erſtere Einrichtung zu Theil gewordene Gerichtsbarkeit über das Land noch mehr
beſchränkt. Ihnen zu Folge ſollte der Abſchied
und der Trauſchein allen denjenigen, deren die
Regimenter nicht, entweder um ſich vollzählig zu
machen, oder zu ſogenannten Pack- und Troß-
knechten in Zeiten des Krieges bedürften, und zwar
unentgeltlich, und eben ſo der Abſchied allen bereits anſäßigen Bauern und Bürgern gegeben,
und zugleich nie ein einzelner Sohn zum Soldaten-

dienste genommen werden. Auch wurden dadurch
noch einige andere Personen, als die Kinder der
Prediger, welche der Theologie sich widmeten,
und die Tuchmacher, von der Wegnahme zum
Kriegsdienst freygesprochen.

Diese Verordnungen steuerten und wehrten
indessen noch nicht allen Mißbräuchen. Noch
immer stand es den Regimentern frey, ohne alle
Zuziehung der bürgerlichen Gerichtsbarkeit diejenigen, welche unter der ihrigen blieben, nach
Gutdünken einzuziehen, und dieses veranlaßte
allerhand Unordnungen und Bedrückungen. Wenigstens behauptet man, daß z. B. in dem siebenjährigen Kriege, aus einem einzigen Dorfe in der
Uckermark wären achtzehn Personen zum Kriegsdienste weggenommen, und zugleich alle andern,
zu diesem Canton gehörigen Dörfer verschont
worden. [d])

Aehnliche Vorfälle veranlaßten Friedrich II.
die alte Einrichtung, in Rücksicht hierauf, abzuän-
dern. Er hob zu diesem Zwecke, nach geendig-
tem siebenjährigen Kriege, die Unterabtheilungen
der Cantons auf, dergestalt, daß die Hauptleute,
oder die Inhaber der einzelnen Compagnien gar
keine Macht mehr darüber hatten; er schränkte die
Gerichtsbarkeit des Soldatenstandes blos auf diejenigen ein, welche schon wirklich dazu gehörten; die

E 5

d) S. die Schrift über die Canton-Verfassung in
den preussischen Staaten, von dem Landrath
von Arnim, Frankf. und Leipzig. 1788. 8.

blos Eingeschriebenen blieben unter der bürgerlichen
Gerichtsbärkeit: er verordnete, daß alle diese Eingeschriebenen sich nach Gutdünken, ohne Erlaubniß-
scheine von Seiten des Regiments, verheirathen
könnten, und er befreyte zugleich von der Verbindlichkeit zum Kriegsdienste: 1) noch alle Handwerker und Künstler, welche die Magiſträte in den
Städten für unentbehrlich erklären würden, jedoch
mit dem Zusatze, dieses Vorrecht nicht zu weit auszudehnen; 2) die Söhne derjenigen fremden Familien, welche nach dem Kriege, unter Versprechung
dieses Vorrechtes, waren in das Land gerufen worden, oder welchen der Geheime Finanzrath von
Brenckenhof dieses Vorrecht ertheilt hatte: 3) die
Söhne der Staatsbedienten von einem gewiſſen
Range, die Söhne der Künstler, Fabrikanten,
Kaufleute, Rentirer und aller derjenigen Perſonen, deren Vermögen sich wirklich auf sechstauſend
Thaler beliefe: 4) diejenigen Bauernſöhne, welche
der Herr des Dorfes irgend eine nützliche Kunſt
oder Handwerk, zum Behuf seiner eigenen Dienſte,
hätte lernen laſſen, jedoch unter der Bedingung,
daß dieses Vorrecht nicht zu weit ausgedehnt werden dürfte; und endlich 5) die einzelnen Bauernſöhne, aber erſt nach dem Tode ihrer Väter, oder
insofern solche zur Bearbeitung der Grundſtücke
derselben nothwendig wären, von welchen jedoch in
der Folge, da der preuſſiſche Staat wieder hinlänglich bevölkert, und der Landbau folglich minder der Gefahr ausgeſetzt war, durch Einziehung
dieser einzelnen Söhne zum Kriegsdienſte beein-

trächtigt zu werden, diejenigen ausgenommen wurden, welche durch ihre Größe, Wuchs, u. s. w. vorzüglich zu Soldaten schicklich waren. Ferner verbot Friedrich allen Regimentern, die ihnen nö= thigen Leute nach ihrem eigenen Gutdünken aus ihren Cantons auszuwählen, sondern verordnete, daß die Landräthe und Magistrate der Städte ihnen so viel Mannschaft, als sie zum Ersatz der abge= gangenen, gebrauchten, jährlich vierzehn Tage vor dem Anfange der Uebungszeit, mit einem Male liefern sollten; und damit sie deren nicht mehrere, als sie bedurften, fordern könnten, hatten die In= specteur den Auftrag, hierüber bey ihren Muste= rungen derselben die gehörigen Untersuchungen an= zustellen. Auch wurde ihnen zur Begünstigung derjenigen Einländer, welche, den allgemeinen Gesetzen nach, von dem Kriegsdienste nicht befreyt waren, gestattet, diejenigen von diesen aus dem Dienste zu entlassen, welche die zur Anwerbung eines um zwey Zoll größern Ausländers nöthige Summe zu erlegen, oder einen dergleichen Aus= länder für sich zu stellen vermochten.

Daß bey dieser neuen Einrichtung immer noch allerhand Mißbräuche möglich blieben, wer= den wir in der Folge sehen. Hier bemerken wir nur, daß, den verschiedenen Verordnungen gemäß, also die Bewohner der preussischen Staaten, in Rücksicht auf den Soldatenstand, in zwey Classen zerfallen, welche die Eximirte und die nicht Eximirte heißen. Die letztere ist sämtlich zum Kriegsdienste verbunden. Die Söhne derselben

werden ſogleich bey ihrer Geburt in die ſogenannten Cantonliſten, welche der Landrath des Kreiſes
hält, eingeſchrieben, und daher Enrolirte genannt.
Die Aeltern ſind verbunden für ſolche, bis ſie mannbar ſind, zu haften; und der junge Menſch muß,
ſobald er zur chriſtlichen Religion angenommen
worden iſt, den Soldateneid leiſten. Geht er
nun ohne Erlaubniß und Vorbewußt des Landraths, oder des Magiſtrats, aus dem Lande; ſo
wird er als Ueberläufer angeſehen; und kehrt er
nicht wieder zurück, ſo wird ſein Erbe oder Eigenthum zum Vortheil der Caſſe des Invalidenhauſes
eingezogen. Wenn die Aeltern beweiſen können,
daß ſie keinen Theil an der Flucht des Sohnes
haben, ſo bleiben ſie indeſſen, bis zu ihrem Abſterben, im Beſitze deſſelben, und erſt nach ihrem
Tode fällt ſein Erbtheil jener Caſſe anheim. Die
Inhaber der Regimenter ſchicken jährlich in die,
ihnen zum Canton angewieſenen Kreiſe, einen
Offizier zur Beſichtigung deſſelben, welcher die
jungen Leute nach Maßgabe der davon vorhandenen Liſten; ihr Alter, ihre Größe, u. ſ. w. unter-
ſucht, und, mit Zuziehung des Landraths und des
Magiſtrats, diejenigen davon auswählt, welche
dem Regimente, zum Erſatz der ihm in dem Laufe
des Jahres, durch den Tod, durch Verabſchie-
dung, durch Feldflucht abgegangenen Einländer,
nöthig ſind, und geſchickt werden ſollen. Selbſt
von dieſen nicht Eximirten, ſteht aber den Regimentern nicht die Auswahl ohne Ausnahme frey.
Diejenigen jungen Leute, welche der Landbau nicht

ohne sichtlichen Nachtheil entbehren kann, wie z. B. die Knechte, welche der Wirthschaft einer Wittwe vorstehen oder der Sohn derselben, sollen, ben Verordnungen gemäß, wofern sie nicht durch Größe und Wuchs sich besonders auszeichnen, mit der Einziehung zum Kriegsdienste in Friedenszeiten verschont werden.

Aber wenn nun sonach gleich der allergrößte Theil der preußischen Länder in sogenannte Cantons eingetheilt ist: so hat deswegen doch nicht jedes Regiment seinen eigenen Canton. In diesem Falle befinden sich von dem Fußvolk, die Leibgarde, das Garderegiment, und die alte Grenadiergarde, so wie die Regimenter No. 35, 44, 45, 48 und 50, und die Garnisonregimenter No. 4, 5, 6, 7, 8, 9, 10 und 12; ferner von der Cavallerie, die Garde du Corps, und die sämtlichen Husarenregimenter, mit Ausnahme des Regiments No. 10. Auch hat das Infanterieregiment No. 39 erst dergleichen nach der Besitznehmung von Westpreußen erhalten. Indessen ist für die gehörige Anzahl der Einländer bey diesen Regimentern gleichfalls gesorgt worden. Was die Garderegimenter anbetrifft; so gibt jedes Regiment Infanterie jährlich sechs, und jedes Cavallerieregiment jährlich drey ausgesuchte Leute, welche halb aus Einländern, halb aus Ausländern bestehen, an den König ab, von welchen sowohl bey den Fußgarden, als bey der Garde du Corps, der Abgang ersetzt wird, und wovon die übrigbleibenden ein eigenes Corps, welches die Unrangirten heißt, bilden. Zweytens sind die schlesischen

Gebirgskreiſe zwar keinem einzelnen Regimente als
Canton zugetheilt; aber deswegen nicht von aller
Lieferung an Eingebornen zum Soldatendienſt
gänzlich befreyt. Der Unterſchied iſt nur, daß
der König ſelbſt die Zahl derſelben beſtimmt, und
dieſe Kreiſe heißen daher auch der Canton des Königs. Von der daraus gezogenen Mannſchaft
erhielt ſonſt unter andern das Regiment Nro. 3 9
und erhält noch jetzt das Regiment Nro. 3 5 ſeine
Einländer. Den übrigen Infanterieregimentern
werden alljährlich beſondere anſehnliche Werbe-
gelder bezahlt; und die Garniſon - ſo wie die
Huſarenregimenter, ziehen die ihnen abgegangenen Einländer aus den Cantons von den andern
dazu benannten, oder ihnen angewieſenen Regimentern. —

Auslänber
und Wer-
bungsein-
richtung.
In Anſehung des andern Beſtandtheiles des
preuſſiſchen Heeres, der Ausländer, verhält
die Sache ſich auf folgende Art. Urſprünglich
war die Werbung derſelben den Inhabern der
Regimenter und Compagnien ſelbſt überlaſſen;
und zur Beſtreitung der dazu erforderlichen Summen zogen ſie während zehn Monaten den Sold
von derjenigen Mannſchaft, welche ſie beurlauben
durften oder konnten. Aber wir haben bereits
bemerkt, daß, da bey Endigung des ſiebenjährigen
Krieges, die mehreſten Regimenter nur aus Einländern beſtanden, und Friedrich zugleich wünſchte,
daß deren ſo viele als möglich möchten ins Land er-
laſſen werden, er die Anzahl derſelben ſowohl als

der Ausländer festsetzte; und weil er nun vielleicht nicht glaubte, daß alle Inhaber der Compagnien und Schwadronen selbst, an die Stelle
dieser Einländer, schnell genug würden Ausländer
anwerben können, oder wollen: so ließ er die
Werbung derselben für die mehresten Regimenter
auf seine Kosten machen, und behielt dafür den
Sold von dem größten, oder doch von einem Theil
der wie gedacht nun ebenfalls bestimmten Anzahl
von Beurlaubten zurück. Nur einige wenige
Regimenter blieben auf dem alten Fuß; das heißt,
sie zogen den Sold dieser Beurlaubten für sich,
und mußten dagegen die festgesetzte Anzahl der
Ausländer auf ihre eigene Kosten sich verschaffen. e)

e) Von der Infanterie blieben auf dem sogenannten alten Fuß, die Regimenter Nro. 1,
9, 10, 13, 18, 34, 35, 39 und 41. Die
Regimenter Nro. 44, 45, 48 zogen auf die
Compagnie den Sold von 35 Beurlaubten, und
erhielten noch jährlich, da sie keine Cantons
haben, auf die Compagnie 400 Rthaler Werbegeld, die Regimenter Nro. 22 und 30 zogen
den Sold von 32 Beurlaubten; die Regimenter Nro. 2, 3, 5, 17, 20, 23, 27, 28, 31,
32, 49 den Sold von 20 Beurlaubten; die
übrigen, welche, der Regel nach, noch beurlauben, den Sold von 10 Beurlaubten. Von den
Garnisonregimentern warben Nro. 9
und 12 selbst, und erhielten noch, da ihnen
aus den Cantons nie Leute geliefert wurden,
jedes 1700 Thaler Werbegeld; Nro. 5 zog den

So ſollten dieſe Sachen, den Verordnungen gemäß, beſchaffen ſeyn; aber in der Wirklichkeit verhalten ſie ſich etwas anders. Ein Theil
dieſer Ausländer beſteht aus ſogenannten gemachten Ausländern. Einländer heißt nur der
eigent-

Sold von 32, Nro. 7 von 20, und die übrigen den Sold von 10 Beurlaubten. Von den
ſtehenden Grenadierbataillons war-
ben Nro. 2 und 3 ſelbſt; die übrigen zogen den
Sold von 10 Beurlaubten. Die Fußjäger
blieben auf dem alten Fuß. Von den Küraſ-
ſierregimentern blieben auf eben dieſen
Fuß die Regimenter Nro. 2, 8 und 10. Die
übrigen zogen auf jede Compagnie, mit Inbegriff der Uebercompletten, den Sold von 11,
und alſo eigentlich nur von 5 Mann. Von
den Dragonerregimentern blieben auf
dem alten Fuß, die Regimenter Nro. 1 und 4.
Das Regiment Nro. 5 zog den Beurlaubten-
Sold von 32 (oder eigentlich nur von 20) und
die übrigen den Sold von 22 (oder eigentlich
nur von 10) Mann. Von den Huſaren
blieben auf den alten Fuß, die Regimenter
Nro. 2, 5, 8 und 9; die übrigen zogen den
Sold von 20 Beurlaubten. Von der Artillerie zogen die drey erſten Bataillons den
Sold von 50, das vierte von 40, das fünfte
und ſechſte von 35, und das ſiebente und achte
Bataillon von 10 Mann. Uebrigens iſt auch
dieſe Einrichtung unter der gegenwärtigen Regierung abgeändert worden.

A. d. Ueberſ.

eigentliche Cantonist, oder Enrollirte; als Ausländer aber werden auch alle diejenigen angesehen,
welche, wenn sie gleich übrigens in den preussischen Ländern, und sogar in dem Canton des Regiments, bey welchem sie stehen, oder von schon
dienenden Cantonisten, welche wirklich und immer
in der Garnison sich befunden haben, sind gezeugt,
aber nicht von und aus dem Canton selbst dem
Regimente sind geliefert, sondern angeworben worden; und dergleichen finden sich bey allen Regimentern. f) Die mehresten Regimenter haben
sogar mehr eigentliche Cantonisten, als sie der
Vorschrift gemäß haben sollten, weil ihnen, wie
gedacht, zur Zeit, wie die Anzahl für Einländer
und Ausländer festgesetzt wurde, mehr von den

---

f) In der mir mitgetheilten Umarbeitung fanden
sich, weil der Herr Verfasser schlechterdings keinen bestimmten Begriff von diesen gemachten
Ausländern, noch Kenntniß von den Veranlassungen und Ursachen dieser Einrichtung hatte,
eine Menge Spöttereyen und Declamationen
über diese Ausländer, welche ich weglasse, weil
ich sie nicht ohne ermüdende Weitschweifigkeit,
und, ich bekenne es, nicht ohne Bitterkeit würde
haben widerlegen können. Nichts ist so ekelhaft, als ein Raisonnement in einem entscheidenden Tone, das sich auf mangelhafte Begriffe gründet. Ich habe dafür den wahren
Zustand der Sachen, in ihrem ganzen Zusammenhange, sogleich in den Text eingerückt.
                                    A. d. Ueberf.

F

letztern mangelten, oder in der Folge, besonders
während des Bayerschen Erbfolgekrieges, mehr ab-
gingen, als sie durch die Werbung sich zu verschaffen
im Stande waren, oder als der König ihnen lieferte. Noch mehr, jeder selbstflüchtig gewordene,
aber wieder ertappte eigentliche Cantonist, wird von
da an, insofern er nun nicht mehr mit Sicherheit
zu beurlauben ist, als Ausländer angesetzt. Den
Inspecteurs ist alles dieses bekannt, so wie zum
Theil dem Könige selbst; und der Entwurf des
letztern, eine bestimmte Anzahl von Ausländern
in seinem Heere, zur Schonung der Eingebornen,
zu haben, erhält dadurch allerdings mancherley
Beschränkungen. Aber ohne den angenommenen
Unterschied zwischen eigentlichen und sogenannten gemachten Ausländern, wären die
Regimenter auch zu aller Zeit, und unter allen
Umständen, berechtigt gewesen, sich allen und jeden
Abgang aus dem Canton ersetzen zu lassen; und
dadurch würde der Wunsch des Königs, eine
bestimmte Anzahl von Ausländern, oder deren
doch so viel als möglich, zur Erleichterung des
Landes, in seinem Heere zu haben, noch mehr vereitelt worden seyn. Wenigstens würden diejenigen Regimenter, welche auf dem sogenannten alten Fuße blieben, nun nicht eben sehr eifrig darauf gedacht haben, sich die ihnen vorgeschriebene
Anzahl derselben zu verschaffen; und ein Theil
dieser gemachten Ausländer wird, insofern er
als freywillig dienend angesehen werden kann, weder dem Landbau, noch den Handwerkern entzogen,

weil wer einmal Soldat werden will, diesen Dienst,
wofern er solchen nicht in seinem Vaterlande fände,
in fremden Staaten suchen, oder sich auswärts
anwerben lassen würde.

Und jetzt wollen wir die Vortheile und Nach- Einfluß der
theile dieser Einrichtungen, sowohl in Rücksicht Cantonver-
auf das Heer selbst, als in Rücksicht auf die preus- das Solda-
sischen Länder, und zwar unter beyden Gesichts- tenwesen.
punkten, zuerst das Cantonwesen, und dann die
auswärtige Werbung untersuchen.

Die Vorstellung, daß in den preussischen
Staaten jeder Mensch schon als Soldat auf die
Welt kommt, scheint bey dem gegenwärtigen
Grade und der gegenwärtigen Art unsrer europäischen Cultur, oder vielmehr bey unsern Verfassungen, auf den ersten Augenblick nicht ein sehr
gut gebildetes, zweckmäßiges Heer zu versprechen.
Wenn gleich in den ältern Freystaaten jedes Mitglied derselben ebenfalls schon als Soldat geboren
wurde, oder doch zum Kriegsdienste verbunden
war: so fochten die Mitglieder derselben, auch
wenn sie auf Eroberungen ausgingen, doch immer,
mehr oder weniger, zugleich für Heerd und Altar.
Wurden sie besiegt, so stand ihnen Sklaverey oder
gar gänzliche Ausrottung bevor; eroberten sie, so
eroberte jeder für sich mit; und hieraus entsprang
sehr natürlich jener kriegerische Geist derselben,
welchen wir, ohne Ausnahme, in ihrer Geschichte
finden. Aber ganz anders scheint die Sache in
Staaten, welche unter Alleinherrschern stehen,

F 2

ausfallen zu müſſen. Hier gewinnt und verliert
das Mitglied derſelben, eigentlich und unmittelbar, wenig oder nichts durch die Siege, oder
durch die Niederlagen des Heeres; der Fürſt erobert eigentlich nur für ſich, und das eroberte Land
iſt eben, weil es blos ſeinen Alleinherrſcher wech-
ſelt, deswegen minder Verheerungen und Ver-
wüſtungen ausgeſetzt. Aus ſolchen Verfaſſungen
hat alſo nicht allein ein, im Ganzen, viel fried-
licherer Geiſt in den Menſchen entſtehen, ſondern
die Erfindung des Schießpulvers und die Einführung der ſtehenden Heere hat auch den Kriegsdienſt noch um vieles beſchwerlicher und drückender,
als er bey jenem natürlichen Mangel des kriegeriſchen Geiſtes ſchon durch ſich ſelbſt ſeyn muß, machen müſſen. Wer ſollte unter ſolchen Umſtänden
glauben, daß Menſchen, welche mit Gewalt aus
dem Schooß ihrer Familie geriſſen werden, gute
Soldaten ſeyn können? Werden ſie nicht, denkt
man, in dem Augenblick, worin es in ihrer Macht
ſteht, davon laufen? Nicht ihre Waffen in dem
erſten Gefechte, bey der erſten Gelegenheit, wo
ſie genöthigt ſind, ein Handwerk zu treiben, zu
welchem man ſie gezwungen hat, wegwerfen? Und
doch lehrt die Erfahrung, wie trüglich dieſes Urtheil iſt. Auch bedarf es eben keiner ſehr tiefen
Einſicht in das menſchliche Herz, um die Gründe,
warum die Sache in der Wirklichkeit ſich ganz
anders verhält, zu entdecken.

Faſt alle Regimenter des preuſſiſchen Heeres
beſtehen größtentheils aus Leuten, welche auf ſolche

Art zu Soldaten gemacht worden sind; und sicherlich läßt diesem Heere, und namentlich dem eingebornen Theil desselben, sich nicht etwas der Art
vorwerfen. Auch hat man nie gehört, daß die
englischen Matrosen, welche bekanntermaßen ebenfalls mit Gewalt weggenommen werden, deswegen die englische Flotte hätten schlagen lassen.
In dem ehemaligen Frankreich waren die sogenannten königlichen Grenadiere, welche einen Theil
der eigentlichen Miliz ausmachten, deswegen
nicht minder tapfer, weil sie, wie diese ganze
Miliz, durch das Loos waren zu Soldaten gemacht worden.

Diese Beyspiele indessen machen die Sache
selbst noch nicht begreiflich; sie wird es aber,
wenn man erwägt, daß das menschliche Herz von
solcher Beschaffenheit ist, daß es immer in die
Nothwendigkeit sich schickt. Durch die Gewohnheit werden ihm die Gegenstände, welche es anfänglich abscheulich findet, am Ende mehr als erträglich. Wie viel Mädchen, welche ihre Neigungen aufopfern müssen, oder aufopfern, um
Männer zu nehmen, die ihren Herzen ganz zuwider sind, werden nicht vortreffliche Weiber! Wenn
das Band der Ehe ohne alle Hindernisse und
Schwierigkeiten aufgelößt werden könnte, so würden wir täglich eine Menge Ehescheidungen sehen;
jetzt, da dieses nicht Statt hat, findet das schwä-
chere Geschlecht sich in sein Schicksal, das stärkere
läßt es sich gefallen, und im Grunde gehen die
Sachen deswegen im Ganzen nur um desto besser.

F 3

Denn, mit einem Worte, nicht in den großen
Städten und in den höhern Claſſen der bürgerlichen
Geſellſchaft muß man die Geſchichte des Menſchen
ſuchen. Und eben ſo verhält es ſich nun mit dem
Handwerke des Soldaten; mit dieſem Unterſchiede,
daß die mit dem Stande deſſelben verbundenen
großen Unannehmlichkeiten vorübergehend und ſelten, und die Unannehmlichkeiten eines übel ge-
paarten Eheſtandes dauernd ſind, und ſich über
alle Augenblicke des Daſeyns erſtrecken.

Außerdem iſt der Wille des Menſchen ein
ſo unſtätes Ding, daß Niemand für den ſeinigen,
auch nur auf zehn Minuten, mit Gewißheit gut
ſagen kann. Ein freyangeworbener Soldat iſt
nichts als ein Menſch, welcher in Einem Augenblicke den Willen, Soldat zu werden, gehabt, in
dieſem Augenblicke einen Werber aufgeſucht, und
ſeinen Vertrag mit ihm geſchloſſen hat. Aber
dieſer Wille kann ihm in ſehr wenigen Augenbli-
cken vergangen ſeyn, und dann kann man nicht
mehr ſagen, daß er ein freywilliger Soldat iſt.
Zwey Bewegungsgründe ſind es, welche die Menſchen vorzüglich antreiben, ſich anwerben zu laſſen,
Luſt zu Ausſchweifungen, und Bedürfniß. Diejenigen, welche durch die erſtere den Werbern in
die Hände geführt werden, verlieren den Willen
zum Soldatenſtande ſehr bald, weil der damit
verknüpfte Zwang, die Unterordnung, die
Mannszucht ihren Neigungen gänzlich zuwider
ſind. Was diejenigen anbetrifft, welche das
Bedürfniß dazu bewegt: ſo wiſſen wir alle, daß,

wenn das Bedürfniß vorüber ist, der Mensch nicht
mehr daran gedenkt; und auch diese also werden
das Lästige und Beschwerliche jenes Zwanges,
jener Unterordnung und Mannszucht eben so schnell
fühlen, als sie jenes Bedürfniß vergessen, und
demnach aufhören wollen, Soldaten zu seyn, ob
sie gleich, sobald sie es nicht mehr sind, nicht wissen werden, wo sie ihr Haupt hinlegen sollen.
Wenigstens werden sie, sobald sich ihnen ein anderes Mittel zur Befriedigung dieses Bedürfnisses
darzubieten scheint, ihren erstern Entschluß verabscheuen, ihren Zustand zu verändern suchen, und
sobald sie es können, davon laufen. In Ansehung
der wenigen Braven, welche aus natürlicher Neigung Lust zum Soldatenstande haben: wer hindert
sie, in die preussische Kriegsdienste zu treten? Sie
werden sicherlich sehr willkommen seyn.

Doch nicht genug, daß der bloße Unterschied
zwischen sogenannten freywillig dienenden und
gezwungenen überhaupt wenig Einfluß auf die
Sicherheit eines Heeres hat, hängt auch das Verhalten der Menschen in den verschiedenen Ständen
mehr von ihrer Denkart überhaupt, als von ihrer
Neigung dazu, ab. Nun ist aber natürlicherweise der Charakter eines ordentlich erzogenen
Menschen unendlich viel geneigter zu einem vernünftigen, regelmäßigen, den Gesetzen unterwor-
fenen Betragen, als der Charakter des größten
Theiles derjenigen, welche den Werbern sich freywillig darbieten. Jener ist einer Art von Anhänglichkeit an das Land, in welchem er geboren

iſt, und an die Seinigen, ſo wie einer Art von
Scham fähig; und ſchon dieſe, ſchon die Furcht
vor Schande, welche hieraus entſpringt, ſind hinlänglich, ihn bey ſeiner Fahne zurückzuhalten.

Was endlich die Gefahren des Soldatenſtandes und den dazu erforderlichen Muth betrifft: ſo
darf man dieſen mit Recht eben ſo ſehr von denen
erwarten, welche von dem Pfluge oder aus der
Werkſtatt wider ihren Willen zu Soldaten weggenommen worden ſind, als von denen, welche es
aus eigenem Antriebe werden.   Die Art und
Weiſe, wie der gemeine Mann ſich in der Gefahr
verhält, hängt ſehr viel von Umſtänden ab; und
man würde ſehr falſch urtheilen, wenn man demjenigen, welcher freywillig Soldatendienſte nimmt,
deswegen ſchon mit Gewißheit Muth zuſchriebe.
Er kann deſſen in dieſem Augenblick, und entfernt von der Gefahr, gefühlt haben; und doch
in der Wirklichkeit ſehr wenig beſitzen.   Ferner
gibt es kein ſicherers Mittel, dieſer Gefahr zu ent-
gehen, als ſich gut zu vertheidigen, und der hiezu
nöthige Muth iſt bey dem gemeinen Manne, ohne
daß man recht weiß, warum? ſehr häufig und gewöhnlich anzutreffen.   Nur der von Natur ganz
Feige verliert, unter ſolchen Umſtänden, gänzlich
den Kopf.   Außerdem thut bey kriegeriſchen Gefahren die Geſellſchaft ſehr viel; die einen halten
die andern zurück, die einen beleben die andern.
Und endlich muß hier der Offizier, welcher die
Seele der Truppen iſt, zeigen, daß er dieſen
Namen verdient; und dieſes iſt denn in der That

auch die große Springfeder. Der Lacedämonier Kleanth kannte das Kriegshandwerk, indem er sagte: »daß der gemeine Mann seinen Offizier mehr, als den Feind fürchten müsse.« Da nun aber diese gewöhnlichen und allgemeinen Eigenschaften sich in dem preussischen Cantonisten mit einem größern Geiste des Gehorsams, mit einer größern Anhänglichkeit an die Gesetze und Vorschriften der Gesellschaft, als sich von den freywillig dienenden erwarten läßt, vereint finden: so ist jener natürlicherweise auch ein viel besserer Soldat, als dieser.

Hiermit vereinen sich mehrere, aus der ganzen Art von Zucht, Bildung und Behandlung des preussischen Heeres entspringende Umstände, welche wir, im vierten Abschnitte dieses Buches, ausführlicher entwickeln werden, und die ohnstreitig hinlänglich sind, den preussischen eingebornen Soldaten mehr als vergessen zu machen, daß er nicht freywillig in Kriegsdienste getreten ist.

Aber die Billigkeit! — Ja die Billigkeit! Was geht uns diese hier an, wo wir blos untersuchen, ob der zum Soldatenstand gezwungene ein guter Soldat seyn kann oder nicht? Ob ein solcher zu diesem Handwerke, nach der gegenwärtigen Beschaffenheit desselben, eben so geschickt ist, als der, welcher solches aus eigener Bewegung ergreift? Hier ist nicht die Rede von moralischen Speculationen, sondern von politischen Einrichtungen, nicht von der Güte der Verfassung eines

F 5

Staates, ſondern von einem militäriſchen Geſetz-
buch), nicht von den Rechten des Volkes, ſondern
von den Bedürfniſſen einer einmal gebildeten
Macht. Und hiebey muß man zugleich nicht vergeſſen, daß, jemehr ein Heer aus Eingebornen
beſteht, um deſto mehr iſt es auch an den Staat
ſelbſt geknüpft, und um deſto minder kann es, von
den Repräſentanten deſſelben, gegen dieſen Staat
ſelbſt gebraucht werden. Freylich läßt ſich ein
Zuſtand der Dinge denken, in welchem alle willführliche Gewalt und alle Uebel, welche daraus
entſpringen, von der Erde verſchwunden, wo alle
dieſe großen Reiche, welche ſich unaufhörlich an
einander reiben, und gegen einander ſtoßen, und die
ſelbſt während dem Frieden keinen andern Schutz,
als unzählbare, beſtändig ſtehende Heere haben, in
kleine, mit einander verbundene Staaten verwandelt ſind; es läßt ſich ein, blos vertheidigendes,
auf die Verfaſſung ſelbſt gegründetes Syſtem gedenken, welches die Menſchen eben ſo ſehr bewahrt
zu beleidigen und anzugreifen, als beleidigt und
angegriffen zu werden; und alsdenn wird man
allerdings nicht mehr genöthigt ſeyn, Menſchen
zum Soldatenſtande zu zwingen, weil man alsdenn keine große Heere mehr bedürfen, und deren
zu haben ſogar verboten ſeyn wird; alsdenn wird
jeder Menſch auf ſeinem Poſten geboren werden,
und alle werden ſich mit Freuden zur Vertheidigung ihrer Wohnſitze, ihrer Weiber, ihrer Kinder, dieſer geliebten Zeugen, dieſer heiligen Un-

terpfänder ihres Muthes, vereinigen.⁸) — Aber,
im Ernste gesprochen, kommt es auf alles dieses
hier an?

g) „Alsdenn,“ hätten die Herren Verfasser hinzu-
setzen können, „alsdenn wird es gar nicht einmal der Vertheidigung bedürfen“ — weil,
wenn Niemand angreift, wenn alles auf der
ganzen Erde allenthalben so eingerichtet ist, daß
Niemand angreifen kann, oder Niemand (das
heißt hier, kein Staat) anzugreifen Lust hat,
auch natürlich Niemand genöthigt seyn wird,
sich zu vertheidigen. Ueberhaupt scheinen die
Herren Verfasser sich, in Rücksicht auf Kriege,
ein wenig zu viel von andern, als die gegenwärtigen Verfassungen der Erde sind, zu versprechen. Wenigstens kommt die Erfahrung
ihnen nicht zu Statten. Wenn sie z. B. zu
verstehen geben, daß kleine mit einander verbundene Staaten, friedlichere Aussichten für
den Zustand der Menschheit versprechen; so haben sie ohnstreitig Amerika im Auge gehabt,
aber Griechenland ganz vergessen, das zwar
nicht aus solchen Staaten bestand, aber doch
nur Ein Ganzes ausmachte; sie haben vergessen, daß der republikanische Geist im Grunde,
sobald er es kann, nicht minder und vielleicht
noch mehr eroberungssüchtig ist, als der Geist
der Monarchien, weil der Ausdehnungstrieb
einmal zu den Bestandtheilen der menschlichen
Natur gehört, und jeder Republikaner Theil
an den Eroberungen seiner Republik zu haben
wähnt. Man erinnere sich nur an Rom und
an Carthago! Wenn einige neuere Freystaaten

Noch mehr: wenn auch nicht das, was in England und in mehrern Freyſtaaten geſchieht, wenn auch nicht das Matroſen-Preſſen dieſes Verfahren in den preuſſiſchen Staaten rechtfertigt, weil Beyſpiele im Grunde eigentlich nichts rechtfertigen können: ſo iſt doch daſſelbe, bey der gegenwärtigen Einrichtung der Dinge, keinesweges an und für ſich ſelbſt ſo ungerecht, als es auf den erſten Anblick ſcheint. Sobald der Staat Soldaten bedarf, und deren nicht ſo viel, als er bedarf, freywillig findet; was kann er thun, als ſie mit Gewalt nehmen? Als ſeine Mitglieder zum Kriegsdienſte zwingen? Alle können nicht zu gleicher Zeit zu Felde ziehen, und jeder wird verlangen, daß der Andre gehen ſoll. Wer kann in dieſem Streite anders entſcheiden,

nichts von dieſem Geiſte zeigen oder haben; ſo iſt es nur, weil die, ſie umringenden monarchiſchen Staaten, ſie daran hindern; vielleicht auch nur, weil die aus der Erfindung des Schießpulvers entſtandene Art von Zucht und Beſchaffenheit des wahren Soldatenweſens, in freyern Staaten auf Dauer nicht ſowohl fortkommen und gedeihen kann, als in monarchiſchen, und jene alſo fürchten müſſen, in Kriegen mit und gegen dieſe unterzuliegen. Aber man verwandle alle und jede Verfaſſungen nur wieder in Freyſtaaten, man ſetze alle nur in gleiche Verhältniſſe gegen einander und auf gleichen Fuß, und woferne mit dieſer Verwandlung nicht auch die menſchliche Natur in etwas anders, als ſie bis jetzt war, verwandelt, oder vielmehr umgeſchaffen worden iſt; wofern nicht

als die oberſte Gewalt? Und läßt ſich denn wohl
überhaupt ſagen, daß die Menſchen ſich ihre Lebensart ſelbſt wählen? Werden ſie nicht, im
Ganzen genommen, durch den Willen ihrer Aeltern, und durch die Umſtände, beſtimmt oder
hingeriſſen, die eine der andern vorzuziehen? Ein
Menſch wird Maurer, Zimmermann, Schuſter
oder Schneider, ehe er ſich ſelbſt noch kennt, ehe
er ſelbſt noch weiß, was er will; und diejenigen
ſind ſelten, welche alle die Hinderniſſe, die der
freyen Wahl eines Standes entgegen ſtehen, über-
winden, oder welchen man dieſe Wahl frey läßt.
Was iſt alſo viel dagegen einzuwenden, wenn der
Staat, oder ſein Repräſentant, einen Theil der
Mitglieder deſſelben zu Soldaten macht? Die

zugleich um dieſe Zeit aller Haber und Zwiſt
unter einzelnen Menſchen, von den Hauszwi-
ſten an bis zu denen vor den Gerichtsſtühlen,
aufgehört haben, und alle Leidenſchaften aus
dem menſchlichen Herzen ausgerottet worden
ſind: ſo dürfte ſchwerlich auf der Erde des
Friedens mehr als jetzt zu finden und folglich dieſe neue Eintheilung derſelben nur von
kurzer Dauer ſeyn. Und die Realiſirung eines
ſolchen Zuſtandes, wie viel Menſchenblut, wenn
ſie ſonſt möglich wäre, würde ſie nicht vorher
koſten! Durch alles dieſes will ich indeſſen den
Krieg ſelbſt auf keine Art in Schutz nehmen,
und noch minder die willführliche Gewalt; ich
wünſche nur, irrigen Urtheilen und Meinungen
vorzubeugen.

A. v. Ueberf.

preuſſiſche Regierung ſagt: ihr ſeyd alle verbunden, das gemeine Weſen zu vertheidigen, alſo laſſen wir euch alle in
die Soldatenliſten einſchreiben, entſcheiden aber nachher, welcher von euch
die Waffen führen, und welcher das
Land bauen, und Kleider und Schuhe
für andre machen ſoll. Und wenn nun
dieſe Entſcheidung nach ſo billigen Grundſätzen,
als unter ſolchen Umſtänden möglich ſind, gemacht, wenn der Soldat unter denjenigen Claſſen
von Menſchen vorzüglich ausgeſucht wird, welche
nicht allein die Beſchwerlichkeiten dieſes Standes
am leichteſten ertragen können, ſondern deren
Haab und Gut auch, im Fall eines feindlichen
Einfalles, den mehreſten Verheerungen ausgeſetzt
iſt, und deren übrige Kunſt oder Gewerbe zugleich
am leichteſten und geſchwindeſten erlernt werden,
und durch das Abſeyn derſelben alſo am wenigſten
in Verfall überhaupt gerathen kann? Und iſt dieſes
nicht der Landmann, und Vorzugsweiſe der ledige,
unangeſeſſene Landmann, und der ähnliche Bewohner der kleinen, offenen Städte? Seine Lebensweiſe,
ſeine Bedürfniſſe, und die Art und der Grad ſeiner
Ausbildung ſtehen in einer Art von Verhältniß mit
dem, was er als Soldat zu leiſten hat, und dafür
erhält; und die gemeinen Handwerke, ſo wie die
Führung des Pfluges und der Sichel, erfordern
unſtreitig, um erlernt zu werden, mindre Zeit
und mindre Anlagen. Um hier richtig zu urtheilen, muß der, im Wohlſtand oder gar Ueberfluß

erzogene, zu vielen Bequemlichkeiten und zu den
Annehmlichkeiten des Lebens gewöhnte, überhaupt
feiner gebildete Mann sich nur hüten, seine eigenen
Empfindungen und Vorstellungen in Individuen
von ganz anderer Beschaffenheit überzutragen.
Freylich haben auch diese nicht ihre Einwilligung
zu dieser Einrichtung gegeben, und durch eine solche
Einwilligung wird das Gefühl einer jeden, und
also auch dieser Last, dieser Beschwerlichkeit sehr
erleichtert; aber auch in Freystaaten übt das Ganze
ähnliche, und gewiß mehrere Zwangsrechte über
seine Theile aus; und sobald wir einmal mo-
narchische Verfassungen gelten lassen, und die unbeschränkte Gewalt nur nicht, als eine ganz will-
kührliche Gewalt, sondern mit Rücksicht auf die
Erhaltung und die Vortheile dieses Ganzen ver-
fährt, müssen wir nie vergessen, daß die Vortheile der bürgerlichen Gesellschaft allenthalben nur
durch Aufopferungen erlangt werden. —

„Aber, wird man sagen, der preussische Soldat ist Soldat auf Lebenszeit; wenn jeder die
Pflicht hat, das Vaterland zu vertheidigen, sollte
da nicht auch Jeder, der Reihe nach, diese Verbindlichkeit erfüllen? Kann das Gegentheil gerecht
seyn?" — Gerecht! Gerecht kann, genau genommen, und an und für sich, freylich keine Art
von ausschließenden Vorrechten und ausschließenden Lasten, in irgend einer unbeschränkten Verfassung, insofern heißen, als solche Vorrechte oder
Lasten immer willkührlich ertheilt oder aufgelegt
scheinen; aber wenn nun, in dem vorhabenden

Falle, die Laſt eines ſolchen immerwährenden
Dienſtes dem Zweck der Sache ſelbſt ſo angemeſſen wäre, daß dieſer Zweck nur durch ein ſolches
Mittel vollkommen, oder doch am vollkommenſten
erreicht werden könnte? Wenn man, da ein
ſolcher Zweck für jede Verfaſſung, mit Ausnahme
einiger wenigen, einmal nothwendig geworden
iſt, alſo mit Recht auch vorausſetzen dürfte, daß
jede derſelben, wofern ſie ſonſt den Vortheil des
Ganzen zu Rathe zöge, und ſelbſt wüßte was
ſie wollte, eben dieſes Mittel aus eigener
Bewegung würde gewählt oder feſtgeſetzt, und
die Sache dem gemäß, was ſie von ihr verlangt, und was ſie ſeyn ſoll, auch angeordnet
haben? Nun läßt ſich aber, ſo lange die Kriege
noch unvermeidlich bleiben, erweislich genug
machen, daß die daraus entſpringenden Uebel
und Nachtheile für die menſchliche Geſellſchaft,
bey ſtehenden Heeren, in Vergleichung mit den
übrigen Arten, den Krieg zu führen, die geringern ſind. Sind ſolche Heere alſo einmal nothwendig: ſo iſt auch natürlich die beſſere Einrichtung und Beſchaffenheit derſelben, allen übrigen
vorzuziehen. Je vollkommener in ihrer Art
ſie ſind, je gewiſſer werden ſie ihre Beſtimmung
erfüllen, je mehr Schutz wird die bürgerliche Geſellſchaft ſich von ihnen verſprechen können. Das
Kriegshandwerk iſt aber in neuern Zeiten um vieles zuſammengeſetzter und künſtlicher, als es ehedem war; um einen guten Infanteriſten zu bilden,
bedarf es drey Jahre, und einen guten Caval-
leriſten

leristen sechs Jahre. Wenigstens ist dieses ein
Grundsatz im preussischen Heere; und gilt als
Wahrheit allenthalben, wo man die Kriegskunst
gründlich kennt und treibt. Ohne Befolgung desselben kommt man nie über einen gewissen Grad
von Mittelmäßigkeit hinaus. Und es ist nicht
blos genug, daß der Soldat ausgebildet ist, und
die gehörigen Uebungen zu machen weiß; er muß
auch, wofern er seinen Dienst nicht, entweder
als bloße Spielerey, oder als eine drückende
Frohne ansehen, und das, was der Staat von ihm
fordert, gewiß leisten soll, den Geist seines Standes sich eigen gemacht, und Anhänglichkeit daran
gewonnen haben. Hiezu bedarf es aber in allen
Ständen eine geraume Zeit, und für den Soldatenstand in eben dem Verhältnisse, worin seine
Einrichtungen von allen Einrichtungen der übrigen
Stände abweichen, und um sehr vieles drückender
und beschwerlicher als diese sind, und der Soldat,
von welchem hier die Rede ist, zugleich als gezwungen dazu angesehen werden muß, eine desto
längere; und vielleicht gelangt er nie zu diesem
Geiste, zu dieser Anhänglichkeit, wenn er seine
Bestimmung dazu als vorübergehend ansehen kann.
Ein beständiger Dienstwechsel also ist nichts als
ein Mißbrauch. Man beraubt sich dadurch eines
brauchbaren Menschen, um einen andern zu nehmen, der von keinem Nutzen seyn kann. Man
baut ewig an einem Heere, und wird nie fertig.
Ueberdem muß man nie vergessen, daß bey dem
Menschen Alles auf Gewohnheit ankommt.

Das Soldatenhandwerk wird für den, welcher
einmal damit bekannt ist, nicht hart und drückend
seyn, wohl aber unendlich für den, welcher als
Neuling hinein tritt. Folglich vermehrt man die
Unbehäglichkeiten der Unterthanen, und verbreitet solche über eine größere Anzahl, wenn man sie
der Reihe nach zu diesem Dienste zieht. Und endlich ist derjenige, welcher zehn oder zwölf Jahre
das Soldatenhandwerk getrieben hat, fast immer
ein schlechter Landwirth. Gewöhnt an die müßige
Thätigkeit seiner Lebensweise, an eine Lebensweise,
in welcher ihm das, was er bedarf, gegeben wird,
wo er das, was er erhält, sogleich wieder verzehrt,
wo er für sich selbst und seine Zukunft nicht zu sorgen braucht, und, wenn er mit zu Felde gewesen
ist, unfehlbar Hang zu gewaltthätigen Expressun-
gen und zu andern Ausschweifungen hat erlangen müssen: wie kann man von einem solchen
wähnen, daß er jemals den Geist der Wirthschaft
und der Vorsicht lerne, daß er zu stäter ununter-
brochener Arbeit, wie der Landbau und die sitzenden Handwerke sie erfordern, geneigt und fähig
seyn werde? Entläßt man ihn also, und nimmt
an seine Stelle einen andern vom Pfluge, oder
aus der Werkstätte fort; so verschaft man sich dadurch zu gleicher Zeit einen schlechten Landwirth,
einen schlechten Handwerker, und einen schlechten
Soldaten.

Aus allen diesem getrauen wir uns zu schließen,
daß, militärisch betrachtet, und bey dem gegenwärtigen Zustand der Dinge, die preussischen Ein-

richtungen in Ansehung der Kriegsdienste der Eingebornen sehr gut und vielleicht die einzigen sind, wodurch wirklich ein vollkommnes Heer gebildet werden kann. Und sie sind es um besto eher, da der Staat, oder der Repräsentant desselben, der König, wenigstens bis zum Tode Friedrichs II. wie wir in der Folge sehen werden, darauf bedacht gewesen ist, den Beschwerlichkeiten, welche dadurch diesem Theile des Volkes, Vorzugsweise, zur Last fallen, gleichsam ein Gegengewicht zu verschaffen. Es darf uns nicht wundern, vielmehr können und müssen wir es, vorausgesetzt nämlich, daß das Heer nicht dem Fürsten, sondern dem Staate gehört, billig und gerecht finden, wenn diejenigen, welche ein eben so großes Recht haben, Schutz zu fordern, als derjenige Theil des Staates, welchen sie schützen, und die diesen Schutz doch auf Kosten ihrer Gesundheit, ihres Lebens, und der mehrsten Annehmlichkeiten desselben übernehmen, dafür einige Vorzüge zum Ersatz erhalten, dafür einiger Achtung von Seiten des Fürsten genießen, besonders wenn die übrigen Stände der Gesellschaft, durch diese Vorzüge, diese Achtung nicht unmittelbar beeinträchtigt, und solche nicht zur Bedrückung derselben gemißbraucht werden können. Es gehört unstreitig zu den Widersprüchen des menschlichen Herzens, diejenigen, welche gleichsam für die übrigen das Opfer der natürlichen Anlagen desselben werden, bald wegen der Beschwerlichkeiten und Gefahren, denen sie ausgesetzt sind, und der Lasten wegen, welche ſie zu tragen haben, zu bemitleiden, bald ihnen das, wodurch ihre Tage einzig erträglich gemacht, und die Luſt und Liebe zu dem, was ſie ſeyn ſollen, allein in ihnen erhalten werden kann, bald ihnen auch das Gefühl ihres Standes miszugönnen. Wohl indeſſen dem Volke, deſſen Lage und daraus entſprungene Verfaſſung ihm ein ſtehendes Heer entbehrlich machen! Oder das doch des höchſten Grades der Vollkommenheit deſſelben nicht bedarf, um unter den übrigen Völkern ſeinen Rang mit Würde zu behaupten! Es vergeſſe nie, daß der Vorzug, eines dergleichen zu haben, nur auf Koſten des menſchlichen Geſchlechtes, auf Koſten der natürlichen Freyheit des Menſchen, und der Entwickelung ſeiner phyſiſchen und moraliſchen Kräfte, erreicht werden kann. Aber wenn gleich die Lage Englands zu glücklich iſt, als daß die Engländer vielleicht je ſo gute Soldaten wie die Preuſſen werden können: ſo iſt es darum doch nicht minder wahr, daß man, um aus dieſen die beſten Soldaten auf der Erde zu machen, die ſchicklichſten, politiſchen und militäriſchen, Mittel gefunden hat.

Einfluß der auswärtigen Werbung auf das Soldatenweſen.

Nicht ſo gut und zweckmäßig, wie die preuſſiſche Cantoneinrichtung, dünkt uns die für das preuſſiſche Heer eingeführte auswärtige Werbung. Der König von Preuſſen ſcheint dabey nur an die Vermehrung ſeiner Unterthanen, und an die Schonung der Eingebornen, von welchen er auf ſolche Art wenigere dem Landbau und den Handwerkern entziehen darf, gedacht zu haben. Denn, daß er dabey die Abſicht gehabt, oder die Anwerbung von Ausländern für ein Mittel angeſehen haben ſollte, das Heer mehr an die Perſon des Fürſten, als an den Staat ſelbſt zu knüpfen, oder es Vorzugsweiſe von jenem abhängig zu machen, ſcheint nicht wahrſcheinlich. Man muß indeſſen, in Rückſicht auf dieſe Werbung, zwey ſehr verſchiedene Zeitpunkte in dem preuſſiſchen Heere, den vor dem ſiebenjährigen Kriege von dem nach dem ſiebenjährigen Kriege ſorgfältig unterſcheiden. Vor dem ſiebenjährigen Kriege beſorgten ſolche, wie wir bereits erinnert haben, die Regimenter ſelbſt, und zogen dafür den Sold der zehnmonatlichen Beurlaubten, indem zugleich die Zahl der Ausländer nicht beſtimmt war. Nun machten jene Beurlaubtengelder ganz anſehnliche Summen aus; ſie beliefen, für die Inhaber der Compagnien und Schwabronen, ſich monatlich auf 120 bis 150 und mehr Thaler; und folglich waren dieſe auch im Stande den Angeworbnen ganz gute Handgelder, und um deſto eher zu geben, da ſie aus eben dieſem Grunde weniger Ausländer durch die Feldflucht verlieren konnten. Denn es läßt ſich immer noch denken, daß für eine anſehnliche Summe auch ein ſonſt ordentlicher Menſch ſeine Freyheit dahin giebt, beſonders wenn er glaubt, ſie nur auf eine beſtimmte Anzahl von Jahren hinzugeben, und ein ſolcher Menſch iſt ſchon durch ſich ſelbſt weniger zur Brechung ſeines Eides geneigt. Allein es kam auch noch hinzu, daß einmal dergleichen

G 3

Menſchen, eben weil ſie ordentlich, oder Ausſchweifungen weniger ergeben ſind, die militäriſche
Mannszucht und Unterordnung weniger drückend
finden; und zweytens, daß da ihr Handgeld für
ſie immer ein kleines Capital ausmachte, welches durchzubringen ſie eben durch ihren Charakter
gehindert wurden, dieſes zu einem Unterpfande
für ihre Sicherheit angewandt werden konnte, indem man es für ſie, oder ſie ſelbſt ſolches auf Zin-
ſen in ihren Standquartieren ausliehen. Zugleich
ließ man ſie ſich verheirathen, wenn ſie Luſt dazu
bezeugten, welches von Menſchen ſolcher Art viel
eher, als von den lüderlichen Burſchen, welche
durch das nachherige Werbeſyſtem in die Armee
kamen, und um deſto eher geſchah, da jene, eben
in ihrem Handgelde, etwas zur Unterhaltung von
Frauen hatten, ſo wie ſie eben dadurch eine beſſere
Gattung von Mädchen zu Weibern erhielten.
Wenigſtens befand ein Theil dieſer alten Ausländer ſich in dieſem Falle; und ſo hatte das Heer in
dieſen nicht allein ſichre Leute, welche gleichſam
in den preußiſchen Staaten verbürgert waren; ſondern von den, auf die Werbung verwandten
Summen blieb auch ein großer Theil im Lande;
nur die eigentlichen Koſten derſelben, die Zulagen
für die auf der Werbung befindlichen Offizier und
Unteroffizier, gingen für den Staat verloren. Und
zugleich blieb den Inhabern der Compagnien und
Schwadronen immer noch von den Beurlaubten-
geldern ſehr viel übrig, weil, wenn ſie gleich zum
Theil viel größere Handgelder gaben, ſie doch, wie

gebacht, wenigere Ausländer zu werben nöthig
hatten. Aber dieses System gab, von einer andern Seite, zu allerhand Unordnungen Anlaß.
Die Regimenter, oder vielmehr die werbenden
Offiziere derselben, erlaubten sich, um schöne oder
große Leute habhaft zu werden, nicht allein allerhand Listen, sondern auch hin und wieder Gewalt-
thätigkeiten; hierüber waren Klagen von Seiten
derjenigen deutschen Stände, in deren Ländern die
Werbung Statt fand, geführt worden; und um
sowohl ähnlichen Vorfällen vorzubeugen, als auch
die nach dem Hubertsburger Frieden festgesetzte
Anzahl von Ausländern desto gewisser zu erhalten,
ließ Friedrich, wie gedacht, von dieser Zeit an,
die Werbung für die mehresten Regimenter auf
seine eigene Kosten führen, und behielt dafür die
Beurlaubtengelder größtentheils zurück. Hiemit
verbanden sich vielleicht noch andere Gründe. Der
König war nicht gleich sehr mit dem Verhalten
seiner Regimenter während dem siebenjährigen
Kriege zufrieden gewesen; und wählte die Zahl
der Beurlaubten, welche er ihnen ließ, als Mittel der Belohnung oder Bestrafung. Jede der
verschiedenen Inspectionen schickte nun in die, für
die Werbung offenen Länder, eine bestimmte Anzahl von Offizieren und Unteroffizieren; diese lie-
ferten die angeworbene Mannschaft an die Inspecteurs ab, welche solche wieder unter die Regimenter ihrer Inspection vertheilten, indem
zugleich für jeden Mann ursprünglich nicht mehr
als funfzehn Thaler Handgeld ausgesetzt wurden;

und durch alles dieses erhielt diese Sache eine ganz andere Gestalt. h)

Was erstlich die Summen betrifft, welche, trotz des ausgesetzten geringen Handgeldes, diese Werbung dem Könige gekostet hat; so wollen wir nicht wagen, solche zu bestimmen: allein wir glauben versichern zu können, daß ihm jeder Angeworbene, mit Inbegriff aller Kosten, wenigstens hundert und funfzig Thaler zu stehen gekommen ist. i)

h) Alles dieses ist, wie der Anhang zeigen wird, unter der gegenwärtigen Regierung abgeändert worden.

i) So heißt es, in den gedruckten Auflagen dieses Werkes, mit dem Zusatz in der Anmerkung, daß die Werbung für jedes Regiment auf sechstausend Thaler zu stehen gekommen sey, und in der handschriftlichen Umarbeitung hatte Maubillon hinzu gesetzt, daß, da man auf ein Regiment nur jährlich 50 Mann rechnen könne, und der König sicherlich bey dieser Werbung aus seinen eigenen Mitteln zugesetzt habe, die obige Summe nicht für zu groß angesehen werden dürfe. Woher unsere Herrn Verfasser alle diese Nachrichten haben, weiß ich nicht; aber so viel ergibt der Augenschein, daß sie mit dem preußischen Werbesystem nicht eben sehr bekannt gewesen sind. Sie hatten weder das erstere von dem letztern unterschieden, noch die in diesem eigentlich zum Handgeld ausgesetzte Summe gewußt, und das letztere ist denn doch hier, wo nur von dem Einfluß der Werbung auf das Heer

Nun sind wir aber überzeugt, daß eben diese
Summen, wenn sie mit Einsicht wären ins Land
vertheilt worden, die Bevölkerung würden vermehrt, und so den König in den Stand gesetzt
haben, seine Soldaten aus seinen eigenen Provinzen zu ziehen. Die Möglichkeit der Sache leidet
keinen Zweifel; und wir werden in der Folge
einen deswegen gemachten Entwurf den Lesern
mittheilen. Doch, dem sey auch wie ihm wolle,

G 5

die Rede ist, meines Bedünkens von Wichtigkeit. Sie hatten sogar nicht einmal, was mir
zur Uebersicht des Ganzen eben so wichtig
scheint, die festgesetzte Anzahl der Ausländer
angegeben. Alles dieses habe ich daher auch
sogleich in den Text einrücken zu müssen geglaubt. Was ihre Rechnung anbetrifft: so
bemerke ich dagegen nur, daß da, wie jeder
weiß, eigentlich nur 15 Thaler Handgeld gut
gethan wurden, die bloßen Kosten, z. B. für
jeden Rekruten eines Cavallerieregimentes, von
welchen der König den Sold von 150 Beurlaubten überhaupt gezogen, sich, wenn ein solches Regiment auch jährlich 50 Rekruten erhalten hätte, für jeden auf 60 Thaler hätten
belaufen müssen, wofern dieser Beurlaubten
Sold gänzlich bey der königlichen Werbung
hätte aufgehen sollen; und nach meiner geringen Kenntniß von dem Werbungsgeschäfte
dürften diese Kosten schwerlich so hoch sich an-
schlagen lassen. Und wenn, wie Mauvillon
wollte, sogar mehr, als der König dafür ein-
zog, auf die Werbung wäre verwandt worden;

genug, dieſes Werbungsſyſtem zog eine Menge
andrer Nachtheile für das preuſſiſche Heer nach
ſich.

Wir haben bereits gezeigt, daß daſſelbe mit
dem Beurlaubungsſyſtem genau zuſammenhängt,
und daß die Compagnieninhaber derjenigen Regimenter, welche demſelben unterworfen ſind, dadurch einen großen Theil der Einkünfte, welche
die Compagnien und Schwadronen ſonſt abgewor-
fen hatten, verlieren. Hiedurch aber verlieren
ſie auch natürlicherweiſe nicht allein einen Theil
ihrer Anhänglichkeit an den Dienſt, ſondern dieſe

fo wären ja dieſe Koſten noch höher zu ſtehen
gekommen! Doch vielleicht haben die Herrn
Verfaſſer ſich in der Zahl der Angeworbenen geirrt? Wenigſtens gibt Friedrich II. in dem
Oeuvr. poſth. Band 5. S. 163, dieſe Anzahl
jährlich auf ſieben bis achttauſend Menſchen an,
und in der handſchriftlichen Umarbeitung dieſes
Abſchnittes war ſolche nur auf 2750 Mann
angeſetzt, weil man für jedes Infanterieregiment jährlich nur 50, und für die ſämtliche
Cavallerie, (wie vorher ſchon bemerkt worden
iſt,) gar keine Ausländer angenommen hatte.
Welche von beyden Nachrichten die glaubwür-
digſte ſeyn möchte, überlaß ich dem Leſer zu
entſcheiden. Ich ſetze nur noch hinzu, daß, zu
Folge der von Mauvillon angenommenen Zahl
von 2750 Mann, und 150 Thaler für jeden
derſelben, eine Summe von 412500 Thaler,
und wenn man wieder auf jedes Infanterieregiment (als welche ſie nur in Rechnung

Schmälerung ihres Einkommens nöthigt sie auch zum Theil, in eben dem Verhältniß, worin die Bedürfnisse aller Art gestiegen und vermehrt sind, zu allerhand, dem Dienst und dem Staat nicht vortheilhaften Entschädigungsmitteln ihre Zuflucht zu nehmen.

Zweytens entsteht daraus, daß einige Regimenter auf dem alten Fuße blieben, das heißt, den Beurlaubten = Sold gänzlich ziehen, und dafür ihre Werbung selbst besorgen, eine Scheelsucht zwischen den verschiedenen Regimentern, die um desto natürlicher ist, da die letztern mehr Hand=

brachten) jährlich, eben auch mit unsern Herren Verfassern, 6000 Rthlr. Werbungskosten rechnet, nur 3,30000 Thaler herauskommen! Es ist indessen sehr gewiß, daß, was immer die Herren Verfasser mögen geglaubt haben, auch die Cavallerie ihre bestimmte Anzahl von Ausländern hatte; und mir dünkt es zugleich aus sehr vielen Gründen nicht sehr wahrscheinlich, daß Friedrich II. bey einem, gleich nach dem siebenjährigen Kriege eingeführten Werbesystem, sehr viel werde aus eigenen Mitteln zugesetzt haben. Ob übrigens die Bevölkerung durch jene Summen so ansehnlich vermehrt werden könnte, daß die Anzahl der Ausländer im preussischen Heere dann durch Einländer so zu ersetzen wäre, daß, nach Verhältniß dieser Bevölkerung, nicht mehr Menschen aus dem Staate, wie jetzt, als Soldaten dienten, wird sich in einer der folgenden Anmerkungen zeigen.

A. d. Uebers.

geld geben können, und folglich ſchönere und größere Leute erhalten; drittens, gibt dieſe Werb-
bung, da die Inſpecteurs die angeworbenen Leute
unter die Regimenter ihrer Inſpection zu vertheil-
len haben, und wie es ſich leicht denken läßt, die
ſchönſten und größten für ihre eigenen Regimenter
ausſuchen, zu neuen Unterſchieden zwiſchen den
Regimentern, und folglich auch zu Mißvergnügen
und um deſto eher Anlaß, da die Inhaber der
mehreſten nun nicht mehr, wie ehedem, den Zuſtand derſelben als ihr eigenes Werk anſehen können. Wenn wir aber auch alle dieſe, durch das
neue Werbeſyſtem, in dem Innern des Heeres
und in dem Geiſte deſſelben hervorgebrachten nicht
günſtigen Wirkungen überſehen: ſo bleibt denn
doch ſo viel gewiß, daß der größte Theil der dadurch erlangten Ausländer auf keine Art ſicher zu
machen und zu eigentlichen guten Soldaten aus-
zubilden iſt. Bey ihnen findet nichts von dem
Statt, was von den, nach dem alten Syſtem, angeworbenen Leuten zum Theil galt. Die zum
Handgeld ausgeſetzte Summe iſt zu geringe, als
daß irgend ein Menſch, welcher ſonſt noch etwas
mit ſich anzufangen, oder ſein Leben ſonſt zu friſten
weiß, dadurch gereizt werden kann, ſich zu verkaufen; nur der Auswurf der Menſchheit bietet
den Werbern ſich dar; und da dieſe zugleich nicht
mehr, wie ehedem, nur für ihre eigenen Regimenter, ſondern für das Ganze, das Werbungs-
geſchäfte treiben, und folglich weder einer beſondern Verantwortung ausgeſetzt ſind, noch es ihr

eigener Vortheil so sehr, wie ehedem, erfordert,
auf die Anwerbung guter und brauchbarer Menschen bedacht zu seyn: so nehmen sie, was sich
ihnen darbietet, an; und sind auch genöthigt es
anzunehmen, weil sie deren zu viele zu verschaffen
haben. Denn, natürlicherweise, laufen in eben
dem Maße, worin diese Ausländer bey den Regimentern ankommen, andre ihrer Art wieder davon. Was hätte solche denn auch festhalten können? Das Handgeld ist, noch ehe sie ihre Regimenter erreicht haben, bereits durchgebracht;
und Leute solcher Art leiden von der militärischen
Zucht um desto mehr, da sie eben, ihres übrigen
Charakters wegen, um desto strenger gehalten
werden müssen. Diejenigen aber, welche auch
vor der Hand blieben, konnten doch auf keine Art
das Heer verbessern. Es ist zwar allerdings wahr,
daß bey einer Mannszucht und Unterordnung, wie
solche im preussischen Heere eingeführt ist, man
mit allen Menschen Alles machen kann; und daß
der Offizier die Seele der Truppen ist. An einem
Schlachttage werden die Offizier und Unteroffizier,
wenn diese sonst ihre Pflichten gehörig erfüllen,
auch jene, sie mögen beschaffen seyn, wie sie wollen,
zwingen können, ihre Schuldigkeit zu thun; aber
man liefert nicht an allen Tagen Schlachten; und
der Unterschied zwischen sichern und unsicheren Leuten zeigt sich alsdann deutlich. Eine große Anzahl
schlecht gesinnter Menschen verdirbt alle die übrigen; und besonders sollte man in jedem Heere es
zu einem unveränderlichen Grundsatze machen, gar

keine feindlichen Ueberläufer, und noch weniger
deren von ſeinen eigenen Truppen anzunehmen.
Sie dienen zu nichts, als ihren Cameraden den Geiſt
der Feldflucht k) einzuflößen; ſie ſind widerſpen-
ſtig, aufrühreriſch, laſſen ſich durch nichts bän-
digen; und wenn dieſe Eigenſchaften ſich unter den
Soldaten ausbreiten: ſo können ſie auch im Augenblick der Schlacht Einfluß auf ihr Verhalten
haben, weil es im Grunde denn doch nur das
Vorurtheil iſt, durch welches ein ganzes Heer von
einer Handvoll von Offizieren und Unteroffizieren
in Schranken gehalten und zum Gehorſam gezwungen wird. Wer aber viel in der Welt ſich
herum treibt, legt endlich die Vorurtheile ab,
und lernt die Sachen nach ihrer natürlichen Stärke
und ihren weſentlichen Eigenheiten beurtheilen.
Wären aber auch Menſchen dieſer Art in dem
Augenblick einer Schlacht gar nicht zu fürchten: ſo
ſind ſie es doch zu jeder andern Zeit. Sie gehen
zum Feinde über, und unterrichten ihn nicht allein
von allen, was man vorhat, ſondern verführen
auch andre dazu. Vielleicht koſtet ein jeder ſolcher Herumläufer dem Heere zwey ſonſt gute andre
Menſchen. Sobald ſolches an irgend etwas Mangel leidet, oder ſonſt Beſchwerlichkeiten zu ertragen

---

k) Ich habe das Wort, Feldflucht beſtändig
  für das franzöſiſche Deſertion gebraucht, ungeachtet dieſes nicht gerade durch jenes gänzlich
  ausgedrückt wird.

A. d. Ueberſ.

hat, braucht er nur zu sagen: Ha, bey dem
Feinde ist man, in Ansehung dessen,
besser daran! und zwanzig andre werden noch
an eben dem Tage zu diesem übergehen: so sehr ist
es in der menschlichen Natur gegründet, immer
nur die Unannehmlichkeiten seiner gegenwärtigen
und die Annehmlichkeiten seiner vergangenen Tage
vor Augen zu haben. Auch bewies der Erfolg,
wie wenig auf diese Art von Leuten zu rechnen war.
Das preussische Heer verlor in dem Einen Jahre
des bayerschen Erbfolgekrieges mehrere Mannschaft
durch die Feldflucht, als es, nach Verhältniß, in
den ganzen sieben Jahren des vorhergehenden Krieges verloren hatte.

Und nicht genug, daß man in dem preussischen Heere dergleichen Herumläufer und Gesindel
anwirbt, macht man auch keine Schwierigkeiten
eigentliche Missethäter anzunehmen. Wenigstens
schickte der verstorbene Landgraf von Hessen, welcher die Todesstrafen nicht liebte, und die mehrsten Verbrecher zu den Fesseln und zu öffent-
lichen Arbeiten verdammen ließ, von Zeit zu Zeit,
einige Dutzende von diesen Unglücklichen an sein
Regiment nach Wesel, wo man sie mit Vergnügen annahm. [1]) Diese Einrichtung der Dinge
kann in Zeiten des Friedens, wo dergleichen Ge-
schöpfe durch Mannszucht und dauernde Vorkeh-

---

1) Ob diese Thatsache gegründet ist, muß ich
gänzlich dahin gestellt seyn lassen.
                                        A. d. Uebers.

rungen können in Ordnung gehalten werben, er=
träglich ſeyn; aber im Felde zeigen ſich die ver=
derblichen Wirfungen einer ſolchen Verfaſſung in
ihrer ganzen Stärke. Mit Menſchen dieſer Art
kann man auf nichts rechnen; und es koſtet mehr,
Kunſt, mehr Sorgen, mehr Beſchwerlichkeiten,
ſie in Ordnung und feſt zu halten, als es koſtet,
um ſich vor den Unternehmungen des Feindes in
Sicherheit zu ſetzen.

Doch dieſes iſt nicht der einzige, wenn gleich
der erſte und ſichtbarſte Nachtheil, welcher aus der
auswärtigen Werbung für das preuſſiſche Heer ent=
ſteht. Ein andrer, eben ſo wichtiger, fällt nur
minder in die Augen. Das Geſchäft des Wer=
bens führt, von allen möglichen am mehrſten, zum
Verderbniß der Sitten. Dieſe Gattung von
Menſchen iſt genöthigt in beſtändiger Verbin=
dung mit den Hefen der menſchlichen Geſellſchaft
zu ſtehen, und die ſchändlichſten Schlupfwinkel auf=
zuſuchen; natürlicherweiſe muß ſie alſo ausſchwei=
fend, betrügeriſch, verſoffen, wenigſtens liſtig und
verlogen werden, zwey Eigenſchaften, ohne welche
es unmöglich iſt glücklich zu werben. Und doch
iſt man genöthigt, keine andre, als ſichre und
treue Unteroffizier und Gemeine auf Werbung zu
ſchicken; folglich wird die Sittlichkeit von einer
großen Anzahl ſonſt guter Leute dadurch unaufhör=
lich zu Grunde gerichtet, und dieſes iſt unſtreitig
ein ſehr weſentlicher Verluſt.

Ferner

Ferner hat diese auswärtige Werbung äußerst strenge Vorkehrungen gegen die Feldflucht in Friedenszeiten nothwendig gemacht, woburch der preußische Kriegsbienst, in biesen Zeiten, um vieles beschwerlicher, als in anbern Ländern geworden ist. Erstlich muß der Inhaber jeder Compagnie sich äußerst befleißigen, burch eigene Beobachtung und durch die Berichte seiner Unteroffizier, ben Charakter aller seiner Solbaten genau kennen zu lernen; er muß mit allen ihren Neigungen, mit ihrem Verhalten, mit bem Umgange, welchen sie suchen, genau bekannt seyn. Nach Maßgabe dieser Kenntniß vertheilt er sie in die Quartiere und in die Kammern der Casernen, um ihnen alle Lust und alle Mittel zur Feldflucht zu benehmen. Ueberhaupt unterscheidet man im preußischen Heere zwey Gattungen von Solbaten, die sichern und die unsichern; und diese werden in den Quartieren, auf den Wachen, und sogar auf den Posten bergestalt untereinander gemischt, baß der sichere ben verbächtigen hütet. Aber dieses ist gleichsam nur die gröbere Gränzlinie; die größte Aufmerksamkeit ist erforderlich, um die feinern Schattirungen richtig zu treffen, und die Leute in den Quartieren und Casernen so unter einander zu vermischen, baß die einen nicht ben andern unerträglich, und baß sie boch zugleich nicht zu gute Freunde werden, baß der schlechte Solbat nicht ben guten verberbe, und baß nicht Verschwörungen zu Feldfluchten entstehen können. Dieser Zustand der Dinge bringt indessen boch etwas Gutes hervor; es zwingt den Offi-

zier, ſeine Untergebenen ſorgfältig zu ſtudieren,
und ſich mit ihnen zu beſchäftigen; daburch wird
ſein Verſtand, wenigſtens in Rückſicht auf Kenntniß des menſchlichen Herzens, geſchärft; und da
dem Menſchen immer die Dinge, in eben dem
Maße, worin ſie ihm Mühe koſten, auch werth
werden: ſo wird hiedurch natürlicherweiſe auch
das Band zwiſchen den Offiziers und Gemeinen
enger und feſter zuſammen gezogen, und die Anhänglichkeit des ſonſt zum Soldatenhandwerk auf-
gelegten Offiziers daran vergrößert.

Eine zweyte, eben daburch nothwendig gewordene Vorkehrung iſt, daß kein Soldat, ohne
eine ſchriftliche Erlaubniß ſeines Hauptmanns,
oder ohne einen ſogenannten Thorzettel, aus den
Thoren der Stadt, wo er in Beſatzung liegt, gehen darf, eine Erlaubniß, die, wie man leicht
denken kann, nicht ſehr häufig gegeben wird.
Dieſen Thorzettel muß er der Wache vorzeigen,
deren Vorſicht, in Rückſicht hierauf ſo weit geht,
daß jeder Menſch, welcher zur Stadt hinaus will,
und den Wuchs eines Soldaten hat, er mag übrigens gekleidet ſeyn wie er wolle, und hätte er auch
einen Prieſter-Anzug, von der Schildwache, wofern dieſe ihn ſonſt nicht kennt, angehalten, und
zu dem wachhabenden Offizier gebracht wird.

Dieſe Maßregeln allein ſind indeſſen noch
nicht hinlänglich, dem Uebel gänzlich vorzubeugen.
Die Offizier, und beſonders die Unteroffizier, unter welche die ganze Mannſchaft jeder Compagnie,

zur besondern Aufsicht vertheilt ist, müssen nicht
allein täglich, öfter als einmal, von früh Mor-
gens bis zum Zapfenstreich, als nach welchem kein
Soldat sein Quartier mehr verlassen darf, solche
nachsehen, ob ihre Leute in diesen ihren Quartieren sich finden, sondern dergleichen Nachsuchungen
werden auch in jeder Nacht, und zuweilen öfter,
als einmal, von den Unteroffizieren, zu einer von
dem Befehlshaber bestimmten Stunde, gemacht;
die Leute werden bey ihren Namen gerufen, und
müssen antworten.

Außerdem ist von jedem Regiment beständig
ein Offizier zum Nachsetzen ernannt, und dieser
muß Tag und Nacht ein Pferd gesattelt halten. m)
Sobald man gewahr wird, daß ein Mann fehlt,
wird eine Kanone gelößt, und auf dieses Zeichen
sind die umliegenden Dorfschaften verbunden, ihre
Felder durchzusuchen. Wer den Ueberläufer auf-
findet und abliefert, erhält zehn Thaler zur Belohnung; und wer ihm durchhilft, und dessen
überwiesen werden kann, wird strenge gestraft.

H 2

m) Die Herren Verfasser haben hier vergessen, daß
die Hauptleute, Subaltern-Offizier der Infanterie, ausgenommen die Adjutanten, in
Friedenszeiten keine Pferde haben, oder daß
ihnen doch keine gut gethan werden.

A. d. Uebers.

Daß durch alles dieſes der Dienſt für die
Offizier und Unteroffizier ſehr beſchwerlich werden
muß, ſieht man von ſelbſt ein. Da dieſer Dienſt
nun aber einmal ihre Beſtimmung iſt, da ſie nur
dafür beſoldet und nur dazu unterhalten werden;
ſo müſſen ſie es, natürlicherweiſe, ſich auch gefallen laſſen, ihre Zeit dabey ſo auszufüllen, und
ſich auf ſolche Art dabey zu beſchäftigen, wie es
durch die Zuſammenſetzung des Heeres nothwendig
wird; und ſie ziehen nicht allein den Vortheii hievon, dadurch mit dem Geiſte ihres Handwerkes
wirklich erfüllt zu werden, ſondern die Gewohnheit
macht ihnen auch dieſe mühſame Beſchäftigung
um vieles erträglicher, als ſolche dem bloßen Beobachter ſcheint. Doch dieſe Beſchwerlichkeiten
ſind freylich auch nicht das einzige, was ſie zu ertragen haben. Um einen jeden zu der allerſtreng-
ſten Aufſicht zu verpflichten, wird, ſobald eine
Feldflucht vorfällt, der Befehlshaber der Compagnie, bey welcher ſie ſich ereignet hat, und derjenige Offizier, unter deſſen beſondrer Aufſicht der
Soldat ſtand, in Verhaft geſetzt, weil man immer annimmt, daß von ihnen irgend etwas vernachläßigt worden iſt, und daß, wenn ſie ihre
Untergebnen angehalten hätten, ihre Pflichten gehörig zu erfüllen, ein ſolcher Vorfall nicht würde
Statt gefunden haben. Ueberhaupt beruht das
ganze preuſſiſche militäriſche Syſtem auf der un-
verrückten und ſtrengen Beobachtung dieſes, wirklich unumgänglich nothwendigen Grundſatzes, daß
der Druck der Mannszucht und Unterordnung von

oben anfängt, und einen jeden trifft. Der Inhaber des Regiments hält sich an den Stabsoffizieren, die Stabsoffiziere an den Hauptleuten,
die Hauptleute an den Subalternoffizieren, diese
an den Unteroffizieren, unter deren besondern
Zucht dann wieder die Gemeinen stehen. Aber
hiedurch wird dann auch dieser Druck um sehr vieles erleichtert; die Nothwendigkeit desselben wird
dadurch einleuchtend; und einer erkannten Nothwendigkeit lernt jeder sich sehr bald unterwerfen.

  - Und alle diese Vorsichtigkeitsregeln werden
nun durch die freywillig angeworbenen nothwendig
gemacht; denn wenn gleich unter diesen Ausländern mehrere durch List und zum Theil durch
Gewalt in das Heer gebracht worden sind: so besteht der größte Theil derselben doch aus solchen,
welche auf schöne, von den Werbern ihnen gemachte Versprechungen, Dienste genommen haben. Es sind also keinesweges die zum Soldatenstande verbundenen und gezwungenen Einländer,
welche den Geist der Feldflucht unter den Truppen
verbreiten; sondern jene Hefen von Fremden,
welche durch die Werbung ins Land kommen; und
was unsrer Meinung zur Unterstützung dient, ist,
daß bey den sämtlichen Cavallerieregimentern,
welche fast gar keine Ausländer haben, n) auch

H 3

n) Nicht doch; die Cavallerieregimenter haben
    deren nach Verhältniß eben so viel, als die In-
    fanterie, das heißt, jede Schwadron Dragoner

wenig oder gar kein Ausreißen Statt findet, und weniger Vorkehrungen dagegen gemacht werden.°) Aus allen dieſem aber ſcheint ſich denn nun zu ergeben, daß die auswärtige Werbung überhaupt, und beſonders nach der letzten Einrichtung derſelben, dem preuſſiſchen Heere ſehr wenig Vortheile

oder Küraſſier, 60; und was noch mehr iſt, ſie haben von dieſer vorgeſchriebenen Anzahl, im Ganzen, mehr als die Infanterie. Auch ſehe ich nicht ab, wie die geringere Anzahl von Feldflüchtigen bey der Cavallerie erſt nöthig iſt, zu beweiſen, daß es vorzüglich die Ausländer ſind, welche davon laufen; denn dieſes letztere iſt eine Thatſache, welche jenes Beweiſes gar nicht erſt bedarf, und wohl noch nie bezweifelt worden iſt. Und daß von der Cavallerie, im Ganzen, weniger Mannſchaft, als von der Infanterie davon läuft, iſt zwar allerdings gegründet; aber die Urſachen hievon ſind ſehr mancherley. Ich führe nur dieſe an, daß der gemeine Mann, dadurch, daß er zu Pferde ſitzt und dient, über viele Beſchwerlichkeiten ſchadlos gehalten, und dadurch, daß er ſich für etwas vornehmes hält, oft mit einem gewiſſen Ehrgeiz erfüllt wird.

A. d. Ueberſ.

°) Dieſes iſt wieder nicht gegründet. In Friedenszeiten finden, nach Verhältniß, eben ſo viel Vorkehrungen bey der Cavallerie, als bey der Infanterie, gegen die Feldflucht Statt.

A. d. Ueberſ.

bringt; und dieser Vortheil scheint uns um desto
geringer, da eben dieses System zu den vorher
angeführten verschiedenen Mißbräuchen, in An=
sehung des Cantonwesens, führen kann.

Doch es ist Zeit den Einfluß dieses Canton=
wesens, von der politischen Seite oder vielmehr
den Einfluß der Größe des preussischen Heeres
überhaupt auf den Wohlstand des Staates, in
Erwägung zu ziehen.

Die preussischen Staaten enthalten überhaupt
höchstens fünf und eine halbe Million Einwohner.
Wenn man annimmt, daß ungefähr ein Viertheil
davon in einem Alter ist, die Waffen führen zu
können: so besteht die, zur einheimischen Rekru=
tirung tüchtige Mannschaft aus einer Million,
dreymalhundert fünf und siebenzig tausend Köpfen.

Wir haben gesehen, daß das preussische Heer
sich ungefähr auf hundert fünf und neunzig tausend
Mann beläuft; und unter dieser Anzahl können
wir höchstens dreyßig tausend Ausländer anneh=
men. P) Folglich sind denn von siebzehn Menschen
H 4

p) Daß diese Anzahl, der Regel nach, viel größer
seyn, und zu Folge der vorher gegebenen Nach=
richten, von der für jedes Regiment ausgesetz=
ten Anzahl von Einländern, sich auf mehr als
fünfzigtausend Mann belaufen sollte, werden

ungefähr, welche Waffen führen können, zwey
Soldaten. q) Dieſes iſt ſicherlich ſehr viel, wenn
man blos die Zahl der Menſchen erwägt, welche
badurch dem Lande entzogen werden.   Doch dieſes iſt noch nicht alles, was hier in Rechnung gebracht werden muß.   Die Truppen ſind zweytens

die Leſer ſelbſt ſehr leicht ausrechnen können.
Da man aber mir einwenden könnte, daß dieſe
Zahl, theils wegen der ſogenanten, gemachten
Ausländer, theils wegen der, an die Stelle der
zurückbehaltenen Cantoniſten, nicht als vollzählig anzunehmen, und hier die Rede nur von den
eigentlichen Fremden überhaupt iſt: ſo habe ich
es bey der Rechnung der Herrn Verfaſſer be-
wenden laſſen.

A. d. Ueberſ.

q) Wenn nun alſo der vorhin von unſeren Herren
Verfaſſern angeführte Entwurf wäre ausgeführt,
und die für die auswärtige Werbung aufgehende
Summe ins Land vertheilt worden: ſo hätte
dieſe Summe die Bevölkerung um 900,000
Seelen vermehren müſſen, wofern nicht, nach
Verhältniß noch mehrere Menſchen, als jetzt,
hätten Soldaten ſeyn ſollen.   Und dieſe ganze
Summe, nach der eigenen Rechnung der Herren
Verfaſſer, beläuft ſich auf etwas mehr, als
400,000 Thaler; und nach einer andern von
ihren Rechnungen nur 3,30000 Thaler, wie
in einer der vorhergehenden Anmerkungen gezeigt worden iſt.

A. d. Ueberſ.

auch in dem Lande untergebracht, und die Bürger müssen ihnen nicht allein Wohnung, sondern
auch Betten und einige Kleinigkeiten mehr verschaffen; denn in denen Städten, wo solche in
den Kasernen liegen, werden diese von den sogenannten Servisgeldern, wenigstens unterhalten. Und endlich drittens muß der Staat
natürlich auch den eigentlichen Sold derselben hergeben.

Um diesen verschiedenen Einfluß gehörig und
richtig zu beurtheilen, ist nichts nöthig, als das
Verhältniß zwischen der Bevölkerung der verschiedenen preußischen Provinzen, und der Anzahl derjenigen Truppen, welche sowohl ihre Cantons in
jeder derselben haben, als in ihnen einquartiert sind,
mit einander und unter einander zu vergleichen.
Freylich kann uns dieses nur in Ansehung der beyden ersten Punkte zu einigen Resultaten führen;
aber wenn wir gleich, in Rücksicht des dritten
Punktes, des eigentlichen Soldes, nicht auszu-
mitteln im Stande sind, ob z. B. die sämtlichen
in Pommern liegenden Truppen von den Gefällen
der Accise, der Steuer, und der ähnlichen Auflagen in dieser Provinz bezahlt werden, und ob
also die Einwohner derselben so viel zu erlegen
haben, als dazu erforderlich ist: so ist es denn
doch überhaupt gewiß, daß alle Truppen nur auf
Kosten des Staates unterhalten werden können.

Was nun jene Verhältniſſe angeht, ſo werben ſich ſolche in den beyden beygefügten Tabellen
ſehr leicht überſehen laſſen. Die erſte betrifft das
Cantonweſen, oder die Vertheilung der Regimenter in die verſchiedenen Provinzen in Rückſicht auf
die Laſt, welche dieſe Provinzen deswegen überhaupt tragen, aus welchem Grunde wir denn auch
die Zahl der ſämtlichen Köpfe eines Regiments,
und nicht blos die Zahl der Gemeinen in Anſchlag
gebracht, ſo wie wir diejenigen Regimenter, welchen, wie gedacht, kein eigener Canton zugetheilt
worden iſt, aus eben dieſem Grunde wieder gänzlich weggelaſſen haben, ohngeachtet auch dieſe,
natürlicherweiſe, ihre Einländer aus den preuſſiſchen Provinzen überhaupt ziehen müſſen. Die
zweyte Tabelle bietet keine Schwierigkeiten dar.
Sie zeigt das Verhältniß der Bevölkerung der
verſchiedenen Provinzen zu der Bevölkerung der
geſammten preuſſiſchen Monarchie, und der Anzahl der in ihnen einquartierten Truppen zu der
Stärke des preuſſiſchen Heeres überhaupt. Und
was erhellt denn aus nun dieſen Tabellen? Ein
flüchtiger Blick auf die erſtere lehrt, daß in Anſehung des Cantonweſens, vorzüglich die Churmark,
und dann Pommern, Neumark und Schleſien am
mehreſten belaſtet, und daß zugleich die mehreſten
derſelben, verhältnißmäßig, am wenigſten bevölkert ſind. In der Churmark z. B. laſſen ſich
nicht mehr als 1375 Menſchen auf eine Quadratmeile rechnen, weil wir die Bevölkerung von
Berlin und Potsdam hier nicht füglich in Anſchlag

ju Seite 122.

n Staaten. *)

pölferung der preuſſiſchen Monarchie
h auf — 5,450,000.

hältniß der Zahl	Verhältniß der Pro-
, 3 : 100	2, 3 : 100
, 2 : 100	1, 2 : 100
, 4 : 100	3, 8 : 100
00, 2	93, 7. die 6, 3

h Richtigkeit	welche hier fehlen,
ntern, als	ſind für das Fürſten-
en Gebirgs-	thum Neuſchatel, u.
urde, hatte	diejenigen Provin-
nen Canton	zen in Weſtphalen,
ntons, und	welche keine Cantons
Jahr 1787	haben, gerechnet.
in ihrer An-	
erichtigung	
Uebers.	

illerie aus 155,818 Mann.
— 38,264. —

tniß diefer en , zum zen des heeres.	Verhältniß der Provinz, zu dem Staate überhaupt, in Ansehung der Bevölkerung.
s	
) : 100	16, 5 : 100
ς	
) : 100	10, 3 : 100
ý	
¦ : 100	8, 5 : 100
ý	
: 100	4, 7 : 100
є	

bringen, und dafür wenigſtens 140,000 Seelen
abrechnen können. Und dann hat eben dieſe Churmark wenigſtens zwanzigtauſend Coloniſten, welche
von allem Soldatendienſte befreyt ſind. Nicht
anders, oder vielmehr noch ſchlechter, verhält es ſich
mit der Bevölkerung von der Neumark und von
Pommern; ſie iſt hier noch geringer, und doch haben
eben dieſe Provinzen, beſonders die Churmark ᵣ),
vorzugsweiſe außerordentliche Geſchenke von der
Regierung erhalten. Freylich macht Schleſien
eine Ausnahme; es hat eine ſehr anſehnliche Bevölkerung; aber im Verhältniß zu dieſer Bevölkerung iſt es auch, in Anſehung des Cantonweſens,
minder als die angeführten belaſtet, und iſt es
nur ſeit dreyßig bis vierzig Jahren, ˢ) anſtatt daß

ᵣ) Siehe den erſten Band des Werkes: Von der
preuß. Monarchie unter Friedrich II. S. 473 u. f.

ˢ) Schleſien iſt ſeit dem Jahr 1742, alſo 52
Jahre, in Cantons eingetheilt. — Um übrigens die Probe von der obigen Berechnungsart
zu machen, hätten unſre H. Verfaſſer billig nun
auch unterſuchen ſollen, ob die, durch das Cantonweſen und die Einquartierung am wenigſten
belaſteten Provinzen, die volkreichſten wären?
Denn, wenn diejenigen, welche das mehreſte
zu tragen haben, dadurch an der Bevölkerung
leiden, ſo muß ſolche natürlicherweiſe in denen
größer ſeyn, die in dem entgegen geſetzten Fall
ſich befinden. Nun hat z. B. Oſtpreuſſen zwar
für 24,200 Mann Rekruten zu liefern, und
28,230 Mann Beſatzung, aber nur 1197,

die Mark und Pommern es ſeit ſechzig Jahren
ſind, und ſchon ſeit einem Jahrhundert, weit über
ihre natürliche Kräfte, haben Cantoniſten liefern
müſſen. Ferner iſt Schleſien ſchon als eine ſehr
bevölkerte Provinz an das Haus Brandenburg
gekommen, und wenn man gleich zugeſtehen muß,
daß die Bevölkerung deſſelben ſeit dieſer Zeit zuge-

Menſchen auf die Quadratmeile; die Churmark
dagegen hat 29,725 Mann mit Rekruten zu
verſorgen, und eine Beſatzung von 56,190
Mann, und doch auf einer Quadratmeile 1375
Menſchen. Wie verträgt ſich nun dieſes mit
den Schlüſſen unſrer Herren Verfaſſer? Doch
dieſes iſt noch nicht alles. Der Unterſchied in
der Zahl der Truppen, welche ihre Cantoniſten
aus der Neumark und aus Magdeburg ziehen,
iſt ſehr gering, und der Unterſchied in Anſehung
ihres Quartierſtandes fällt ſehr merklich zum
Vortheile der Neumark aus. Von der Laſt der
erſtern Art hat dieſe 9270 Mann, und Magdeburg 8990 Mann, alſo nur 280 Mann weniger, als jene zu tragen; und an Beſatzung hat
die erſte nur 3950, das letzte aber 9760 Mann;
und doch hat jene nur 1182, und dieſe 2600
Menſchen auf der Quadratmeile! Auch werden
die Vertheidiger des Syſtems unſrer Herren
Verfaſſer hier nicht die bloße Größe oder den
Umfang dieſer verſchiedenen Länder, auf welchen, ſowohl in Anſehung der Canton- als der
Quartier-Laſt, die Herren Verfaſſer ſelbſt gar
keine Rückſicht genommen haben, mir entgegen
ſtellen wollen; denn alsdenn erſchiene die Rech-
nungsart derſelben in einem noch viel ungünſti-

nommen hat, so muß man doch sich erinnern, daß
die vorige Regierung das Volk durch den Adel und
durch die Klerisey nach Belieben bedrücken ließ,
und daß sie durch ihre Undulsamkeit den thätig-
sten Theil desselben, die Protestanten, quälte, indem sie den andern durch den Aberglauben un-
thätig machte. ')

gern Lichte. Die Churmark z. B. ist viel kleiner (sie hat nur 447 Quadratmeilen,) als Ostpreußen, welches deren 752 hat; aus einem
kleinern Raum werden also dort mehr Menschen
gezogen, und in einem kleinern Raum sind dort
viel mehr einquartiert, als hier, und der vorgebliche Einfluß davon auf die Bevölkerung müßte
folglich zum Nachtheil der erstern ausschlagen;
und die Churmark ist doch volkreicher. Noch
nachtheiliger für dieses Raisonnement ist die Vergleichung zwischen der Neumark und Magdeburg. Jene hat 220, dieses nur 104 Quadratmeilen; ein viel größerer Raum liefert also
ein, kaum in Rechnung zu bringendes Theilchen
mehr, hat aber dafür eine Last von 5810 Mann
weniger zu tragen; und doch ist die Volksmenge
darin sehr weit unter der Hälfte geringer, als
in diesem. — Doch genug, um das Müßige
und Leere dieser Art von Speculationen zu zeigen. Etwas über die Verschiedenheit der Einquartierung in den verschiedenen Provinzen
wird indessen noch in der Folge bemerkt werden.
A. d. Uebers.

t) Ich habe bereits bemerkt, daß ich diesen ganzen Abschnitt nach einer handschriftlichen Umar-

Die zweyte Tabelle zeigt uns nur eine, nach
Verhältniß mit Einquartierung überladene Provinz; und dieſes iſt wieder eben jene Churmark.

‒beitung von Mauvillon liefere; und der Leſer
darf ſich alſo nicht wundern, wenn er hier
manches ganz anders, als in dem gedruckten
franzöſiſchen Original findet.   Ich ſetze nur
hinzu, daß, wenn gleich das Cantonweſen einen
nachtheiligen Einfluß auf die Bevölkerung haben
kann, doch dieſe von ſo vielen Dingen mehr
abhängt, daß ſich gewiß nichts allgemein ent-
ſcheidendes darüber ſagen läßt.   Weſtpreuſſen,
z. B. war, ehe es an das Haus Brandenburg
kam, von aller Soldatenlieferung, Einquartierung, Acciſe, Handelsbeſchränkung u. ſ. w.
mit einem Worte, von allen dem frey, wodurch
nach dem Syſteme unſrer Herren Verfaſſer die
Bevölkerung in den preuſſiſchen Staaten zu-
rückgehalten werden ſoll; und hat zugleich einen
ſo fruchtbaren Boden, als irgend eine Provinz.
Zwar war der Bauer leibeigen; aber dieſes iſt
er z. B. in Pommern auch.   Und Weſtpreuſſen
hatte denn doch nur 832 Menſchen auf eine
Quadratmeile!   Sollte alſo nicht die geringe
Bevölkerung der oben angeführten preuſſiſchen
Provinzen vorzüglich die Wirkung des allgemein bekannten ſchlechten Bodens derſelben und
des Klima ſeyn?   Nicht, daß ein fruchtbarer
Boden allein zu ihrer Vermehrung hinlänglich
wäre; das zeigt ſich an Weſtpreuſſen; eine ordentlich eingerichtete Regierung muß ihm immer
zu Hülfe kommen: aber einen wirklich durchaus
ſchlechten Boden wird dieſe nie in einen guten

Vielleicht wird man sich aber wundern, daß wir diesen Ausdruck von der Sache gebrauchen; denn gewiß hat man durch diese Vertheilung der Trup-

umschaffen. — Und dann, sind nicht Halberstadt und Magdeburg, so wie ein Theil der westphä-lischen Provinzen, die volkreichsten in dem gan-zen preussischen Staate, und sind diese nicht so gut wie die übrigen in Cantons eingetheilt, und haben Besatzungen? Gerade diejenigen unter den letztern, welche Canton-frey sind, wie z. B. das Fürstenthum Ostfriesland, das Herzog-thum Geldern, das Herzogthum Cleve, sind, im Verhältniß, z. B. mit der Grafschaft Ra-vensberg, welche ihren Canton hat, am we-nigsten bevölkert, in dieser kommen auf eine Quadratmeile 3675, und vielleicht sogar 4500 und noch mehr; in Ostfriesland höchstens nur 1926, in Cleve nur 2000, in Geldern höch-stens eben so viel; und seit beynahe zwanzig Jahren hat die Bevölkerung in keinem der letz-tern merklich zugenommen. Auch sind eben diese Provinzen, eben so wenig wie die Graf-schaft Ravensberg, den — wie unsre Herren Verfasser sich Bd. I. S. 471 Ihres Werkes: Von der preussischen Monarchie, ausdrücken — fiscalischen Bearbeitungen der Regierung aus-gesetzt, man hat in beyden keine Fabriken mit ausschließenden Privilegien; man schränkt in beyden nicht den Handel ein, u. f. w. Woher also dieser Unterschied in der Volksmenge? Etwan daher, daß, wie unsre H. Verfasser von den übrigen preussischen Provinzen behaupten, die einen von diesen mehr, die andern weniger, mit Cantons und Einquartierung belastet sind?

pen, dieſe Provinz zu begünſtigen geglaubt. Es
iſt eine allgemein angenommene Meynung, daß
die Beſatzungen ein Land bereichern, weil ſie ihren
Sold daſelbſt verzehren; und dieſe Meynung wird
noch durch das Verlangen der Städte, Einquartierung zu haben, beſtätigt. Aber uns ſcheint
dieſe Meynung, weil ſie allgemein iſt, darum
nicht minder falſch. Nur die Eigenthümer der
bewohnbarſten Häuſer, nur die Bierbrauer,
Brannte-

Aber Cleve, Oſtfriesland, Geldern haben, wie
gedacht, gar keine Rekruten zu liefern; Oſtfriesland hat, auf einen Umfang von 54 Quadratmeilen, nur ein Bataillon zur Beſatzung; Cleve
auf 42 Quadratmeilen, zwar 2910 Mann;
aber das eben ſo große, und beynahe doch um
ein Drittheil mehr bevölkerte Halberſtadt, 2860
Mann, und obendrauf die Cantonlaſt für 3290
Mann; und Geldern ebenfalls gar keine Beſatzung. Was ſcheint alſo aus allem dieſen ſich
zu ergeben? daß die Behauptungen unſrer
Herren Verfaſſer eine Menge Einſchränkungen
und Beſchränkungen leiden; und daß allgemeine
Grundſätze nirgends auslangen, alle Erſchei-
nungen zu erklären; daß, wenn z. B. zwey ſonſt
gleich große Länder, wie Halberſtadt und Cleve,
ſehr verſchieden bevölkert ſind, und doch das
zahlreichſte viel mehr Laſten zu tragen hat, und
viel minder gut zum Erwerb gelegen iſt, als das
andre, der Unterſchied zwiſchen der Volksmenge
in jenem, dem volkreichen, und in dem, was
noch mehrere Laſten dieſer Art trägt, (als zwiſchen Halberſtadt und der Churmark) nicht dem
Unter-

Branntweinbrenner, Schenkwirthe, nur die
Kaufleute, welche mit Zucker, Kaffee, u. dgl. handeln, lassen diesen Wunsch hören, und nicht die
weit zahlreichere Klasse der kleinen Handwerker,
deren Absatz durch den Wohlstand der Landleute,
weit größer und sicherer gemacht wird, als durch
eine Einquartierung, welche sie auf mancherley
Weise bedrückt. ") —   Doch wir kehren zu den
Wirkungen des Cantonwesens überhaupt zurück.

Unterschiebe dieser Lasten vorzugsweise zugeschrieben werden kann. —   Unsre Herren Verfasser haben sich indessen anders zu helfen gewußt; sie haben z. B. in ihrem Raisonnement
über die Bevölkerung, Band I. S. 470 die
sämtlichen Westphälischen Länder in Bausch
und Bogen genommen; aber ist dieses ein Mittel
zu reinen Resultaten zu kommen? heißt das
nicht ein wenig Pfuscherey treiben?
                                A. d. Uebers.

u) Ich gestehe, daß ich, in dieser Gedankenverbin-
dung, keinen sonderlichen Zusammenhang finde.
Denn, wie in aller Welt, wird der Absatz der
kleinen Handwerker an die Landleute dadurch,
daß die Städte Besatzungen haben, gehindert?
Brauchen jene deswegen weniger? Werden sie
deswegen weniger kaufen? Oder wollte Mauvillon sagen, daß durch die Besatzung in den
Städten, zugleich der Landmann arm gemacht,
und also außer Stand gesetzt wird, den Handwerkern viel abzunehmen? Aber erstlich haben
die Soldaten nicht auf dem platten Lande, son-

J

Dieses ganze Syſtem iſt nur darauf berechnet und eingerichtet, daß der Zuſtand des Landes

dern in den Städten ihr Quartier; und dann
ſetzt der Landmann, in der Nachbarſchaft einer
ſolchen Stadt, von dem, was er erzielt, mehr
ab, als er, wenn ſie gar keine Beſatzung hätte,
abſetzen würde. Dieſes iſt handgreiflich, wofern wir uns nur nicht täuſchen, und anſtatt
der Zahl der Menſchen, aus welchen dieſe Beſatzung beſteht, und der Summe, welche ſie
verzehrt, eine andre Anzahl andrer Menſchen,
welche eben ſo viel und noch mehr aufgehen
läßt, in Gedanken unterſchieben, ſondern, wie
es der Fall iſt, annehmen, daß dann überhaupt
um ſo viel Menſchen weniger in einer
ſolchen Stadt lebten. Nicht allein das Ge-
tränke, welches der Soldat braucht, Bier und
Branntewein, wird von dem Getraide gemacht,
das der Landmann baut, ſondern auch das
Brodt, und das wenige Fleiſch, was jener ißt,
kommt vom Lande; und Maubillon hätte immer
oben die Becker und Fleiſcher unter der Zahl
derjenigen aufführen ſollen, welche durch die
Beſatzungen gewinnen. Genug, der Sold
einer jeden Beſatzung wird immer in ihrem
Quartierſtande verthan, und er muß alſo dieſem
Quartierſtande und der Nachbarſchaft deſſelben
zu gute kommen. Iſt dieſes aber der Fall: ſo
ziehen die Städte im Ganzen auch Vortheile von
den Beſatzungen, und ſo würden ſie auch minder Erwerb und Verdienſt haben, wenn um ſo
viel Menſchen überhaupt weniger ſich in ihnen
befänden. Wollte ich die Herren Verfaſſer

nicht verschlimmert werde. Man verlangt nicht
mehr, als daß jeder schon urbare Acker Feld

J 2

— was sie selbst, leider, sehr ofte thun —
chikaniren, so würde ich sagen, daß die oben
angeführten Classen von Menschen in einer Stadt
nicht durch die Besatzung gewinnen können,
ohne daß nicht von eben diesem Gewinnst wieder andre Classen in eben dieser Stadt Vortheil
ziehen müssen. Jemehr Bier z. B. der Brauer
braut, jemehr Branntewein der Branntewein-
brenner brennt, jemehr der Schenkwirth von
beyden verschenkt, um destomehr brauchen sie
auch Gefäße aller Art; und jemehr sie gewinnen, um destomehr werden sie auch auf Kleidungsstücke, Hausgeräthe u. s. w. verwenden,
welches denn alles wieder Einfluß auf den Erwerb der übrigen Bürgerklassen hat. Auch hat
jede allgemeine Meynung immer etwas für sich;
und die Erfahrung lehrt, daß diejenigen Städte,
deren Wohlstand durch eine Einquartierung
merklich vergrößert werden kann, sich schlechter
befinden, wenn ihnen solche abgenommen wird:
denn freylich nicht alle Städte, nicht die sonst
schon sehr volkreichen, oder viel Handel trei-
benden, werden, in Rücksicht hierauf, die Besatzung eben vermissen; und diesen, besonders
den letztern, kann eine solche leicht mehr Nachtheil zuziehen, als sie ihnen, durch den darin
verzehrten Sold, Vortheile verschaft; aber von
diesen, deren in jedem Staate überhaupt immer
nur sehr wenige sind, ist hier nicht die Rede.
Etwas ganz anders wäre es, wenn mit der
Einquartierung zugleich alle die Auflagen und

feinen Anbauer, jede Werkſtatt ihren Arbeiter

Abgaben, welche durch die ſtehenden Heere nothwendig gemacht werden, wegfielen; und hätten
unſre Herren Verfaſſer gerade heraus irgendwo
geſagt, daß in Rückſicht auf dieſe Auflagen
und Abgaben wenigſtens eine Verminderung
der ſtehenden Heere zu wünſchen wäre: ſo würde
ich mir keine Anmerkung darüber erlaubt haben.
Allein dieſen Punkt berühren ſie nur im vorbeygehen, und ſuchen dagegen entweder aus den,
vermittelſt eines zahlreichen Heeres überhaupt
nothwendig werdenden, oder aus den, dem
preuſſiſchen Heere eignen Einrichtungen, an-
ſchaulich zu machen, daß dieſes zu groß iſt,
oder daß Nachtheile daraus für die Bevölkerung
entſtehen.   Durch alles dieſes will ich indeſſen
gar nicht ſagen, daß nicht auch den Bewohnern
der kleinen Städte die Einquartierung läſtig
wird; und, mit Erlaubniß Mauvillons, habe
ich gerade diejenigen, welchen er Wünſche dar-
nach zuſchreibt, die Eigenthümer der bewohnbarſten Häuſer, die Kaufleute, welche mit Zucker
und Kaffee handeln, darüber am mehrſten klagen hören, denn dieſes ſind, im Ganzen, immer die wohlhabendſten, die das, was ſie durch
die Beſatzung erwerben, am eheſten würden entbehren können, und die mit den mehrſten übrigen ſie ungefähr eben ſo für läſtig halten, wie
der Menſch die Arbeit für läſtig hält, wenn er
gleich dadurch ernährt wird.   Die Bewohner
einer ſolchen Stadt hören, nämlich, dadurch,
daß ſie Beſatzung haben, auf, das, was ſie
ſonſt gleichſam waren, die Herren ihrer Stadt
zu ſeyn; ſie müſſen in ſehr vielen Dingen ſich

behalte. ᵡ) Aber es geht mit dem Zustande eines
Landes nicht anders, als mit dem Zustande eines
Privatmannes; wenn dieser immer gerade so viel
ausgibt, als er einnimmt, und nichts für den Zufall bey Seite legt, so wird er unfehlbar, nach
und nach, allmählig zu Grunde gehen. Und was
von einem Privatmanne gilt, gilt um desto gewisser von einem Staate, da die Unermeßlichkeit
des Gegenstandes durch keine menschliche Macht
und Einsicht berechnet, und die darin möglichen,
unendlichen Mißbräuche durch solche nicht verhin-

J 3

nach ihr richten, das Thor öfnen und schließen
lassen, wenn es ihr beliebt, u. s. w. und
darauf gründet sich ihre Klage darüber, die
aber, wenn die Besatzung entfernt ist, in eben
dem Maße vergessen wird, worin sie den Abgang
des sonst von dieser in der Stadt verzehrten
Soldes empfinden.
A. d. Uebers.

ᵡ) Also wären wohl unter der ganzen Regierung
Friedrich II. gar keine sonst wüste oder unangebaute Ländereyen urbar gemacht, keine Moräste
ausgetrocknet worden? Keine neuen Handwerker und Fabriken entstanden? und die Bevölkerung hätte sich nicht vermehrt? Ja, sagen
unsre Verfasser, dieses ist seinen übrigen guten
Veranstaltungen zuzuschreiben. — Gut, aber
dann ist doch immer alles jenes bey Cantonein-
theilungen möglich; und wie sieht es nun mit
der obigen Behauptung aus?
A. d. Uebers.

dert werden können.   Wenn man alle Menſchen,
welche das Land allenfalls entbehren kann, zu Soldaten wegnimmt, ſo entzieht man dem Lande eine
unendliche Menge nützlicher Arme, ſowohl für den
Feldbau, als für die Werkſtätte, beſonders für
den erſtern.   Ein Landwirth wird ſein Feld mit
vier oder fünf Söhnen ganz anders beſtellen, als
wenn man ihm dazu nur einen läßt.   Und kann
er ſelbſt ſie nicht alle gebrauchen; ſo läßt er ſie als
Knechte bey ſeinen Nachbarn dienen: je mehrere
Knechte aber zu haben ſind, je geringer wird der
Lohn derſelben werden, und ſo auch von dieſer
Seite der Ackerbau mehr abwerfen. Wären ſie aber
auch hiezu überflüßig, ſo wird die Nothwendigkeit
ſie zwingen, andre Mittel des Unterhalts, welche
unmöglich mit Gewißheit ſich voraus ſehen laſſen,
zu ſuchen; und die Vermehrung jeder Art von
Arbeit vermehrt unfehlbar wieder die Volksmenge.

Nun hat zwar die preuſſiſche Regierung eine
eigene Veranſtaltung getroffen, um den Nachtheilen, welche aus dem Cantonweſen in Rückſicht
auf den Landbau entſtehn, ein Gegengewicht zu
verſchaffen.   In Friedenszeiten bleiben, wie wir
bereits vorher allgemein bemerkt haben, während
zehn und einem halben Monate, nur die Ausländer,
oder diejenigen, welche kein Eigenthum haben,
und ſonſt keinen andern Erwerb wiſſen, in den
Standquartieren zurück; diejenigen Einländer
aber, welche irgend ein Handwerk, oder den
Ackerbau irgendwo treiben können, werden beur-

laubt, und nur während der Uebungszeit eingezogen. Man muß gestehen, daß durch diese Veranstaltung die einmal getroffene Einrichtung des
preussischen Heeres um vieles unschädlicher wird,
als sie es sonst seyn würde, und daß solche mit so
viel Einsicht, als dabey möglich scheint, gemacht
worden ist. Der Inhaber der Compagnie oder
Schwadron zieht wenigstens von einem Theile
der Beurlaubten den Sold, und der Sold für die
übrigen derselben, welche nach der einmal festgesetzten Anzahl beurlaubt werden dürfen, wird ihm
von der Verpflegung abgezogen. Es ist also
nichts leichter, als Urlaub zu erhalten. Von einer
andern Seite ist die strengste Strafe darauf gesetzt,
wenn ein Hauptmann nicht so viel Mannschaft in
seinem Standquartier zurück behält, daß die Leute
zwey bis drey Nächte von der Wache frey sind.
Es ist hier nicht so, wie in einigen andern Kriegs-
diensten und namentlich in den Hannöverschen.
Hier kommt der Sold der Beurlaubten den Hauptleuten nicht zu gute, sondern man zieht soviel davon ab, als jeder dieser Beurlaubten hätte Wachen thun müssen, und bezahlt dafür nach einer
sehr mäßigen Taxe diejenigen, welche an seiner
Stelle diese verrichten. Die zurückbleibenden
thun also für einen elenden Gewinn, deren fünf
bis sechs hinter einander, und richten dadurch nicht
allein ihre Gesundheit zu Grunde, sondern müssen
dadurch auch in ihren eigenen Augen zu Soldknechten von ihres gleichen werden, und den
ächten Soldatengeist verlieren.

J 4

Aber allem diesem ungeachtet sind mit dem preußischen System eine Menge Nachtheile verbunden, oder vielmehr leidet das Ganze immer durch die übermäßige Größe des Heeres. Da der größte Theil des Soldes der Hauptleute selbst von dem Beurlaubten-Solde kommt; so sucht erstlich jeder derselben immer in seiner Compagnie oder Schwadron von solchen Leuten, welche Urlaub zu nehmen im Stande sind, das heißt, welche während der Zeit desselben sich zu ernähren wissen, so viele als möglich zu haben. y). Er wird also vorzüglich, entweder Eigenthümer oder Handwerker aus seinem Canton zu erhalten suchen, und das unter der gegenwärtigen Regierung errichtete preußische Ober-Kriegskollegium sagt in seiner Antwort an den Landrath von Arnim, welche dieser, in seiner schon angeführten Schrift, über das preuß-

y) Wenn die Herren Verfasser mit der gehörigen Aufmerksamkeit die verschiedenen Einrichtungen des preußischen Heeres untersucht, und mit einander verglichen hätten: so würden sie bemerkt haben, daß diese und andre Dinge nicht sowohl, wie sie behaupten, aus dem Beurlaubungssystem überhaupt, als aus den Bestimmungen, welche solches nach dem siebenjährigen Kriege erhielt, nicht, wie sie meynen, daraus, daß der größte Theil des Soldes der Inhaber der Compagnien und Schwadronen von dem Beurlaubten-Solde kam, sondern vielmehr daraus entsprangen, daß der König den größten Theil dieser Beurlaubtengelder für sich zog. Um die hiezu gehörige Anzahl von Beur-

fische Cantonwesen bekannt gemacht hat, ausdrücklich: „daß er sich irre, wenn er glaube, daß
man, vorzugsweise, nur diejenigen zu Soldaten
anstellen solle, welche nichts zu verlieren haben;
daß jemehr die Compagnie und Regimenter aus
vermögenden Leuten bestehen, um desto sicherer,
werde das Heer seyn, und um desto besser werde
das Vaterland von demselben vertheidigt werden;
es wolle also auch sehr ernstlich, daß der Besitz
eines Eigenthumes keinesweges einen Cantonisten,
welcher sonst die nöthige Eigenschaften habe, von
dem Dienste befreye." Und die Cavallerie nimmt
im Ganzen nichts als Söhne von angesessenen
Landwirthen, weil diese sowohl von Jugend auf
mit der Behandlung der Pferde bekannt, als
sichrer wie andre sind. [z]   Nun ist es aber wohl

J 5

laubten ganz sicher heraus zu bringen, fing man
nun zum Theil an, nur diejenigen aus dem
Canton gezogenen Leute als eigentliche Cantonisten anzusehen, oder in Rechnung zu bringen, welche Urlaub zu nehmen im Stande waren, das heißt, welche Eigenthum besaßen,
oder sonst als vollkommen sichre Leute beurlaubt
werden konnten.

A. b. Uebers.

[z] Da dieser Umstand als etwas Besonders angeführt wird, so scheint es, als ob Mauvillon,
unter angesessenen Landwirthen (propriètaires
cultivateurs) eigentliche Bauern verstanden,
und also geglaubt hätte, daß die Cavallerie keine

ausgemacht, daß ein Grundſtück von dem Eigenthümer ſelbſt, oder von ſeinem Sohne, beſſer und
ſorgfältiger, als von einem Fremdlinge, verwaltet und beſtellt wird; und es läßt ſich nicht zweifeln, daß die Arbeit eines guten Handwerkers dem

Söhne von Koſſäthen, oder Gärtnern, von In-
leuten, von Städtebewohnern, u. d. m. aus
ihren Cantons genommen hätte. Wer aber
in aller Welt ihm dieſes aufgeredet haben mag?
Doch aufgeredet hat es ihm gewiß keiner; es
iſt ſichtlich nichts als Folge bloßer Theorie. Ich
habe bereits bemerkt, daß unſre Herren Verfaſſer wiederholentlich behauptet haben, die ganze
preuſſiſche Cavallerie beſtehe, der Regel nach,
aus lauter Einländern; und das Gegentheil iſt zu allgemein bekannt, als daß irgend
Jemand, von welchem ſie hierüber hätten Auskunft mit Recht fordern können, ihnen eine ſo
auffallende Unrichtigkeit, ſogar wenn er ſie, wie
es wohl zuweilen der Fall geweſen ſeyn mag,
ein wenig zum Beſten hätte haben wollen, zu
ſagen gewagt haben würde. Auch hatte
Mauvillon für dieſe vermeintliche Einrichtung
vielerley, und zum Theil wirklich etwas poſſier-
liche Gründe in ſeiner Umarbeitung anzuführen
gewußt, als es ſey ſo, weil die Cavallerie die
übrigen Truppen im Felde bewachen, und Ordnung und Sicherheit im Lande erhalten müſſe,
weil ſie in offenen Städten liege, u. ſ. w. Und
mit dieſer Behauptung hängt nun die obige
ziemlich genau zuſammen; wenigſtens iſt ſie von
ganz ähnlicher Art: aber freylich auch eben ſo
wenig gegründet. Oder ſollte ſie aus der Ab-

Staate viel mehr Nutzen und Vortheile verschaft, als er solchen jetzt, wie Soldat, nach
Verhältniß verschaffen kann. Auch wird der sonst
gut gehaltene und gut bezahlte Soldat sicher seyn,
er mag Vermögen besitzen oder nicht? a)

sicht, alle preussische Verfassung als recht be-
drückend darzustellen, hingeschrieben worden
seyn? Denn auf diese Art wäre freylich in den
Cantons der Cavallerie, alles, was nicht eigentlicher Bauer wäre, Dienstfrey, und folglich
dieser unendlich, besonders in Kriegszeiten,
belastet. Hätten indessen unsre Hrn. Verf. z. B.
nur die gedruckten Cantonlisten ansehen wollen,
so würden sie gefunden haben, daß fast allen
Cavallerieregimentern sogar mehrere Städte
zugetheilt sind. Und dann wird der Sohn des
Kossäthen, Gärtners, Häusler u. s. w. ja nicht
als Kind zum Soldaten eingezogen; er dient,
als Knecht, bey Bauern, Pachtern, auf dem
Hofe u. s. w. vorher, und lernt hier so gut,
wie der Bauersohn, mit Pferden umgeben.
Doch es eckelt mich an, dergleichen Dinge weitläuftiger zu widerlegen.

A. d. Uebers.

a) So gewiß es im Ganzen ist, daß der Eigenthümer seinen Grund und Boden besser verwaltet,
als irgend ein Frembling oder Pachter; so haben unsre Herren Verfasser doch vergessen, oder
nicht in Erwägung gezogen, daß ein solcher
Eigenthümer nur sechs Wochen von seinem Eigenthum entfernt ist. Ferner klingt es zwar
ganz gut, daß, wofern sonst der Soldat gut

Zweytens kann eben dieſe mögliche Beurlaubung derjenigen, welche ſonſt etwas zu leben haben, noch zu allerhand Bedrückungen Anlaß geben. Wenigſtens heißt es, daß derjenige Soldat, welchem ſeine Zeit wirklich koſtbar, und der
eines einträglichen Gewinnſtes ſicher iſt, oder
auch der Sohn von wohlhabenden Leuten, welche
ihren Sohn, während den zehn Monaten, den
Beſchwerlichkeiten des Dienſtes, aus Zärtlichkeit,
zu entziehen wünſchen, mit einem Worte, daß
Soldaten, welchen der Urlaub wirkliche Vortheile
verſchaft, dieſen Urlaub hin und wieder noch be-

bezahlt und gut gehalten, auch der arme ſo gut,
als der reiche ſicher ſeyn würde; aber wer die,
mit der Verfaſſung ſtehender Heere, welche ihre
Beſtimmung ganz erfüllen ſollen, unzertrennlich
verbundenen Beſchwerlichkeiten des gemeinen
Mannes kennt, wird ſich ſehr leicht überzeugen
können, daß derjenige, welcher durch beſondre
Bande an das Vaterland geknüpft iſt, dieſe viel
ehe ertragen wird, als derjenige, welcher nichts
beſitzt. Die Erhöhung des Soldes würde dieſe
Beſchwerlichkeiten zwar erleichtern, aber keinesweges wegräumen. Und haben denn unſre
Herren Verfaſſer ſelbſt nicht gleich vorher die
Cavallerie, eben dieſer Sicherheit wegen, aus
nichts als Söhnen von angeſeſſenen Landwirthen, oder Bauern zuſammen geſetzt? Sind
dieſe jetzt ſichrer, weil ſie etwas beſitzen;
ſo werden ſie auch bey erhöhetem Solde es
verhältnißmäßig ſeyn.

                                        A. d. Ueberſ.

sonders erkaufen und bezahlen müssen; man sagt,
daß diejenigen, welche Urlaub nehmen könnten,
oder nicht nehmen wollen, zwar dazu nicht gezwungen, allein dafür hernach hin und wieder so
strenge gehalten, oder gar so übel behandelt werden, daß, wofern die Aeltern derselben nicht Herzen von Stahl und Eisen haben (und dergleichen
muß man bey dem gemeinen Manne nicht suchen,)
sie lieber sich gänzlich zu Grunde richten, als ihre
Kinder bey der Compagnie zum Dienste lassen;
man sagt, daß diese und dergleichen Beurlaubte,
bey ihrer Rückkunft, hin und wieder ihre kleinen
Mondirungsstücke, welche ihnen gegeben werden
sollten, und noch wohl obendrein Geschenke für
die Feldwebel und Wachmeister mitbringen müssen; alles dieses sagt man; und ob wir gleich
gerne glauben, daß alles dieses nichts als Sagen
sind; so begreift sich doch die Möglichkeit der
Sache. b)

b) Die Möglichkeit aller dieser Dinge mag ich und
kann ich nicht läugnen; aber wer sieht denn
nicht, daß einige dieser Möglichkeiten, durch
andre Behauptungen unsrer Herren Verfasser,
und besonders des guten Mauvillon, beynahe zu
völligen Unmöglichkeiten gemacht werden. Denn
wenn es wahr wäre, daß die Regimenter nur
Eigenthümer, Handwerker und wohlhabende
Bauersöhne aus ihren Cantons zögen; so würden sie z. B. nie in die Nothwendigkeit kommen,
Leute zum Urlaube zwingen zu müssen.
A. d. Uebers.

Drittens, kommt dieſe Beurlaubung dem Landbau weniger, als man glaubt, zu Statten. Kein Menſch will einen Soldaten zum Knechte haben, welchen er ſechs Wochen lang entbehren muß. Und außerdem ſind dergleichen Knechte unfehlbar unverſchämt, und ſchlechte Arbeiter. Wird alſo der Landwirth oder Handwerker durch ſeine Umſtände und durch den Mangel an Knechten genöthigt, einen dergleichen zu nehmen; c) ſo hat er eine Laſt, eine Plage auf dem Halſe, die ihn zu Grunde richtet.

Viertens hat der Beurlaubte, inſofern er gar keinen Vortheil von dem Dienſte zieht, auch nur ſehr wenig Luſt und Liebe dazu, und ſieht ihn als eine Laſt an. d)

c) Die Herren Verfaſſer hatten hier geſagt, daß man die Landleute und Handwerker oft zwinge, Beurlaubte zu ſich zu nehmen; und dieſes klingt ſo, als ob man ihnen dergleichen ins Haus ſchicken dürfe; als ob der Staat, oder die Regimenter, ſich für befugt hielten, namentlich irgend einem derſelben eine ſolche Laſt aufzulegen; aber dieſes wäre eine zu plumpe Unwahrheit, als daß ich nicht glauben ſollte, die Herren Verfaſſer hätten ſich hier nur im Ausdruck geirrt.
A. d. Ueberſ.

d) Vorher ſtellten die Herren Verfaſſer den Dienſt als eine Laſt dar; nun wünſcht aber wohl jeder, von aller Laſt frey zu ſeyn, und dieſes iſt der Beurlaubte, ſo lange er auf Urlaub ſich befindet.

Fünftens kann derjenige Einländer, welcher keinen Urlaub zu nehmen im Stande ist, seinem Hauptmann sehr leicht verhaßt, und deswegen von ihm übel behandelt werden. Wenn er, um dieser übeln Behandlung zu entgehn, Urlaub

Oben aber lassen sie dem Soldaten den Dienst lästig fallen, weil er Urlaub haben kann; denn was kann das, „daß der Beurlaubte deswegen sehr wenig Neigung zu dem Dienst fühlt, weil er keinen Vortheil davon zieht;" anders heißen, als daß dieser Mangel an Neigung nur daraus entsteht, daß er Urlaub hat, und daß er keinen Sold während dieser Zeit empfängt? Ist das nicht offenbarer Widersinn? Ich glaube indessen zu errathen, was sie haben sagen wollen; nämlich, daß dem Beurlaubten der Dienst lästig wird, weil er ein Mittelding, weil er Soldat und auch zugleich nicht Soldat ist; weil er immer als Soldat betrachtet wird, und doch, als solcher, nie auslernt; weil er von den Beschwerlichkeiten der Uebungszeit jährlich doppelt und dreyfach insofern leidet, als er während zehn und einem halben Monate eine ganz andre Lebensart geführt, und seine Uebungen wieder vergessen hat, deren er nun zugleich, aus eben diesem Grunde, mehrere als die übrigen machen muß; weil er an das, was er ist und seyn soll, was er zu leisten hat und von ihm gefordert wird, sich nie völlig gewöhnt, und den Geist seines Handwerks sich nie ganz eigen macht, u. d. m., und daß er folglich auch keine Anhänglichkeit daran gewinnen kann.

A. d. Uebers.

nimmt, muß er ein elendes Leben führen, und
wird allerhand verderbliche Künſte treiben, um
nur nicht umzukommen.

Wer ſieht nun aber aus allem dieſen nicht
ein, daß durch die Beurlaubung der Schaden,
welcher aus einem zu zahlreichen Heere entſteht,
keinesweges gänzlich gut gemacht wird? Nur dem
Handwerker kommt ſolche zu ſtatten; dieſer kann,
ſobald er beurlaubt iſt, ſich wieder in ſeine Werkſtatt ſetzen, und von ſeiner Arbeit ſich ernähren,
ohne ſeinen Aeltern zur Laſt zu fallen; und die
Meiſter, beſonders in kleinen Städten, ziehen
noch den beſondern Vortheil davon, daß ſie öfterer
in den, durch die auswärtige Werbung ins Land
gebrachten Leuten, gute Geſellen finden, welche
ſie ſonſt entweder gar nicht erhalten hätten, oder
doch weit theurer würden haben lohnen müſſen. e)

Aber

e) Hier ungefähr gehört die berüchtigte Stelle her,
welche bey Erſcheinung des Werkes ſogleich gerügt wurde, und worin geſagt war, daß die
Beurlaubten der Reiterey ihre Pferde mitnäh-
men, und ſolche, wenn gleich der König das
Futtergeld bezahle, doch auf Koſten ihrer Aeltern gewöhnlich ernährten; und es läßt ſich
wohl nicht läugnen, daß, eine einzige Behauptung ſolcher Art ſchon hinlänglich iſt, einem
ganzen Werke allen Glauben zu nehmen. Denn
ſie ſetzt nicht blos eine völlige Unbekanntſchaft
mit den Einrichtungen des Cavalleriedienſtes,
und Unwiſſenheit überhaupt, ſondern auch
Mangel an aller Nachforſchung voraus, ſetzt

voraus,

Aber der Landmann wird dadurch auf keine Weise
für jene Nachtheile entschädigt. Je mehrere Kinder, welche die Waffen zu tragen fähig sind, er
hat, und je mehrern Grund und Boden er zugleich
besitzt und bearbeitet, und je nützlicher er folglich
dem Staate ist, um destomehr leidet er. An
statt jene zu seiner Arbeit zu gebrauchen, und solche
also besser zu verrichten, muß er sich mit Mieth-
lingen behelfen; dadurch werden seine Erhaltungs-
mittel doppelt gemindert; und er muß zu gleicher Zeit, durch seine Abgaben, jenes große Heer
mit erhalten helfen.

Ferner sind gerade diejenigen beyden Monate,
oder sechs Wochen, in welchen das Heer zur Uebung
versammelt ist, für die Landwirthschaft die wichtigsten im Jahre. Die Musterung bey Potsdam
und Berlin fällt gegen die Mitte des May; die

voraus, daß die Herren Verfasser über das,
was sie behaupten, nicht einen Augenblick nachgedacht, und nicht einmal nur bey zwey unterrichteten Menschen Erkundigung eingezogen haben, weil Einer freylich sich wohl mit ihnen
hätte einen Scherz machen, und etwas der Art
aufreden können. Wo sich aber völlige Unbekanntschaft mit einem Gegenstande, welchen man
behandelt und Mangel an aller Nachforschung
darüber zeigt, da kann sie auch an mehrern
Stellen statt finden. Diese Stelle indessen war
in der Umarbeitung durchgestrichen, und ich
habe sie folglich aus dem Text mit desto größerm
Rechte weggelassen.

A. d. Uebers.

K

Muſterungen im Magdeburgiſchen, in Pommern, in Oſt- und Weſtpreuſſen, gegen Ende dieſes Monates, oder im Anfange des Junius; die Muſterungen in Schleſien gegen das Ende des Auguſt und Anfang des September. Ohnſtreitig litten diejenigen Provinzen, in welchen die Regimenter während der Heu- und Kornärndte zuſammen gezogen waren, am mehrſten; aber auch diejenigen, in welchen die Beurlaubten ſchon in den Monaten April und May eingezogen wurden, verloren eine Menge zur Beſtellung der Saaten nützliche Arme.

Doch nicht genug, daß die Beurlaubung die Nachtheile, welche aus der Cantoneinrichtung entſtehen, nicht aufwiegt, iſt dieſe unſtreitig die Quelle eines der größten Uebel, das einen Staat treffen kann. Sie verurſacht eine beſtändige Auswanderung von jungen Perſonen männlichen Geſchlechts, ſobald ſolche mannbar geworden ſind; und da natürlich die größten, und am beſten und geſundeſten gebildeten jungen Leute am eheſten fürchten müſſen zu Soldaten gemacht zu werden, ſo ſind es auch dieſe, welche am mehrſten auswandern. Der Staat verliert alſo durch jene Einrichtung nicht blos eine Menge Menſchen; ſondern auch Menſchen, welche die Bevölkerung vorzüglich hätten verbeſſern können; und da nun ſchon ſeit der Regierung Friedrich Wilhelm I. der Zwang zum Soldatendienſte Statt gefunden hat: ſo fließt ſchon ſeit länger als achtzig Jahren ein Theil der Bevölkerung der preuſſiſchen Staaten ins Ausland. Doch wir haben dieſe Materie ſchon anderswärts

(im 1ſten Bande des Werks: Von der preuſſiſchen
Monarchie) behandelt, und wollen uns hier nicht
wiederholen.

. Was aber eben ſo ſehr bemerkt zu werden
verdient, ſind die mancherley Bedrückungen und
Erpreſſungen, zu welchen dieſe Einrichtung Anlaß
gibt. Daß die mehreſten Regimenter mehr Cantoniſten haben, als ſie nach dem Buchſtaben der
königlichen Verordnungen haben ſollten, iſt mit
den, dieſes bewirkenden Urſachen, vorher bereits
bemerkt worden. Nun iſt zwar ein, von uns ebenfalls bemerkter, königlicher Befehl vorhanden,
daß die an die Stelle von Ausländern zurück be-
haltenen oder eingezogenen Cantoniſten nach Verhältniß, wie die Regimenter von jenen mehr durch
Werbung erhalten, unentgeltlich ſollen losgelaſſen
werden; aber, da den Regimentern auch, vermöge der königlichen Verordnungen, geſtattet iſt,
dergleichen Cantoniſten gegen Erlegung einer zur
Anwerbung eines, zwey Zoll größern Ausländers
hinlänglichen Summe zu verabſchieden: ſo iſt und
bleibt es wenigſtens möglich, daß ſie, wenn ihnen
durch die Werbung Ausländer zugeführt werden,
nun den Cantoniſten, welche Vermögen dazu haben, den Abſchied unter dem Vorwande verkaufen, daß jene an ihrer Stelle angeworben worden
ſind; es iſt und bleibt möglich, daß ſie dieſe auf
ſolche Art verabſchiedeten wieder als Abgang in
ihre Liſten bringen, und ſo andre Leute, zum vorgeblichen Erſatz derſelben, aus ihren Cantons fordern;
es iſt und bleibt möglich, daß blos Eingeſchriebene,

(Enrollirte) welche noch gar keine eigentlichen
Dienſte verrichtet haben, ebenfalls auf ſolche Art,
und unter eben demſelben Vorwande verabſchiedet,
und doch wieder als eigentlicher Abgang angeſetzt,
und ſo andre, an ihrer Stelle, aus dem Canton
gezogen werden. f) Wenigſtens ſcheint alles dieſes aus der unten angezeigten Schrift zu erhellen.
Auch finden wir darin eine, dieſes zum Theil be-
weiſende Thatſache erzählt. Ein alter vier und
ſechzig jähriger Bauer wünſchte ſeinen einzigen
Sohn, deſſen er zur Beſtellung ſeines Eigenthumes beburfte, von dem Soldatendienſte zu befreyen, und ſtellte zu dieſem Zwecke einen Ausländer von der verlangten Größe, welcher aber
verheirathet, und älter war als ihn das Regiment
an die Stelle des zu verabſchiedenden gefordert
hatte. Er wurde alſo nicht angenommen; und
da der Vater nicht im Stande war, einen andern
zu verſchaffen: ſo wollte man ſeinen Sohn einziehen, g) und dieſes war denn doch eine offenbare

f) Siehe die vorher angeführte Schrift des Herrn
v. Arnim.

g) Dieſes iſt mit Erlaubniß des Herrn Verfaſſers
nicht wahr. Aus der von ihm angeführten
Schrift erhellt nur, daß man dieſem Menſchen
nicht die geſuchte Cantonentlaſſung ertheilen,
oder von der Verbindlichkeit, noch einſt zu dienen, nicht freyſprechen wollen. An Einziehung
dachte das Regiment nicht.

A. d. Ueberſ.

Kränkung der Gesetze. h) Ferner erhellt aus
eben dieser Schrift, wie sehr man die, in Anse-
K 3

h) Wenn diese Kränkung der Gesetze in der vorgeblichen Einziehung des Menschen zum Soldaten bestehen soll: so habe ich bereits bemerkt,
daß diese Einziehung, der angeführten Schrift
zu Folge, gar nicht Statt hatte. Man wollte
ihn nur nicht seiner Dienstpflicht entlassen; und
hiedurch wurde er allerdings gehindert, die
Wirthschaft seines Vaters anzutreten. Aber
aus eben dieser Schrift erhellt auch, daß der
ältere Bruder desselben, ob er gleich eine eigene
andre Wirthschaft besaß, schon vorher war entlassen worden, weil er vorgeblich jene Wirthschaft des Vaters übernehmen wollte oder sollte.
Auch würde er, wofern er selbst sich nicht für
dienstpflichtig gehalten hätte, schwerlich vorher
einen Mann für sich zu stellen gesucht haben.
Das Einzige, was gesetzmäßig seiner Verab-
schiedung zu Statten kam, war seine unbedeu-
tende Größe: ein Umstand, der in der Schrift
des Herrn v. Arnim zu oft angeführt worden
ist, als daß hier die Weglassung desselben nicht
bewiese, wie flüchtig unser Herr Verfasser wieder zu Werke ging, und wie wenig er mit den
vorhandenen Verordnungen bekannt war, oder
Rücksicht darauf zu nehmen für gut fand.
Uebrigens waren seiner Feder, bey dieser Gelegenheit, noch allerhand schöne Deklamationen
über die Unterstützung, welche der Oberste des
Regiments gegen den Herrn v. Arnim gefunden
haben sollte, und über die Ursachen dieser Unterstützung, zutflossen. Sie, diese Ursachen,

hung der Ausländer vorgeſchriebenen Einrichtungen, auf Koſten der Cantons zu vereiteln weiß,
und auf welche trügliche Art und Weiſe man überhaupt das, was die erſtern betrifft, behandelt.
Ein aus dem Canton urſprünglich gelieferter Soldat wird ſelbſtflüchtig; und das Kriegskollegium,

soſollten darin liegen, daß der angeführte Oberſter
mit allem, was in den preuſſiſchen Landen zu
den großen und mächtigen Leuten gehört, verbunden wäre. So etwas klingt; und wirkt
auch, beſonders in den jetzigen Zeiten! Nur
Schade, daß die Beweiſe hievon fehlten, daß
in dem Reſcript des Ober-Kriegskollegiums
S. 61 u. f. die Gründe des gefällten Urtheils
zur Gnüge angegeben ſind, und daß der Herr
v. Arnim ebenfalls zu den größten und ange-
ſehenſten Familien in der Mark gehört. Auch
finden ſich in der Schrift deſſelben, ſo ſehr ſein
Eifer gegen Bedrückungen und Plackereyen den
Beyfall des ehrliebenden Soldaten ſelbſt verdient, doch mehrere Spuren von dem, was
man gewöhnlich Chikane nennt. Es heißt z. B.
S. 63, daß der angeführte Menſch wohl würde
entbehrt werden können, weil er vorher gegen
Anwerbung eines Ausländers wäre für entbehrlich angeſehen worden? aber iſt denn dieſes kein
Unterſchied? Wurde dieſer Menſch nämlich auf
die gemachte Vorſtellung entlaſſen; ſo verlor
das Regiment (vorausgeſetzt, daß er Dienſt-
tauglich war, und daß das Regiment ihn auch
gebrauchte,) dadurch ſichtlich einen Mann gänzlich; aber wenn er einen andern für ſich ſtellte:
ſo war dieſer Verluſt erſetzt: das Individuum iſt

der oberſte Handhaber der militäriſchen Geſetze,
erlaubt und berechtigt öffentlich den Hauptmann,
den Sohn dieſes ſelbſtflüchtig gewordenen Soldaten in ſeiner Compagnie als einen Ausländer aufzuführen! Wenn dergleichen Erdichtungen zur

K 4

'hier alſo mit dem Menſchen, oder mit einem
Manne überhaupt verwechſelt.   Ferner verlangt er S. 50 eine namentliche Liſte derjenigen
Einländer, welche aus dem Canton erſetzt werden ſollen; aber wenn die Regimenter auch hiedurch nicht auf gewiſſe Art der Gerichtsbarkeit
der Landräthe wären unterworfen worden, ſo
würden ſolche doch, wenn, bey dem damaligen
Werbeſyſtem, der Canton blos abgegangene
Einländer hätte erſetzen wollen, in die Gefahr
gekommen ſeyn, bey den Muſterungen nicht
vollzählig zu erſcheinen.   Denn, wenn ſie nun
durch die, von dem Könige ſelbſt geworbenen
Leute nicht die ihnen abgegangene Zahl von Ausländern erhalten hätten, welches öfter der Fall
war, wo hätten ſie die ihnen noch fehlende
Mannſchaft hernehmen ſollen? Ein Mann,
welchem es blos um die Sache zu thun geweſen
wäre, hätte doch wohl auf dieſe Umſtände
Rückſicht genommen? Hätte wohl eingeſehen,
daß die Zahl der, aus dem Canton zu ziehenden
Leute nur inſofern feſtgeſetzt war, als die Regimenter deren nicht mehrere zu ihrer Vollzähligkeit bedurften? Oder ſollte ein preuſſiſcher Landrath geglaubt haben, daß es bey Friedrich II.
gar nicht auf dieſe Vollzähligkeit ankam?

A. d. Ueberſ.

Hintergehung der Geſetze ſogar öffentlich bekräftigt
werden; ſo kann man denken, wie viele es deren
gibt, bey welchen die Vorſteher durch die Finger
ſehen, und wie unendlich groß die Zahl derjenigen
iſt, welche man ihnen zu verbergen weiß, weil
ſie im Grunde niemals etwas mehr werden verlangt haben, als unbekannt mit ihnen zu bleiben. i)

i) Ich habe dieſe ganze, wirklich gehäſſige Tirade,
aus der Umarbeitung dieſes Abſchnittes, treulich
in den Text aufgenommen, um ein vollkommenes
Beyſpiel von der Vorſtellungsart des Verfaſſers, — und zugleich von ſeiner ſehr mangelhaften Kenntniß der Einrichtungen des preuſſiſchen Heeres — zu geben. Was kann gehäſ-
ſiger ſeyn, als Winke von der Art, wie die
obigen, ohne andere Beweiſe dafür, als einen
einzeln Fall, der, wie wir gleich ſehen werden,
nicht geſetzwidrig war? Heißt das nicht, alle
Menſchen zu Dieben, Mördern und Mordbren-
nern zu machen, weil einer das Anſehn hat, ge-
ſtohlen zu haben? Warum ſtrengte der Verfaſſer
nicht auch hier, wie an ſo vielen Stellen, ſeinen Scharfſinn an, um zu zeigen, worin dieſe
Mißbräuche wenigſtens beſtehen könnten?
Und er, der ſo ſichtlich nach allen Nachrichten,
welche die preuſſiſche Verfaſſung herabſetzen,
gehaſcht, und alle dieſe Nachrichten ununter-
ſucht aufgenommen hat, er ſollte nicht von
der unendlichen Zahl dieſer geheimen Mißbräuche wenigſtens ein Paar haben auftreiben
können? Doch zur Sache ſelbſt. Daß mehrere
im Lande geborne Menſchen, oder Einländer,

Auch läßt sich nicht absehen, wie diese und dergleichen Mißbräuche bey einem so zahlreichen

K 5

unter der Rubrik von Ausländern, in dem preuſſiſchen Heere dienen, haben unſre Herrn Verfaſſer ſelbſt gewußt: und, wenn ſie gleich, wie ich da, wo von der Sache die Rede war, bemerkt habe, gar keine Rückſicht auf die dazu vorhandenen Gründe genommen hatten, ſo hätten ſie doch aus der Schrift des Herrn v. Arnim ſelbſt, wo dieſer Vorfall indeſſen nur im Vorbeygehen vorkömmt, ſehen können, daß der Entlaufene, ob er gleich von Geburt ein Cantoniſt war, bereits durch die Feldflucht die Eigenſchaft eines ſolchen verloren hatte, und alſo ſchon unter den Ausländern aufgeführt ſtand. Folglich war denn auch ſein Sohn als Ausländer anzuſehen; und er würde es noch mehr ſeyn, wenn, wie es wahrſcheinlich iſt, der Vater als ein unſicherer Menſch beſtändig in der Garniſon geweſen, und jener alſo darin geboren und erzogen wäre. Hätte in dieſer Sache etwas geſetzwidriges ſeyn ſollen: ſo müßte von dem Canton, an die Stelle des Vaters, noch ein anderer Cantoniſt beſonders gefordert worden ſeyn; und, wenn der Vater, wie unſer Verfaſſer will, noch immer als Cantoniſt wäre betrachtet worden, oder zu betrachten wäre; ſo hätte der Canton immer auch einen andern an ſeiner Stelle liefern müſſen. Das Ober-Kriegskoſlegium hat alſo nicht durch die Finger geſehen, ſondern den immer vorhandenen Einrichtungen gemäß entſchieden. Uebrigens gebe ich gerne zu, daß die ſogenannten gemachten Ausländer zu aller-

Heere, wofern ſolches, militäriſch betrachtet, immer vortrefflich bleiben ſoll, je können gänzlich
abgeſtellt werden. Es kann als ſolches ſich nur
auf Koſten der übrigen Bewohner des preuſſiſchen
Staates erhalten. Durch die Größe deſſelben
wird der Dienſtzwang nothwendig gemacht; läßt
man ihm nun gar keinen Einfluß auf die Wahl
ſeiner Mitglieder, ſo wird die bürgerliche Obrigkeit ihm nur den Auswurf der Geſellſchaft zum
Dienſte liefern; hat der Soldatenſtand etwas da-

hand Mißbräuchen können Anlaß gegeben haben; aber um über dieſe ganze Einrichtung bündig und zweckmäßig zu raiſonniren, hätten unſre
Herren Verfaſſer von dem Beurlaubungsſyſtem
überhaupt, und von den Modificationen, welches ſolches nach dem ſiebenjährigen Kriege erhielt, ausgehen müſſen. Dieſes iſt gleichſam der
Punkt, an welchem Alles hängt, oder der Faden,
an welchen mehrere Einrichtungen, und auch
Mißbräuche geknüpft waren. Aus der Schrift
des Herrn v. Arnim ſelbſt hätten ſie ſehen können, daß die, über die feſtgeſetzte Anzahl aus
dem Canton gezogenen Leute den Regimentern
ſelbſt, wenigſtens nicht unmittelbar Vortheil
brachten. Allein hierauf Rückſicht zu nehmen,
hatten ſie entweder nicht Sachkenntniß genug,
oder es vertrug ſich auch nicht mit ihren Abſichten, und ſie gaben ſich alſo auch keine Mühe,
zu jener Kenntniß zu gelangen. Was ſich hierüber in dem Texte noch findet, iſt alles von
uir eingeſchaltet worden.

A. d. Ueberſ.

bey mitzureden, so werden beyde Theile gegen=
seitig die Oberhand über einander zu erhalten, und
jeder seine Rechte über ihre Gränzen auszubehnen
suchen. Unterstützt die Regierung vorzugsweise
die bürgerliche Obrigkeit und hört die Klagen der=
selben zuförderst an; so wird dadurch der Solda=
tenstand muthlos gemacht, und erniedrigt; er ver=
liert das Gefühl von Vorzug, welches ihn allein
zu außerordentlichen Dingen fähig macht. Räumt
man aber diesem Vorrechte ein, so ist allen Miß=
bräuchen Thür und Thor geöffnet. Nur durch
außerordentliche strenge Strafen würde ihnen Ein=
halt geschehen können. Nun kann es aber sich zu=
tragen, und es ist gewöhnlich der Fall, daß der=
jenige, welcher eines Mißbrauches sich schuldig
macht, übrigens, als Soldat betrachtet, ein sehr
brauchbarer Mann ist, der sich durch vorher ge=
gangene wichtige Dienste ausgezeichnet hat, und
für die Zukunft dergleichen noch mehrere ver=
spricht; und wie wird man sich nun entschließen
können, eines solchen Mannes sich zu berauben?
oder ihn um die Frucht seiner wichtigen Dienste
zu bringen? Und alles das wegen einer Uebertre=
tung, die auf den ersten Anblick, in Vergleichung
mit diesem Verlust, eine Kleinigkeit ist, und nur
wegen der Folgen wichtig wird? Man hat also
nur die Wahl, entweder die Mißbräuche unge=
rügt hingehen zu lassen, wodurch sie denn unfehl=
bar zunehmen werden, oder aber das Heer unzu=
frieden und muthlos zu machen. k)

k) So scharfsinnig alles dieses klingt, so wenig hält

Einem großen Theile dieſer Uebel ließe ſich indeſſen doch abhelfen. Man müßte nämlich blos diejenigen zu Soldaten aus dem Lande einziehen, welche, wenn ſie ſonſt die zum Kriegsdienſt erforderliche Beſchaffenheit hätten, übrigens nichts beſaßen, kein Handwerk verſtänden, und von einer ungewiſſen Händearbeit, oder Tagelohn, ſich er-

es denn doch eine Prüfung aus. Ich gebe es gerne zu, daß die preuſſiſche Cantoneinrichtung zu Mißbräuchen Anlaß geben kann; und ich will gewiß weder dieſe, noch Mißbräuche irgend einer Art, in Schuß nehmen; ich wünſche ſie alle gerügt und geſtraft zu ſehen; aber ich frage, welche menſchliche Einrichtung läßt deren nicht zu, und muß deren nicht zulaſſen, eben weil ſie menſchlich iſt? Und was die Beſtrafung anbetrifft: ſo hat der Herr Verfaſſer dieſe ein wenig ins Große ausgemalt; allein warum ſollte denn keine andere als eine eigentliche Caſſation wirken? Das wünſchte ich erwieſen zu ſehen. Gibt es denn keine andre, und ſehr empfindliche Strafen für den Offizier, als jene? Und werden denn die Uebertreter immer aus ausgeſuchten Menſchen beſtehen? Nach meiner Kenntniß von dem Heere, gehörten gerade diejenigen, welche wirklicher Mißbräuche ſich ſchuldig machten, oder wirklich ſtraffällige Handlungen begingen, nicht eben zu denen, welche durch außerordentliche militäriſche Verdienſte ſich auszeichneten; und, wenn dieſes auch der Fall war: ſo wurden ſie von Friedrich II. deswegen nicht minder beſtraft. Daß dadurch dem Uebel, oder dieſen Mißbräuchen nicht gänzlich abgeholfen

nährten. Wenigstens würden dadurch Menschen, welche dem Staate nützlicher, und deren Arbeit und Zeit kostbarer ist, verschont werden, und man würde jenen zugleich einen sichern Lebensunterhalt verschaffen. Aber freylich ist das preussische Heer zu zahlreich), als daß diese hinlänglich seyn würden, den Abgang vollkommen zu ersetzen. [1])

worden ist, darf uns nicht eben wundern; denn, wenn Strafen, und selbst die strengsten Strafen, das menschliche Geschlecht vollkommen von allen Vergehungen heilen könnten: so würden wir seit Jahrtausenden keine mehr auf der Erde sehen; und durch jene von dem Herrn Verfasser angedeutete Bestrafung, würde jenes Uebel eben so wenig vollkommen abgestellt worden seyn, als die übrigen. — Ich will übrigens hier noch bemerken, daß unter der gegenwärtigen Regierung eine neue Cantonverordnung gemacht worden ist, in welcher man Rücksicht auf alle jene Mißbräuche genommen hat.

A. d. Ueberf.

1) Wenn die Vorschläge unsrer Herren Verfasser angenommen und ausgeführt würden, so müßte freylich das preussische Heer sehr klein werden. Wir haben ein paar Seiten vorher gesehen, daß sie die auswärtige Werbung gänzlich abgeschaft wünschen; hier wollen sie nur eine sehr kleine Anzahl von Eingebornen zum Kriegsdienste gezogen haben. Ich, meines Theiles, habe hiegegen nichts einzuwenden; aber ich weiß nur nicht, wie mit einem so äußerst kleinen Heere sich das, was unsre Herren Verfasser sonst von

Und hier wird es der Ort seyn, den Lesern einen
schon vorhin erwähnten Entwurf darzulegen, wie

dem preussischen Staate, besonders in dem an-
gehängten Resumé, fordern, oder von ihm allein
erwarten, nämlich die Aufrechthaltung der
deutschen Verfassung, wird erreichen lassen?
Und wie sich das damit verträgt, was sie Bd. I.
S. 131 von dem politischen System von Europa, von der gefährlichen Lage der preussischen
Provinzen, u. s. w. sagen? Oder hätten sie, indem sie das erste und achte Buch abfaßten, nicht
mehr an das, was sie im siebenten Buche nie-
derschrieben, gedacht? Oder wäre es ihnen nicht
mit irgend einer dieser Forderungen, oder gar
nicht mit beyden Ernst gewesen? Hätten sie alles
dieses nur so gesagt — um doch etwas zu sagen?
Um ihre mancherley Einsichten zu zeigen. Und
ohne alle Absicht irgend ein zusammenhängendes
Ganzes zu liefern, ohne alle Rücksicht, ob das,
was sie in einzeln Fällen wünschen, oder wollen, sich mit dem verträgt, was sie im Ganzen,
oder vom Ganzen, verlangen? Hätten sie bey
jenem die wirkliche Welt gänzlich vergessen,
und wären bey diesem wieder in sie zurück gekommen? Doch dieses alles müssen wir jetzt unaus-
gemacht lassen. Nur ein paar Bemerkungen
über den obigen Vorschlag erlaube man mir
noch. Ich will gar nicht sagen, daß der Graf
Mirabeau dabey das damalige Frankreich dem
preussischen Staate gleichsam, und gewiß ganz
unvorsetzlich, untergeschoben hat; denn es ist
bekannt genug, daß der größte Theil des Land-
volkes in den mehresten Provinzen jenes Reiches

das preuſſiſche Heer noch auf eine andere Art, aus
den preuſſiſchen Provinzen ſelbſt, vollzählig erhal-

damals nur aus Leuten, welche gar kein Eigenthum, das heißt, nicht Grund und Boden hatten, und von täglicher Arbeit ſich ernährten,
beſtand; denn Mauvillon war ein Deutſcher,
und mußte wiſſen, daß in Deutſchland dieſer
Art von Menſchen, im Ganzen, immer weniger
als in Frankreich geweſen ſind; aber angenommen, daß dieſe Leute, wie die Herren Verfaſſer
ſelbſt es wollen, zum Kriegsdienſte allein verbunden, oder gezwungen wären; würde dieſes
nicht noch eine größere Ungerechtigkeit, eine
größere Bedrückung ſeyn, als es jetzt iſt, den
Landmann und den kleinen Städter überhaupt
dazu zu ziehen? Dieſer hat ſichtlich eine größere
Verbindlichkeit dazu als jene; denn er hat Haab
und Gut, Grund und Boden, das durch feindliche Einfälle am erſten zu Grunde gerichtet werden kann. Warum ſollte der erſte allein dieſe
ganze Laſt tragen? — Und aus eben dieſer
Verbindlichkeit entſpringt zugleich für den letztern ein größeres Intereſſe bey der Sache, er
wird zuverſichtlich ein beſſerer Soldat, ſowohl
in Anſehung der Sicherheit und des Muthes,
als in Anſehung der Ordnung ſeyn; er wird
gewiß ſich im Felde weniger Plündereyen u. d. m.
zu Schulden kommen laſſen, als der, welcher
nichts hat, und alſo an nichts hängt. Der
Staat ſelbſt hat alſo ſichtlich Vortheil davon,
daß das Heer mehr aus Leuten jener, als dieſer Art zuſammen geſetzt ſey; nicht das Heer
allein gewinnt dadurch, als Heer, an Güte,

ten werden könnte. Man schreibt diesen heilsamen Entwurf dem General von Rohr, einem sehr unterrichteten Offizier zu, und hier ist der wesentliche Inhalt desselben:

Es ist bekannt, daß man im Preußischen dem Soldatenstand sehr leicht die Erlaubniß ertheilt, sich zu verheirathen. Man glaubt, und mit Rechte, daß solche, im Ganzen, dadurch ordentlicher, glücklicher und mehr an den Dienst geknüpft werden. Zweifelsohne sind diese Ehen nicht so fruchtbar, als die Ehen der andern Classen von Menschen, weil nicht alle Soldatenfrauen, bey der großen Anzahl derselben, so viel sich verdienen können, als nöthig ist, um gemächlich zu leben, besonders wenn sie noch kleine Kinder haben. Aus diesen beyden Gründen ist die Sterblichkeit, nach Verhältniß, viel größer unter den Soldatenkindern, als unter den andern; aber wenn der Staat Sorge

sondern auch das Land an Schutz und Sicherheit; wer aber den Vortheil von einer Sache ziehen will, muß sich auch die Nachtheile davon gefallen lassen. Und dann, wenn alles, was nicht Eigenthum hat, oder Handwerker ist, Soldat wäre, wie würde es um den Preis des Tagelohnes stehen? Oder wären Tagelöhner nicht etwan zur Aerntezeit, bey Bauten, u.b.m. sehr nöthig, und zum Theil hier eben so unentbehrlich, als irgend eine Classe von Menschen?

A. d. Uebers.

Sorge für sie trüge, würde diese größere Sterb=
lichkeit bald vermindert, und die Ehen der Sol=
daten doppelt fruchtbar werden. Und hiezu be=
dürfte es nun vielleicht viel weniger als die Hälfte
von dem, was die auswärtige Werbung jährlich
kostet. m) Wäre es aber nicht ein eben so wesent=

m) Die auswärtige Werbung, wenigstens nach der
eigenen Rechnung unsrer Herren Verfasser, kostet
jährlich aufs höchste, wie ich bereits vorher
bemerkt habe, 412,500 Rthlr.; und ob ich
gleich nicht genau bestimmen kann, wie hoch
sich die Zahl der Soldatenfrauen in dem Heere
beläuft, so lassen sich doch, nach einer der Ta=
bellen des Herrn Büsching, in seinen Beyträ=
gen zu der Regierungsgeschichte Friedrichs II.
S. 421, für jedes Regiment Infanterie im
Durchschnitt ungefähr 800 annehmen, und
dieses würde für 55 solcher Regimenter also
überhaupt 44,000 betragen. Hiezu kommen die
Soldatenfrauen bey der Cavallerie; ich rechne,
für jedes Cürassier= und Dragoner=Regiment,
da diese schwächer als die Infanterie sind, 300
und also überhaupt 7,200; für ein Husaren=
regiment 500, und also überhaupt 5,000;
für die damals noch bestehenden 36 Bataillons
Garnisonregimenter, und 6 Bataillons leichter
Infanterie auf jedes 400, und also für alle zu=
sammen 16,800; für jedes Bataillon Artillerie,
deren wir, mit Inbegriff der Garnisonartillerie,
10 rechnen können, 400, und also überhaupt
4000. Dieses machte eine Summe von 77,000
Soldatenfrauen; und folglich käme auf jede
derselben, von der Hälfte jener Werbungs=

£

licher Gewinn, Kinder dem Tode und dem Elende
zu entreißen, und Menſchen daraus zu ziehen, als,
durch allerhand Kunſtſtücke, ſchon erwachſene
Menſchen aus ihrer Heimath wegzulocken, und
in ein anderes Land zu verpflanzen? Würden dieſe
Kinder nicht durch alle mögliche Bande an den
Staat geknüpft ſeyn? Und werden nicht jene ge-
täuſchten und hintergangenen unglücklichen Menſchen euch verwünſchen und verfluchen? Und welcher Unterſchied in der Verfaſſung des preuſſiſchen
Heeres würde daraus entſtehen! Jetzt enthält ſie
in ihrem Schooß eine Gattung von Menſchen,
welche ihre wahren Feinde ſind, die nicht allein
bey der erſten Gelegenheit davon laufen, ſondern
auch die treuern und beſſern hiezu verleiten. Doch
genug von dem nachtheiligen Einfluß der Canton-
einrichtungen, und der einheimiſchen Rekrutirung,
auf den Zuſtand des Staates.

koſten, oder von 2,06250 Rthlr., ungefähr
nur 2⅓ Rthlr. Daß dadurch die Fruchtbar-
keit der Soldaten-Ehen ſehr vermehrt werden
dürfte, wird derjenige ſchwerlich glauben, der
den gewöhnlichen Schlag von Soldatenfrauen
kennt; und die Summe iſt denn doch wohl nicht
groß genug, daß eine beſſere Gattung weiblicher
Geſchöpfe dadurch ſehr angereizt werden könnte,
Soldaten zu heirathen. Ob übrigens der oben
angeführte Entwurf ſich wirklich von dem General v. Rohr herſchreibt, laß ich dahin geſtellt;
mir iſt darüber nichts näheres bekannt.

U. v. Ueberf.

Was die Last anbetrifft, welche durch die Einquartierung eines so zahlreichen Heeres verursacht wird; so haben wir vorher schon von den Wirkungen derselben im Allgemeinen gesprochen. Um solche gänzlich zu übersehen, müssen wir die Reiterey von der Infanterie unterscheiden. Jene nämlich bedrückt das Land um vieles mehr, als diese, und auf mancherley Art.

1.) Ist die Provinz verbunden, ihr das Futter für einen gewissen Preis zu liefern. Ehemals lieferte der König dasselbe; jetzt gibt man dafür etwas gewisses an Gelde, die Regimenter kaufen das Futter, wo sie können. Daraus entsteht ein großer Mißbrauch. Die Inhaber der Regimenter kaufen eine große Menge davon in ihren Cantons auf, und haben das Recht, solches, an welchen Ort dieser Cantons sie wollen, hinfahren zu lassen; sie zwingen die Landleute, welche gegen Osten wohnen, es nach Westen zu führen, und so umgekehrt; dieses macht einen Unterschied von drey, vier, fünf deutschen Meilen. Um sich von dieser lästigen und dauerhaften Frohne loszumachen, vergleichen sich die Bauern mit den Offiziers darüber, und bezahlen das Fuhrgeld; diese lassen alsdenn das Futter auf dem kürzesten Wege in ihre Quartierstände bringen, und gewinnen dadurch einige Tropfen von dem Blute des Volkes. n)

L 2

n) Ich würde diesen ganzen Absatz, in der Hoffnung, daß solcher von dem deutschen Heraus-

2.) Wird die Reiterey unter dem Vorwande
der Geſundheit der Pferde, aber im Grunde, um

geber des Werkes, weil er ſeit der Erſcheinung
des franzöſiſchen Originals ſich, auf irgend eine
Art, beſſer unterrichtet hätte, von ſelbſt wäre
ausgeſtrichen worden, gänzlich weggelaſſen
haben, wenn er ſich nicht, leider! ſchon in
ſeiner deutſchen Ausgabe, Band I. S. 126 und
127 fände. Jetzt bleibt mir nichts übrig, als
die darin enthaltenen Ungereimtheiten und Un=
richtigkeiten den Leſern darzulegen. Erſtlich
alſo, wie verträgt es ſich mit einander, daß die
Provinz verbunden iſt, das Futter zu
liefern, und daß die Regimenter es auf=
kaufen, wo ſie können? Welchen Begriff
kann man ſich von dieſen beyden Dingen mit
einander verbunden machen? Ich fodre Jeden
auf, mir Sinn darin zu zeigen. Wenn eine
Provinz verbunden iſt, zu liefern; ſo
muß ja dieſe Lieferung auf beſtimmte Orte, und
auf jeden Ort ein beſtimmtes Maaß, vertheilt
ſeyn, ſonſt findet keine Lieferung Statt; wenn
aber die Regimenter kaufen, wo ſie können:
ſo heißt dieſes nicht anders, als daß ſie auf=
kaufen, wo ſie Futter finden. Doch ich ent=
halte mich aller weitern Entwickelung der meh=
rern Ungereimtheiten, die in dieſer Stelle lie=
gen. — Zweytens, ſollen die Regimenter be=
rechtigt ſeyn, an welchen Ort ihres
Cantons ſie wollen, ihr Futter hinfahren
zu laſſen; alſo liegen ſolche in den ſämtlichen
Dorfſchaften, Flecken und Städten deſſelben,
einzeln umher im Quartier? Oder haben alle

das Futtergeld zu ersparen („nicht doch! sondern
nur um dessen weniger zu zahlen") während zwey
L 3

wenigstens in ihrem Canton überhaupt ihr
Standquartier? Denn sie können es doch nur
dahin bringen lassen, wo sie dieses haben?
Oder dürfen sie Futterniederlagen in ihrem Canton anlegen, wo sie wollen, und ziehen mit
Sack und Pack dann hin, es dort zu verzehren,
und wenn es an dem einen Orte verzehrt ist, an
einen andern, und so im Lande, oder doch in
ihrem Canton, wie die Zigeuner oder die Heu-
schrecken, umher? Oder lassen sie diese, in den
verschiedenen Orten ihres Cantons gemachten
Niederlagen wieder in ihren bestimmten Quartierstand bringen; und auf wessen Kosten? Wieder auf Kosten des Landes? Aber auch hierüber
genug! Wer sieht nicht, daß die Herren Verfasser hier mit dem Gegenstande, über welchen
sie schrieben, gänzlich unbekannt waren, und
nicht einmal das, was sie schrieben, über-
dacht, und mit ihren eigenen, übrigen Nachrichten verglichen haben! Von allem, was sie
hier sagen, ist genau genommen, kein Wort
wahr. Die Sache verhält sich auf folgende
Art. Ganz ursprünglich, wie die stehenden
Heere gebildet wurden, lag auch die wenige
preussische Reiterey, so wie die Reiterey bey
allen Heeren, einzeln auf den Dörfern im
Quartiere, und wurde von ihnen verpflegt;
aber schon Friedrich Wilhelm I. zog solche in
die Städte zusammen, gab ihnen bestimmten
Sold und nach Maaßgabe der Provinz, in
welcher sie lagen, bestimmtes Futtergeld, zu

Monaten im Sommer („nicht doch! ſondern damals, bey den mehreſten Regimentern während
drey Monaten") auf Graſung geſchickt. Dieſe
Laſt traf indeſſen nicht immer die Provinzen, in
welchen die Cavallerieregimenter ihre Standquartiere hatten; denn dieſe ſchickten ihre Pferde oft
weit genug; diejenigen Provinzen litten am mehreſten darunter, welche den mehrſten Wieſewachs
hatten. Auf die Neumark z. B. und Weſtpreuſſen ſind, unſers Wiſſens, zehn bis zwölf Schwadronen mehr zur Graſung vertheilt, als in ihnen

deſſen Aufbringung aber dem platten Lande die
ſogenannten noch beſtehenden Cavalleriegelder
aufgelegt wurden. So blieben die Sachen im
Ganzen bis zum Hubertsburger Frieden, von
dieſem Zeitpunkt an behielt der König die Fou-
ragegelder zurück, und das Land mußte wieder,
für den ſogenannten Kammerpreis, nach einer,
von den königlichen Kammern gemachten Aus-
ſchreibung und Vertheilung, und zwar nicht an
die Regimenter, ſondern an die Magiſträte des
Ortes, wo die Regimenter und Schwadronen im
Quartier ſtanden, liefern, und dieſe Magiſträte
gaben es denn wieder, immer auf drey oder ſechs
Tage, an die Reiterey aus. So war die königliche Verordnung! Die Regimenter hatten und
haben noch mit dieſen Lieferungen eigentlich nichts
zu thun; ſie erhalten vom Könige kein Futtergeld, und kaufen kein Futter, das Land fährt
es nicht hin, wohin ſie wollen, ſondern jedes
Dorf iſt an eine beſtimmte Schwadron, die ja
ihren beſtimmten Quartierſtand hat, von der

im Quartier liegen; viele Schwadronen aus der
Mark schicken ihre Pferde dorthin. Man wird
leicht einsehen, daß durch diese üble Einrichtung
dem Viehstande in diesen Provinzen großer Ab-
bruch geschieht, und daß er dadurch zum Theil
gänzlich zu Grunde gehen muß. Ohnstreitig ist
dieses eine von den Ursachen, warum er, wie wir
vorher gesehen haben, in jenen Provinzen, welche
dessen eigentlich im Ueberflusse haben sollten, so
geringe ist; und ohne gehörigen und zahlreichen
Viehstand, kann es keinen guten Ackerbau geben.

ℓ 4

königlichen Kammer gewiesen. Daß dieses indessen eine Last für das Land ist, begehr ich gar
nicht zu läugnen. Die Kammerpreise sind nicht
immer die gewöhnlichen Marktpreise; und die
Fuhren werden dem Landmann doppelt beschwerlich, da er sie zu bestimmten Zeiten, und oft
thun muß, wenn er sein Gespann nöthiger gebrauchte. Auch schleichen sich noch Unordnungen dabey ein. Die Magisträte, anstatt das
Futter, wie sie sollten, zu übernehmen, über-
ließen dieses zum Theil den Regimentern, und
einige derselben, unter dem Vorwande, daß das
gelieferte Futter nichts tauge, u. d. m. erlaubten sich Bedrückungen der Landleute. Dieses,
noch mehr aber, daß den königlichen Dienst-
pferden nicht so viel Futter, als der König liefern ließ, gegeben wurde, veranlaßte die
Band I. S. 127 erzählte strenge Bestrafung
einiger Offiziere.

A. d. Ueberf.

Man ſagt, daß die Aufhebung dieſer Laſt dem ge‐
genwärtigen Könige jährlich hundert funfzigtau‐
ſend Thaler koſten wird; ſicherlich wird er dieſes
Geld nicht einträglicher anlegen können, und dieſe
geringe Aufopferung eines ſo nachtheiligen Ein‐
kommens wird ſeinem Lande Millionen einbrin‐
gen. °)

°) Dieſes klingt ſo, als ob die Graſung jetzt gänz‐
lich aufgehoben wäre; ſie iſt es aber nicht, ſon‐
dern nur um vieles erleichtert, oder vermindert.
Anſtatt, daß ſonſt die ſämtlichen Pferde der
Reiterey auf Graſung geſchickt wurden, ſchickt
jede Schwadron Küraſſier jetzt deren nur 50,
jede Schwadron Dragoner 60, jede Schwa‐
dron Huſaren 80; und anſtatt, daß ſolche ſonſt
drey Monate dauerte, dauert ſie jetzt nur zwey.
Daß die Graſung übrigens eine drückende Laſt
fürs Land iſt, hat nur der Herr Ritter Zimmer‐
mann bezweifelt, oder geläugnet. Man kann
dieſes ſchon daraus ſehen, daß in Schleſien auf
das Pferd monatlich 1 Rthlr. 8 Gr. für die
Grünfütterung bezahlt wurde; und daß, wie
das Land ſich entſchloß, an deren Stelle Hart‐
futter zu liefern, ſolches monatlich auf mehr
als drey Thaler zu ſtehen kam. Aber, daß in
dieſer Laſt allein wieder der Grund liegt,
warum der Viehſtand in den angeführten Pro‐
vinzen ſo geringe, und der Ackerbau ſo wenig
einträglich iſt, das wird wohl keiner glauben,
der eine praktiſche Kenntniß von Viehzucht und
Landbau, und von dem Boden in dieſen Pro‐
vinzen hat. Die Graſung wird vorzüglich nur
dadurch eine ſo große Laſt, daß das Grünfutter

Jetzt bleibt uns noch übrig zu untersuchen, ob die Methode, die Regimenter auf immer in den Cantons, aus welchen sie ihre Leute ziehen, im Quartier zu lassen, p) besser ist, als die sonst in Frankreich üblichen immerwährenden Quartierveränderungen derselben. Diejenigen, welche

Einfluß der stehenden Standquartiere.

dem Landmanne nicht vollkommen nach seinem Werthe bezahlt wird. Doch es ist hier der Ort nicht, dieses umständlich aus einander zu setzen.
A. b. Ueberf.

p) Wer in aller Welt hat denn die Herren Verfasser berichtet, daß a l l e Regimenter ihren Quartierstand in ihren Cantons haben? Wie wäre dieses nur möglich, da deren drey, vier, sechs und mehrere zuweilen in einem und demselben Ort in Besatzung liegen? da mehrere Regimenter gar keinen Canton haben? Hätten unsre Herren Verfasser denn nicht eine gedruckte Cantonliste, oder die Stamm · und Ranglisten der Armee, zu rathe ziehen können? Sie würden da gesehen haben, daß z. B. das Infanterieregiment Nro. 18 welches jetzt in Berlin steht, seinen Canton in der Altmark und Priegniß und auch zu Spandau hat, an welchem letztern Orte das Regiment Nro. 35 als Besatzung liegt; daß das Infanterieregiment Nro. 36, welches in Brandenburg steht, seinen Canton zum Theil in Pommern, und in Städten hat, wo das Küraßierregiment Nro. 5 und das Dragonerregiment Nro. 12 in Besatzung liegen; daß das Dragonerregiment Nro. 11 seinen Quartierstand zum

das letztere vorziehen, behaupten, daß der Soldat durch das Erſtere zum Bürger oder Bauer
werde; aber iſt denn dieſes auch wirklich ein
Uebel? Wird denn dadurch der Soldat nicht mehr
an den Staat geknüpft, welchem er dient? Und
iſt dieſe Einrichtung im Preuſſiſchen nicht wirklich
das Mittel, wodurch die auswärtige Werbung
verbeſſert wird? Die aus fremden Provinzen ins

Theil in Städten, welche zum Canton des Dra-
gonerregiments Nro. 2 gehören, und dieſes
wieder ſeinen Quartierſtand zum Theil im Canton des Infanterieregiments Nro. 29 hat, in
deſſen Canton übrigens auch noch das Infanterieregiment Nro. 43 ſteht, u. ſ. w. Nicht einmal in der Provinz, wo die Regimenter
ihren Canton hatten, ſtanden ſolche immer;
wie ſchon das angeführte Regiment Nro. 36
beweißt. Und das Infanterieregiment Nro. 47
hat gänzlich ſolchen in Oberſchleſien, und lag
damals noch zu Burg im Magdeburgiſchen;
dadurch iſt faſt alles, was die Herren Verfaſſer
von dem Vorzuge der ſtehenden Standquartiere
ſagen, ein wahrer Miſchmaſch geworden, und
der größte Theil davon hätte dahin gehört,
wo ſie vom Cantonweſen ſprechen. Ueberhaupt aber, ſo iſt dieſer ganze Abſatz ſichtlich vorzüglich für das damalige Frankreich nie-
dergeſchrieben; Mirabeau wollte ſeine Lands-
leute belehren und unterrichten; und ich habe
daher auch manches, was das preuſſiſche Heer
gar nicht angeht, geradezu weggelaſſen.

A. d. Ueberſ.

land gebrachten Menschen treten hin und wieder,
wofern sie nur irgend ein Erwerbungsmittel verstehen, oder zu arbeiten Willens sind, an dem
Orte ihres Quartierstandes, in allerhand Verbindungen; und da sie solche auf Lebenslang machen
können, so gewinnen sie dadurch Lust daran, bleiben nun und werden treue Soldaten; sie finden ehe
aus der gesitteten Classe der geringern Bürger ein
Mädchen zum Weibe, u. d. m. So lange die
preussische Mannszucht den ächten Soldatengeist
aufrecht erhält, werden diese Verbindungen dem
Heere nicht nachtheilig werden; die Siege Friedrich II. leisten dafür sehr sicher Gewähr.
Auch hat diese Einrichtung noch mehrere
Vortheile. Da die Mannschaft eines jeden Regiments aus ein und derselben Provinz gezogen ist,
so kennen sich die Leute unter einander; dadurch
wird ihr Schicksal sehr erleichtert, und diese Art
von Verbrüderung ist an einem Schlachttage von
großem Nutzen. Vielleicht würden sie noch mehr
Gemeingeist besitzen, wenn die Regimenter den
Namen ihres Cantons, und nicht ihres Inhabers
führten. Die Erfahrung hat bewiesen, daß die
Regimenter bey dieser Einrichtung weniger der
Gefahr, sich auseinander zu verlaufen, ausgesetzt,
und leichter wieder zusammen zu bringen sind, weil
die Leute fast alle wieder in ihre Provinzen zurück
kehren. Die eilf Bataillons schlesischer Infanterie, q) welche, nach dem Verlust der Schlacht

q) Es waren deren nur achte.

A. d. Uebers.

bey Breslau, in diese Stadt geworfen wurden,
hatten sich, wie sie solche verließen, so gänzlich
auseinander zerstreut, daß, mit Inbegriff der
Offizier und Unteroffizier, nicht mehr als vierhundert Köpfe davon übrig waren. Kaum hatte
Friedrich II. die Schlacht bey Leuthen gewonnen,
und wieder Besitz von Schlesien genommen, so
waren diese Bataillons auch wieder hergestellt,
weil alle die Flüchtlinge sich im Canton befanden.

Ferner wird durch eben diese Einrichtung
dem Offizier sein Dienst weniger kostspielig gemacht. Die Subalternoffizier werden in dem
Preussischen, so wie in allen Heeren, schlecht bezahlt; wenn sie genöthigt wären, umher zu reisen,
wie würden sie leben können? ꝛ) Die Inhaber
der Compagnien und Schwadronen befinden sich
freylich nicht in diesem Falle; aber dieses sind Leute
von gewissen Jahren, welchen die plötzlichen Veränderungen von Aufenthalt und Gewohnheiten in
Zeiten des Friedens gewiß sehr beschwerlich fallen
würden.

Und endlich erspart dadurch der Staat sehr
viel. Man würde für das, was solche in Frank-

ꝛ) Dafür wäre im Preussischen nun wohl gesorgt.
Die Offizier erhalten auf Märschen Pferde zum
Reiten, und Wagen zum Fortbringen ihrer
nothwendigen Sachen, vom Lande geliefert;
aber freylich entstände für dieses eine neue Last
aus den Quartierveränderungen.
A. d. Uebers.

reich kosten sehr gut jährlich, in jeder Provinz
ein Lager, so wie in den preussischen Staaten, zusammen ziehen können; und zwischen dem unendlichen Nutzen eines solchen Uebungslagers und den
sehr zweifelhaften Vortheilen eines immer wech-
selnden Quartierstandes findet gar keine Vergleichung statt. Das Beyspiel der preussischen Truppen beweißt zur Gnüge, daß die stehenden Quartiere den Soldaten weder weichlich noch schwerfällig
machen, und daß die Uebungsläger das beste, oder
vielmehr das einzige Mittel sind, die Offiziers,
und besonders die Generale, praktisch zu unterrichten.

Aus allem diesen ergibt sich nun, daß der
nachtheilige Einfluß des preussischen Heeres auf
die Bevölkerung, und die aus der auswärtigen
Werbung entstehenden Uebel, die einzigen schwachen Seiten dieses Heeres sind. Fast alles Uebrige
ist vortrefflich; und vielleicht kann der menschliche
Scharfsinn nichts vollkommeneres in dieser Art
aussinnen. Wir wollen zuerst die Zusammensetzung desselben untersuchen.

Jedes Bataillon Infanterie besteht aus fünf
Compagnien, und jede Compagnie, mit Inbegriff
der Uebercompletten aus 122, oder bey den Regimentern, welche mit vierzig Mann für jede
Compagnie vermehrt waren, aus 162 Gemeinen, ') welches denn 54 Rotten ausmacht; aber

_____

') Die Herren Verfasser hatten hier für jede Compagnie ursprünglich 142, und mit einer Ver-

jede Compagnie hat zehn Unteroffizier, und dieses allein gibt dem preußischen Heere, in Ansehung der Güte seiner Einrichtung, eine große Ueberlegenheit über das österreichische, in welchem die Compagnien wenigstens eben so stark sind, und nur sechs Unteroffizier haben. Außerdem sind die preußischen Unteroffizier ausgesuchte und sehr gut ausgebildete Leute, und werden sehr gut gehalten. Man macht, der Regel nach, nur solche Gemeine dazu, welche nicht allein durch ein ordentliches, regelmäßiges Verhalten, sondern auch durch die Zeit der Dienste schon, in einem gewissen Ansehen bey den Uebrigen stehen; sie müssen wenigstens schon vier Jahr gedient haben. Es ist hier nicht, wie bey andern Heeren, dazu genug, daß ein Mensch blos schreiben könne, oder von einer etwas bessern Abkunft als die Uebrigen sey, weil diese beyden Dinge allein den Unteroffizier noch lange nicht zu dem, was er seyn soll, zu einem bessern Soldaten, als die andern, machen; man hat ihnen ein Gefühl von Ehre einzuflößen gewußt; die Offizier behandeln solche mit Höflichkeit; die militärische Zucht erfordert es zwar, sie der Strafe mit der Fuchtel zu unterwerfen; aber sie wird ihnen sehr selten, und nur bey wichtigen Versehen, aufgelegt; mit einem Wort, man sieht es im preußi-

mehrung von 40 Mann, überhaupt doch nur 162 Mann angenommen; das heißt doch ein wenig sorglos gerechnet! Auch hatten sie jeder Compagnie 14 Unteroffizier gegeben.

A. d. Uebers.

schen Dienste vollkommen ein, daß, da die Gemeinen zunächst und unmittelbar unter der Aufsicht der Unteroffizier stehen, diese auch sehr wichtige Stützen des militärischen Gebäudes, und nicht
blos zur Verzierung da sind. Unter den Unteroffizieren jeder Compagnie findet sich ein junger
Edelmann, welcher seiner Reihe nach Offizier
wird; dieser führt, so lange er Unteroffizier ist,
die Fahne, und heißt der Fahnjunker. Niemand
wird Offizier, welcher nicht einige Jahre diesen
Posten gehabt hätte. Ueberhaupt sind die preuß-
sischen Unteroffizier, im Ganzen, vortreffliche
Soldaten. In einer der Schlachten des siebenjährigen Krieges litt ein Regiment von dem feindlichen Feuer so viel, daß es fast alle seine Offizier
verlor; hierauf übernahmen die Unteroffizier das
Commando der Pelotons, und das Regiment hielt
sich sehr gut unter ihren Befehlen. Der König
ließ ihnen sagen, daß sie, ihres guten Betragens
wegen, sich eine Gnade von ihm ausbitten
möchten; und sie baten ihn um nichts, als um
den Vorzug, gleich den Unteroffizieren des ersten
Bataillons Garde, silberne Säbelquasten tragen
zu dürfen. ¹)

¹) Ich erzähle diesen Vorfall so, wie ich ihn im
Original finde, aber ich bekenne, daß ich sonst
nichts davon gehört habe, und daß ich in den Ge-
schichten der Regimenter keine nähere Nachricht
davon finden können: daß die Sache, dem Reglement gemäß, so gehalten werden soll, ist bekannt; auch ist es möglich, daß ein solcher

Sobald das Bataillon ſich verſammelt, wird jedes derſelben in vier ſogenannte Diviſionen, und jede von dieſen wieder in zwey Pelotons, alſo das Ganze in acht Pelotons abgetheilt. Dieſes iſt bey der eigentlichen Infanterie inſofern fehlerhaft, als ein Bataillon derſelben aus fünf Compagnien beſteht, und die Gemeinen folglich dadurch zum Theil unter die Befehle von andern Offiziers, als denjenigen kommen, unter deren Befehlen ſie in den Compagnien ſtehen; als die Compagnien, oder das, was ſonſt mit einander in Ein Ganzes verbunden iſt, dadurch auseinander geriſſen wird, und als dieſe Abtheilung der Compagnien in das Bataillon immer einige Zeit wegnimmt. Auch ſah Friedrich II. dieſes ein; aber er behielt die Eintheilung bey, weil die Offizier und Unteroffizier einmal daran gewöhnt waren, und er die Veränderungen nicht liebte. Bey den Grenadier-bataillonen, welche nur vier Compagnien ſtark ſind, findet dieſer Uebelſtand nicht ſtatt. ")

Jede

Vorfall ſich im Kriege wirklich bey irgend einem Regimente zugetragen hat, das heißt, daß, wenn gleich nicht alle, doch vielleicht die mehreſten Pelotons, von Unteroffizieren commandirt worden ſind; aber von der desfalls erhaltenen Belohnung iſt mir, wie gedacht, nichts bewußt, und ich zweifle ſehr daran, weil dieſe Unteroffizier immer nichts mehr, als wozu ſie verpflichtet ſind, bey dieſer Gelegenheit gethan hätten.
A. d Ueberſ.

") Unter der gegenwärtigen Regierung iſt dadurch, daß

Jede Compagnie hat vier Offizier, und dieses ist hinlänglich. Wenn das Bataillon formirt
wird, hat jedes Peloton seinen Offizier, der Befehlshaber des Bataillons findet sich vor der Mitte,
der Major und Adjutant sind zu Pferde. Die
übrigen Offiziere, nebst einer hinlänglichen Anzahl
von Unteroffiziers, werden hinter die Fronte vertheilt, um auf dieser Seite für die Ordnung zu
wachen. Ursprünglich feuerten die Bataillons
vom rechten und linken Flügel nach der Mitte;
jetzt feuern die Pelotons und Divisions abwechselnd,
so daß auf das erste das dritte, dann das fünfte
und siebente, und nun, das zweyte u. s. w. folgen.

Die Cavallerie hat bey jeder Schwadron
sieben Offizier und vierzehn Unteroffizier; vor dem
siebenjährigen Kriege waren von den erstern dabey
nur sechs, von den letztern nur zwölfe befindlich;
aber, da von dieser Art von Truppen sehr ofte
einzele Commandos ausgeschickt werden: so können solche unstreitig nicht Vorgesetze genug haben.
Jede Schwadron ist in vier Züge, und die Regimenter größtentheils nur in zwey Glieder abgetheilt. Vor dem siebenjährigen Kriege fochten
solche sämtlich in drey Gliedern; aber die Erfahrung lehrte, daß der Anfall derselben dadurch nicht
verstärkt, wohl aber die Bewegungen schwerfälli-
ger und langsamer gemacht wurden.

daß die Grenadier sowohl als die Musketier-
bataillonen nur aus vier Compagnien bestehen,
dieser Nachtheil abgeholfen worden.

A. d. Uebers.
M.

Die Huſarenregimenter, deren Schwadronen etwas ſchwächer, als die Schwadronen der
übrigen Cavallerie ſind, haben bey jeder nur fünf
Offizier und eilf Unteroffizier.

Zufolge eines ſehr richtigen Grundſatzes
macht man nie einen alten Unteroffizier zum Offizier. Ein ſolcher Vorzug ſetzt den, welcher ihn
erhält, ſehr oft nur in Verlegenheit, und es iſt
ſelten, daß dadurch nicht der Geiſt des Corps der
Offizier beeinträchtigt wird, wäre es auch nur,
weil die Sitten eines ſolchen Mannes ſich nicht mit
dem, was er dann vorſtellen ſoll und will, vertragen, und weil dadurch unter Leuten von ſonſt
gleichem Range ein Unterſchied entſteht.

In den preuſſiſchen Heeren finden ſich wenig
Offizier, deren Rang höher wäre, als der Poſten,
welchen ſie wirklich bekleiden. Zwar iſt die Zahl
und die Art der Stabsoffizier bey jedem Regiment, wie wir bereits bemerkt haben, ſo wie die
Zahl und die Art der Stabsoffizier in dem Heere
überhaupt, nicht genau beſtimmt; der eigentliche
Commandeur des einen Regimentes kann Oberſter,
und der Commandeur eines andern nur Major ſeyn;
bey dem einen können mehr als ein Oberſter, bey
einem andern mehrere, oder gar kein Oberſtlieutenant; bey dem einen mehr Stabsoffizier überhaupt,
als bey dem andern u. ſ. w. ſich befinden, weil die
ſämtlichen Stabsoffizier jeder Art von Truppen
nur unter ſich weiter rücken, weil ſolche nie, oder
nur ſelten, nach Maßgabe ihres Ranges, von
dem einen Regiment zu dem andern verſetzt wer-

den, und weil der König bald mehr, bald weniger Stabsoffizier, von der einen oder der andern
Art, in seinem Heere macht. Aber ein jedes Regiment hat eine bestimmte Anzahl von sogenannten
besondern Stabstraktementen, oder Besoldungen
von Stabsoffizieren, und diese sind immer mit
Stabsoffiziers besetzt, wenn gleich ein Oberster
zuweilen, oder auch wieder ein Major, aus den
angeführten Ursachen, das Stabstraktement eines
Oberstlieutenants u. s. w. zieht; und zweytens geht
die Zahl der Stabsoffizier überhaupt bey jedem
Regimente, ausgenommen bey der Cavallerie, selten über die Zahl der festgesetzten Stabstrakte-
mente hinaus. Bey der letztern z. B. hat jedes
Regiment deren nur drey, und gewöhnlich sind die
Inhaber aller fünf Schwadronen, und zuweilen
auch, besonders bey den Dragonerregimentern,
einige der ältesten Stabscapitäns, schon Stabsoffizier. Das Wesentliche aber ist, daß hier nicht,
wie in andern Heeren, Offiziere einen höhern
Rang überhaupt haben, als die Dienststelle, welche
sie wirklich bekleiden, daß man hier nicht z. B. in
irgend einer Leibwache nur Lieutenant seyn und
Lieutenantsdienst darin thun, und doch zugleich in
dem Heere überhaupt, blos als ein solcher Lieutenant, den Rang von einem Stabsoffizier haben
kann. Daburch wird allem Ansprüchen, allen
Neide, allen Eitelkeiten, allen Rangstreitigkeiten
vorgebeugt. *)

M 2

*) Ich habe diesen ganzen Absatz umändern müs-

Was die Beſoldung des Heeres und die Koſten anbetrifft, welche die Unterhaltung deſſelben erfordert, ſo rechnet man, daß tauſend Mann Fußvolk ungefähr vierzigtauſend Thaler, und tauſend Mann Reiterey ungeſähr hundert und funfzehntauſend Thaler jährlich zu ſtehen kommen. Rechnet man nun hundert und funfzigtauſend Mann von der erſten, und vierzigtauſend Mann von der zweyten Art von Truppen, ſo koſten ſolche jährlich ungefähr eilf Millionen Thaler, und es iſt wahrſcheinlich, daß zu Friedenszeiten dieſe Summe hinlänglich iſt.

Der Infanteriſt erhält auf fünf Tage acht Groſchen, oder monatlich zwey Thaler an Sold, und übrigens kein Brod. Man ſieht wohl ein, daß die indirecten Auflagen hievon noch einen Theil

ſen, weil er, wie mehrere, wieder von Anfang bis zum Ende unrichtig war. Es heißt z. B. darin, que chacun tire les emolumens attachés au genre de ſervice qu'il rend, daß die überzähligen Majors in ihren Regimentern nur den Dienſt von Hauptleuten verrichten u. d. m. welches alles ungegründet iſt. Man ſieht indeſſen wohl, wohin die Herrn Verfaſſer mit allem dieſen wollten; nur hatten ſie, aus Unkunde mit dem Soldatenweſen in den verſchiedenen Heeren, ſich die Sache nicht deutlich zu machen gewußt, und nicht die Mühe ſich gegeben, die erſte beſte Rangliſte des preuſſiſchen Heeres ein wenig genau anzuſehen.

A. d. Ueberſ.

ihm wegnehmen. [y]) Der Cavallerist erhält auf
fünf Tage zehn Groschen, oder monatlich zwey
und einen halben Thaler; [z]) aber, da er für den
Hufschlag seines Pferdes zu sorgen hat, so komme
ihm selbst von dem, was ihm mehr wie dem
Infanteristen gegeben wird, sehr wenig zu Gute. [a])
Der Unteroffizier bey der Infanterie wird monatlich mit drey Thalern, [b]) bey der Cavallerie mit
vier Thalern besoldet.

M 3

y) Die directen, d. h. die Auflagen auf Grund und
Boden, würden also wohl dieses nicht gethan
haben? der Preis aller Lebensmittel würde nicht
steigen, wenn Grund und Boden allein alle Abgaben tragen müßten? O der Einseitigkeit!
A. d. Uebers.

z) Et on lui paie la ration au moins lorsqu'il est
en semestre, heißt es noch im Original; aber
ich habe mich vorher schon über die wirklich
plumpe Unwahrheit dieser vorgeblichen Einrichtung erklärt.
A. d. Uebers.

a) Da die Hrn. Verfasser sich doch einmal hier auf
alle kleine Umstände, als z. B. den Hufschlag,
einlassen: so hätten sie auch wissen sollen, daß
der Cavallerist solchen im Ganzen von dem Verlauf des Düngers der Pferde, welche er füttert,
(er hat deren, außer den Uebungsmonaten, gewöhnlich zwey zu füttern) zu bestreiten pflegt.
A. d. Uebers.

b) Der Sergeant erhält monatlich vier Thaler.

Der Sold des Fähndrichs und Secondlieu-
tenants beläuft ſich, bey der Infanterie, monatlich auf eilf Thaler; bey der Cavallerie auf dreyzehn Thaler achtzehn Groſchen; der Sold des
Premierlieutenants oder Stabscapitäns, bey der
erſtern, auf dreyzehn Thaler achtzehn Groſchen,
bey der letztern auf achtzehn Thaler acht Groſchen; c) außerdem erhalten die Subalternoffizier
von dieſer, als Futtergeld auf zwey Pferde, monatlich noch ſechs Thaler; und die Premierlieutenants und Capitäns, welche Compagnien oder
Schwadronen commandiren, von den Inhabern
derſelben, noch monatlich eine Zulage von vier
bis fünf Thalern. Auch werden ihnen, ſo wie
allen übrigen Offiziers, gewiſſe Quartiergelder
von den Städten, wo ſie in Beſatzung ſtehen,
und die den Namen von Servisgeldern führen,
bezahlt, die aber, nach Verhältniß des Preiſes
der Wohnungen an dem Orte, verſchieden an
verſchiedenen Orten ſind; und die Infanterieoffizier können aus ihren Compagnien noch einen
Burſchen zur Bedienung nehmen, der ihnen nur
ſehr wenig koſtet, weil er ſeinen Sold zieht. Aber
dafür wird den ſämtlichen Offiziers monatlich eine

c) Der gegenwärtig regierende König hat den Sold
der Subalternoffizier der Infanterie monatlich
mit zwey Thalern, und den Sold der Stabscapitäns bey der Cavallerie mit drey Thalern,
und der übrigen mit zwey bis brittehalb Thalern erhöht.

A. d. Ueberſ.

Summe von vier, und bey der Cavallerie oft von
fünf bis sechs Thalern von ihrer Besoldung abgezogen, und hiefür wird ihnen jährlich eine vollständige Uniform, ein Huth nebst Tresse und Cor-
don, ein paar Handschuh, eine Degenquast, mit
einem Worte, alles, was sie zu ihrem Anzuge gebrauchen, bis auf das Zopfband und die Zopf-
masche, und in gewissen Jahren auch eine neue
Feldbinde, so wie den Cavallerieoffiziers auch eine
neue Schabrake geliefert. Dieser Abzug ist indessen im Grunde bey verschiedenen Regimentern
verschieden, weil die Uniform der einen reicher
und kostbarer ist, als der andern; und nach Ab-
lauf einiger Jahre erhalten sie darüber eine Berechnung von dem Regimentsquartiermeister.

Aus allen diesem sieht man, daß der preussische Offizier, welcher nicht eigenes Vermögen besitzt, niemals ehe, als bis er Hauptmann ist, mit
einiger Bequemlichkeit leben kann, und dieses ist
so übel nicht. Ein junger Offizier würde, auch
wenn er den Sold eines Generals zöge, deswegen
um nichts reicher seyn; und ist die Jugend nicht
die Zeit des Lebens, wo Alles gut ist, wofern man
nur nothdürftig zu leben hat? Nur in einem gewissen Alter ist es nothwendig, ein gemächliches
Auskommen und die Annehmlichkeiten zu genießen, welche das Geld verschaft; und es ist
in dem preussischen Heere eine sehr gute Einrichtung, daß dieses gute Auskommen anfängt, sobald man eine Compagnie oder Schwadron besitzt.
Wäre dieser Zeitpunkt weiter hinausgeschoben,

M 4

und finge erſt mit dem Beſitze eines Regiments
an, ſo würden dadurch die Offizier, inſofern nur
ihrer wenige hoffen könnten dahin zu gelangen,
den Muth verlieren. Aber nach zwanzig bis fünf
und zwanzig Dienſtjahren, in einem Alter von
vierzig bis fünf und vierzig Jahren, hat jeder
Offizier die Ausſicht, mit Bequemlichkeit leben
zu können, und man glaubt nicht, wie ſehr dieſe
Ausſicht an den preuſſiſchen Dienſt knüpft.

Dieſes Wohlbefinden der Hauptleute und
Stabsofflzier vermehrt indeſſen die Koſten des
Königs nicht außerordentlich, weil ſolche den Sold
von den Beurlaubten ziehen, und weil die ſämtlichen Stabsoffizier, und ſelbſt die Generale,
eigene Compagnien haben. Freylich ſind die
Einkünfte derſelben dadurch, daß der König den
Sold von vielen und bey den mehrſten Regimentern von den mehreſten Beurlaubten zurück behielt, ſehr geſchmälert worden; aber, nach Verhältniß, ſtehen ſolche ſich denn doch noch immer
beſſer, als in andern Dienſten. Nur eine ſehr
große Unbequemlichkeit entſtand eben daraus, daß
der größte Theil ihres Einkommens von dem Beurlaubten-Solde kam, und dieſer in Kriegszeiten
wegfiel, wodurch ſie denn, in eben dieſen Zeiten,
ſehr zurück geſetzt, und zum Theil genöthigt wurden, ihre Zuflucht zu allerhand uneblen Hülfs-
mitteln zu nehmen. Dieſem Uebel iſt, unter
der gegenwärtigen Regierung, dadurch abgeholfen
worden, daß der König Friedrich Wilhelm die
Beſoldung der Hauptleute unveränderlich feſtgeſetzt

hat, solche ihnen reichen läßt, und dafür den Be-
urlaubten-Sold zieht. Uebrigens hat Friedrich II.
noch die Kosten für sein Heer, in den spätern Jahren seiner Regierung, zu vermindern gewußt, ohne
dadurch demselben Nachtheile zuzuziehen. Die
eingeführten Rangstufen im preussischen Heere sind
nämlich folgende: Von dem Range des Obersten
rückt man zum Range des Generalmajors, vom
Generalmajor zum Generallieutenant, vom Generallieutenant zum General von der Infanterie,
oder der Cavallerie, und von den letztern zum
Feldmarschall. Vor, und zum Theil noch während, dem siebenjährigen Kriege, hatte Friedrich
vier Feldmarschälle, eine große Anzahl von Generals der Infanterie und Cavallerie, und nach
Verhältniß von Generallieutenants; die Stellen
der Feldmarschälle hat er gänzlich eingehen lassen,
und dadurch allein jährlich über funfzigtausend
Thaler erspart; und bey seinem Ableben befanden
sich, seine beyden Brüder abgerechnet, nur zwey
Generals von der Infanterie, und einer von der
Cavallerie in seinem Heere, so wie nur wenig
Generallieutenants, und dieses sind denn eben so
viel Gegenstände von Ersparniß.

Die Lieferungen für die Truppen hätten natürlicherweise den Provinzen viel Vortheile verschaffen sollen; aber es hatten sich zuletzt mancherley Mißbräuche dabey eingeschlichen. Die Offizier erhielten das Tuch zu ihrer Uniform aus dem
Lagerhause, und eben dieses Lagerhaus lieferte,
nebst andern mehrern Unternehmern, auch das

Tuch für die Gemeinen; der König hatte mit
jenen darüber Verträge geſchloſſen, und die Regimenter waren verbunden, das Tuch von ihnen zu
nehmen, ſie aber ſetzten nachher, nach ihrem Gutdünken, den armen Arbeitern einen Preis feſt.
Es ſcheint, als ob das preuſſiſche Heer immer den
einheimiſchen Tuchmachern den mehrſten Abſatz
verſchaft hätte, weil es zugeſtanden iſt, daß die
Unternehmer dieſen armen Leuten einen Preis haben machen können, der ſo geringe iſt, daß er
ihnen und ihren Familien kaum den dürftigſten
Unterhalt verſchaft, ſie, bey dem kleinſten Unglück, wirklich an den Bettelſtab bringt. Fleiß
und Betriebſamkeit wurden alſo durch eben das
zu Grunde gerichtet, was ſolche hätte unterſtützen
ſollen. Wenigſtens finden wir in der Berliner
Monatsſchrift vom Januar 1787 einen Aufſatz
über die Betteley, wo jenes Verfahren als eine
der großen Urſachen davon angegeben wird; und
unſtreitig waren die Mißbräuche dabey ſchreyend,
weil der Nachfolger Friedrichs II. bald nach ſeiner
Thronbeſteigung den Regimentern erlaubt hat,
mit einheimiſchen Tuchmachern, wo ſie wollten,
wegen ihres Montirungstuches, unmittelbar ſelbſt
ihre Verträge zu ſchließen. d)

Und ſo viel von der Verfaſſung des preuſſiſchen Heeres.

d) Die Herren Verfaſſer hatten hinzu geſetzt, daß
die Regimenter dabey wären angewieſen worden,
den einheimiſchen Tuchmachern, bey gleichem

Dritter Abschnitt.

Bewaffnung und Kleidung des Heeres.

Die Bewaffnung ist gleichsam die Grundlage des Soldatenwesens. Das Gewehr oder die Flinte ist jetzt die Hauptwaffe des Fußvolkes, und dieses ist wieder der wesentliche Theil eines Heeres. Dieses Gewehr muß 1.) das möglichst größte Caliber haben; 2.) so dauerhaft als möglich, und 3.) eben so leicht an und für sich selbst, als leicht zu handhaben seyn. Man sieht von selbst ein, daß durch die letztern Bedingungen die übrigen bestimmt werden.

Man überläßt, wie es mir dünkt, diese wichtige Sache zu sehr dem Herkommen, und denkt nicht genug an die Vervollkommnung derselben. Wenn man durch irgend ein Mittel dahin gelangte, dem Eisen mehr Widerstand gegen die Wirkungen des Pulvers zu verschaffen: so würde das Gewehr dadurch sehr verbessert werden; und dieses ist ohnstreitig möglich, weil man sehr leichte

Rüstung und Waffen des Fußvolkes.

Preise, den Vorzug zu geben, gleichsam, als ob sie solches nun auch z. B. von Lausitzer Tuchmachern kaufen könnten! Das heißt doch Kenntniß der preußischen Verfassung!!

A. d. Uebers.

Jagdflinten hat, welche viel weiter tragen, als
die ſchweren Soldatengewehre.   Man erreicht
eben dieſen Endzweck auch durch einen gezogenen
Lauf, wodurch der Widerſtand der Kugel, und
folglich die Kraft des Pulvers, vermehrt wird.
Aber die Bearbeitung des Eiſens zu dergleichen
Gewehren kommt wahrſcheinlicherweiſe zu hoch
zu ſtehen, als daß man ein ganzes Heer damit
verſehen könnte, [a] und was die gezogenen Läufe
anbetrifft; ſo nimmt die Ladung derſelben zu viel
Zeit weg, als daß ſie für das Fußvolk überhaupt
brauchbar wären.   Indeſſen würde vielleicht ein
zu dieſem Zweck ausgeſetzter Preis die Entdeckung
eines leichtern und zugleich ſparſamern Mittels

---

[a] Die Leichtigkeit der Jagdflinte hängt keinesweges von der größern Leichtigkeit des Laufes
allein, ſondern auch von dem Geſchäfte und von
dem hölzernen Ladeſtock ab.   Jenes muß, aus
ſehr einleuchtenden Gründen, bey dem Solda-
tengewehr viel ſtärker ſeyn; und dieſer iſt dabey
gar nicht brauchbar.   Doch dieſes iſt noch das
wenigſte hiebey.   Die Schwere des Gewehres
wird durch die Größe des Kalibers, oder die
Schwere der Kugel beſtimmt; und was würde
es alſo helfen, durch Verbeſſerung des Eiſens,
den Lauf leichter zu machen, wenn man nicht
auch zugleich das Kaliber änderte, oder kleiner
machte? Und unſre Herrn Verfaſſer wollen doch
auch zugleich das möglichſt größte Kaliber haben! Wie Mauvillon alles dieſes ſo hat ſtehen
laſſen können, iſt mir unbegreiflich.

                                A. d. Ueberſ.

befördern; und ein Preis auf diese Entdeckung
würde selbst den Beyfall der Philosophen verdienen, weil diese die Kunst der Zerstörung nur
durch ihre eigene Vollkommenheit vernichtet zu sehen hoffen können.

Die Länge und die Schwere des Gewehrs
sind in allen Heeren verschieden. Wenn man
aber, aus eben diesem Grunde, glauben wollte, daß
man nirgends vernünftige Grundsäße hiebey befolgt hat, so würde man sich irren. Vielmehr
sind wir der Meinung, daß, sobald man diese
Länge und Schwere nach dem einzigen, hier an-
wendbaren Grundsaße, nach der Erfahrung fest-
seßen wird, solche, in Rücksicht hierauf, noch ver-
schiedener, und zwar nicht blos in den verschiedenen Heeren, sondern in ein und demselben Heere,
ausfallen werden. Der Schlag der Pferde ist in
verschiedenen Ländern, der Stärke und Größe
nach, verschieden; warum sollten es nicht auch die
Menschen seyn? Und was wäre, in diesem Falle,
natürlicher, als daß die eine Nation längere und
schwerere Gewehre, als die andere hätte? Und
daß, bey einer Nation, welche aus mehrern Völ-
kerschaften bestände, die an Stärke und Größe
verschieden wären, die Regimenter aus der einen
Provinz auch schwerere Gewehre führten, als die
aus der andern, wenigstens da, wo man auf
preussische Art rekrutirt? [b) Auf alle Fälle sollte

b) Aber bestehen denn die preussischen Regimenter aus lauter Cantonisten, und nicht

man bey allen Völkern, die Größe und Schwere
der Gewehre nach der Größe der Menſchen einrichten; das heißt, alles was unter fünf Fuß vier
Zoll iſt, ſollte ſie von einer Größe und Schwere,
was fünf Fuß und vier bis neun Zoll iſt, ſolche
größer und ſchwerer, und was über dieſes Maaß
iſt, am größten und ſchwerſten haben. Eben daraus, daß alles dieſes unbeſtimmt iſt, ſchließen
wir, daß man nirgends eine vernünftige Erfahrung zu Rathe gezogen hat, um die Verhältniſſe
und Schwere des Gewehres zu beſtimmen. c)

auch ein großer Theil derſelben aus Ausländern?

A. d. Ueberſ.

c) Und eben aus dieſer Behauptung muß der
Ueberſetzer beynahe ſchließen, daß die Herren
Verfaſſer auch nicht eine einzige hieher gehörige
Erfahrung gemacht, und nicht eine einzige zweckmäßige Beobachtung über dieſen Gegenſtand
angeſtellt haben. Ueber der Betrachtung des
Soldaten ſelbſt, und blos des Sinnlichen daran,
haben ſie die Sache, oder ſein Geſchäft, gänzlich aus den Augen verloren. Hier ſind einige
Beweiſe davon. 1.) Iſt es ja nichts weniger
als wahr, daß die Stärke eines Menſchen von
ſeiner Größe abhängt, oder daß die größten
Menſchen diejenigen ſind, welche, auf Dauer,
das mehreſte tragen können. Die Erleichterung, welche aus dieſer Verſchiedenheit der Gewehre heraus kommen, oder daß, was durch
dieſe Verſchiedenheit der Gewehre bewirkt wer-

Aber welche Erfahrungen könnte man, in
Rücksicht hierauf, bey einem Handwerke machen,
wo die Beförderung der Kunst darin dadurch gehindert wird, daß die wirklichen Erfahrungen
zur Zeit des Friedens unmöglich, und in Kriegs-

den soll, wäre also bey weitem keine Erleichterung. 2.) Bleiben denn die Reglmenter, besonders in Kriegszeiten, unverändert so groß,
wie sie einmal sind? Ein Regiment z. B., welches im ersten Feldzuge tausend Mann von fünf
Fuß fünf bis neun Zoll hat, kann sehr leicht
im nächsten Feldzuge von diesem Maaße nur
sechs oder achthundert haben. Wo soll es mit
jenen Gewehren hin? Wie soll es die leichtern
und kleinern erhalten? Müßte es nicht immer
einen großen Vorrath von allen Arten bey sich
führen, um die, mitten im Feldzuge allenfalls angeworbenen Ueberläufer, nach Verhältniß ihrer
Größe, zu bewaffnen? Nun bedenke man die
Last von Fuhrwesen, das Hin- und Hergeschicke,
das daraus entstehen würde! 3.) Es ist bekannt
genug, oder sollte doch jedem, der über diese
Materie schreibt, bekannt seyn, daß die Schwere
des Gewehres, wofern es nicht zu stark zurück
stoßen soll, mit der Stärke der Ladung in Verhältniß stehen, und daß es zweyhundertmal so
schwer als die Kugel seyn muß. Auch macht
die Kürze allein ein Gewehr noch nicht leicht.
4.) Tragen die kürzern Gewehre im Ganzen,
und bey übrigens gleicher Güte und Beschaffenheit mit den größern, nicht so weit als diese;
und wie müßten die Truppen nun wohl abgetheilt
seyn, wenn nicht der eine Theil, indem der an-

zeiten doch nicht anzustellen sind? Man müßte hin
und wieder einzele Pelotons und Divisions, mit
verschiedenen Arten von Gewehren, in verschiedenen Entfernungen, mit eben solcher Geschwindigkeit, als an einem Schlachttage, nach einer Leinewand,

bere schon mit Vortheil feuern könnte, ganz
vergeblich schießen sollte? 5.) Würden auch
verschiedene Patronen für die verschiedenen Arten von Gewehren gemacht werden müssen;
und hieraus würden Verwirrungen und Unordnungen, besonders wenn ein Regiment sich im
Gefecht verschossen hätte, und während demselben neue Patronen erhielte, entstehen, die
nur dem begreiflich sind, der so etwas gesehen
hat, und sich schwerlich einem andern anschaulich machen lassen. 6.) Müßte das mittelste
Glied, als das kleinste, nach dem System
unsrer Herren Verfasser, die kürzesten Gewehre
haben; wie würde es nun da mit dem Anschla-
gen, besonders wenn solches rechts oder links
nöthig ist, aussehen? Schon jetzt können die
Glieder dazu nicht geschlossen genug seyn; wie
würden aber alsbenn die Gewehre durchreichen?
Doch genug zur Probe! Es ist hier der Ort
nicht, weiter in die Theorie der Schießkunst
einzugehen; und der Ungleichheit im Aeußern,
welche aus dieser Verschiedenheit der Gewehre
in einem Regimente entstehen würde, will ich
nicht gedenken, weil die Nothwendigkeit der
Gleichheit darin sich nicht ohne Weitläuftigkeit
auseinander setzen läßt.

A. d. Uebers.

wand, und nach gemahlten Soldaten schießen laſſen, und dann die Treffer zählen; dieſe Erfahrungen müßte man ofte genug wiederholen, um zu
einer Gewißheit hierüber zu gelangen; d) und
dieſes hat man denn doch nirgends, wenn man die

d) Zu welcher Gewißheit, oder zur Gewißheit
worüber? Sollte aus dieſen Verſuchen ſich
das, wovon vorhin die Rede war, beſtimmen
laſſen, wie lang oder groß ein Gewehr, nach
Verhältniß der Größe der Leute, ſeyn müßte?
Doch wohl nimmermehr! Es wird alſo ſchwer
zu rathen, worauf die Herren Verfaſſer mit
dieſen Vorſchlägen eigentlich zielen. Freylich
ſind der Erfahrungen noch viele zu machen, um
die Höhe des Anſchlages, nach Verhältniß der
Entfernungen, genau zu beſtimmen; aber hiezu
ſind die vorgeſchlagenen Verſuche nicht hinlänglich. Vielleicht hatte indeſſen Graf Mirabeau
in Berlin etwas von dem Schießen nach bretter-
nen Wänden, welches Friedrich II. ſchon vor
dem ſiebenjährigen Kriege mit Leuten aus der
Garde, eben zu dem angeführten Zwecke, machen
ließ, gehört, und wollte nun, indem er ſich
das Anſehen gab, aus eigener Bewegung hierauf zu verfallen, etwas davon hier anbringen;
nur Schade, daß alles dieſes ungefähr hier ſo
gut herpaßt, wie — der Delphin in den
Wald. — Ueberhaupt ſcheinen die Herren
Verfaſſer, wenn ſie gleich ſonſt mit der Theorie
der Schießkunſt bekannt geweſen ſind, damit
nicht die Ausübung, und wie ſolche in Reih
und Gliedern und vor dem Feinde möglich iſt,
verbunden, oder nicht Rückſicht auf alles das
N

einzele Verſuche von Offizieren ausnimmt, welchen die Beförderung ihrer Kunſt am Herzen liegt,
im Ganzen gethan, woraus ſich denn ergibt, daß
bis jeßt nur das Herkommen, wenigſtens in Rückſicht auf dieſe Art von Waffen, die Sache entſchieden hat.

Doch dem ſey auch, wie ihm wolle, ſo viel
iſt gewiß, daß alle diejenigen, welche den preuſſiſchen und den Kriegsdienſt anderer Mächte kennen,
eingeſtehen müſſen, daß das Fußvolk Friedrichs II.
gegenwärtig am beſten und zweckmäßigſten in

genommen zu haben, was hieran hängt und
hieraus entſteht. Jene Theorie langt wahrlich
nicht aus, um über das Soldatenfeuer nur
etwas erträgliches zu ſagen. Und, wenn die
Herren Verfaſſer die preuſſiſchen Gewehre genau
angeſehen, und mit den Gewehren anderer
Truppen, in Anſehung der Schäfftung, des Be-
ſchlages, u. d. m. verglichen hätten, wie viel
würden ſie hier nicht noch zu ſagen gehabt haben!
Selbſt auf die mögliche Leichtigkeit derſelben,
inſofern ſich ſolche ſonſt mit der übrigen Beſtimmung verträgt, iſt dabey Rückſicht genommen;
und ich glaube ohne alle Uebertreibung hinzuſetzen zu können, daß das, was von allen dieſen Dingen, wirklich anwendbar und brauchbar, auch im preuſſiſchen Heere eingeführt iſt;
ſelbſt die Abänderung deſſen, was einzeln mangelhaft und unvollkommen darin ſcheint, dürfte
dem Ganzen ſchwerlich eine größere zweckmäßige Vollkommenheit geben.

A. d. Ueberſ.

ganz Europa bewaffnet ist. Man hat einige wesentliche Veränderungen an dem Gewehre gemacht,
welche demselben über alles andre Gewehr, bey
welchem man diese Verbesserung nicht angebracht
hat, eine sehr große Ueberlegenheit gegeben
haben.

Die ersten dieser Veränderungen sind die cylindrischen Ladestöcke. Man erspart dadurch dem
Soldaten die Mühe, den Ladestock bey dem Laden
umzukehren; und diese Bewegung verlängerte
nicht allein die, zu der Ladung erforderliche Zeit,
sondern bey dem Umkehren des Ladestocks schlu-
gen die Leute sich auch öfterer damit auf die Arme,
auf den Kopf, auf das Gesicht, oder einander die
Ladestöcke aus den Händen, an deren Aufnehmen
im Gefechte, wie man leicht urtheilen kann, nicht
mehr zu denken war, und woraus dann das Uebel
entstand, daß sie, (welches schon öfterer blos wegen
der, mit der Umkehrung des Ladestocks verbundenen Unbequemlichkeit geschah,) den Schuß nicht
gehörig aufsetzten, sondern die Patrone nur in den
Lauf schütteten, und durch Aufstoßen mit der Kolbe
auf die Erde ihn in die Pulverkammer herunter
zu bringen versuchten. Allen diesen Nachtheilen
ist durch die cylindrischen Ladestöcke abgeholfen.
Ein solcher Ladestock ist nicht so stark oder dick, als
die Mündung selbst weit ist; er ist nur ein wenig
stärker, als die gewöhnlichen Ladestöcke, aber an
beyden Enden gleich stark. Freylich ist sowohl
dadurch, als weil man genöthigt gewesen ist, dem
Gewehr einen stärkern Schafft zu geben, solches

N 2

ein wenig ſchwerer geworden; allein man hat es
um ein und einen halben bis zwey Zoll kürzer gemacht, und dadurch iſt dieſes Uebel ſogleich gehoben worden. ᵉ) Uebrigens haben wir noch ein
Gewehr geſehen, deſſen Ladeſtock nicht dicker, als
die gewöhnlichen, aber an beyden Enden gleich
ſtark war, bey welchem man den alten Schafft
beybehalten, aber nur ein wenig mehr ausgeſchnit-
ten, und die Röhrchen oder Dillen daran erweitert hatte; er leiſtete eben die Dienſte, als der
cylindriſche, und hatte das Gewehr um nichts
ſchwerer gemacht. Außerdem war dabey keine
neue Schäfftung erforderlich, und die ganze Veränderung koſtete nicht mehr, als einige wenige
Groſchen. ᶠ)

Dieſe Verbeſſerung des Gewehres iſt indeſſen,
unſrer Meynung nach, einer andern, im preuſſiſchen Heere eingeführten Veränderung untergeordnet. Dieſes ſind die trichterförmigen Zündlöcher.
Die Benennung zeigt ſchon die Sache an; die

e) Sie ſind ungefähr nur zwey Loth ſchwerer, als
ſie ſonſt waren.
                                    A. d. Ueberſ.

f) Der Erfinder deſſelben iſt der Oberſt Huttenlus,
in heſſiſchen Dienſten. — Ob, wenn der Ladeſtock nicht dicker und ſtärker als der gewöhnliche
iſt, dadurch alle Vortheile des ſogenannten cylindriſchen Ladeſtocks erreicht werden, iſt mir
nicht wahrſcheinlich.
                                    A. d. Ueberſ.

weite Oeffnung derselben ist, wie natürlich, an
der innern Seite des Laufes; und das Pulver
wird, mit Hülfe eines an dieser innern Seite an-
gebrachten Stück Eisens, dessen Beschreibung zu
weitläuftig ausfallen würde, aus dem Lauf nach
der Pfanne, und um desto sicherer hingeführt, da
das Zündloch schräge nach oben zu gebohrt ist: bey
dieser Erfindung fällt das Aufschütten auf die
Pfanne weg, und das Laden wird also um vieles
beschleunigt; die abgebissene Patrone wird in den
Lauf geschüttet, und das zur Zündung nöthige
Pulver, durch den Ladestock und das Aufsetzen des
Schusses, vermittelst dieser trichterförmigen Oeffnung, welche an der äußern Seite nicht größer
als die gewöhnlichen ist, aus dem Laufe in die
Pfanne gebracht. Man hat gegen diese Erfindung
den Einwurf gemacht, daß durch die Erweiterung
des Zündloches auch die Wirkung des Pulvers vermindert werden, und nun folglich die Gewehre
nicht mehr so weit als sonst tragen würden; aber
aus einer sehr einfachen Ursache tragen sie eben
deswegen nur um desto weiter. Da die Oeffnung
an der äußern Seite, wie gedacht, nicht größer,
als bey den gewöhnlichen Zündlöchern ist; so kann,
nach dieser Seite hin, auch das Pulver nicht mehr
als sonst wirken; dagegen bey dem Aufschütten auf
die Pfanne gewöhnlich ein Theil davon auch ver-
schüttet wurde, und dieser Nachtheil fällt jetzt weg.
Die Patrone kommt gänzlich in den Lauf, auf die
Pfanne aber nicht mehr, als solche natürlicherweise fassen kann, wodurch denn die mehresten

Schüſſe verſtärkt werden müſſen.   Man hat ferner behauptet, daß das Zündloch nun leicht werde
verſtopft oder verſchleimt werden; aber dieſer Einwurf ſagt noch weniger.   Wird die, zu der Zündung des Pulvers in dem laufe nothwendige Verbindung mit dem Pulver auf der Pfanne nicht
ehe und leichter durch ein, in ſeiner ganzen länge
gleich enges Zündloch gehemmt und unterbrochen
werden können, als durch eines, das nur an einem
Ende enge iſt, und gegen das andre ſich erweitert?
Uebrigens hat die Erfahrung bewieſen, daß Gewehre, auf ſolche Art geladen, weit weniger, als die
auf die gewöhnliche Art geladenen verſagen, oder
von der Pfanne brennen, und die Erfahrung allein
kann über Dinge dieſer Art entſcheiden.   Auch
ahmen die Oeſterreicher, welche anfänglich über
dieſe Neuerungen nur ſpotteten, ſolche nach, und
ſie verdienen es nachgeahmt zu werden, weil ſie
wirklich nützlich ſind. 8)

g) Der Urheber dieſer, ums Jahr 1781 gemachten Erfindung, verdient wohl hier genannt zu
werden; es iſt der jetzige Major des Infanterieregiments Herzog von Braunſchweig, Herr von
Freytag.   Uebrigens will ich noch bemerken,
daß die hannöverſchen Jäger bereits im ſiebenjährigen Kriege Büchſen auf dieſe Art gearbeitet führten, deren Erfinder Frank, ein Rüſt-
meiſter zu Herzberg war.   Im Grunde iſt aber
dieſe Erfindung noch älter; ſchon in Geislers
Artillerie wird davon, jedoch als von einem
Geheimniß geſprochen.
                                        A. d. Ueberſ.

Zwey andre Erfindungen, deren Wirkung zwar minder wichtig ist, scheinen uns dennoch ebenfalls werth zu seyn, hier angeführt zu werden.

Das eine ist das Leder, welches die preussische Infanterie um den Lauf des Gewehres, an der Stelle, wo man es bey dem Laden mit der linken Hand hält, gebunden hat. Nach zehn oder zwölf Schüssen ist das Gewehr gewöhnlich so erhitzt, daß man es nicht mehr, ohne die Hand zu verbrennen, anfassen kann; und fährt man fort zu feuern, so entzündet das Pulver sich schon von selbst, sobald es in den Lauf kommt; alsdenn muß man schlechterbings mit dem Feuern aufhören, bis der Lauf sich wieder abgekühlt hat. Mit Hülfe jenes Leders aber kann man bis zu diesem Augenblick damit fortfahren, und die Truppen werden also dadurch in Stand gesetzt, länger als diejenigen, welche diese Vorkehrung nicht gebrauchen, im Feuern zu bleiben, wodurch sie denn natürlicherweise Vortheile über den Feind erlangen, weil derjenige, welcher fortwährend schießt, immer denjenigen in die Flucht treibt, welcher nicht schießt.

Die zweyte Erfindung ist eine Bedeckung des Schlosses gegen den Regen. Man weiß, daß naßgewordenes Pulver nicht Feuer fängt; um solches nun gegen den Regen zu schützen, hat man über die Batterie eine Art von Ueberzug von Leder, in Form einer offenen Schachtel, eingeführt, der, da bey der neuen Art zu laden das Aufschütten auf die Pfanne wegfällt, vortrefflich seyn würde,

wenn er nicht ſo leicht verloren gehen könnte; der
Soldat trägt ihn nämlich, ſo lange er keinen Gebrauch davon macht, an der Patrontaſche befeſtigt;
aber hier kann er ſich ſehr leicht loslöſen; und da
jener Gebrauch nur ſelten ſtatt findet; ob man
gleich die Soldaten einige mal im Jahre damit,
der Uebung wegen, feuern läßt; ſo ſind ſolche, auf
die Erhaltung deſſelben, auch nicht ſehr aufmerkſam.
Dieſe Erfindung verdient indeſſen vervollkommt zu
werden.   Könnte man ſolche dauerhafter machen,
ohne daß ſie deswegen zu ſchwer würden, ſo würde
dadurch die neue Art zu laden noch größere Vortheile erhalten.

Anzug, Putz u. Kleidung des Fußvolkes.   In dem Anzuge und der Kleidung des preuſſiſchen Heeres findet ſich etwas mit dem Ueberein-
ſtimmendes, was wir vorher über die Größe der
Menſchen in verſchiedenen Provinzen bemerkt haben.   Das preuſſiſche Fußvolk beſteht aus Musketier und Füſelierregimentern, und die Mützen,
welche die letztern tragen, ſind ihnen unſtreitig
gegeben worden, um ihnen ein größeres Anſehn
zu verſchaffen.   Urſprünglich trugen nur die Grenadiere in Deutſchland dergleichen Mützen, und
aus ſehr guten Urſachen.   Ihre Beſtimmung war
nämlich, Grenaden zu werfen; damit machten ſie
den Anfang des Angriffes; und da ſie nun dabey
das Gewehr an den Riemen über die Achſel hängen mußten, und der Huth ihnen hiebey ſehr hinderlich würde geweſen ſeyn; ſo gab man ihnen zu-
geſpitzte Mützen, welche, ſo lächerlich ſie verwöhn-

ten Blicken scheinen, weniger beschwerlich sind,
als die Bärenmützen, mit welchen man in andern
Diensten die Grenadier auspußt. Nun hat
freylich das Grenadenwerfen längst aufgehört,
weil der Grenadier bey der, durch die Einführung
der jetzigen Gewehre sehr vermehrten Geschwindigkeit, im Feuern, dabey zu lange dem Feuer des
Feindes ausgesetzt bleiben würde, und die Grenade selbst minder wichtige Dienste, als das
Schießgewehr leistet; aber man hatte auch bemerkt, daß die Leute durch jene Mützen vergrößert
würden, und so ließ man ihnen nicht allein ihren
alten Kopfputz, und ihre alte Benennung, (eben
so, wie man einen andern Theil des Fußvolkes,
die Musketier, noch jetzt nach der Muskete be-
nennt, ob diese gleich längst abgeschaft ist,) sondern man suchte auch, wie man die Truppen vermehrte, und also genöthigt war, kleine Leute darunter aufzunehmen, diese, unter einem hohen
Aufsatze gleichsam zu verstecken, und gab ihnen
eben dergleichen, nur in der Form etwas davon
abweichende Mützen, so wie man sie Vorzugsweise
nach dem Gewehr, welches sie führten (fusil)
Füselier benannte. In dem Preussischen tragen
dergleichen Mützen diejenigen Regimenter, in
deren Cantons die großen Leute seltener als in den
übrigen Cantons sind. ʰ)   Ob sie auch leichter
N 5

h) Die ehemaligen preussischen Füselierregimenter
waren, im Ganzen, zuletzt eben so groß, als

und kürzere Gewehre, als die Musketierregimenter führen, haben wir nicht in Erfahrung bringen
können; aber, wenn die Sache, wie wir glauben,
ſich ſo verhält, ſo würde baburch eine von uns
vorher angegebene Idee wirklich gemacht worden
ſeyn.   So viel wiſſen wir mit Gewißheit, daß

die Musketierregimenter; und es iſt eine, von
unſern Herren Verfaſſern zu Gunſten ihrer Ideen
beliebte Erfindung, daß, bey der Errichtung
derſelben, eine beſondere Rückſicht auf den ihnen
angewieſenen Canton wäre genommen worden.
Bekanntermaßen wurden dieſe Regimenter ſämtlich von Friedrich II., und ob gleich zu zwey
verſchiedenen Malen, doch jedes Mal faſt zu
gleicher Zeit, oder doch in ſehr kurzen Zeiträu-
men von einander, die einen in den Jahren
1740 bis 1752, die andern nach der Beſitznehmung von Weſtpreuſſen, im Jahr 1773 errichtet; oder vielmehr, alle von Friedrich II.
errichtete Regimenter, ausgenommen Nro. 34,
50 beſtanden aus Füſelieren, und die, von Friedrich Wilhelm I. erhaltenen Füſelierregimenter
verwandelte er in Musketierregimenter. Es iſt
alſo ſehr begreiflich, daß ſie nicht ſogleich aus
ſo großen Leuten, als die ſchon längſt und allmählig errichteten Regimenter, beſtehen konnten; und ich gebe gerne zu, daß ſie unter mehrern Gründen auch mit aus dieſem, urſprünglich, die Mützen erhielten; aber wie in aller Welt
hätte ihr Canton hierauf Einfluß haben können,
da, in ein und derſelben Provinz, z. B. in
Schleſien, die Musketier- und Füſelierregimenter
ihre Cantons vermiſcht unter einander haben?

man im preussischen Dienste denjenigen Regimentern, welche größer als die übrigen sind, auch
größere Gewehre gibt; und man könnte folglich
glauben, daß diejenigen, bey welchen man, im
Ganzen genommen, kleine Leute annimmt, auch
kürzere Gewehre erhalten. i)

da, wie gedacht, mehrere ursprünglich Füselier
waren, und unter der gegenwärtigen Regierung,
auch die von Friedrich II. errichteten Muske-
tiers gemacht worden sind? Was die Veranlassung zu ihrer Benennung (Füselier) im Preussischen anbetrifft: so weiß ich solche nicht mit
Gewißheit anzugeben. Von der Art ihrer
Gewehre haben sie ihren Namen hier zuversicht-
lich nicht erhalten; denn, wenn in Frankreich
gleich das, was ursprünglich Füselier hieß,
nach diesem Gewehr benannt wurde, weil das
übrige Fußvolk noch Musketen führte; so
war doch die eigentliche Flinte (fusil) schon vor
Errichtung dieser Regimenter, bereits unter
Friedrich I. im Preussischen eingeführt. Vielleicht gründet sich diese Benennung blos auf
ihre, von den Musketieren verschiedene Art des
Kopfaufsatzes; und man gab ihnen einen eigenen Namen, weil sie eine eigene besondre Tracht
hatten. Vielleicht wollte man sie auch dadurch
von den alten unterscheiden. Uebrigens ist alles
dieses, wie der Anhang zeigen wird, unter der
gegenwärtigen Regierung abgeändert worden.

              A. d. Uebers.

i) So lautet der Text wörtlich; und es ist also
nicht meine Schuld, wenn einige meiner alten

Damit man urtheilen könne, welche Cantons die, zum Dienſt der Infanterie ſchicklichſten
Leute, wenigſtens in Rückſicht auf Größe, ent-

Cameraden hier die Achſeln zucken, oder lächeln.
Dieſe wiſſen nämlich, daß, wenn gleich die Füſelierregimenter etwas leichtere Gewehre als die
Muſketierregimenter hatten, doch auch ſogar
die ehemaligen Garniſonregimenter nur kleine
Leute nahmen, weil ſie mußten, oder weil ſie
keine größere erhalten konnten; und daß, wenn
es ihnen gleich ſonach erlaubt war, im Ganzen,
kleiner zu ſeyn, und ſie es auch wirklich waren,
ſie doch zugleich ſuchten, ſo viel große Leute,
als ſie nur aufzubringen vermochten, ſich zu
verſchaffen; ſie wiſſen ferner, daß auch die Feldregimenter, beſonders in Kriegszeiten, öfterer
genöthigt ſind, kleine Leute anzunehmen, u. d. m.
und werden ſich alſo wundern, wie unſre Herren Verfaſſer alles dieſes nicht haben in Erfahrung bringen können. Mich wundert dieſes indeſſen eben nicht; unſre Herren Verfaſſer wollten nun einmal, daß die Sache ſo ſeyn ſollte;
es hätte ihren Ideen entſprochen, wenn ſie ſo
geweſen wäre; und da begnügten ſie ſich, ſo
wenig ſie ſonſt dem Glauben überhaupt das
Wort reden mochten, hier ohne weitere Unterſuchung zu glauben, und bedachten nicht einmal, daß, ſobald den größern Regimentern
größere Gewehre gegeben werden, wie ſie gewiß
zu wiſſen behaupteten, es keines fernern Glau-
bens bedarf, daß die Kleinern kürzere Gewehre
haben. Der Beweis von allen dieſem liegt,
in der, dieſer Stelle von ihnen ſelbſt beyge-

halten, wollen wir hier die Vertheilung der (ein
und zwanzig) Füselierregimenter den Lesern vorlegen.

Von den in der Mark überhaupt, mit Ausnahme der Garden, stehenden vierzehn Feldregimentern, sind zwey Füselier; k) unter den sechs
im Magdeburgischen stehenden Regimentern, be-

fügten Anmerkung. Es heißt darin, ein sehr
unterrichteter Offizier habe sie versichert, daß,
wenn die preussischen Feld- und Garnisonregimenter verschieden bewaffnet wären, die Ursache
davon nicht die verschiedene Größe derselben,
sondern diese sey; „daß den letztern, den Gar-
„nisonregimentern, immer die, bey den Feld-
„regimentern (je nachdem diese neue oder andre
„Gewehre erhalten hätten) abgeschafften Ge-
„wehre wären gegeben worden;" und so verhält sich denn auch die Sache wirklich. Wäre
es also unsern Herren Verfassern um die Darstellung derselben, wie sie ist, zu thun gewesen;
so hätten sie gewiß, jener Nachricht gemäß,
ihre Erzählung im Texte, und um desto ehe eingerichtet, da sie selbst diesen Offizier für sehr
unterrichtet erklären. Uebrigens wäre es sehr
zu wünschen, daß die Herren Verfasser diesen
Offizier öfterer zu Rathe gezogen, und nicht
so oft blos aus dem Kopfe geschrieben
hätten.

A. d. Uebers.

k) In den Marken überhaupt standen vier Füselierregimenter, wovon aber zwey ursprünglich keinen Canton hatten, und das eine ihn erst, nach

findet ſich nur eines von dieſer Art; es hat aber
ſeinen Canton in Schleſien; von den auf Schleſien
vertheilten dreyzehn Feldregimentern beſtehen
acht aus Füſelieren (nämlich mit Inbegriff deſſen,
was im Magdeburgiſchen liegt); von den in
Weſtphalen liegenden ſechs Feldregimentern ſind
vier Füſelier; aber hievon laſſen ſich keine Folgen
in Anſehung der Größe der Menſchen in dieſer
Provinz ziehen, da gerade dieſe vier Regimenter
keinen Canton haben; [1] unter den fünf in Oſtpreuſſen ſtehenden Feldregimentern beſteht nur
eins, [m] und unter den fünf in Weſtpreuſſen ein-

der Beſitznehmung von Weſtpreuſſen daſelbſt erhielt. Eines derſelben hat ihn aber in Pommern.

A. d. Ueberſ.

1) Iſt, mit Erlaubniß der Herren Verfaſſer wieder
nicht wahr; denn das unter dieſen vier Regimentern befindliche Regiment Nro. 41 hat ſeinen Canton in den Aemtern Raden, Reineberg,
Hausbergen, Petershagen und Schlüſſelburg,
in dem Stift Levern, und in den Städten Min-
den, Haasberg, Petershagen und Lübecke.

A. d. Ueberſ.

m) In Oſtpreuſſen ſtand gar kein Füſelierregiment.
Freylich iſt der Braunsbergiſche Kreis, wo
eines dergleichen in Beſatzung liegt, jetzt zu
Oſtpreuſſen geſchlagen; aber urſprünglich ge-
hörte ſolcher zu Weſtpreuſſen.

A. d. Ueberſ.

quartierten Regimentern, vier aus Füselieren;
und endlich in Pommern liegen keine andre, als
Musketierregimenter. ") Es scheint also, als
ob Schlesien und Westpreussen diejenigen preussischen Provinzen wären, in welchen die großen
Leute am seltensten sind. °) Und wir glauben dieses nicht blos aus dem angeführten Grunde, son-

n) Aber eines der Füselierregimenter, Nro. 36 hat
denn doch seinen Canton in Pommern!

A. d. Uebers.

o) Daß dieses sich wenigstens nicht aus den Vor-
dersätzen unsrer Herren Verfasser oder aus ihrer
Grille, als ob bey der Bildung der Füselierregimenter Rücksicht auf die ihnen angewiesenen
Cantons wäre genommen worden, ergibt, werden
die Leser aus einer der vorher gehenden Anmerkungen gesehen haben. Sogar, wenn die schlesischen Infanterieregimenter überhaupt kleiner,
als die übrigen gewesen wären, würde sich hieraus nicht auf den Schlag von Menschen in dieser Provinz schließen lassen, weil solche, wie die
Herren Verfasser es selbst bemerkt haben, verhältnißmäßig mehrere Regimenter als der
größte Theil der übrigen Provinzen mit Rekruten zu versehen hat. Ueberhaupt ließe sich
noch so manches gegen diesen Einfall unsrer
Herren Verfasser sagen, als z. B. daß, da ein
Bestandtheil aller Regimenter aus Ausländern
besteht, um desto minder Rücksicht auf die
Größe der Leute in den ihnen angewiesenen
Cantons hat genommen werden dürfen, u. d. m.
aber ich bin es müde, dergleichen Behauptun-

dern auch, weil eben dieſe Provinz allein von den
ſechs und dreyßig Garniſon-Bataillons, ſechszehn,
und von hundert Schwadronen Huſaren, vierzig
enthält, und dieſe Art von Truppen nur einen
kleinen Schlag von Menſchen erfordert. — P)

Was

gen zu beſtreiten, und werde alſo auch, um das
Papier zu ſchonen, das was ſich hierauf im
Terte bezieht daraus weglaſſen.

A. d. Ueberſ.

p) An dieſer Stelle zeigt ſich, meines Bedünkens,
ziemlich deutlich, wie ſehr durch eine Hypotheſe
Männer von Scharfſinn, und vielleicht dieſe
um deſto eher, irre geleitet werden können, und
man iſt geneigt, mit dem Dichter, von ihnen
zu ſagen: die Herren dieſer Art blendet oft zu
vieles Licht; ſie ſehn im Wald den Wald vor
lauter Bäumen nicht. Einmal hatten die ſchleſiſchen Garniſon-Bataillons eigentlich gar keinen
Canton, und daraus alſo, daß in Schleſien
deren, verhältnißmäßig, mehr als in den übrigen Provinzen lagen, läßt ſich nicht auf die
Größe der Menſchen in derſelben ſchließen.
Doch dieſes wäre noch das wenigſte bey der
Sache; es iſt ein ganz anderer Grund, als
jene vermeintliche Kleinheit der Menſchen in
Schleſien, vorhanden, warum verhältnißmäßig
ſo viel Garniſonregimenter in dieſer Provinz
einquartiert ſind; und dieſer Grund liegt ſo
offenbar da, daß es unbegreiflich ſeyn würde,
wie Männer, welche über die Verfaſſung des
preuſſiſchen Staates haben ſchreiben, oder dieſe

haben

Was die übrige Kleidung des preussischen
Heeres, sowohl in Ansehung des Schnittes und
der Form, als der Farben u. s. w. anbetrifft; so
ließ Friedrich II. solche, im Ganzen, ungefähr so,
wie er sie beym Antritt seiner Regierung fand.
Er scheint wirklich der Meynung gewesen zu seyn,

haben erklären wollen, ihn nicht hätten sehen
können, wenn sie nicht auch hier, wie an so
vielen andern Stellen, bey dem Einzeln wäre
stehen geblieben.   Schlesien hat nämlich nicht
allein die mehresten Festungen, und jene Regimenter waren, wie schon ihre Benennung be-
zeugt, und Friedrich II. noch selbst sagt (Oeuvr.
posth. Band 5. S. 169) vorzugsweise zur Besatzung von Festungen bestimmt; sondern eben
diese Provinz ist auch, oder war wenigstens,
bey den damaligen Verhältnissen zwischen
Oesterreich und Preussen, bey ihrer Lage, u. s. w.
zuvörderst und am mehresten feindlichen Angriffen ausgesetzt; was war also natürlicher
und zweckmäßiger als solche mit so viel Truppen überhaupt als möglich, und mit allen Arten von Truppen, welche zur Vertheidigung
derselben erforderlich waren, zu besetzen? Und
hier wird der Ort seyn, das beyzubringen,
was ich bey Gelegenheit der Einquartierungs-
tabelle unsrer Herren Verfasser zu bemerken ver-
sprach.   Meines Bedünkens hätten sie nämlich
das ganze Einquartierungswesen nach dem,
was der preussische Staat überhaupt ist und
seyn will und seyn kann, verglichen mit der Lage
der verschiedenen Provinzen desselben gegeneinander, und mit den politischen Verhältnissen

O

daß Dinge der Art, durch Veränderungen, welche
man mit ihnen vornimmt, immer ein Anſehn von
Wichtigkeit erhalten, und ſo die Aufmerkſamkeit
des Soldaten mehr, als ſie es werth ſind, auf ſich,
und von wichtigern Gegenſtänden, oder ſeiner
eigentlichen Beſtimmung abziehen, und daß dieſer
dadurch nur zu leicht verleitet werden kann, in

deſſelben anſehen und prüfen ſollen.   Ohne
Rückſichten dieſer Art; ohne Unterſuchungen,
zu welchen Abſichten und Zwecken gewiſſe Einrichtungen gemacht, und ob ſie überhaupt zu
Zwecken und Abſichten gemacht ſind, oder ohne
Kenntniß dieſer Zwecke und Abſichten, ohne
Vergleichung dieſer Einrichtungen mit ihren
Zwecken, u. d. b. m. läßt ſich über keine Veranſtaltung, keine Verfaſſung etwas ſagen, das einen
vernünftigen Leſer befriedigte.   Wie ließe ſich
irgend ein Theil eines Ganzen in dieſer Welt,
ohne Kenntniß der Natur und der Eigenheiten
dieſes Ganzen, richtig beurtheilen? Es iſt z. B.
ſehr wahr, daß, wie die Herren Verfaſſer vorher
bemerkt haben, die Churmark mit Einquartierung mehr, als andre preuſſiſche Provinzen,
belaſtet iſt; aber, wenn ſie die Lage dieſer Provinz, im Verhältniß zu den übrigen, und beſonders zu Schleſien, und in Anſehung der Oder,
in Erwägung gezogen hätten, ſo würden ſie
wenigſtens die Nothwendigkeit davon haben einſehen, und ihren Leſern haben ſagen können,
warum die Sache ſo und nicht anders iſt, und
ſeyn kann. Daß durch dieſe Nothwendigkeit dieſe
Laſt ſelbſt, inſofern es wirklich eine Laſt iſt,
woran ich jedoch zweifle, nicht erleichtert wird,

dem äußern Aussehen eine der erstern Vollkom-
menheiten seines Handwerkes zu suchen, oder
eigentlich blos eitel zu werden: eine Eigenschaft,
welche ohnstreitig dem wahren militärischen Geiste
am allernachtheiligsten ist. Auch ist es sehr gegründet, daß Veränderungen in diesen Dingen

D 2

gebe ich gerne zu: allein nicht ehe, als nach
Untersuchungen jener Art, läßt sich die Frage
gehörig untersuchen: ob ein Staat überhaupt
sich einen besondern Zweck setzen, und etwas
besonders darf seyn wollen? Ob er hiebey ganz
frey, oder ob ihm durch seine Lage und seinen
ganzen Zustand nicht ein solcher allgemeiner
Zweck nothwendig geworden ist? Ob und in-
wiefern er verbunden ist, auf seine einzele Theile
dabey Rücksicht zu nehmen, und was diese
dabey aufzuopfern, oder sich gefallen zu lassen
verbunden sind? Wie sich ein solcher besondrer
Zweck mit dem Beßten der Menschheit überhaupt,
und mit dem, was der Mensch von der bürgerlichen Gesellschaft zu fordern berechtigt ist, verträgt? u. s. w. Nur auf diesem Wege, dünkt
mich, kann man zu einer gehörigen Einsicht in
irgend eine Verfassung gelangen. Aber freylich
ist dazu ein kurzer Aufenthalt in einem Lande,
und Bücherkenntniß allein, nicht hinlänglich:
man lernt durch jenen, so wie aus diesen, nur
sehr wenig von den Gründen, aus welchem diese
oder jene Einrichtung gemacht worden ist, und
noch weniger von ihren Verhältnissen zu andern
Einrichtungen u. d. m. kennen.

A. d. Uebers.

mehr Einfluß, als die gewöhnlichen Beobachter glauben, auf die Denkart haben; und daß das Aeußere am Menſchen nicht leicht umgeſchmolzen werden kann, ohne daß nicht auch der Ton der Seele mehr oder weniger dadurch umgeſchmolzen werde. Im Ganzen dürfte indeſſen an dem Anzug des preuſſiſchen Fußvolkes auch wenig zu verändern oder zu verbeſſern ſeyn; nur die Grena= dier= und Füſeliermützen könnte man füglich gegen gut geformte und bequem eingerichtete Kaskets vertauſchen.

Ueber die engen und kurzen Röcke iſt ſehr oft und ſehr viel geſpottet worden, aber mit Unrecht. Dieſe Bekleidung iſt leicht, zieht minder Feuch= tigkeit als ein weiterer Rock ein, und trocknet eher. Nun iſt aber Feuchtigkeit die einzige der Geſundheit ſchädliche Sache. Was die Kälte anbetrifft: ſo hängt dabey alles von der Gewohn= heit ab; und im Ganzen iſt der Soldat mehr der Hitze ausgeſetzt, und leidet mehr von ihr, als von der Kälte; gegen jene aber iſt der preuſſiſche Rock vortrefflich. q)

q) Ob die Herren Verfaſſer die militäriſche Klei= dung aus dem rechten Geſichtspunkt angeſehen haben, überlaſſe ich den Kennern zu entſcheiden. So gut und nothwendig es iſt, ſolche als Be= deckung des Menſchen zu betrachten; ſo noth= wendig muß ſie doch zuerſt nach der Beſtimmung dieſes Menſchen beurtheilt werden. Nun iſt der Soldat ein Geſchöpf, das ſein wichtigſtes Geſchäft in einem ſehr engen Raum, nahe um= ringt von ähnlichen Geſchöpfen, zu verrichten

Die Stiefeletten oder Camaschen, und die viereckigten Schuhe, sind ein anderer Gegenstand der Spöttereyen von denjenigen gewesen, welche sich besser auf die Waffen des lächerlichen, als auf / militärische Dinge verstanden haben. Beyde sind indessen ohnstreitig sehr zweckmäßig. Die Halbstiefeln lassen die Hälfte der Wade unbedeckt; und diese bleibt also dem Stechen der Fliegen und Mücken ausgesetzt, dergestalt, daß es dem Soldaten unmöglich ist, im Sommer unter dem Gewehr sich ruhig zu verhalten. Außerdem hält die Stiefelette das Bein warm und trocken.

Man gibt dem preussischen Infanteristen jährlich ein Paar wollene Strümpfe; aber in dem Reglement ist es ausdrücklich untersagt, daß sie solche auf dem Marsche in Sommerszeiten tragen sollen; wenigstens schneiden sie die Socken davon weg, und schlagen ein, mit Talg beschmiertes Stück Leinewand um den Fuß, wodurch dieser warm und trocken gehalten, und vor dem Wundreiben bewahrt wird.

O 3

hat; und dieses Geschäft erfordert mancherley Bewegungen und Richtungen des Körpers, die mit Schnelligkeit und Leichtigkeit gemacht werden müssen. Ohne Rücksicht hierauf zu nehmen, läßt, meines Bedünkens, also sich nicht über den Soldatenanzug richtig raisonniren; die Resultate würden indessen mit den Urtheilen der Herren Verfasser vollkommen übereinstimmend ausfallen.

A. d. Uebers.

Die Kleidung der Kürassier besteht in einem Kollet, aber von Tuch, einer kleinen Weste, oder Schemiset, einem großen Huthe und Stiefeln mit Stulpen von stark gebranntem Leder. Ihre Waffen sind der Karabiner, (der aber nicht, wie man der Benennung nach glauben sollte, ein gezogenes Gewehr ist,) ein Paar Pistolen, ein zweyschneidiges Seitengewehr drey Fuß vier bis sechs Zoll lang und zwey Finger breit. Zu ihrer Beschützung tragen sie einen halben Küraß, oder ein Bruststück, und auf dem Huthe ein eisernes Kreuz. [1]) Dieser halbe Küraß ist, unsers Bedünkens, ein ganz unnützes Stück, das man wegwerfen sollte; und das Seitengewehr ließe vielleicht eine Verbesserung zu. Hier sind unsre Gründe für diese Meynung.

Warum setzt man im Kriege Menschen auf Pferde, und läßt sie auf diese Art gegen einander fechten? Aus keiner andern Ursache, als, um durch die Wirksamkeit dieser ungeheuren vereinten Masse jede minder starke, ihr entgegen stehende Schlachtordnung über den Haufen zu werfen. Aber die Wirkung dieser Körper in Bewegung hängt nicht blos von ihrer Masse oder Schwere, sondern von dieser Masse und von der Geschwindigkeit derselben ab. Die innere Stärke der Reiterey wird also dadurch sehr vermehrt, daß das Pferd nicht blos ein starkes, sondern auch ein schnelles

---

[1]) Jedoch dieses letztere nur in Kriegszeiten.
                                    A. d. Uebers.

Thier ist; und dieses ist der Grund, warum man
im vollem Laufe angreift. Auch folgt eben hieraus noch, daß, je schneller sich das Pferd bewegt,
um desto größer ist auch seine Stärke und seine
Wirkung. Nun wird aber diese Schnelligkeit
durch jede Last vermindert; und man muß ja nicht
glauben, daß vierzehn oder sechszehn Pfund mehr
oder weniger hierin keinen Unterschied hervorbringen. Es ist bekannt, daß die Engländer,
welche die Theorie des Wetterennens mit Pferden
so sehr ergründet haben, diejenigen wiegen, welche
solche dabey reiten; ist einer dieser Reitknechte
leichter als der andre, so stecken sie ihm so viel
Bley, als der andere schwerer ist, in die Tasche,
um das Gewicht gleich zu machen. Das Gewicht
jenes halben Kürasses vermindert also um eben so
viel die Schnelligkeit des Pferdes. Angenommen,
daß Reiter und Pferd, ohne Küraß, zusammen
tausend Pfund wiegen, daß die Geschwindigkeit
des Pferdes $=$ hundert ist, und daß durch einen
Küraß von zehn Pfund diesem ein Hunderttheil seiner Geschwindigkeit entzogen wird: so bleibt seine
Stärke bey dem Angriff nur von neun und neunzig
tausend neunhundert und neunzig Pfund; ohne
den Zusatz von jenen zehn Pfund aber würde sie
hundert tausend Pfund seyn. Sicherlich vermindern indessen diese zehn Pfund seine Geschwindigkeit um vieles mehr, als was wir dafür angesetzt
haben. Nimmt man an, daß ein Funfzigtheil
der Geschwindigkeit dabey verloren geht, so vermindert dieses die Wirkung um tausend und zwan-

O 4

ʒig, und bey dem Verluſt von einem fünf und
zwanʒig Theil, um viertauſend (eigentlich nur
dreytauſend) und vierʒig Pfund u. ſ. w.

Und woʒu dieſer Verluſt? Was nützt dieſer
halbe Küraß? Gegen Einen Menſchen, welchem
er durch Zufall das Leben rettete, bringt er ʒehn
andre durch ſeine Laſt, durch die Erhiʒungen und
Krankheiten, welche er verurſacht, darum, oder
doch um ihre Geſundheit. Man muß immer
daran denken, daß jemehr der Menſch im Kriege
Beſchwerlichkeiten hat, um deſto größer auch die
Gefahr bey ſeinen Krankheiten iſt. In allen
Maßregeln, welche man ʒu Erhaltung ſeines
Daſeyns nimmt, muß man die Gefahr der Krankheiten, mit den Gefahren vergleichen, welche er
in Geſechten laufen kann; und, wenn man findet,
daß jene größer, als dieſe ſind: ſo ʒieht man ihm,
indem man ihn der erſtern ausſetzt, um ihn vor
der letztern ʒu bewahren, ein größeres Uebel ʒu,
als man dadurch von ihm abwendet. Nun behaupten wir aber, daß dieſer halbe Küraß unter
fünfhundert Reitern vielleicht nur ʒweyen das Leben
in einem ganʒen Kriege rettet, und daß er, unter
hunderten, es gewiß einem, ſey es, durch Beſchwerlichkeiten, oder durch Quetſchungen beym
Stürʒen, koſtet. s)

___

s) Wenn die Küraſſe auch nicht ganʒ ſo ſchädlich
geweſen wären, wie die Herren Verfaſſer angegeben: ſo iſt es doch gewiß, daß ſie ſehr wenig
Vortheil brachten, daß ſie ſehr läſtig waren,

Was das Seitengewehr anbetrifft, so muß
man vorher es als einen Grundsatz annehmen,
daß der Reiter niemals auf den Stoß mit seinem
Gewehr gehen darf. Wir getrauen uns zu behaupten, daß es eine sehr wenig militärische Idee
ist, mit vorwärts ausgestrecktem Arm und Degen
zu Pferde auf den Feind einbrechen zu wollen, obgleich diese Art des Angriffes von mehrern Schriftstellern vorgezogen worden ist. Bey dieser Art
von Angriff muß der Reiter, wofern er seinen
Gegner erreichen soll, sich im Steigbügel heben,
und den Körper vorwärts biegen, um über das
Vordertheil seines Pferdes und des Pferdes seines
Gegners hinaus zu reichen. In dieser Stellung
aber ist von Seiten des Feindes nichts so leicht,
als durch einen Hieb auf den auf solche Art vorwärts ausgestreckten Degen, diesen herunter zu
schlagen, und in völliger Sicherheit einen tüchtigen Hieb auf den Kopf seines Gegners hinzu zu
fügen. Auch greift die preussische Reiterey nie
anders, als mit blos in die Höh gehobenem

O 5

daß die Anlegung derselben einige Zeit wegnahm,
und folglich den Reiter verhinderte, so schnell
auszurücken und zu Pferde zu seyn, als Dragoner und Husaren es seyn konnten, und daß
sie vorzüglich die Gewandtheit und Thätigkeit
des Reiters verminderten und ihn schwerfällig
machten; auch sind sie jetzt bey dem preussischen Heere abgeschaft.

A. d. Uebers.

Degen, und gerade im Sattel ſitzend an; t) und
dieſes iſt die einzige Methode, wobey eine Schwa-
bron ihre Ordnung und Richtung behalten, der
Reiter, in vollem Lauf Meiſter von ſeinem Pferde
bleiben, und wobey das Stürzen und andre eben
ſo gefährliche Zufälle, beſonders bey dem Angriffe,
vermieden werden können. u) Folglich muß denn

t) Die preuſſiſche Reiterey, mit Erlaubniß der
    Herren Verfaſſer, hebt ſich bey dem eigentlichen
    Einbrechen, auch im Steigbügel, um den Hieb
    deſto beſſer von oben, und mit deſto größerm
    Nachdruck zu führen.
                    A. d. Ueberſ.

u) Alſo blos von dieſem Geradeſitzen im Sattel,
    bey dem Choc, hinge alles dieſes ab? Das iſt
    fürwahr eine ganz neue Cavallerietaktik! Frey-
    lich iſt über dieſe überhaupt noch herzlich wenig
    Gründliches geſchrieben; aber etwas ſo — Un-
    gereimtes iſt mir doch noch nicht vorgekommen.
    Doch es iſt hier nicht der Ort, dieſe Materie
    zu behandeln; und wozu nützte es? Die alten
    preuſſiſchen Cavallerie-Offiziers wiſſen ohnſtrei-
    tig, daß es bey allen oben angeführten Dingen
    nicht auf das Sitzenbleiben im Sattel, ſondern
    auf die gehörige Stellung der Pferde und Leute
    neben einander, auf das allmählige, nicht ruck-
    weiſe, Zunehmen der Geſchwindigkeit der Be-
    wegung, zum Theil ſchon auf die Zäumung,
    und das Zügelführen, und dergleichen mehr an-
    kommt, welches alles ſich nicht aus Büchern
    lernen, oder nicht anſchaulich genug mit Wor-
    ten machen läßt.
                    A. d. Ueberſ.

die Reiterey das Seitengewehr nicht haben, um damit auf den Stoß zu fechten.

Nimmt man nun diesen Grundsatz an; so ist es durch sichre Erfahrungen ausgemacht, daß ein zweyschneidiges Seitengewehr zum Hiebe am allerungeschicktesten ist, und daß die vollkommenste Waffe für die Reiterey ein gebogener, türkischer oder ungarischer Säbel seyn würde. x) Aus welchem Grunde also die Preussen ihren Kürassieren sowohl, als ihren Dragonern, das schlechteste aller Seitengewehre gegeben, und warum sie es beybehalten haben, ist uns nicht bekannt. y) Ein

---

x) In Volneys Reise nach Syrien und Aegypten findet sich unter andern folgende Beschreibung davon: Seine Klinge, in gerader Linie genommen, ist nur vier und zwanzig Zoll, nach der Krümmung gemessen, aber dreyßig Zoll lang. Diese Form, so sonderbar sie scheint, hat ihre großen Vortheile. Die Erfahrung lehrt, daß die Wirkung einer geraden Klinge auf den Augenblick und die Stelle des Hiebes eingeschränkt ist, weil sie nur durch das Aufdrücken einschneidet; eine krumme Klinge hingegen, deren Schneide sich gleichsam zurück zieht, glitscht durch die Anstrengung des Armes weiter, und setzt ihre Wirkung in einem langen Raume fort.

A. d. Verf.

y) Ursprünglich scheinen in allen Heeren bey dieser Art von Reiterey gerade zweyschneidige Klingen eingeführt gewesen zu seyn, weil solche

Umſtand indeſſen hat von der einen Seite die
Mängel deſſelben verſteckt, und beweißt von der
andern, daß die Folgen davon nicht ſo ſehr wichtig
ſind, als man nach theoretiſchen Grundſätzen zu
urtheilen glauben ſollte.

Sehr erfahrne und einſichtige Cavallerie-
Offizier haben uns verſichert, daß faſt immer, bey
dem Angriffe der Reiterey auf einander, die eine
von beyden die Flucht nimmt, ehe die andere ſie
erreicht, und daß alſo nur bey dem Verfolgen das

allenthalben mit auf den Stoß ausging, wozu,
wahrſcheinlicherweiſe, der vorhergegangene Gebrauch der Lanzen und Speere die Veranlaſſung
gab. Auch finden ſich dergleichen Seitengewehre, obgleich hin und wieder etwas anders
modificirt, noch jetzt bey mehrern Heeren, und
das preuſſiſche Seitengewehr iſt bey weitem noch
nicht das ſchlechteſte, denn es kommt dabey
ja nicht allein auf jene Form der Klinge, ſondern auch auf die Schwere, und auf die Verhältniſſe derſelben zum Gefäß, auf die Entfernung des Schwerpunktes von dieſem, u. b. m.
an. Indeſſen bin ich vollkommen der Meynung
der Herren Verfaſſer, daß der Reiter nie auf
den Stoß ſich einlaſſen ſoll. Außer den von ihnen dagegen gebrauchten Gründen, laſſen ſich
deren noch viele mehr anführen; ſchon die mehrere Geſchicklichkeit, welche zu der Führung
des Stoßes erforderlich iſt, macht es dem gemeinen Manne unmöglich, zu irgend einer Art
von Vollkommenheit darin zu gelangen; und
dieſe Klingen ſelbſt ſind auch keineswegs vollkommen gut zum Stoße eingerichtet, ſo wie

Seitengewehr gebraucht wird. Nun sieht man aber leicht ein, daß gegen einen Feind, welcher flieht, jedes Seitengewehr gut ist, und daß, wenn man flieht, es auch wieder gut ist, weil man Scanderbegs Säbel dabey haben könnte, und doch keinen Gebrauch davon machen würde. Was die einzeln und immer seltnen Fälle anbetrifft, wo zwey Reiter wirklich gegeneinander fechten; so ist eine große eiserne Stange, in der Hand eines starken Reiters, selbst wenn sie flach fällt, hinlänglich,

die preussische Reiterey auch nie dazu angeführt, oder geübt worden ist. Hieraus folgt denn aber von selbst, daß man dem Reiter ein, seiner Art zu fechten gemäßes Gewehr geben sollte. Die preussischen Kürassier- und Dragonerklingen haben noch außerdem den Fehler, daß sie fast alle flach fallen. Der von den Herrn Verfassern angerühmte türkische Säbel würde indessen bey der angegebnen Länge doch wohl etwas zu kurz seyn. Er ist zum Gefechte des einzelnen Reiters mit dem einzelnen Reiter vortrefflich; aber die europäische Reiterey ist nicht allein bestimmt und eingerichtet, auch in Masse gegen einander zu fechten, sondern sie soll auch das Fußvolk angreifen können. Und dann muß bey der Länge des Seitengewehrs für den Reiter auch auf den Schlag, oder die Größe und den Bau des Pferdes, welches er hat und haben kann, Rücksicht genommen werden: Dinge, welche von den Herren Verfassern gar nicht in Erwägung gezogen worden sind, weil sie auch hier wieder, über dem Einzeln, das Ganze aus den Augen verloren haben.

A. d. Uebers.

einen Menſchen, welcher davon getroffen wird, herunter zu ſchlagen, und ihn zum Gefangenen zu machen, welches alles iſt, was man heut zu Tage in Europa verlangt. Aber wenn wir, wie die Türken, einen Preis auf abgehauene Köpfe ſetzten, und der Nutzen des Reiters es erforderte, deren ſo viel als möglich herunter zu hauen; ſo würde wahrſcheinlicherweiſe die Unzulänglichkeit unſers Seitengewehres mehr in die Augen fallen, und man würde allenthalben den ungariſchen Säbel einführen, deſſen Hieb viel ſicherer iſt.

Eine andere Unbequemlichkeit bey dem preuſ- ſiſchen Seitengewehr entſteht daraus, daß der Griff mit einem Korbe bedeckt, und daß die Oeffnung, durch welche die Hand greifen muß, ſehr enge iſt. Im Getümmel eines Scharmützels kann der Rei- ter, nachdem er ſeine Piſtole abgefeuert hat, und nun ſeinen Degen ergreifen will, dieſe Oeffnung ſehr leicht verfehlen, dadurch aufgehalten werden, und ſo ſeinem Gegner Gelegenheit geben, ihm einen Hieb beyzubringen, ehe er ſeinen Degen ge- zogen hat. z) Zweifelsohne trägt ſich dieſes nicht

z) Gezogen? Alſo ſteckte der Degen des Plänkers wohl noch, indem er mit der Piſtole ſchon feuert, in der Scheide?. Das wäre ja etwas ganz Neues! Nicht einmal das Plänkern oder Schar- mutzieren in Friedenszeiten können unſre Her- ren Verfaſſer aufmerkſam angeſehen, oder von den Uebungen der Reiterey überhaupt Kenntniß gehabt haben. Das Erſte, was der Regel nach dabey geſchieht, oder womit ſie anfängt,

sehr gewöhnlich zu, und es würde also nicht werth seyn, angeführt zu werden, wenn dieser Korb von irgend einem Nutzen wäre. Aber, da er zu nichts hilft, und ein bloßer Bügel über die Hand diese eben so sehr bedecken würde, so wissen wir nicht, warum man ihn beybehält.

Die Pferde der preussischen Kürassier sind uns, durch ihre Kleinheit, aufgefallen. Sie sind höchstens von mittlerm Wuchse. Man behauptet, daß sie eben so stark sind, als wenn sie größer wären. Wir aber glauben nicht, daß die Natur, in Ansehung der Pferde, eine allgemeine Ausnahme von der Regel gemacht hat, und zu Folge welcher alle Thiere nur,

ist das sogenannte Aufnehmen des Seitengewehres, und, wenn der Reiter seine Pistole gebraucht, steckt er dieses nicht etwan wieder in die Scheide, sondern macht es vermittelst der Degenquaste, welche deswegen bey der Reiterey von Leder ist, an der Hand fest, und läßt es nur bloß fallen. Auch bedarf es nicht eben einer großen Geschicklichkeit, um es. indem es so an der Hand hängt, wieder zu ergreifen und in die Höhe zu bringen. Indessen gebe ich gerne zu, daß der Korb daran einige Nachtheile hat; er hindert den Reiter, seinen Hieb in allen Richtungen gehörig zu führen, und vermehrt dadurch das Flachfallen der Klinge; auch kann er sehr leicht verbogen werden, und dann ist er dem schnellen Aufnehmen des Gewehres ohnstreitig hinderlich.

A. d. Uebers.

nach Verhältniß ihrer Größe, ſtark ſind. a)

Ueber dem

a) Dieſem gemäß müßte ja wohl z. B. ein Kameel
oder ein Ochſe ſo ſtark und noch ſtärker ſeyn,
als ein Löwe oder ein Tiger? Oder iſt die Rede
nur von Thieren gleicher Art? Aber hängt denn
die Stärke zweyer Thiere von Einer Art allein
von ihrer Größe, und nicht auch von dem Verhältniß der Theile mit ab? Und können dieſe Verhältniſſe bey Thieren einerley Art nicht immer
noch ſehr verſchieden ſeyn? Man vergleiche nur
den verſchiedenen Schlag von Pferden aus ein
und demſelben Lande, z. B. ein Meklenburgiſches
und ein Holſteiniſches Pferd! Und von zwey
gleich großen Pferden, z. B. wovon das eine
hochbeinig iſt, eine ſehr ſchmale Bruſt, und
Kuhheſſen hat, u. d. m. iſt dieſes gewiß, wenn
das andre beſſer gebaut, obgleich gar nicht
größer iſt, das viel ſchwächere.   Sieht man
nicht öfterer bey dem Ringen zweyer, entweder
gleich geübter oder gleich ungeübter Menſchen,
den größten unterliegen? Doch wir wollen annehmen, daß auch dieſe Verhältniſſe gleich gut,
und alſo zwey Thiere von einer Art, aber von ver-
ſchiedener Größe, nicht gleich ſtark ſind; iſt denn
die Stärke das Einzige, was von dem Solda-
tenpferde gefordert wird? Nicht einmal die
Stärke des eigentlichen Choks wird dadurch
vergrößert; denn ein Zuſatz von Größe macht
auch ſchwerer, und die Herren Verfaſſer haben
vorhin ſchon ſelbſt bemerkt, daß die vermehrte
Schwere der Geſchwindigkeit etwas benimmt.
Geſetzt aber auch, daß auf einen kurzen und
auf den erſten Ritt das größere Pferd ſchneller

als

Ueberdem schienen uns die Menschen Koloffen

als das kleinere liefe, wird es auf Dauer, wird
es auf den dritten, vierten Ritt, noch schneller
laufen? Wird es überhaupt so gut und so lange
aushalten? Und kommt es immer so vollkommen ausgeruht zu dem Choc? Nicht einmal so
viel Last schleppt es auf Dauer fort, als ein
kleineres; sicherlich wird kein Mensch verfuchen,
mit den großen Holfteinischen Pferden das zu
machen, was die Juden mit den viel kleinern
Russischen oder Polnischen Pferden, jährlich bey
ihren Meßreisen unternehmen. Und endlich
wird von dem Reiterpferde vorzüglich auch Gewandtheit gefordert; es muß leicht zu lenken
seyn, und diese Eigenschaft besitzt, der Natur
der Sache nach, das verhältnißmäßig kleinere
eher, als das größere. Auch lehrt dieses die Erfahrung. Die auf sehr großen Pferden sitzenden
Oesterreichischen Küraffier wurden im siebenjährigen Kriege, sobald sie einmal gebrochen und
getrennt waren, fast immer die Beute der viel
kleiner berittenen preussischen Reiterey; und
wenn die Schuld hievon auch zum Theil an
ihrer schweren Rüstung, an ihrer mangelhaften
Uebung, und an der schlechten Zäumung ihrer
Pferde lag; so lag sie doch daran nicht allein.
Daß indessen hieraus keines weges folgt, als ob
die ganz kleinen Pferde die besten für die Reiterey wären, versteht sich von selbst; ihre Größe
muß immer im Verhältniß mit ihrer ganzen
Bestimmung, d. h. mit ihrer Schnelligkeit,
Dauerhaftigkeit, Gewandtheit, mit der Last,
welche sie zu tragen haben, u. s. w. stehen.

P

zu ſeyn. [b]   Man hat uns verſichert, es ſey
keinesweges Friedrichs Meynung geweſen, daß
ſeine Küraſſier ſo groß ſeyn ſollten; aber wir
wiſſen hierüber nichts gewiſſes.   Nur glauben
wir, daß die preuſſiſchen Reiterpferde im Ganzen
zu ſchwach für die ganze Laſt ſind, welche ſie zu tragen haben: denn zu dem Sattel, welcher ſchwer
und groß genug iſt, kommen noch der Reiter, der
Küraß, die verſchiedenen Waffen, das Futter,
der Mantelſack, ein Theil des Zeltes, der Piket-
pfahl, der Mantel und die übrigen Kleinigkeiten,
welche zuſammen kein kleines Gewicht ausmachen.
Auch haben alle Pferde der preuſſiſchen Reiterey
ſchon in Friedenszeiten eingebogene Rippen und
einen geſenkten Rücken, welches denn wenigſtens
beweißt, daß ſie zu jung zum Dienſte genommen
werden. [c]

Uebrigens wäre gegen dieſe Meynung unſrer
Hrn. Verfaſſer noch ſo mancherley zu erinnern,
daß ich lieber nichts mehr ſagen mag.

A. d. Ueberſ.

b) So übermäßig groß waren denn doch die preuſſiſchen Küraſſierregimenter im Ganzen nicht;
wahrſcheinlicherweiſe hat Graf Mirabeau ſein
Urtheil von ihrer Größe blos nach der Garde
du Corps, die er täglich in Berlin ſah, gefällt.
Denn außer dieſen und etwan den Gensd'armes
hat er wahrſcheinlich deren keine zu Geſichte
bekommen.

A. d. Ueberſ.

c) Da die Herren Verfaſſer nie die ganze preuſſiſche

Die Pferde der preussischen Dragoner sind kleiner, als die Pferde der Küraffier; aber deswegen nicht von einem ganz kleinen Schlage. Sie sind alle von Einer Farbe, das heißt, schwarz

Kleidung u. Bewaffnung der Dragoner.

Reiterey, sondern nur einen kleinen Theil derselben und das, was sie davon gesehen, nie so gesehen haben, wie es geschehen seyn müßte, um z. B. so ganz entscheidend zu sagen, daß alle Pferde derselben senkrückig sind, so zeigt ihre Behauptung einen wirklich etwas lächerlichen Dünkel an; und ist, was sie diesem gemäß seyn muß, auch grundlos. Ich, der ich gewiß mehr Gelegenheit und mehr Veranlassung gehabt, dergleichen Untersuchungen, und mit mehrern Regimentern, als sie, anzustellen, habe zwar auch senkrückige Pferde, aber bey weitem nicht alle, oder den größten Theil so gefunden. Doch die Erzählung ist nicht blos falsch, sondern sie setzt auch Unbekanntschaft mit dem voraus, wovon die Rede ist. Der Grund zu jenem Mangel nämlich, wird, wie jeder weiß, der mit Pferdezucht bekannt ist, größtentheils schon in der ganz ersten Jugend des Pferdes gelegt, und klebt oft einem ganzen Schlage (Race) von Pferden an, weil sie, entweder von solchen Pferden fallen, oder, zum Theil schon als Fohlen, aus zu hohen Krippen, und aus der Rauffe gefuttert werden. Sie sind und bleiben es, auch wenn sie nie geritten würden. Eben so verhält es sich mit den sogenannten Aufgeschürzten. Warum haben also die Herren Verfasser nicht lieber Untersuchungen über den Schlag von Pferden überhaupt, welchen die preussischen Küraffier reiten,

oder braun; auch verrichten die Dragoner gerade
eben die Dienste, als die Kürassier; und nur in
einem außerordentlichen Nothfall werden sie als
leichte Truppen gebraucht. ⁴) Ihre Mondirung
besteht in einem gewöhnlichen Rock, und Stiefeln
mit steifen Stulpen, und ihre Waffen, wie die
Waffen der Kürassier, in Seitengewehr und Pistolen. Auch ist ihr Karabiner, welcher etwas

    über die Zahl der Pferde, welche die Regimen-
    ter jährlich erhalten, u. d. m. angestellt? Hier-
    über hätte sich so vieles sagen lassen!

                     A. d. Uebers.

d) Man traut seinen eigenen Augen nicht, wenn
man Dinge liest, wie die in dem obigen Paragraphen, und erstaunt, wie Männer, welche
eine Sache so wenig untersucht haben, welche
unbekannter damit sind, wie es der gemeinste
Mensch im ganzen Preussischen seyn kann, darüber zu schreiben haben dreust genug seyn können. In diesem ganzen Paragraphen ist auch
nicht ein einziges, sage, nicht ein einziges,
Wort ganz wahr. Von den preussischen Dragonerregimentern sind neun gänzlich, und von
den übrigen drey, als Nro. 4, 5 und 6, welche
auf drey Glieder berechnet sind, ein Drittheil,
oder das dritte Glied, leicht beritten, d. h. sie
haben polnische, und einige davon preussische,
und also mit den Kürassiren nicht einen gemeinschaftlichen Schlag von Pferden, und diese polnischen Pferde sind von allen Farben, Füchse,
Schimmel, Falben, sogar Schecken und Tiger.
Hieraus folgt nun aber schon von selbst, daß

länger als der Karabiner des Kürassier, aber nicht so lang als ein Infanteriegewehr ist, mit einem Bajonet versehen, aber übrigens unverändert geblieben. Friedrich glaubte unstreitig, daß es nicht der Mühe werth sey, daran eben die Veränderungen, als an den Infanteriegewehren, machen zu lassen. Die preussischen Dragoner wer-

P 3

diese Regimenter, insofern sie leicht beritten sind, auch als leichte Reiter gebraucht werden. Doch was heißt denn der gleiche Dienst, von welchem die Herren Verfasser sprechen, überhaupt? Kürassier und Dragoner, auch wenn diese schwer beritten sind, haben nie, in keinem Heere, ganz gleichen Dienst. Es ist wahr, sie geben mit den Kürassiers gemeinschaftlich die Feldwachen; aber besteht denn hierin der ganze Dienst? Die letztern, die Dragoner, werden z. B. immer mit zu Avant- und Arriergarden, und sehr oft zu Detachements, Rekognoscirungen oder andern einzeln Unternehmungen dieser Art, die Kürassier aber selten oder nie gebraucht. Ich will nicht des, von den Herren Verfassern selbst erwähnten Umstandes gedenken, daß, da jene, ihrem Ursprunge nach, nichts als auf Pferde gesetztes Fußvolk, und auch diesem gemäß zum Theil bewaffnet sind, sie im Fall der Noth, so selten es geschehen seyn mag, auch absitzen, und zu Fuße fechten müssen, welches die Kürassier denn nie trifft. Wie ist es also möglich, von gleichem Dienste zu sprechen?

A. d. Ueberf.

den indeſſen auch mit großer Sorgfalt geübt, zu
Fuße zu fechten, ob man ſie gleich faſt niemals
hiezu gebraucht.

Bey dieſer Gelegenheit wollen wir bemerken,
daß man zu Gotha, bey dem General Berbigsdorf,
ein Gewehr von ſeiner Erfindung ſieht, welches
für die Dragoner vortrefflich ſeyn würde. Es iſt
eine Flinte, deren Ladeſtock an dem einen Ende
eine dreyeckigte Spitze hat, und alſo zu gleicher
Zeit zu einem Bajonet dienen kann. Dieſe Erfindung, wovon der Obriſtlieutenant Mauvillon
eine Beſchreibung hat drucken laſſen, e) ſcheint
uns ſehr ſinnreich zu ſeyn; und der General Berbigsdorf ſchickte ein Gewehr dieſer Art an den General Lascy, um es dem Kaiſer zu zeigen. Kurz
nachher erzählten die öſterreichiſchen Zeitungen,
daß einigen kaiſerlichen Dragonerregimentern dergleichen Gewehre wären gegeben worden; und
ſchrieben die Erfindung dem General Lascy zu.
Aber Ehre dem Ehre gebührt. Ihr Urheber liefert die Modelle zu Gewehren dieſer Art für einen
nicht viel höhern Preis, als die gewöhnlichen In-
fanteriegewehre koſten; und der Nutzen derſelben
iſt einleuchtend. Sie befreyen den Dragoner von
der ungeheuren Laſt, welche ihm das Bajonet,
wenn er zu Pferde ſitzt, verurſacht; ſeine Montur
iſt dabey nicht, wie bey dieſen, der Gefahr zerriſſen zu werden, ausgeſetzt. Mit einem Worte,
ſie ſind im Nothfall ein ſehr nützliches Bajonet.

e) Im deutſchen Muſäum.

Auch werfen die Dragoner im Felde das gewöhnliche nur zu gerne, bey der ersten schicklichen
Gelegenheit, weg. f)

Wenn die preussischen Husaren nicht so gute
leichte Truppen sind, als die österreichischen Husaren, (welches die Preussen selbst nicht zu glauben
scheinen, obgleich mehrere Offizier von verschiedenen Völkern, welche im siebenjährigen Kriege
dienten, uns das Gegentheil versichert haben,)
so ist es doch wenigstens gewiß, daß sie regelmäßiger geübt sind, und den Angriff in der Linie besser
machen. Sie sind bewaffnet, beritten und gekleidet, wie alle Husaren in der Welt. Ihre kleinen Pferde sind vortrefflich.

Kleidung u. Bewaffnung der Husaren.

Hier ist der Ort zu untersuchen, ob man
es, wie man die Nothwendigkeit der leichten Reiterey eingesehen, gut gemacht hat, solche so gänzlich nach dem Muster der Oesterreichischen einzurichten. Wir wollen die Gründe für- und wider
dem militärischen Leser vorlegen.

Erstlich könnte man zu Gunsten des gegenwärtigen Systems sagen, daß die Bekleidung und

P 4

f) Schon in dem Bayerschen Erbfolgkriege nah-
men die preussischen Dragoner nicht mehrere
Bajonette mit zu Felde, als sie zu den Fahn-
wachen gebrauchten; unter der gegenwärtigen
Regierung sind sie gänzlich abgeschaft.
A. d. Uebers.

Bewaffnung des Huſaren an und für ſich vortrefflich ſind. Die Mütze allein iſt vielleicht
einigen Einwürfen ausgeſetzt. Zweytens iſt die
Art und Weiſe, wie die Leute und Pferde zum
Huſarendienſt gebildet und geübt werden müſſen,
bekannt, beſtimmt und an ſich ſehr gut; und war
es bey der Nothwendigkeit, leichte Reiterey zu errichten, nicht beſſer, das ſchon vorhandene Gute
davon anzunehmen, als nach einem, immer zweifelhaften, Beſſern zu ſtreben, welches um deſto
ſchwerer würde feſtzuſetzen und zu erreichen geweſen ſeyn, da, wenn man den gebähnten Weg be-
folgte, es leicht war, aus den ſchon vorhandenen
Huſaren Leute zu erhalten, welche andere zu bilden die Fähigkeit beſaßen, und da, wenn man
dagegen alles hätte erſt erfinden und erſchaffen
wollen, dieſes längere Zeit würde erfordert haben,
und doch immer noch nicht hätte gelingen können?
Ueberdem hält die gegenwärtige leichte Reiterey,
weil ſie eben ſo bekleidet und bewaffnet, wie die
Ungariſche iſt, ſich dieſer, deren Einrichtungen
und Gebräuche ihr nun bekannt ſind, für gleich;
folglich wird ſie durch dieſe um, deſto minder in
Verwirrung und Erſtaunen geſetzt werden, und
hierauf kommt im Kriege faſt alles an. Und endlich verſchaft die leichte und ausgezeichnete Bekleidung der Huſaren ihnen ſehr viele Rekruten: ſo
ſehr vermag das Aeußere die Menſchen anzulocken, und zu beſtimmen; und jene Sonderbarkeit könnte man ihnen alſo nicht nehmen, ohne ſie
dieſes Vortheiles zu berauben.

Auf diese Gründe kann man antworten, daß
man von der Bekleidung und Bewaffnung des
Husaren das, was davon gut ist, hätte nehmen,
und das Uebrige weglassen sollen, weil nicht alles
davon gut ist. Der Sattel, der Säbel, der
Karabiner und die Pistole sind vortrefflich; aber
die Tracht des Husaren ist kostbar, erfordert viel
Zeit, um angelegt und in Ordnung gebracht zu
werden, und die Zäumung oder das Hauptgestell des
Pferdes ist mit unnützen Sachen überladen. Alles
dieses könnte anders und besser seyn. Der zweyte
der vorhin angeführten Gründe ist ohnstreitig derjenige, aus welchem man, vorzugsweise, in allen
Heeren Husaren eingeführt hat. Man hoffte dadurch ungarische Offizier und Ueberläufer aus dieser Nation herbey zu ziehen, und dadurch um
desto geschwinder die leichte Reiterey, welche man
errichten wollte, zu Stande zu bringen. Was
den vorgeblichen Vortheil gleichförmiger Gebräuche und Gewohnheiten anbetrifft, so ist solcher
noch sehr zweifelhaft. Ein Mensch, welcher seine
Waffen nicht so gut, als ein anderer, zu gebrauchen weiß, kann eher hoffen, seinem Gegner durch
eine, diesem unbekannte Methode, beyzukommen,
als wenn er knechtischer Weise diejenige befolgt,
in welcher er minder geschickt, und besonders, wenn
er durch diesen seinen Gegner selbst, zu solcher angeführt worden ist. 8) Folglich würden leichte

P 5

g) Also würde denn wohl die Art zu fechten, im
Ganzen, nicht Vorzugsweise, durch die Art

Truppen, welche anders eingerichtet und geübt
als die Ungarischen wären, diese vielleicht in Verwirrung gebracht und mehr Vortheile gegen sie
erhalten haben, als jetzt, da sie blos ihre Nach-
ahmer sind, und als solche, wenigstens im Anfange, weit unter ihnen waren, und vielleicht noch

von Waffen, welche man führt, und bey der
Reiterey, nicht durch die Art von Pferden,
welche man reitet, bestimmt? Wenn die leichte
Reiterey einmal die Art von Rüstung und den
Schlag von Pferden, als die eigentlichen Husaren hat, so muß das Uebrige, mehr oder weniger sich hiernach richten, und kann zwar vervollkommt, aber nicht gänzlich umgeschmolzen
werden. Doch dem sey auch wie ihm wolle;
besteht denn der ganze Husarendienst blos im
Fechten? bey weitem nicht! Und das, was er
mehr erfordert, läßt meines Bedünkens sich
auch minder durch Unterricht, als aus Beyspiel
lernen. Auch hat man, indem man, mehr
oder weniger Ungarn, vermittelst der Husaren-
tracht, in die leichte Reiterey anderer Heere zu
ziehen gesucht, vielleicht vorzüglich nur auf diesen Vortheil gedacht. Ein guter Ungar wird
z. B. durch die Art und Weise, wie er eine Gegend, ein Gehölz, ein Dorf abpatrouillirt,
seine deutsche Kammeraden, im Ganzen, hiezu
eher bilden helfen, als sie durch bloße Uebungen
hiezu würden gebildet worden seyn. Auf den
Pelz und den Dollmann, auf die Schariwari
und die Mütze kommt es hiebey aber freylich
nicht an.

A. d. Ueberf.

lange seyn werden. — Es wäre nur darauf angekommen, eine Einrichtung und Uebungen zu erfinden, welche den Bedürfnissen, den Umständen
und dem Nationalgeist wären angemessen gewesen.
Aber so etwas ist nie die Sache der Trägheit;
diese begnügt sich immer das zu nehmen, was sie
vor sich trifft.

Eben das, was wir hier von den Husaren
sagen, gilt auch von dem Regimente preussischer
Bosniaken, das nach dem Muster der russischen
Kosaken gebildet und gerüstet ist. Sie haben die
lange asiatische Kleidung, und führen eine Lanze.
Im Angriffe widersteht ihnen nichts; aber man
muß sie durchlassen, und ihnen in die Flanke und
in den Rücken fallen, alsdann sind sie leicht überwunden. [h]

h) Zu dem eigentlichen Einbrechen in geschlossene
Truppen, zum Choc en Masse, sind die
Bosniaken gar nicht gemacht; ich weiß zwar
wohl, daß man einen keilförmigen Angriff mit
ihnen versucht hat, aber er fiel auch übel genug
aus; sie sind Vorzugsweise zum Nachsetzen,
zum Harceliren, allenfalls zum Angriffe auf
Fußvolk brauchbar; und wenn sie durch wie-
derholtes Anpressen, durch Geschrey, durch
Schwärmen um ihre Gegner herum von allen
Seiten, solche trennen und auseinander bringen, alsdenn haben sie gewonnen Spiel. Was
das in Flanken- und Rückennehmen anbetrifft,
so hat dieses wider alle Arten von Truppen bekanntermaßen seinen Nutzen; und was noch
mehr ist, gegen diese Art von Reiterey, bey der

Was übrigens die Tracht anbetrifft, ſo
würde es ebenfalls nicht unmöglich ſeyn, eine eben
ſo leichte und vortheilhafte, welche nicht minder
in die Augen fiele, als die, welche die Huſaren
haben, auszuſinnen. Die von der leichten engliſchen
Reiterey z. B. iſt ſehr artig. Ueberhaupt aber
kann die Erfahrung bald unſrer Meynung über
dieſe ganze Sache zu Hülfe kommen. Die Engländer und die Hannoveraner, welche dieſe nach-
ahmen, haben eine ganz anders ausgerüſtete leichte
Reiterey, als die Ungariſche iſt. Im Kriege
wird man ſehen, welcher von beyden die Palme
gebührt. Die Karabiniers des verſtorbenen Grafen von der Lippe liefern ein anderes Beyſpiel zu
Gunſten der letztern Meynung. Sie leiſteten
eben ſo gute Dienſte als die Huſaren, ohne wie
dieſe gekleidet zu ſeyn. [i])

ganzen Einrichtung und Bewaffnung derſelben,
vielleicht noch den wenigſten. Doch es iſt hier
der Ort nicht, dieſe ganze Materie weitläuftig
zu behandeln.
A. d. Ueberſ.

i) Wie ſonderbar das Raiſonnement unſrer Herren Verfaſſer nicht durch einander läuft! Noch
hat wohl kein Menſch, wenigſtens kein Menſch
vom Handwerke, in der bloßen Kleidung des
Huſaren allein den Grund ſeiner Vorzüge im
Kriege geſucht oder gefunden; und unſre Verfaſſer ſelbſt räumen dieſer Kleidung keinen andern Werth ein, als daß ſie leicht iſt, und durch
ihre Sonderbarkeit Leute zum Huſarendienſte

anlockt. Auch ist vorher bereits bemerkt worden,
daß Pelz, Dollmann u. d. m. nicht den Husaren
machen. Der eigentliche Dienst desselben hängt
also von jener Kleidung, oder vielmehr von
ihrer Form und ihrem Schnitt, gar nicht ab;
und was heißt es also, daß die Karabiniers des
Grafen von der Lippe eben so gute Dienste,
als Husaren verrichtet haben, ob sie gleich nicht
wie Husaren gekleidet waren? Heißt es nicht,
diese beyden ganz verschiedenen und von den Herren Verfassern selbst vorher getrennten Dinge
wieder mit einander verbinden? Und setzt es also
nicht ganz unbestimmte und verworrene Begriffe
voraus? Um ihre Meynung zu erweisen, hätten
unsre Herren Verfasser zeigen müssen, daß diese
Karabiniers anders beritten, anders eingerichtet, anders bewaffnet, anders geübt waren,
als die Husaren, und doch eben die Dienste wie
diese leisteten; alsdenn erst wären solche, als
eine andere und doch eben so gute Art leichter
Reiterey anzusehen.

　　　　　　　　　　　　A. d. Uebers.

Vierter Abſchnitt.

Von den Mitteln, durch welche das preuſſiſche Heer das geworden iſt was es iſt.

Wir wollen dieſen wichtigen Gegenſtand unter drey Hauptgeſichtspunkten betrachten.

Die preuſſiſchen Truppen, dieſe, wie Frie-drich in ſeinem Teſtamente ſagt, zum Siege erzogene Truppen, haben faſt allenthalben einen übernatürlichen Muth gezeigt; wie und wodurch hat man ihnen ſolchen eingeflößt?

Die preuſſiſchen Truppen haben, in Anſe-hung der Kriegskunſt, Wunder verrichtet; wie hat man es dahin gebracht, ſie ſo vollkommen zu bilden?

Die preuſſiſchen Truppen ſind im Stande, auf den erſten Wink, plötzlich ins Feld zu rücken, und mit ſo vieler Lebhaftigkeit den Krieg zu füh-ren, als ob ſie ihn immer führten; durch welche Mittel hat Friedrich ſein Heer fähig gemacht, ſich in dem Augenblick, worin er den Befehl dazu gab, in Bewegung zu ſetzen? Dieſes werden die Gegenſtände unſrer Unterſuchung ſeyn.

Nicht einer besondern natürlichen Kühnheit allein muß man den erstaunlichen Muth zuschreiben, welchen das preussische Heer bey fast allen Gelegenheiten gezeigt hat. Zwar liefert Pommern außerordentlich gute und vorzüglich treue Soldaten. Auch schätzt man die Leute aus der Mark und aus Preussen; aber alle preussische Regimenter enthalten eine Menge Ausländer, Leute von bösen Willen; und wenn man auch den Pommern eine besondre Geschicklichkeit zum Kriege zuschriebe, so ist doch ihre Anzahl, verglichen mit dem ganzen Heere, sehr klein. Der Ueberrest der Bewohner des preussischen Staates hat, in Rücksicht hierauf, nichts Besonders, nichts Ausgezeichnetes, nichts als den gewöhnlichen Muth des Menschen, wie man ihn überall findet, des Thiermenschen, der, von einem Ende der Erde bis zum andern, kriegerisch, oder von Natur veränderlich, und ohne Zucht und Ordnung ist. Es gibt sogar in der preussischen Monarchie einige Gegenden, wo das Volk wenig Neigung und wenig Geschick zum Soldatenhandwerk, und im Grunde sehr wenig Anhänglichkeit an seinen Fürsten hat. Dieses gilt z. B. von Schlesien, a)

Wahre Ursachen des großen Muthes, welchen die preussischen Truppen gezeigt haben.

a) Ohne mich hier im Geringsten auf die, von den Herren Verfassern gemachte Charakteristik einzulassen, will ich nur bemerken, daß der Schlesier wenigstens Geschicklichkeit zum Dienst zu Pferde hat.

A. d. Uebers.

welches einen Viertheil der ganzen Bevölkerung ausmacht, und mehr als ein Viertheil des Heeres liefert. Man muß also die Ursachen dieser Erscheinung anderwärts, als in der natürlichen Beschaffenheit der Völker suchen, und kann sie nirgends, als in den militärischen Einrichtungen Fridrich II. finden.

Diese Einrichtungen sind vortrefflich, und verdienen destomehr Bewunderung, da ihnen große Schwierigkeiten im Wege stehen. Diese müssen, ehe wir weiter gehen, in Erwägung gezogen werden.

Wofern der Soldat, während seiner Dienstzeit, ein hinlängliches Auskommen hat, und, wenn Alter und Wunden ihn unfähig gemacht haben, länger die Waffen zu führen, gewiß ist, mit Sicherheit versorgt zu werden; so wird er eifrig und treu dienen, und mit gutem Herzen alles das thun, was man von ihm verlangt. Wenigstens ist im Ganzen die Wendung des menschlichen Herzens von dieser Beschaffenheit. Aber das Heer des Königes von Preussen ist zu groß, und seine Einkünfte zu geringe, als daß er diesen beyden Bedingungen Genüge leisten könnte. Zwar ist der Sold und die Unterhaltung des Soldaten, so lange er dient, erträglich, obgleich wirklich sehr mäßig; aber ausgenommen die Invaliden der Garden und höchstens die, zu Berlin unterhaltenen sechshundert übrigen, gibt es, in dem preussischen Staate, keinen Zufluchtsort, keine Anstalt zum Unterhalt für diejenigen, welche ihre Kräfte im

im Dienst zugesetzt haben: Man thut freylich so
viel man kann; man ergreift alle Mittel, welche
sich darbieten, um die alten Soldaten unterzubringen, und sie erhalten immer den Vorzug vor
allen andern Mitbewerbern; allein diese einzelne
Hülfsquellen sind nicht für ein so zahlreiches Heer,
welches jährlich tausende von Invaliden hat, hinlänglich. b) Den andern bleibt nichts übrig, als
zu betteln; und man weiß nicht, ob man ihre Lage
mehr bemitleiden, oder ob man sie ihrer Unver-
schämtheit, ihrer Zudringlichkeit, und ihrer Plackereyen wegen, mehr verabscheuen soll. Zweifelsohne besteht ein großer Theil derselben aus sehr
schlechten Menschen; aber wenigstens sollte man
ihrer Faulheit keinen Vorwand, und ihren schlechten
Sitten keine Mittel lassen, sich zu erhalten; man
sollte sie auf irgend eine Art in die Nothwendigkeit setzen, arbeiten zu müssen. So wie die Sachen jetzt stehen, könnte man glauben, daß der
Anblick so vieler Veteranen, welche an allen Orten in den preussischen Staaten um Almosen an-
sprechen, alle noch dienende Soldaten mit Ab-
scheu gegen ihren Stand erfüllen und sie verleiten müßte, in dem Augenblicke, worin sie gegen
den Feind geführt würden, ihre Waffen wegzu-
werfen, ihre Offizier zu ermorden, und aus einander zu laufen. Davon geschieht indessen nichts.

b) Von einer neuen Anstalt zu ihrer Versorgung
wird der Anhang Nachricht geben.
                                    A. d. Uebers.
                    Ω

Eben dieſe Menſchen verſchwenden tauſend Leben, und opfern ihre Geſundheit und ihre Gliedmaßen für einen König auf, der nicht im Stande iſt, ihnen allen den allermäßigſten Unterhalt zu verſchaffen. c) Nichts iſt unſtreitig wunderbarer, als

c) So löblich der Eifer unſrer Herren Verfaſſer für die Sache der Invaliden iſt; ſo hat doch dieſer Eifer, oder vielleicht auch die Begierde, ein recht ſtarkes Gemälde zu liefern; ſie nicht allein zu einigen Uebertreibungen verleitet, ſondern ſie auch gehindert, die Sache von allen Seiten zu ſehen. Daß z. B. der Anblick jener Veteranen nicht auf die noch dienenden Soldaten eine ſolche Wirkung machte, als die Herren Verfaſſer für möglich halten, liegt in einer, dem menſchlichen Herzen überhaupt ſehr natürlichen Eigenſchaft. Unter Tauſenden und aber Tauſenden rechnet nicht Einer mit ſeiner Zukunft; wir würden keine Verſchwender, keine Wollüſtlinge, keine Trunkenbolde, u. ſ. w. haben, wenn das Beyſpiel von Perſonen, welche durch Verſchwendung, Wolluſt, Trunk, u. ſ. w. unglücklich geworden ſind, die Menſchen davon heilen, oder ſonderlich auf ſie wirken könnte. Beſonders aber beſchäftigt der Soldat ſich wenig mit dieſer ſeiner Zukunft; er wendet das, was er ſeines Gleichen begegnen ſieht, faſt nie auf ſich an, er beſchäftigt ſich mit ſeinem ganzen Daſeyn nur indem er es genießt; das, was aus ihm werden kann, denkt er nie, oder hat er zu denken gleichſam nicht Zeit und Muße; und der Grund davon liegt in ſeiner ganzen Lebensweiſe, in ſeiner ganzen Beſtimmung. Es fällt ihm gewiß nicht

diese Erscheinung; und die Ursachen derselben verdienen daher um desto eher untersucht zu werden;

Q 2

ein, daß auch er Invalide werden wird. Ein
zweyter Grund, welcher eine solche Wirkung
jenes Anblickes verhinderte, lag darin, daß der
preußische Soldat von dem guten Willen Friedrich II., seine Invaliden versorgt zu sehen,
überzeugt war; er würde, auch wenn dieses
nicht durch Thatsachen wäre erwiesen gewesen,
es doch schon deßwegen geglaubt haben, weil er
diesen König nicht wohl anders als für seinen
Compagnon d'armes, als seinen Waffenbruder
ansehen konnte. Nun ist aber das menschliche
Herz, man mag auch sagen was man will, von
Natur gerecht; und eine gewisse Treuherzigkeit,
ein gewisser Glaube an die Menschheit ist, oder
war doch, zu Friedrichs Zeiten, vielleicht der
preußischen Nation, im Ganzen, eigen, und
gehört vielleicht zu den Charakterzügen des Soldaten überhaupt; wo dieser einen guten Willen
findet, oder voraussetzt, da beruhigt er sich
über den Mangel an That. Drittens ist vielleicht auch die Lebensweise des Bettlers nicht
In den Augen aller Menschen so schrecklich und
abscheulich, als in den Augen des denkenden
und fühlenden Mannes. Und endlich, ist es
denn doch nicht wahr, daß der König nicht im
Stande gewesen wäre, den Invaliden auch nur
den allermäßigsten Unterhalt zu verschaffen; die
sonst nicht versorgten hatten ja ihre monatlichen
Gnadenthaler. Daß ich, durch alles dieses,
den Zustand und die Lage der Invaliden nicht
für unverbesserlich erklären, und nicht den An-

Die erſte Springfeder des preuſſiſchen Heeres iſt ein gewiſſer Grad von Selbſtgefühl, oder ein gewiſſer edler Stolz, mit andern Worten, das Gefühl von Ehre. Dieſes beſeelt den Soldaten durchaus. Es iſt nicht dieſe kleine, ungereimte und ſo ſchädliche Eitelkeit, von welcher gewiſſe andre Völker getrieben werden, und mit welcher wir eine Menge Menſchen, die dem Namen nach Soldaten waren, haben prahlen ſehen; es iſt nicht, ſagen wir, dieſe unſinnige Eitelkeit, welche den gemeinen Soldaten verleitet, den Offizier und den Edelmann zu ſpielen, und mit ſeinen Kameraden ſich auf Leben und Tod herum zu ſchlagen. Dieſer

blick derſelben von allen nachtheiligen Folgen für das preuſſiſche Heer freyſprechen will, verſteht ſich von ſelbſt. Schon das Urtheil unſrer Herren Verfaſſer beweißt, daß dieſer Anblick üble Wirkungen hervor brachte. Meines Bedünkens wurde ſolcher dem preuſſiſchen Heere nur vorzüglich dadurch nachtheilig, daß er in den Augen des Nichtſoldaten die Achtung dafür verminderte, und mit einer Art von Geringſchätzung dafür erfüllte; daß er denen, die noch nicht Soldaten waren, Abneigung und Widerwillen dagegen einflößte. Wer den Einfluß hievon auf den Geiſt des Soldaten ſelbſt zu berechnen vermag, wird eingeſtehen müſſen, daß, wenn der Staat auch nicht blos auf den Menſchen, er doch, wofern er ſeinen Vortheil verſteht, immer auf die Sache des Menſchen Rückſicht nehmen muß.

A. d. Ueberſ.

Wahnsinn bringt keine einzige gute Wirkung hervor, nicht einmal die, den Soldaten im Gefechte
tapfer zu machen. Bey dieser Eigenschaft ist er
es nur dann, wenn er dadurch die Augen von Andern auf sich zieht, und dieses ist ein ungeheurer
Unterschied. Mit einem Worte, diese Art von
Ehrgefühl ist nichts, als eine Ausschweifung,
welche den Soldaten hochtrabend, widerspenstig,
anmaßend und ungehorsam macht. Sobald seine
Kameraden die Flucht nehmen, läuft er mit ihnen,
weil alsdenn der einzige Bewegungsgrund, welchen er zur Tapferkeit hat, die Furcht, sich von
ihnen verachtet zu sehen, ihn nicht mehr zurück
hält, und die Stimme des Offiziers, welcher er
ungehorsam zu seyn öfterer für eine Ehre gehalten hat, nichts über ihn vermag. Bey dem
preußischen Soldaten gründet das Gefühl von Ehre
sich auf die Empfindung, daß er zu dem ersten
Stande des Staates gehört, daß der König für
sein Heer eine besondre Achtung hat, daß er solches kennt und liebt; es gründet sich auf die Vollkommenheit selbst, zu welcher das Soldatenhandwerk bey ihnen gebracht worden ist, auf die Vor-
trefflichkeit ihrer Mannszucht, auf die vollkommene
Ordnung, welche in den allerkleinsten Theilen der
militärischen Einrichtungen herrscht. Auch sind
die Beyspiele nicht selten, daß preußische Soldaten, welche selbstflüchtig geworden waren, und in
minder streng behandelten Heeren Dienste genommen hatten, sich bey dieser Milde, bey dieser
Nachsicht, welche sie zu suchen schienen, mißfielen,

über einen ſo nachläßigen Dienſt ſpotteten, und
nach der ſtrengen Zucht, welcher ſie waren unterworfen geweſen, und die ihr Stolz war, ſich zurück ſehnten.

Man irrt ſich in Anſehung des preuſſiſchen
Kriegsdienſtes ſchlechterdings, wenn man ſich ein-
bildet, daß dieſe Zucht den Soldaten herabwür-
digt. Die gewöhnliche Meynung iſt, daß, weil
man ihn mit dem Stocke ſtraft, man nun auch
den ganzen langen Tag unaufhörlich mit dem
Stocke ſchlägt. Nichts iſt weniger gegründet. d)

d) Und eben ſo wenig gegründet iſt das Vorurtheil, als ob dieſe Art von Beſtrafung den Geiſt
demüthige und erniedrige. Der Herausgeber
der Denkwürdigkeiten des Grafen von St. Germain hat ſehr richtig bemerkt, daß ſie der
Strafe durch Verhaft unendlich vorzuziehen ſey,
weil dieſe den ſtrafbaren Böſewicht und den ehr-
lichen Mann einander gleich macht, den trägen
nicht beſſert, und dem guten Soldaten eine Laſt
mehr verurſacht, indem ſie den Dienſt deſſelben
erſchwert; daß in den früheſten Zeiten der franzöſiſchen Monarchie, und namentlich unter der
Regierung Franz I., wo der Soldat mit Sorgfalt aus dem beſten Theil der Nation, und nicht
wie jetzt, unter dem Auswurf derſelben, auswählt wurde, die Strafen in Schlägen mit der
Hellebarde und mit Ruthen beſtanden, und daß
man nur die eigentlichen Verbrecher ins Ge-
fängniß ſchickte; daß die Strafe mit Stockſchlä-
gen, bis zu dem Tode der Herren Louvois und
von Turenne, im Gebrauche geblieben iſt, und
daß ſie nachher ſich nur verloren hat, weil un-

Es gibt allenthalben Mißbräuche und Ungerechtig-
keiten, und die Gerichtshöfe selbst verdammen öfterer einen Unschuldigen; es ist also sehr möglich, daß
man in dem preussischen Dienste auch den Stock zu
unrechter Zeit gebraucht, aber im Ganzen verhält
die Sache sich nicht auf diese Art. Man straft
nur diejenigen, welche es verdienen, welche muth-
willig sich vernachläßigen; die übrigen werden gut,
und sogar anständig behandelt. Ueberdem ist der
Soldat nur der militärischen Zucht seines Offiziers
unterworfen; alle übrigen Stände sind verbunden,
ihn in Ehren zu halten, und ihm mit Achtung zu
begegnen. Auch hat der preussische Soldat einen
hohen Geist, zuweilen sogar Erhabenheit.

Wenn der gemeine Mann, im Ganzen genommen, gut behandelt wird: so zeichnet man
den Unteroffizier aus. Er wird selten, und nur
wegen Fehler gegen Ordnung und Mannszucht,
gestraft. Man weiß, daß die Deutschen vierer-
ley Arten von Anrede haben. Die Offizier dußen
die Gemeinen, besonders die von ihrer Compagnie; und diese Redensart, wenn der Ton des Zor-
nes nicht den Begriff von Verachtung damit verknüpft, hat etwas freundschaftliches und zutrau-

Q 4

ter ihren Nachfolgern sich alle Corps vernachläßigten, obgleich die Soldaten, welche in diesen Zeiten der Verderbniß auf jene immer sieg-
reiche Legionen folgten, sicherlich diese Art von
Schonung nicht verdienten.

A. d. Verf.

liches. Die übrigen reden ſie mit Er, keinen mit
dem Ihr an, weil man dieſer Formel ſich nur gegen Geſinde und Leute von der niedrigſten Claſſe
bedient. Gegen die Unteroffizier gebrauchen ſie
die höflichſte von allen, die dritte Perſon des Pluralis; und ein preuſſiſcher Unteroffizier, welcher
alle ſeine Offizier als Unteroffizier hat dienen ſehen,
würde es von keinem Menſchen, ausgenommen
von einem General, und etwan von einem Stabsoffizier ſeines Regimentes leiden, daß er ihn in der
dritten Perſon des Singularis, oder mit Er, an-
redete. Daß Friedrich ſich keiner andern Formel,
als dieſer, gegen alle ſeine Offizier und Miniſter
bediente, iſt bekannt; aber der Abſtand war ſo
unermeßlich, daß der Ausdruck nicht auffiel. Einem
königlichen Prinzen ſoll indeſſen dieſer Gebrauch
ſchlecht bekommen ſeyn; und der gegenwärtig regierende König braucht gegen jeden Offizier die
dritte Perſon des Pluralis.

Es gibt keinen Dienſt, in welchem der Offizier ſo viel Vorzüge genöße, als den Preuſſiſchen.
Was an andern Orten nur von den höhern Graden
des Soldatenſtandes gilt, gilt in den preuſſiſchen
Staaten von dem Stande überhaupt. Es iſt ein
allgemein eingeführter Grundſatz, welcher von
allen Ständen der Geſellſchaft anerkannt wird,
und auf die Verfaſſung ſelbſt gegründet iſt. Die
Uniform und das Portepee öffnen alle Thüren
(wenn nicht zu Berlin, wo die Einkünfte des
Subaltern im Ganzen nicht hinreichen, um viel
Geſellſchaft zu ſuchen, doch an allen andern Orten)

erleichtern alle Art von Geschäften, und verschaffen mit einem Wort alle die Vortheile, welche man anderwärts nur durch Reichthum, oder durch Verbindungen erlangt. Ein Staatsminister wird sich sehr hüten, dem jüngsten Fähnbrich nur eine Audienz zu versagen, oder gar ihn warten zu lassen, und ihn nicht ruhig anzuhören; und wir würden es keinem der untern Staatsbedienten rathen, einem solchen nicht mit aller möglichen Achtung zu begegnen, oder den wichtigen Mann mit ihm zu spielen.

Zwey in dem preussischen Heere sehr bekannte Anekdoten beweisen, wie sehr, in Rücksicht hierauf, Friedrich selbst das Beyspiel gab.

Die Offizier hatten bey den Schauspielen, welche der König gab, ihren eigenen Platz. Es war eine Art von Parket vor dem Theater, wo Niemand als sie hingehen durfte. Noel, der bekannte erste Küchenmeister oder Koch des Königes, fand die Oper zu voll, und hatte den Einfall, sich in dieses Parket zu begeben. Der Offizier von der Wache hieß ihn fortgehen; dieses wollte er nicht, und erklärte, daß auch er ein Offizier des Königs wäre. Dieser Ausdruck brachte den wirklichen Offizier so ins Feuer, daß er dem Küchenmeister eine tüchtige Tracht Schläge aufzählte. Noel, stolz auf die künstlichen Schüsseln, auf die Bombe à la Sardanapale und die Polenta, welche er für einen der genäschigsten Könige von der Welt zu machen wußte, beklagte sich bey seinem Herrn über diese harte Behandlung. »Er ist ein

Q 5

Lumpenhund,« antwortete der König, »und iſt für ſeine Unverſchämtheit mit Recht gezüchtiget worden.« Mit dieſer Genugthuung mußte der arme Noel zufrieden ſeyn. So ging es dem Hausgenoſſen; und auf folgende Art einem Manne vom erſten Range.

Der junge Graf Schwerin, Neffe des berühmten Feldmarſchalls, welcher bey Prag blieb, hatte ſich den Wiſſenſchaften gewidmet, und Friedrich hatte ihn zum Legationsrath gemacht. Bey einem Leichenbegängniß bekam er einen Streit mit einem Fähndrich, welcher ihm nicht den Rang laſſen wollte. Er ſchrieb deswegen an den König; dieſer antwortete, daß die Sache gar nicht ſtreitig ſey, weil es ſich von ſelbſt verſtände, daß die Fähndrichs den Rang vor allen Legationsräthen hätten. Sogleich ging der junge Graf zu ſeinem Oheim, und erklärte ihm, daß er nicht länger in einem bürgerlichen Amte bleiben wolle, weil der König ſolches ſo tief unter den Soldatenſtand ſetze. Wirklich wurde auch der Legationsrath bald darauf Fähndrich; gegenwärtig iſt er Generallieutenant und Inhaber eines in Weſtpreuſſen ſtehenden Infanterieregiments. e)

e) Anekdoten dieſer Art ſind ſehr viel bekannt. Unter denen, welche ich hinzuſetzen könnte, wähle ich folgende. Bey einer der Schleſiſchen Muſterungen befand ein Staatsminiſter ſich im Hauptquartier, und war bey dem Ausgeben der Parole, vielleicht durch Zufall, in den Kreis, der deswegen immer gemacht wird, gekommen;

Daß, bey dieser Denkart, es Friedrich II. nicht einfallen konnte, seinen Offizieren, wie es in mehren Staaten geschieht, Hofämter zu geben, und sie zugleich zu Kammerherren oder Kammerjunkern zu machen, bedarf wohl nicht erst gesagt zu werden. Wenn dadurch auch nicht die Unterordnung gerade zu insofern verletzt werden müßte, als dergleichen Aemter gewöhnlich einen hohen Rang ertheilen, und nun ein junger Hauptmann, welcher Kammerherr ist, am Hofe sehr leicht einem alten verdienstvollen Stabsoffizier vorgehen, und dadurch auf den Wahn gebracht, oder zu dem Anspruch, auch im Dienste Schonung oder Vorrechte zu verlangen, verleitet werden,

sogleich ließ ihm der König sagen, daß, da er hiebey keine Geschäfte habe, er sich aus dem Kreise wegbegeben möchte. Folgende ist von einer etwas lustigern Art: Bey einem der Hofbälle, welche, während des Aufenthalts des Großfürsten, in Berlin gegeben wurden, und wobey die Offizier der sämtlichen dortigen Garnison erschienen, bemerkte Friedrich, daß die Offizier des jetzigen Regiments Lichnowsky, welche sonst sehr wenig an den Hof kommen, und also nicht eben eigentliche Hofleute seyn mochten, gar keine Tänzerinnen finden konnten. Nun rief er die Obersthofmeisterinn der Königinn, und bat sie, den Hofdamen zu sagen, daß, da Er mit diesen Offiziers alle seine Feldzüge gemacht habe, er hoffe, daß diese Damen sich auch nicht würden schämen dürfen, mit ihnen zu tanzen.

A. d. Uebers.

und ſo ſeine eigentlichen Vorgeſetzten in Verlegenheit ſetzen, oder mit ihnen in Streitigkeiten gerathen kann: ſo würde Friedrich doch, und mit
Rechte, geglaubt haben, dadurch den Geiſt ſeiner
Offizier zu verderben, und ihre Aufmerkſamkeit
auf den Dienſt, und ihre Achtung dafür, zu ſchwä-
chen. Auch hatte er ſie für dieſen mit ſo vieler
Vorliebe zu erfüllen gewußt, daß ſie, weit er..-
fernt, ein dergleichen Amt als Vorzug anzuſehen,
ſich dadurch für herabgeſetzt würden gehalten haben, und von ihren Kameraden ſchwerlich noch
lange dürften gelitten worden ſeyn.

Friedrich war beſtändig, auch in Friedenszeiten, der oberſte Befehlshaber ſeines Heeres.
Er kannte alle Offizier, und hielt perſönlich die
Specialmuſterung aller ſeiner Regimenter ; das
heißt, er beſah ſie in Parade geſtellt, ließ ſich
die jedesmaligen Rekruten und Remontepferde beſonders zeigen, und unterſuchte den Zuſtand derſelben überhaupt. Der Inhaber jeder Compagnie
oder Schwadron begleitete ihn, ſo lange er bey
einer derſelben ſich aufhielt, um ihm Rechenſchaft
von allem, was ſie betraf, zu geben. Es iſt allgemein bekannt, daß er beſtändig die Uniform
und alle Unterſcheidungszeichen des Offiziers trug.
Mit einem Worte, er hörte nie auf, die Geſchäfte
des erſten Generals ſeines Heeres zu verrichten,
und als ſolcher immer zu erſcheinen.

Uebrigens war es nicht Friedrich II., welcher
den Begriff von dem allgemeinen Vorrange des
Soldatenſtandes in den preuſſiſchen Staaten feſt-

geſetzt, oder nur eingeführt hatte. Sein Vater
trieb dieſe Sache viel weiter; und ſie iſt die Frucht
einer beſtändigen, länger als achtzig Jahr ſtehenden
Gewohnheit. Auch läßt ſich nicht läugnen, daß,
wenn Geſundheit das erſte Gut des Lebens und das
Leben ſelbſt immer für den Menſchen von dem höchſten Werthe iſt, demjenigen, welcher beyde, zum
Vortheil für Andre, in die Schanze zu ſchlagen immer bereit ſich halten muß, einiger Vorzug vor dieſen andern gebührt; und ſo lange alſo die Menſchheit noch mit ſich und unter ſich Kriege führen wird,
kann, aus begreiflichen Urſachen, nur der Weichling
nicht wirkliche Achtung für Muth empfinden; und
nur die Eitelkeit durch dieſen Vorzug gekränkt
werden. Das was beſtimmt iſt, das Gebäude
gegen einen möglichen Umſturz zu ſchützen, und
die Aufrechthaltung deſſelben zu verſichern, hat
ohnſtreitig höhern Werth, als was blos zur Vervollkommnung und Verſchönerung deſſelben dient.
Freylich aber muß jener Vorzug nicht zur Bedrückung von andern angewandt werden können; und
Friedrich II. ſcheint den Mittelweg zwiſchen dem
Nothwendigen und Ueberflüſſigen in dieſem Fache
geſucht zu haben, ob er ihn gleich vielleicht nicht
gefunden hat. Gewiß iſt es, daß ein Heer nie,
als unter einem militäriſchen Fürſten, ſeine ganze
militäriſche Kraft haben kann. Aber Friedrich
fühlte auch, daß, wenn der Soldat die andern
Stände zu bedrücken, und mit Verächtlichkeit zu
behandeln berechtigt wird, die öffentliche Ordnung
dadurch ſehr leidet, ohne daß die Offizier dadurch

beſſer werden; vielmehr muß dieſes ſie verſchlim-
mern. Man ſagt zum Beyſpiel, daß die Pie-
monteſiſchen Offizier gewiſſer, ſehr verhaßter,
Vorrechte genießen, als z. B. bey Hochzeiten,
Kindtaufen und andern Gaſtereyen, ohne alle weitere Einladung, in die Häuſer der übrigen Bürger zu kommen, ohne daß man dieſe unangeneh-
men Gäſte wegſchicken dürfte. Wir können dieſes kaum glauben. Doch dem ſey wie ihm wolle,
Friedrichs Grundſätze waren hievon ganz verſchieden; er wollte, daß der Soldatenſtand von den
andern Ständen getrennt leben ſollte, und zu
Berlin und Potsdam, wo die Offizier unter ſeinen
Augen waren, miſchten ſie ſich in keine Geſell-
ſchaften, oder ſuchten keinen Umgang mit ihren
Mitbürgern aus andern Claſſen. Wahrſcheinlicherweiſe glaubte er, daß, da der größte Theil
derſelben nicht reich war, und alſo mehr Höflich-
keiten annehmen mußte, als erwiedern konnte,
der Soldatenſtand dadurch in eine Art Abhängig-
keit von den übrigen Ständen kommen, und ſo
nun etwas von dem ihm nöthigen Selbſtgefühl
verlieren würde; oder er fürchtete, daß die Offizier dadurch zu allerhand Vergleichungen verleitet,
mit einem Hange zu Gemächlichkeiten angeſteckt,
und ſehr leicht weichlich gemacht werden, und ſo
die Luſt zu ihrem Handwerke verlieren, oder auch
hiedurch ihre Aufmerkſamkeit davon abgezogen
werden könnte; genug, dieſe Art von Abſonderung
trug etwas zu der hohen Meynung bey, welche er
ſeinen Offiziers von ſich und von ihrem Stande bey-

zubringen suchte, und seine Sorgfalt hiefür ist
unveränderlich und unermüdet gewesen. Vielleicht
bestand er, wenn nicht in Kriegszeiten, wo die
Laufbahn der Ehre für jeden braven Soldaten offen
war, doch in Friedenszeiten zu sehr darauf, daß
alle seine Offizier, ausgenommen die von der Artillerie, von den Ingenieurs, von den Husaren,
und von den Garnisonregimentern, Edelleute seyn
sollten. Freylich flößen dergleichen Unterschei-
dungen Stolz ein, und der Stolz vermag große
Dinge hervorzubringen. Wenn ein Bürgerlicher
gleich eben so tapfer, als der älteste Edelmann von
der Welt seyn kann, so hat er doch nicht so viel
Bewegungsgründe dazu; und ein König, welcher
nicht alle diejenigen, die er in seinem Heere an-
stellt, ganz genau zu kennen im Stande ist, hat
einige Gründe, sie vorzugsweise unter derjenigen
Classe auszuwählen, wo er, der Wahrscheinlich-
keit nach, die mehresten mit dieser ersten Eigenschaft des Soldaten begabten Menschen antrifft.
Aber die Achtung für den Adel, dieser dem Menschen nur zu natürliche Aberglaube, von welchem
die große Seele Friedrichs sich nicht genug loszumachen wußte, verleitete ihn, in Rücksicht hierauf, zu Widersprüchen mit sich selbst. Denn,
wenn er es zu der Güte seines Heeres für nothwendig hielt, daß alle seine Offizier Edelleute waren; warum ging er von diesem Grundsatze, in
Ansehung einiger Arten von Truppen, als der
Ingenieur und der Artillerie, ab? Dieses wurde
der Achtung derselben, und folglich auch ihrer

Güte, nachtheilig. That er es, weil er zu diesen Arten von Dienst minder Muth für nöthig hielt? Aber ein Ingenieur ist in einer Belagerung von sechs Wochen öfterer und längere Zeit dem Tode und allen Gefahren ausgesetzt, als ein Offizier von der Reiterey in dem ganzen Laufe eines sehr langwierigen Krieges; und was den Dienst in der Artillerie anbetrifft, so ist er gewiß einer der fürchterlichsten, welcher sich denken läßt. Oder geschah es, weil die hierzu unumgänglich nothwendig erforderlichen Kenntnisse nicht so häufig unter dem Adel anzutreffen sind, als daß solcher die Stellen in diesen beyden Arten von Truppen gehörig zu bekleiden im Stande wäre? ᶠ) Dann gründete wahrlich der
Anspruch

---

f) Ueber die Ursachen, aus welchen Friedrich II. in den mehresten Arten seiner Truppen keine bürgerlichen Offiziere leiden wollte, hat er sich, in seinen nachgelassenen Werken, (Band 5. S. 167 u. f.) selbst erklärt; aber, ob er alle seine Ursachen dazu angeführt, ist mir zweifelhaft. Es kann allerdings wahr seyn, daß, wie er sagt, ein Bürgerlicher, welcher einen Mangel an Muth sich hat zu Schulden kommen lassen, deswegen immer noch in dem Hause seines Vaters einen Zufluchtsort findet, und ohne Erröthen, ohne deswegen sich für entehrt zu halten, das Geschäfte desselben fortsetzt; es kann wahr seyn, daß, wie unsre Verfasser bemerken, der Adel die mehresten Bewegungsgründe zur Tapferkeit hat. Auch lehrt ein wenig Beobachtung, daß die bessern Classen der bürgerlichen

Anspruch des Adels sich auf sehr erbärmliche Vor=
rechte! Das Handwerk des Husaren verlangt eben=
falls besondre Eigenschaften, um sich darin auszu=

gerlichen Stände im Ganzen gar nicht einmal
auf Muth Anspruch machen, daß sie das, was
davon zeugt, was dahin führt, oft sogar lä=
cherlich finden, und in ihren Kindern schon zu
ersticken, oder diesen doch den Soldatenstand
auf alle mögliche Art, zu verleiden suchen;
und wer also aus diesen Classen in den Solda=
tenstand tritt, erweckt mit einigem Recht wenig=
stens das Vorurtheil gegen sich, daß er ein aus=
gearteter, ausgelassener Mensch ist, der etwas
anders hätte werden können und auch werden
sollen, es aber nicht hat werden wollen; der
ohne im Geist des Soldatenstandes gezogen zu
seyn, diesen Stand nur ergriffen hat, um sich
seinen Neigungen und Leidenschaften nach Will=
kühr zu überlassen. — Doch, es sey auch
hiemit wie es wolle, jene Vorstellung von Man=
gel an Muth in den bürgerlichen Ständen,
wenn sie auch, was sie doch nicht ist, durchaus
gegründet wäre, ist meines Bedünkens, nicht
die einzige, oder vornehmste Ursache, warum
in dem preußischen Heere den Bürgerlichen die
Offierstellen versagt waren. Auch von dem ge=
meinsten Soldaten wird ja eben so viel Muth,
als von dem ersten Offizier gefordert; und die
Furcht vor der Strafe bewirkt diesen Muth
sicherlich nicht allein und nicht immer in jedem.
Sollte der Grund dieser Einrichtung also nicht
in der Verfassung der stehenden Heere
überhaupt zu suchen seyn? Und muß man nicht,

zeichnen, weil hier jeder Offizier öfterer ſein eigener General ſeyn, und nach ſeinen eigenen Einſichten handeln muß.   Dieſe Eigenſchaften finden

wofern man irgend ein Ganzes richtig beurtheilen will, die verſchiedenen Theile deſſelben,
nur in Beziehung auf dieſes Ganze, und alſo
auch den Offizier nie einzeln, nie an und für
ſich ſelbſt allein, ſondern immer zuerſt, als ein
Rad, als eine Springfeder in dem Soldatenweſen betrachten? Worauf kommt es nun aber
bey jenen Heeren an? Nicht blos auf Muth,
nicht blos auf Kenntniſſe, ſondern mehr, und
vielleicht vorzugsweiſe auf Mannszucht, auf
Unterordnung. Folglich muß denn auch alles,
was dieſer nachtheilig werden kann, vermieden,
und alles, was ſolche zu begünſtigen, zu ver-
ſtärken vermag, benützt werden. Und ließe ſie
nun, bey einem Corps bürgerlicher Offiziere, zu
einem ſo hohen Grade von Vollkommenheit ſich
bringen, als man ſie im preuſſiſchen Heere gebracht, oder zu bringen gewünſcht hat? Ich
geſtehe, daß ich hieran zweifle. Dieſe Unterordnung beruht nämlich auf der Achtung und
Ehrerbietung, welche der gemeine Mann für
ſeine Vorgeſetzten hat, auf dem Anſehn, worin
ſie bey ihm ſtehen. Nun ſieht aber der gemeine
Mann, beſonders der Soldat, Perſonen aus
den bürgerlichen Ständen natürlicherweiſe für
ganz gleicher Abkunft mit ſich ſelbſt an; und
diejenigen alſo, welche man ihm aus dieſen
Claſſen vorſetzen will, und welchen er blindlings
gehorchen ſoll, müßten folglich durch irgend ein
andres und, was wohl zu merken iſt, dieſem

sich zuweilen eher in einem gemeinen Unteroffizier,
als in einem jungen Edelmann; und Friedrich sah
unstreitig ein, daß, wenn er in diesem Dienste

R 2

gemeinen Manne selbst gleichsam fühlbares, in
die Augen fallendes Verdienst, zu dem Posten
seiner Befehlshaber berechtigt werden; und
nach welchem Maßstabe soll man nun dergleichen Personen zu Offizieren machen? Nach dem
Maßstabe militärischen Verdienstes, d. h. nach
Maßgabe der Dienstkenntnisse und des Muthes,
welchen sie gezeigt haben. Aber selten oder nie
haben bey denjenigen Arten von Truppen, deren
eigentliche Bestimmung es ist, in Masse zu fechten, das heißt, bey dem Fußvolk, bey den
Kürassieren und Dragonern, die einen hievon
mehr zu zeigen Gelegenheit als die andern; jeder
macht Anspruch auf dieses Verdienst; jeder versteht auch die ihm zu wissen nöthigen Uebungen
so gut, und bedarf auch eben so viel Muth, als
der andere. Folglich müßte man, im Ganzen,
die Beförderungen nach Maßgabe der Zeit der
Dienste vornehmen; dem länger bienendenSolda-
ten räumen seine jüngern, kürzere Zeit dienenden
Kameraden immer einigen Vorzug ein. Auch
verfuhr man im siebenjährigen Kriege, als bey
allen Arten von Truppen des preussischen Heeres bürgerliche Offizier gemacht wurden, nach
diesem Grundsatze, mit gehöriger Rücksicht auf
die übrige Lebensweise und das sonstige Verhalten dieser Personen. Aber, wenn nun auch die
Mitglieder aus den gebildeten bürgerlichen Classen — und diese sind es denn doch Vorzugsweise,
welche Anspruch auf das Vorrecht, Offizier zu

die Beförderungen zu Ehrenſtellen Perſonen bürgerlicher Abkunft verſagt hätte, er ſich dadurch
mehrerer zum kleinen Kriege vortrefflicher Sub-

werden, machen — ſo viele Jahre, als erforderlich ſind, um für einen alten Soldaten zu
gelten, im Dienſt, als Gemeine und Unteroffizier ausharreten, und würden ausharren wollen; werden ſie nicht durch den unaufhörlichen
und unvermeidlichen Umgang mit den übrigen
gemeinen Soldaten, auch), mehr oder weniger,
die Sitten, die Gewohnheiten und die Denkart
dieſer annehmen, und ſo ihre vorige Geiſtesbil-
dung, mehr oder weniger, verlieren? Werden
ſie dadurch, daß ſie dieſen gleich geworden ſind,
nicht um das ihnen als Offizieren nöthige Anſehen gekommen ſeyn? Werden jene ihnen ſo gehorchen, ſie ſo fürchten, als ſie ſollen und müſſen, wofern Unterordnung und Mannszucht in
ihrer ganzen Vollkommenheit ſollen aufrecht
erhalten werden? Werden ſie, nach ſo vielen,
im Dienſt, als Gemeine und Unteroffizier, zu-
gebrachten Jahren, auch den Grad geiſtiger und
körperlicher Thätigkeit beſitzen, der zu einem
guten Offizier erforderlich iſt? Bleibt ihnen,
bey dem Alter, das ſie dann, im Ganzen, noch
haben können, nur die Ausſicht zu den höhern
Ehrenſtellen im Soldatenſtande zu gelangen?
eine Ausſicht, die ſchlechterdings nothwendig iſt,
um die mancherley Beſchwerlichkeiten deſſelben
entſchloſſen zu ertragen. Doch genug von dieſen Fragen, die jeder, welcher mit dem Soldatenweſen bekannt iſt, ſehr vermehren und ſchwerlich jemand befriedigend widerlegen kann! Oder

jefte.würde beraubt haben. Ah, dieser großen
Seele wäre es mehr wie jedem andern Sterbli-
chen zugekommen, das ungereimte Vorurtheil,

N 3

sollte man, bey Beförderung bürgerlicher Personen zu Offizieren, blos auf äußere zufällige
Umstände Rücksicht nehmen? Auf Reichthum
zum Beyspiel? Aber Reichthum kann wohl im
geselligen Leben, oder vielmehr in Rücksicht auf
geselliges Leben, Ansehn verschaffen; aber der
Soldatenstand ist nicht blos geselliges Leben,
und Reichthum allein macht weder muthiger,
noch einsichtsvoller; wenn der gemeine Mann
ihn wegen der Vortheile schätzt, die er davon
ziehen kann; so hält er deswegen noch nicht den
in Ehren, welcher ihn besitzt. Schon bey Ci-
vilämtern, wo die Unterordnung lange nicht
so strenge ist, bringt der Einfluß desselben, wenn
er Statt hat, die verderblichsten Wirkungen hervor; und wehe dem Heere, wo er herrschend
würde! Ueberhaupt muß man, bey Beurtheilung dieses Gegenstandes, nicht vergessen, daß
es im Soldatenstande viel weniger, als in irgend einem andern, nicht darauf ankommt, was
der Mensch ist, oder besitzt, oder wofür er sich
selbst hält, sondern darauf, wofür die andern
oder seine Kameraden ihn halten. Die Meynung, die er von sich selbst hegt, geht hier selten oder nie, nur dem Anscheine nach, in diese
über; sie nehmen sich die Freyheit für sich selbst
zu urtheilen; und stehen auch gar nicht an, ihr
Urtheil freymüthig zu äußern, und ihr Verfahren ihm gemäß einzurichten. Ansprüche, welche
der gute Ton in Gesellschaft gelten läßt, und

welches die Menſchen bloß nach ihren Vorfahren claſſificirt, in die Jahrhunderte der Barbarey, oder zu Völkern zurück zu verweiſen, die, wenn nicht feig, doch einfältig genug ſind, der Achtung,

die alſo von dem, der ſie macht, als anerkannt angeſehen werden, läßt der wahre militäriſche Ton nicht durchgehen; und wohl der Menſchheit, daß doch noch irgendwo die ſogenannte feine Lebensart nicht herrſchend iſt. — Und aus dieſem Geſichtspunkte nun muß man, meines Bedünkens, den Vorzug betrachten, welchen, in Rückſicht auf die Ofizierſtellen, man dem Adel in dem preuſſiſchen Heere gegeben hat. Auf das, was der Adel wirklich iſt, oder wofür die gebildeten bürgerlichen Stände ihn halten, kommt es, wie gedacht, hiebey gar nicht, ſondern es kommt auf das an, wofür ihn der gemeine Mann, im Ganzen, anſieht, oder angeſehen hat. Nun beſteht aber der gemeine Soldat größtentheils aus gebornen Landleuten, und in den Augen dieſer iſt der adliche Gutsbeſitzer, vermittelſt ſeiner Geburt, gleichſam von Natur zu ihrem Herren gemacht. Sie werden ihn alſo auch im Soldatenſtande für etwas anderes oder beſſeres, als ſie ſelbſt ſind, gelten, und es ſich gefallen laſſen, ihm, wofern er ſonſt nur Luſt und Eifer zum Dienſte, und Kenntniſſe darin zeigt, untergeordnet zu ſeyn, ſo jung er ſonſt noch ſeyn mag; ſie werden ihm ohne Widerrede gehorchen. Auch klärt, aus dieſem Geſichtspunkte betrachtet, ſich das Verhalten Friedrichs, in Rückſicht auf die Artillerie- und Ingenieuroffiziere auf. Zur Artillerie ſind

welche sie um andrer Willen erhalten, den Vorzug
vor derjenigen zu geben, welche sie durch sich selbst
verdienen könnten.

K 4

Kenntnisse erforderlich, die nicht jeder gemeine
Artillerist haben kann, und nicht jeder haben darf,
deren Nothwendigkeit aber jeder einsieht. Wer
diese wirklich besitzt, kann also auch darauf
rechnen, daß er in den Augen seiner Untergeordneten wirkliches Verdienst, und also ein
Recht zum Befehlen hat. Es beburfte also hiezu
keiner Edelleute. Und die Ingenieuroffizier haben gar keine gemeine Untergeordnete. Was
den Husarendienst anbetrifft; so haben unsre
Herren Verfasser selbst sich schon darüber erklärt;
aber meines Bedünkens doch nicht die Sache
ganz deutlich eingesehen. Auch der gemeine
Husar kann, insofern er sehr oft einzeln sicht,
oder einzeln handeln muß, in den Augen seiner Kameraden, ein ihnen überlegenes Verdienst
zeigen, kann zeigen, daß, wenn er gleich nicht mehr
Muth, doch mehr Einsicht, mehr Entschlossenheit,
mehr Gegenwart des Geistes, mehr Gewandtheit,
als sie besitzt; hier ist also ein natürlicher Maß-
stab zu Beförderungen unter übrigens gleichen
Personen vorhanden; und die natürliche Folge
hievon ist wieder, daß wenn der, welcher jene
Verdienste hat, Befehlshaber wird, die übrigen
ihn in Achtung halten werden. Und was verliert denn auch der bürgerliche Stand dadurch,
daß er nicht durchaus Anspruch auf Offizierstellen machen kann? Etwas, worauf höchstens nur wenige Individuen desselben wirklich
Werth legen; etwas, wonach man sich wohl

Aber, wenn die Geburt gleich, in dem Heere
Friedrichs, den Zutritt zu Offizierstellen verschafte;
so muß man deswegen nicht glauben, daß sie allen
zu den höhern Ehrenstellen verhalf. Die einzigen
Fürstensöhne wurden schneller befördert, vorzüglich wenn sie mit dem königlichen Hause verwandt

mehr aus Eitelkeit, als aus Lust und Neigung
zu der Sache selbst, sehnt. Uebrigens gebe ich
gerne zu, daß jene Mannszucht und Unterordnung auch durch andre als diese Mittel hervorgebracht und aufrecht erhalten werden können;
aber hier ist die Rede von diesen Dingen in den
stehenden Heeren monarchischer Staaten,
von diesen Dingen, zu unserer Zeit, bey unsern
Verfassungen, bey unserer Art von Kultur.
Diesem gemäß ist es mir also auch nicht sehr
wahrscheinlich, daß, wie die Verfasser sich ausdrücken, Friedrichs große Seele sich nicht von
dem natürlichen Aberglauben der Menschen an
den Adel loszumachen gewußt, oder daß er, mit
andern Worten, geglaubt habe, daß die bloße
Geburt vorzügliche Eigenschaften des Geistes,
wirkliche Verdienste, und also darauf gegründete Vorrechte zu geben vermöge; meines Bedünkens sah er den Adel blos, als ein, in der
Staatsmaschine, oder in unsern Verfassungen
nothwendiges Werkzeug, oder blos im Verhältnisse zu diesen unsern Verfassungen, sah ihn
aus dem Gesichtspunkte an, aus welchem jeder
Fürst, und jeder billige Mensch, so lange unsre
Verfassungen noch bestehen, ihn ansehen muß,
und behandelte und benützte ihn diesem gemäß.
Unbekümmert um das, was er an sich selbst ist,

waren; doch fingen auch diese gewöhnlich damit
an, in irgend einem andern Dienste vorher sich
irgend einen höhern militärischen Charakter geben
zu lassen, und gingen dann, mit eben diesem Charakter, in den preussischen Dienst. Die Anekdote

R 5

und seyn kann, scheint er ihm nicht um des
Adels selbst, sondern nur wegen der Schicklich-
keit desselben zur Erreichung jenes Zweckes oder
als Mittel, Vorzüge vor denen, welche hiezu
nicht so tauglich waren, gegeben zu haben;
und er glaubte vielleicht mit einigem Anschein von
Recht, daß, wenn dem Adel auf diese Art eine
ihm eigene Bestimmung angewiesen ist, er sich
nun auch um die dazu erforderlichen Eigenschaften am ersten bewerben, und so auf den
Muth vorzüglichen Werth legen werde. Daß
bey andern auch stehenden Heeren monarchischer
Staaten zum Theil nach andern Grundsätzen
verfahren wird, beweißt nichts gegen die
Richtigkeit derjenigen, welche Friedrich II. be-
folgte. Es kann leicht seyn, daß man in jenen
Heeren Unterordnung und Mannszucht, aus
allerley Gründen, für nicht so nothwendig hält,
als Friedrich II. sie hielt; es kann seyn, daß
man, wegen der Bestandtheile und der übrigen Einrichtungen derselben, solcher nicht so
sehr zu bedürfen glaubt; aber es kann auch
seyn, daß man eben so sehr nach ihr strebt,
und nur nicht genug über die Mittel dazu nachgedacht hat, und in Rücksicht hierauf nicht
bündig genug ist.

A. d. Uebers.

iſt bekannt, daß, wie der Sohn des Herzogs von
Sachſen-Coburg, welcher während dem Bayerſchen Erbfolgkriege preuſſiſcher Hauptmann war,
den König bat, ihn zu befördern und ihm einen
höhern Poſten zu geben, dieſer ihm antwortete,
daß er geglaubt habe, ihm viel Ehre durch Er-
nennung zum Hauptmann in ſeinem Heere zu erweiſen, daß, wenn er, der Prinz, dieſes nicht
ſo fände, es ihm frey ſtünde, ſeinen Dienſt zu
verlaſſen. Der Sohn des Prinzen von Preuſſen,
gegenwärtigen Königs, hat Subalterndienſt in
dem Garderegiment, bis zur Gelangung ſeines
Vaters zum Throne, gethan, und dieſer war lange
Zeit, als Inhaber eines Regiments, nur Oberſter.
Und was bemerkt zu werden verdient, iſt, daß alle
dieſe Prinzen ſich ſehr hüten werden, die eingeführte Mannszucht und Unterordnung im geringſten zu verletzen, oder zu vernachläſſigen. Wir
haben einen General, welcher einen dieſer Prinzen unter ſeinen Befehlen hatte, zu dieſem ohn-
gefähr folgende Worte ſagen hören: Gnädiger
Herr, ins Teufels Namen paſſen Sie
auf; ihr Regiment iſt nicht gerich-
tet. g) Auch gibt es ſehr wenig Prinzen in dem

g) Wenn gleich die Prinzen nicht immer im Dienſte
   ſo behandelt wurden; ſo verdient es doch bemerkt zu werden, daß die alten preuſſiſchen
   Generale, von der Fürſtenwürde bey ſolchen
   Gelegenheiten nie Notiz nahmen; der Feldmarſchall von Schwerin nannte den Bruder des

preuſſiſchen Heere; es weiß ſich ohne ſolche zu behelfen; und Friedrich zog die ärmern Offizier allen
übrigen vor, weil ſie am aufmerkſamſten ſich mit
dem Dienſte beſchäftigten, und am mehrſten demſelben ergeben waren. Es iſt ein Brief von ihm
vorhanden, worin er gerade heraus ſagt, daß er
keine Grafen in ſeinem Heere haben will, weil
ſie gewöhnlich eitel ſind, nichts verſtehen, und des Dienſtes ſich nicht befleißigen. h) Doch arm oder reich, von gräf-
licher oder anderer Abkunft, mußten alle er ſich

Königs, den Prinzen von Preuſſen, im Dienſte
nie anders, als Herr Generallieutenant, ſo wie
den Prinzen Heinrich, Herr Generalmajor.
A. d. Ueberſ.

h) In einer, bey dieſer Stelle befindlichen Anmerkung, war geſagt: „daß dieſer Brief, bey
Gelegenheit eines Grafen, welcher ſeinen Abſchied gefordert habe, geſchrieben ſey, welches
denn Friedrich II. mit Rechte verhaßt geweſen,
weil ein ſchon gebildeter Offizier nicht durch
einen Neuling erſetzt werde.“ Wahrſcheinlicherweiſe iſt dieſe Anmerkung von Mirabeau
allein, der auch Graf war, und dadurch vielleicht die Sache der Grafen ein wenig zu verbeſſern glaubte; aber der Brief, welcher im
Schlözer, und an andern Orten mehr, gedruckt
zu finden iſt, wurde bey Gelegenheit eines Grafen geſchrieben, welcher, weil er Graf war,
Anſpruch auf vorzügliche Beförderungen machte.
A. d. Ueberſ.

gefallen laſſen, von unten auf zu bienen, und mit
Unteroffizier oder Fahnjunkerſtellen anzufangen,
mußten alle ſich der ſtrengſten Beobachtung aller
Obliegenheiten ihres Poſtens unterwerfen.

Friedrich unterzeichnete nicht allein das Pa-
tent des niedrigſten, wie des höchſten Offiziers,
ſondern er dachte auch, indem er es unterzeichnete,
an das, was er that. Die Inhaber der Regimenter ſchlugen den Inſpecteurs, und dieſe wieder ihm diejenigen vor, welche zu Offiziers befördert werden ſollten, und er entſchied ſich darüber
nicht eher, als bis er ſich von allem, was ſie betraf,
unterrichtet hatte. Derjenige, welcher durch ſein
vorheriges Leben, oder durch ſeine Abkunft u. d. m.
ihm einer Offizierſtelle nicht werth ſchien, gelangte
niemals dazu; [1]) und alle mögliche Empfehlungen, mit welchen man übrigens Friedrich II. überhaupt nicht ſehr beſchwerlich fiel, änderten in dieſem Syſteme nichts ab.

Noch minder durfte man hoffen, einen Offi-
ziercharakter zu erlangen, ohne die Geſchäfte eines
ſolchen zu verrichten. In dem ganzen Leben

---

[1]) Eigentlich wurden bey den jährlichen Special-
muſterungen, die jedesmaligen neuen Fahnjun-
kers dem Könige, mit den Rekruten zugleich,
vorgeſtellt; hier befragte er ſie nach ihrem Namen, Abkunft u. d. m. und, wenn er an ihrem
Herkommen, ihrem Adel, oder ſonſt etwas auszuſetzen fand, ſo wurden ſie gewöhnlich gleich
zurück geſchickt, oder verabſchiedet.

A. d. Ueberſ.

Friedrichs findet sich hievon kein Beyspiel. Es
bedurfte sogar einer besondern Erlaubniß für diejenigen, welche den Soldatendienst verlassen hatten, eine Uniform, oder sonst ein Kennzeichen
von einem Offizier zu tragen; und diese Erlaubniß
wurde nur denjenigen ertheilt, welche im Dienst
sich ausgezeichnet hatten, und von ihren Einkünften, ohne irgend ein bürgerliches Amt, lebten. [k])
Ueberhaupt war er schon mit Ertheilung von Un-
terscheidungszeichen, welche mit den militärischen
nur einige Aehnlichkeit hatten, sehr sparsam; erst
gegen das Ende seiner Regierung erhielten einige
Civilbedienungen eine Art von Uniform. Ohnstreitig fand er es eben so zweckwidrig, als lächerlich, denen zum Beyspiel, welche dem Staate
nicht mit dem Degen dienen, von Staatswegen,
ein besondres Zeichen an dem Degen, oder denen,
die nie im Felde erschienen, sogenannte Feldzeichen
zu geben.

Wie viel alle diese Aufmerksamkeiten (welche
ohnstreitig dem militärischen System viel günsti-
ger, als jedem andern sind,) dazu beytrugen, dem
Geiste der Offizier eine gewisse Erhabenheit einzuflößen, und sie zu den heldenmüthigsten Unternehmungen im Kriege fähig zu machen, kann man

---

k) Auch die Postmeister, welche als Offizier gedient hatten, erhielten diese Erlaubniß zuweilen; jedoch bekamen diese überhaupt zuletzt eine
eigene Uniform.
A. d. Uebers.

kaum ſich vorſtellen. Wirklich können auch nur
durch eine ſolche Achtung die von dem Soldatendienſt unzertrennlichen Beſchwerlichkeiten, und die
dazu immer nothwendigen Aufopferungen, das
einzige mögliche Gleichgewicht erhalten. Sogar
der den niedern Claſſen in den preuſſiſchen
Staaten aufgelegte Dienſtzwang hörte durch die,
dem Soldaten zu Theil werdenden Vorzüge gleichſam auf, für dieſen eine Laſt zu ſeyn. Auch der
gemeinſte Menſch, wenn er gehörig behandelt
wird, kann des Gefühls von Ehre fähig gemacht,
und dadurch für ſehr vieles ſchadlos gehalten werden. Hiezu kam die Herablaſſung des Königs
gegen dieſen gemeinen Soldaten. Er ließ
ſich mit ihm, wie es aus ſo vielen Anekdoten
bekannt iſt, beſonders während dem Kriege,
in Geſpräche ein, litt ihn um ſich, erlaubte
ihm hiebey alle mögliche Freyheit, bezeugte
ihm alle mögliche Theilnehmung, nannte ſich
ſelbſt, vorzugsweiſe, einen alten Soldaten, mit
einem Worte, machte ſich gleichſam ihm gleich,
und erhob ihn, natürlicher Weiſe, dadurch ſo ſehr
über ſich ſelbſt, daß ihm die größten Anſtrengungen nun natürlich wurden, daß er zwar von dem
Feinde geſchlagen, aber nie überwunden werden
konnte.

Friedrich ſtiftete, in den erſten Jahren ſeiner
Regierung einen Orden, welcher unter dem Namen des Ordens für das Verdienſt bekannt
iſt. Zuweilen gab er ſolchen an Perſonen, welche

nur Civilämter bekleideten, als z. B. an Voltaire, [1]) und einige andre mehr; aber sehr bald
schränkte er ihn auf das militärische Verdienst
allein ein. Mit diesem Orden sind gar keine Einkünfte verknüpft; er ist ein bloßes Vorzugszeichen;
aber er ist darum nicht minder ein Gegenstand des
Ehrgeizes, weil er nie verschwendet worden ist.
Er wird nur für schöne und tapfre Handlungen
im Felde ertheilt, und jeder Offizier, ohne Ausnahme, kann ihn erhalten; indessen wird er auch
zuweilen in Friedenszeiten an Befehlshaber, und
andre Stabsoffizier von solchen Regimentern gegeben, welche bey den Musterungen sich ausgezeichnet haben.

Friedrich hat beständig den vortrefflichen
Grundsaß gehabt, die Lust zum Abschiednehmen
unter seinen Offizieren nicht zu begünstigen. Ein
Hauptmann, ein Major, ein Oberster, welcher
aus dem Dienste gehet, wird durch den Fähndrich,
der an seine Stelle kommt, nicht ersetzt. Diesem
gemäß sind in dem preussischen Dienste die Gnadengehalte sehr selten, sehr mäßig, und einzig
und allein der Lohn langer Dienstjahre, und nur

1) Herr von Voltaire erhielt, wie es genug bekannt ist, diesen Orden als Unterscheidungs-
zeichen, weil die Schildwachen der Garde ihm,
den sie nicht kannten, den Eintritt in die königlichen Zimmer, welchen er hatte, einigemale
streitig machten. Aus eben diesen Gründen
erhielten ihn auch Maupertuis und Algarotti.
A. d. Uebers.

für denjenigen, der ſonſt ſich nicht zu erhalten weiß.
Ein Offizier, welcher zum Dienſte nicht mehr
tauglich iſt, erhält gewöhnlich ein, ſeinen Fähigkeiten angemeſſenes bürgerliches Amt, und legt
dann alle die, ſeinem vorhergehenden Handwerke
zukommende Unterſcheidungszeichen ab. Aber ſo
lange ein Menſch noch ſeinen Dienſt zu verrichten
vermag, behält er ſeine Stelle, und man erleichtert ihm alle Mittel dazu. Auch iſt es der Vortheil der Offizier, in dem Dienſte auszuharren,
weil der Poſten eines Hauptmanns einträglich iſt,
und ſie immer alſo durch den Abſchied verlieren.
Folglich ſind denn auch alte Offizier in dem preuſſiſchen Heere gar nicht ſelten. Dieſe Einrichtung
erſpart dem preuſſiſchen Staate und dem Schatze
ſehr große Summen, und erhält in dem Heere
eine Menge erfahrner Männer; und ſo hart ſie
ſcheint, iſt ſie löblich und weiſe.

Zweifelsohne iſt es nicht allen Königen gegeben, ſo große Feldherrn, als Friedrich, zu ſeyn,
und alle Länder vertragen auch nicht eine ſo militäriſche Verfaſſung, als die ſeinigen; zweifelsohne
würden auch verſchiedene Theile dieſer Verfaſſung
für diejenigen Staaten nichts taugen, welche andere und mehrere Grundlagen von Macht, als ihre
Soldaten, haben. Aber ſicherlich werden alle
diejenigen, deren Regent ſich von den preuſſiſchen
Grundſätzen entfernt, nie zu einem wirklich guten
Heere gelangen. Ein Fürſt, welcher vortreffliche
Soldaten haben will, muß für den Soldatenſtand
Achtung zeigen, muß den Uebungen ſeiner Truppen

pen beywohnen, muß selbst den Zustand seines
Heeres untersuchen, prüfen, genau kennen, muß
seinen Offizieren Zutritt zu ihm gestatten, und
ihre Beobachtungen, Vorstellungen und Klagen
schriftlich annehmen. Die allerstrengste Mannszucht und Unterordnung wird dann leicht und an-
genehm. Der geschmeichelte Ehrgeiz macht allen
Zwang erträglich, alle Arbeit leicht; und man
mag sagen, was man will, nur durch Zwang und
Arbeit kann ein gutes Heer gebildet werden.

Die Ehre ohne alle Bequemlichkeiten würde
indessen eine bald abgenützte Springfeder, besonders zu unsern Zeiten seyn, wo durch den Handel
das Geld ein viel wirksameres Mittel zum Wohlbefinden, als ehemals, geworden ist. Auch hat
Friedrich große Sorge getragen, in Rücksicht
hierauf, junge Leute anzulocken, und Menschen
von reifern Jahren zu befriedigen. Die Einkünfte eines Hauptmanns von der Infanterie belaufen sich jährlich auf mehr als zwölfhundert, und
bey einigen Regimentern auf mehr als achtzehnhundert Thaler. Die Schwadroninhaber bey der
Reiterey stehen im Ganzen eben so hoch, als die
letztern, und zum Theil noch höher. Folglich ist
man, nach Verlauf von zwanzig bis fünf und
zwanzig Dienstjahren, entschädigt gewartet zu
haben.

Hiemit vereint sich eine andre Einrichtung,
welche von sehr großem Nutzen ist, und die man
nicht genug für alle Heere, welche auf guten Fuß
sollen gesetzt werden, empfehlen kann. Es ist

dieſe, daß alle Beförderung nach der Zeit der
Dienſtjahre geſchiehet. Jeder Offizier der Infanterie rückt in ſeinem Regiment, unter ſeinen
Kameraden darin, bis zum Charakter des Majors
herauf; [m]) von da an tritt er zwar, in Rückſicht
auf Beförderung, in die Reihe der ſämtlichen
Majors von der Infanterie, und wird nicht eher
Obriſtlieutenant, ſo wie nachher nicht eher Oberſter und General, als bis ihn unter dieſen, den
ſämtlichen Stabsoffiziers der Infanterie, die Reihe
trifft; aber er bleibt hiebey gewöhnlich, bis zum
General, in eben dem Regimente, in welchem er
zu dienen angefangen hat, weil er hier nützlicher
als in einem andern Regimente ſeyn kann, weil
er das Regiment und das Regiment ihn kennt.
Selten wird dieſe Ordnung unterbrochen, das

---

m) Ich habe hier den Text ſogleich umgeändert,
weil er voller Unrichtigkeiten war, welche von
neuem beweiſen, wie wenig genau die Herren
Verfaſſer ſich um die Einrichtungen des preuſſiſchen Heeres bekümmert haben. Es hieß, daß
„um Major zu werden, ein Hauptmann von
einem Regiment in das andre, ſeiner Ancienni-
tät gemäß, geſetzt werde, daß man aber die
Sache ſo einzurichten ſuche, daß er, ohne jemand vorgezogen zu werden, dennoch als Major, und ſogar als Oberſtlieutenant in eben
demſelben Regiment bleibe, wo er zu dienen
angefangen.“ Wer kann hierin nur Sinn
finden.

A. d. Ueberſ.

heißt, selten wird ein Offizier von dem einen Regimente unter die Offizier eines andern eingeschoben; und so die Beförderungen der letztern aufgehalten. Auch thun die Offizier alles mögliche, um einen solchen Einschub, wie die Sache genannt wird, zu verhüten, der um desto empfindlicher ist, da, wie wir bereits erinnert haben, die sämtlichen Stabsoffizier der Infanterie zugleich Inhaber von Compagnien sind; und die Inhaber der Regimenter halten ihn für die größte Kränkung, weil es immer ein Beweis ist, daß der König mit dem Regimente nicht zufrieden war.

Eben so verhält es sich bey der Reiterey. Hier rangiren indessen nur die Stabsoffizier der Kürassier und Dragoner mit einander, und die Stabsoffiziere der sämtlichen Husarenregimenter wieder unter sich.

Diese Art von Beförderung nach den Dienstjahren ist vortrefflich, weil sie den Diensteifer aufrecht erhält. Man weiß ganz genau den Augenblick, in welchem man zu einem gewissen Genuß und Wohlstande gelangen, wo man für alle erlittenen Beschwerlichkeiten und alle geleisteten Dienste belohnt seyn wird. Man sieht diese Zukunft immer vor sich; es kann nicht fehlen, daß man sie nicht erreiche; es bedarf dazu nur einer guten Aufführung, ohne Verwandtschaften, ohne Gönner, ohne Glücksgüter. Hier scheitert alle Cabale, hier sind alle Begünstigungen ausgeschlossen. Gestattet man sich aber, selbst zu Gunsten eines überlegenen Verdienstes, Beförde-

rungen außer der Reihe, ſo ſind allen Arten von
Verwendungen, Empfehlungen und Vorſpiegelun-
gen Thor und Thür geöffnet. Nun ſind Aufmerkſamkeit und Dienſtkenntniß nicht mehr das Mittel
zu etwas zu gelangen, und kein Menſch befleißigt
ſich derſelben mehr, weil ſie zu nichts führen.

Mittel,
welcher der
König ſich
bedient hat,
ſein Heer zu
unterrich-
ten.
Aber, um die Offizier blos nach der Zeit der
Dienſtjahre zu befördern, muß man ſie zu der
Bekleidung aller der Poſten, zu welchen ſie gelangen können, vorher geſchickt machen. Wir
wollen alſo die Grundſätze unterſuchen, auf welche
Friedrich, in Rückſicht hierauf, ſein Syſtem,
daß durch ſo viele Siege gekrönt worden iſt, aufgeführt hat.

Der Krieg iſt nicht mehr, wie ehedem, ein
Handwerk, in welchem perſönlicher Muth und
Stärke den Sieg entſcheiden. Vermittelſt unſerer Waffen iſt er eine Kunſt, eine ſehr zuſammen-
geſetzte Wiſſenſchaft geworden. Man kann ihn,
wie jede Wiſſenſchaft, theoretiſch ſtudieren; und
eine gute Theorie, nachher vereint mit der Praxis,
wird in kurzer Zeit Offiziere hervorbringen, welche
zu allem fähig ſind. n) „Ich könnte alſo, wird

n) Das Studium der Kriegswiſſenſchaften überhaupt mit der Theorie, wie unſre Hrn. Verf. wollen, anzufangen, oder, ehe man noch überhaupt
Soldat iſt, dadurch ſich dazu vorzubereiten,
würde wohl nie der Weg ſeyn, zu irgend einem
hohen Grade von Einſicht und Brauchbarkeit
darin zu gelangen. Wenigſtens müſſen, wenn

wird Friedrich zu sich selbst gesagt haben, „gute „militärische Schulen errichten, und in ihnen alle „meine Offizier bilden. Aber welche Arten von

S 3

man hierüber etwas Bestimmtes und Bündiges sagen will, die verschiedenen Theile der Kriegswissenschaften sehr sorgfältig von einander unterschieden werden. Es gibt deren allerdings, als z. B. die Artillerie- und Befestigungskunst, in welchen, mehr oder weniger, die Theorie voran gehen muß, und welche man schon studieren kann, ehe man noch Soldat wird, es gibt Hülfswissenschaften, als z. B. die Erdbeschreibung, zu welchen der Grund nur durch Bücher und Charten zu legen ist; auch gebe ich gerne zu, daß von diesen Wissenschaften, zum Theil, wieder andre militärische Kenntnisse abhängen, und daß z. B. die Befestigungskunst sehr viel zur Bildung des Augenmaßes überhaupt, zur richtigen Beurtheilung aller Arten von Terrain, u. d. m. beyträgt; aber wenn auch nicht ein, z. B. von tactischen Bewegungen handelndes Werk, um nur gehörig verstanden zu werden, schon praktische Kenntnisse erforderte; so würde, meines Bedünkens, doch das Studium solcher Werke an Erwerb dieser Kenntnisse, die zum Theil so sehr ins Kleine gehen, und doch zuvörderst nothwendig sind, hindern. Jede Theorie erfüllt den Kopf mit allgemeinen Begriffen; und man kann nicht allein ganz richtige Begriffe von Dingen haben, ohne daß man sie deswegen noch zu machen wüßte, sondern man kann auch eben dadurch sehr leicht zu dem Wahn verleitet werden, daß es, vorzugsweise, nur auf dergleichen Begriffe

„Menſchen ſind es, die das Kriegshandwerk er-
„greifen? Es gibt deren von zweyerley Art; die
„einen wählen es aus Nothwendigkeit, die an-

ankommt. Wer ſich zum Mahler bilden will,
und den Anfang mit dem Studio der Theorie
der Mahlerey macht, wird es ſicherlich nicht
weit in dieſer Kunſt bringen, und der mit allen
Syſtemen der Philoſophie ſehr gut bekannte und
ſonſt ſehr ſcharfſinnige, ſogenannte theoretiſche
Philoſoph, iſt deswegen im mindeſten noch nicht
ein wirklicher, oder praktiſcher Philoſoph.
Eben ſo viel aber, und vielleicht noch mehr als
in der Mahlerey oder in der Philoſophie,
kommt es in dem Soldatenweſen auf die Ausübung, auf das Handeln an; und ein junger,
zum Soldaten beſtimmter Menſch, welcher dazu
durch das Studium der Theorie der Taktik ſich
zum voraus bilden wollte, käme ſicherlich,
wenn er es nun wäre, in die Gefahr, bey
größern kriegeriſchen Bewegungen, auf die
Ausführung, oder auf das Ganze derſelben zu
ſehen, und ſich nicht um ſeinen Zug zu bekümmern, in die Gefahr, viel über dieſe Dinge zu
raiſonniren, oder zu dem Verdienſte, ganz gut
darüber ſchwatzen zu können, ohne auf das,
was er ſelbſt dabey zu thun hat, ſehr aufmerkſam zu ſeyn, oder es je zu wiſſen und zu lernen.
Der ſogenannte kleine Dienſt, und alles was
dazu gehört, würde ihm unfehlbar ekelhaft
werden, und ganz unter ſeiner Würde ſcheinen;
er würde immer ſelbſt ſchon anordnen und befehlen wollen, wo er blos ausführen und gehorchen ſoll.   In jedem Dienſte aber, und be-

„bern aus Neigung. Von den erstern darf ich
„nicht große Anstrengungen erwarten; also wollen
„wir sie nicht in Rechnung bringen, ungeachtet

S 4

sonders bey den Einrichtungen des preussischen
Heeres, wo alle Glieder der Kette in einander
greifen und an einander hängen, muß der, wel-
cher ein brauchbarer, einsichtiger General wer-
den will, vorher ein brauchbarer Fähndrich und
Lieutenant gewesen seyn. Auch bedarf jedes
Heer eben so sehr brauchbarer Subalternen, als
einsichtiger Generale; und es ist zugleich nichts
ekelhafter, als einen ganz jungen Offizier den
Feldherrn spielen zu sehen, oder zu hören; bey-
nahe eben so ekelhaft als die entscheidenden
Urtheile, welche öfterer im gesellschaftlichen
Leben über das Kriegswesen gefällt werden.
Nicht daß ich das Studium der Theorie dieser
Theile der Kriegswissenschaften für überflüßig
und unnütz hielte; nein, keinesweges; allein,
meines Bedünkens, muß man schon praktische
Kenntnisse mehr oder weniger besitzen, schon den
Geist des Handwerks gefaßt haben, wenn man
von diesem Studio Vortheile ziehen, und sogar
es nur mit Lust treiben soll. Wer durch das
Praktische die Lust am Theoretischen verliert,
hat diese Lust wahrscheinlich nie besessen. Diesen Ideen gemäß, sind nun auch die Einrichtungen im Preussischen beschaffen; und die Herren Verfasser haben selbst in der Folge bemerkt,
daß für den wissenschaftlichen Unterricht in demjenigen Theile der Kriegskunst, wo die Theorie
voran gehen muß, gesorgt worden ist. Eben
so sehr war, wenigstens Friedrich II. beflissen,

„ihre Anzahl nicht klein iſt. Was die letztern
„anbetrifft; welches ſind die Gründe, aus welchen
„ſie Soldaten werden? Bey den mehrſten iſt es

die Offizier zu dem eigentlichen Studio derſeni-
gen Theile, welche mit der Praxis angefangen
werden müſſen, oder zu der Kunſt, die Kriege
zu führen, aufzumuntern. Er ſelbſt hat nicht
allein einen bekannten Unterricht für ſeine Generale, und noch eine Art von Anweiſung, welche,
ſo viel ich weiß, noch nicht gedruckt iſt, (Siehe
Oeuvr. poſth. Band 5. S. 176 u. f.) und
mehrere Aufſätze an die Inſpecteurs geſchrieben, ſondern auch in dieſen das Studium der
Kriegskunſt, und derjenigen Werke, welche zur
Bildung eines Feldherrn das mehrſte beytragen
können, angelegentlich empfohlen. Er glaubte
alſo auch nicht, daß, wie unſre Herren Verfaſſer ihn ſagen laſſen, die Praxis allein dazu
hinlänglich ſey; er wollte ſie mit der Theorie,
das Studium mit der Ausübung, verbunden
haben. Und allen dieſem zu Folge iſt nun wohl
das ganze Raiſonnement, welche unſre Herren
Verfaſſer Friedrich II. in den Mund legen, nicht
ſehr ſeinem Charakter angemeſſen, nicht ſehr
übereinſtimmend mit ſeinem Verfahren. Nur
aus Mangel an Aufmerkſamkeit und an Kenntniß deſſen, was wirklich war, ſind ſie alſo auch
hier wieder in Irthümer verfallen. Aber dieſe
Einrichtungen, dieſe Sachen waren ja ſo bekannt!
Nun denn, ſo haben ſie das, was das Soldatenweſen anbetrifft, beſſer, als Friedrich II. zu
wiſſen und zu verſtehen geglaubt.

A. d. Ueberſ.

„das Gefühl eines natürlichen Muthes, welches
„Vergnügen an dem Geräusch der Waffen, an
„der körperlichen Thätigkeit, wodurch ihre Kräfte
„geübt werden, an dem geselligen, freyen Leben
„des Soldaten findet. Ein solches Temperament,
„so geschickt es ist, die natürlichen Fähigkeiten des
„Geistes zu erwecken, verträgt sich selten mit einem
„fleißigen Studio von Büchern und mit dem
„Nachdenken. Meine besten Offizier werden also
„in ihrer Jugend unruhige Köpfe seyn, welche
„nichts thun wollen; immer im Kriege mit ihren
„Lehrmeistern und Aufsehern, werden sie aus den
„Erziehungshäusern, welche ich für sie stifte, sehr
„mittelmäßig unterrichtet kommen.

„Indessen lernen die Menschen das, was sie
„wissen sollen, nur durch zweyerley Mittel. Das
„erste ist Anstrengung des Geistes, Kenntniß der
„Grundsätze, worauf die Sache beruht, mit einem
„Worte, theoretisches Studium. Es ist un-
„streitig das beste, weil es das schnellste ist, und
„am tiefsten eindringt. Das andre ist die unauf-
„hörliche Wiederholung; durch diese lernen die
„Menschen den allergrößten Theil von Dingen,
„sogar die, welche, der Theorie nach, am schwer-
„sten sind, z. B. ihre Muttersprache, und die
„Sprache des Landes, in welchem sie geboren wer-
„den, die verschiedenen Handwerker, die mecha-
„nischen Künste; auf diese Art bildet sich der mo-
„ralische Charakter, wird Welt- und Menschen-
„kenntniß erworben, und mit einem Worte die
„Kenntniß von so vielen Gegenständen erlangt,

„über deren Studium man niemals nachgedacht
„hat. Dieses ist also der Weg, welchen ich zur
„Bildung meiner Offiziere, vom Fähndrich an
„bis zum General, einschlagen muß, und diesem
„gemäß werde ich nun meine Maßregeln, in
„Rücksicht hierauf, nehmen.“

Geleitet von diesen Grundsätzen, beschäftigte
sich Friedrich zuförderst mit der Grundlage der
Kunst, mit der Vervollkommnung der militärischen
Bewegungen. Ein Heer ist eine Zusammensetzung von Bataillonen und Schwadronen. Sind
die Bewegungen, welche Ein Bataillon, und
Eine Schwadron, bey allen möglichen Gelegenheiten zu machen hat, auf eine unveränderliche
und auf die bestmöglichste Art festgesetzt: so sind
sie es auch für ein Corps, für ein ganzes Heer. °)
An der Auflösung dieses Problems hat Friedrich,
während sechs und vierzig Jahren, unaufhörlich

b) Ey, das wäre! Auf eben dieselbe Art und
Weise also, wie z. B. in dem preussischen Heere,
eine Schwadron formirt wird, formirte sich auch
wohl, oder deployrte, ein ganzes Regiment Reiterey? Doch es ist hier der Ort nicht von militärischen Bewegungen zu handeln. Ich setze
nur noch hinzu, daß der höchste Grundsatz derselben darin besteht, solche in dem möglichst
kürzesten Zeitraume, oder mit der möglichst
größten Geschwindigkeit, verbunden mit der
möglichst größten Ordnung, auf alle Arten von
Terrain, und in allen Richtungen, zu machen.
A. d. Uebers.

gearbeitet und arbeiten laſſen. Auch iſt das
Meiſterſtück aller Taktik die Wirkung hievon geweſen.

Man wird nicht erwarten, daß wir hier
umſtändliche Nachrichten von der preuſſiſchen Taktik geben ſollen. Dieſer Gegenſtand allein würde
ein großes Werk erfordern. ᵖ) Genauere, leichtere, ſchnellere Bewegungen laſſen ſich nicht erfinden, noch die Grundſätze, nach welchen ſolche ausgeführt werden müſſen, wenn ſie ohne Fehler gemacht werden ſollen, genauer beſtimmen.

p) In einer, bey dieſer Stelle befindlichen Anmerkung, gaben die Herren Verfaſſer Nachricht von
der, bey dieſem Buche des Werkes befindlichen
preuſſiſchen Taktik, welche für deutſche Leſer
überflüßig iſt, da wir bereits eine beſondre
Ueberſetzung dieſer Taktik beſitzen. Auch war
von der Taktik der Cavallerie noch etwas darin
geſagt, wovon aber nur das Folgende bemerkt
zu werden verdient. „Die Vollkommenheit der
preuſſiſchen Reiterey iſt mehr die Wirkung von
den erſten Elementen ihres Unterrichtes, als von
ihren Bewegungen; jene Elemente allein ſetzen
ſie in den Stand, dieſe Bewegungen mit der
ihr eigenen Genauigkeit und Schnelligkeit auszuführen. Man ſieht nur die Wirkung; das
Wie davon wird man erfahren, wenn irgend ein
Beobachter vom Handwerk die preuſſiſchen Ca-
vallerie-Schulen in ihrem ganzen Umfange wird
ſtudiert haben; aber wir zweifeln, daß er Zugang dazu erhalten möchte."

A. d. Ueberſ.

Durch dieſe, über alles Lob erhabene Mittel, hat man es dahin gebracht, daß wenigſtens unter Friedrich II. Linien von zwanzig und mehr Batail-lonen, die einen Raum von ungefähr zwölftauſend Fuß einnehmen, in Schlachtordnung zwölfhun-dert und mehr Schritte, ohne alles Schwanken, ohne im geringſten ihre Ordnung und Richtung zu verlieren, vorrückten, eine Schwenkung um den Mittelpunkt binnen zehn Minuten machten, u. d. m. Colonnen von zwanzig Schwadronen brauchten nur vier und funfzig Sekunden Zeit, um ſich zu deployren; mit einem Worte, man ſah zwanzig andre, eben ſo außerordentliche Reſultate, die denjenigen, welche die preuſſiſchen Truppen nicht geſehen haben, Fabeln ſcheinen werden.

Nur eine Bemerkung über einen einzeln Umſtand wollen wir uns erlauben, weil dieſer Umſtand uns ſehr aufgefallen iſt. Die preuſſiſche Infanterie marſchirt niemals nach der Muſik. Durch eine beſtändige Uebung wird die Cadenz des Marſches ihr ſo natürlich und eigen, daß die Sol-daten keiner muſikaliſchen Inſtrumente bedürfen; ſie würden nur, wenn ſie darauf hörten, dadurch in Unordnung gebracht werden. Auch bedarf es nur eines geringen Nachdenkens, um ſich zu über-zeugen, daß jene unwiderſtehliche Gewohnheit ſehr viel beſſer iſt, als die Erfindung des Marſchall von Sachſen, welche man bey den franzöſiſchen, engliſchen und ſogar bey mehrern deutſchen Trup-pen eingeführt hat. Bey welcher Gelegenheit

kommt es vorzüglich auf einen genauen, ordentlichen Marsch an? Doch nicht bey einer Wach-
parade, oder bey Uebungen in Friedenszeiten,
sondern zweifelsohne dann, wann ein Heer in
Schlachtordnung dem Feinde entgegen rückt, um
ihn anzugreifen? Oder unterhielte man nur der
Wachparaden wegen, nur als Schauspiel und nur
zum Schauspiel, Soldaten? Aber zu glauben und
zu verlangen, daß die Hautboisten unter dem
feindlichen Feuer fortblasen werden und sollen, ist
ein wirklich sonderbarer Einfall; wenigstens werden sie, bey solchen Gelegenheiten, sehr schlecht
Takt halten, wenn man sie nämlich genöthigt hat,
die Truppen bis dahin zu begleiten, und wenn,
was noch viel schwerer ist, man sie hören kann. q)

q) Wir finden in einem neuen Werke, welches den
Titel führt: „Von der Musik in sich selbst betrachtet," und das dem Herrn von Chabanan
zugeschrieben wird, S. 272 diese sonderbaren
Worte: „Was würde im Kriege ein mörderi-
„sches Gefecht seyn, wenn es ganz stillschwei-
„gend geliefert würde? Nichts um sich hören,
„als das Geschrey der Sterbenden, und mit
„kaltem Blute die Zahl derselben vermehren:
„diese Vorstellung macht schaudern. Die Mu-
„sik verhüllt mit ihrer Täuschung diese blutige
„Scene, und die kriegerischen Instrumente er-
„füllen die Seele der Streitenden mit der Freu-
„digkeit des Muthes. Nach diesem Zauber der
„Musik, welcher sich bis auf den Tod selbst er-
„streckt, lassen die Wirkungen sich beurtheilen,
„welche man auf dem Theater von ihr erwar-

Wenn man die Truppen daran gewöhnt hat, im=
mer nach dem Klange der Muſik zu marſchiren: ſo
werden ſie, ſobald ſie dieſe nicht mehr hören, auch

„ten kann.“ In welche Irrthümer verfallen
doch nicht die beſten Köpfe, wenn ſie nicht ſich
wenigſtens um die Hauptzüge aller derjenigen
Gegenſtände bekümmern, welche mit demjenigen,
den ſie behandeln, in Verbindung ſtehen! War
es denn dem Verfaſſer unbekannt, daß es in
einer Schlacht ein Inſtrument gibt, deſſen Ge=
räuſch hinlänglich iſt das Geſchrey der Ster=
benden zu überſtimmen, ein Inſtrument, wel=
ches weder ein Blaſe= noch ein Saiten= ſondern
ein Feuerinſtrument iſt, das den Genuß der
Melodien aller andern unmöglich macht?

So weit unſre Herren Verfaſſer! Ihre
Bemerkungen über das Marſchiren nach der
Muſik ſind allerdings vollkommen richtig.
Und wenn auch das, was ſie dagegen erinnern,
alles wegfiele, oder zu verneiden wäre: ſo
würde doch ſchon die bloße Verwundung des
Regimentstambours, oder des ſonſtigen An=
führers dieſer Muſik, dem Marſchiren nach der=
ſelben höchſt nachtheilig werden, oder ihm ein
Ende machen. Aber, wenn ſie deswegen an
einem Schlachttage gar keine Muſik für möglich
oder wirklich gehalten haben, und ihr alle Wir=
kung abſprechen; ſo ſcheinen ſie denn doch nicht
eben mit dem, was an ſolchen Tagen vorgeht,
ſehr bekannt geweſen zu ſeyn. Zur militäri=
ſchen Muſik gehören auch die Trommeln; und
bey dem Anrücken der Linie und ſo lange über=

nicht mehr marschiren können; aber wenn man,
durch unaufhörliche Uebung, ihnen die Cadenz des
militärischen Schrittes ganz und gar natürlich und

haupt die Truppen in Bewegung sind, oder ehe
das kleine Gewehrfeuer anfängt, werden nicht
allein diese geschlagen, sondern auch die Hautboisten blasen. Eben so verhält es sich bey der
Reiterey; nicht allein bey jedem Choc blasen
die Trompeter, sondern sie müssen auch mehrere
Zeichen, als z. B. zum Ralliiren geben. Was
die Wirkung der Musik anbetrifft: so ist es gewiß, daß sie den Eindruck dieses schrecklichen
Schauspieles, wenigstens im Anfange, erhöht,
oder feyerlicher macht, und Einfluß auf die
Gemüthsstimmung hat. Auch ist sie, ehe das
kleine Gewehrfeuer anfängt, immer hörbar genug. Man erlaube mir eine kleine Anekdote
über diese Wirkung mitzutheilen. Für ihre
Richtigkeit bin ich Bürge. Ein alter verdienst-
voller österreichischer Offizier von der Infanterie
versicherte, daß, sobald ihre Leute die bekannten, ehemals bey den preussischen Grenadiers
üblichen Querpfeiffen gehört, sie, wenn sie auch
diese Grenadier unter dem Dampfe noch nicht
hätten erkennen können, immer unfehlbar bald
nachher in einen Kreisel und in Unordnung gerathen wären; so furchtbar hatten diese Grenadier sich gemacht, welchen man, aus diesem
Grunde allein, schon ihre Querpfeiffen hätte
lassen sollen. Daß übrigens hiedurch nicht das
gerechtfertigt, oder begünstigt wird, was Herr
v. Chabanon von der Wirkung der Musik an
Schlachttagen sagt, sieht der Leser von selbst.

maſchinenmäßig gemacht hat: ſo werden ſie, bey
allen Gelegenheiten dieſen Schritt halten und behalten. Die preuſſiſche Methode iſt alſo die
beſte, die zweckmäßigſte, die einzig ſchickliche zu
Gefechten und Schlachten.

Wir haben es ſchon geſagt: man muß dieſe
vortrefflichen Einrichtungen nicht Friedrich II. allein
zuſchreiben. Sein Vater war der erſte Urheber
davon, und Friedrich hat nur das vervollkommt,
wozu Friedrich Willhelm den Grund gelegt hatte.
Beſeelt von dem ſeltenſten Geiſte der Ordnung,
liebte der letztere die militäriſchen Schauſpiele.
Seine Truppen wurden unaufhörlich geübt, zwar
ohne beſondre Zwecke, zwar Vorzugsweiſe nur in
den ſogenannten Handgriffen, und faſt nie in
großen Bewegungen. Aber ſie lernten deswegen
nicht minder durch dieſe Parabeübungen, welche
jetzt nur eine beſchwerliche Spielerey ſcheinen würden, ſich unter dem Gewehr, in dem allertiefſten
Stillſchweigen und in der vollkommenſten Ruhe
zu verhalten, und Auge, Ohr und Geiſt auf ihr
Geſchäfte und die Stimme ihres Befehlshabers
unverrückt feſter zu richten. Wenn dieſe Dinge
den Truppen tief eingeprägt ſind, ſo kann man
mit

Und überhaupt iſt an ſolchen Tagen jeder zu ſehr
mit ſeinem eigenen Daſeyn, oder auch mit der
Sache, welche betrieben wird, beſchäftigt, als
daß er durch das, was ſeine Gehülfen betrifft,
ſehr gerührt werden könnte.
A. d. Ueberſ.

mit ihnen machen, was man will. Wir setzen
noch hinzu, daß mit den unnützen, vorzugsweise
getriebenen Handgriffen, das Feuern verbunden
war, und daß durch diese unaufhörliche Uebungen,
und durch die von dem Fürsten von Anhalt erfun-
benen, und in dem preußischen Heere zuerst eingeführten eisernen Ladstöcke, die preußischen Truppen es dahin gebracht hatten, geschwinder als alle
übrigen zu laden und zu schießen.

Durch diese Vorzüge gewann Friedrich II.
seine ersten Schlachten, und seine Siege lehrten
ihn das kennen, was seinen Truppen fehlte, um
sie vollkommen zu machen. Die beyden ersten
schlesischen Kriege zeigten ihm, daß Feuern und
Marschiren, oder die Kunst der Bewegungen,
alles, und das Uebrige nur Kleinigkeiten sind.
Von da an wurden nur hierin die Truppen unaufhörlich geübt; die Handgriffe wurden als das
A B C angesehen, das man nicht mehr wieder-
holt, wenn man lesen kann. Dieser Krieg zeigte
ihm ferner, daß eine schwerfällige, langsame Reiterey die erbärmlichste aller Arten von Truppen,
und keinesweges der ungeheuern Summen, welche
sie kostet, werth ist. Er arbeitete also daran,
der seinigen mehr Beweglichkeit, Leichtigkeit,
Schnelligkeit zu geben; und mit Hülfe eines
Mannes von den seltensten Eigenschaften, des
Herrn von Seidlitz, welcher wirklich die Natur
dieser Waffe gänzlich umgeschaffen hat, gelang es
ihm, besonders seit dem Frieden von Hubertsburg,
so sehr, als es die menschliche Einbildungskraft

T

ſich vorzuſtellen vermag. Man kann verſichern,
daß Friedrich mehr für die Reiterey, als das Fußvolk gethan hat, das heißt, daß durch ihn jene
mehr als dieſe vervollkommt worden iſt. Ueberhaupt wurden nach dieſem Frieden die Ordnung,
die Genauigkeit, die Schnelligkeit in den bekannten Bewegungen zur höchſten Vollkommenheit
gebracht. Man unterſuchte ſolche auf das gründ-
lichſte, um ſie einfacher und regelmäßiger zu
machen. Aber der ſiebenjährige Krieg hatte auch
die Nothwendigkeit und Möglichkeit gezeigt, deren
neue und leichter ausführbare einzuführen, wodurch
die Schlachtordnung ſowohl auf alle mögliche Art
gebildet, als abgeändert werden kann, ohne daß
der Feind es gewahr wird, oder ſich ihnen zu wi-
derſetzen die Zeit behält. Nach dieſem Kriege
ſind die ſinnreichſten und ſchnellſten Mittel der
neuern Taktik erfunden, und diejenigen, wodurch
alle Bewegungen in der möglichſt größten Ordnung ausgeführt werden können, auf den höchſten
Grad vervollkommt worden.

Wenn gleich die umſtändliche Darſtellung
dieſer Bewegungen und dieſer Mittel in ein anderes Werk gehört; ſo müſſen wir doch hier von den
Methoden reden, deren Friedrich II. ſich bediente,
um ſein ganzes Heer darin zu unterrichten und den
Offizieren die Grundſätze davon beyzubringen,
dergeſtalt, daß ſie ſolche zu gleicher Zeit beſſer
und ſicherer ausüben und zeigen konnten, als wenn
man ſie ihnen wiſſenſchaftlich, in den ausgeſuchte-

sten Vorlesungen über die Taktik ᵗ) beygebracht
hätte.

Zuerst wird alle Tage im Jahre, die Sonn-
tage ausgenommen, die zur Wache bestimmte
Mannschaft eine Stunde lang in den Waffen geübt. Alle Offizier des Regiments sind verbunden dabey gegenwärtig zu seyn. Nach Verhältniß der Zahl dieser Mannschaft läßt ein Stabsoffizier, oder ein Hauptmann, seiner Reihe nach,
sie diese Uebungen machen. Er verbessert ihre
Fehler dabey, tadelt sie, straft sie, wenn es nothwendig ist. Diese Uebungen bestehen in den verschiedenen Arten, auf der Stelle, rechts und links,
im Vorrücken und Zurückziehen zu feuern, und in
den verschiedenen Arten von Abmärschen und Auf-
märschen, Abbrechen, Schwenkungen, u. d. m.

T 2

ᵗ) Ich habe über diese Vorlesungen über die Taktik,
wenn sie aller Praxis vorher gehen, oder denjenigen, die noch gar nicht Soldaten sind, sondern es erst werden wollen, gehalten werden
sollen, mich bereits erklärt; hier scheint es gar,
als ob die Herren Verfasser geglaubt hätten,
daß man ohne alle Praxis durch sie allein takti-
sche Kenntnisse erwerben könne; das wäre ungefähr eben das, als wenn man aus- und durch
Bücher allein, tanzen, fechten, reiten lernen,
oder gar Tanzmeister, Fechtmeister, Stallmei-
ster, ohne jemals getanzt, gefochten, oder geritten zu haben, werden wollte.
A. d. Uebers.

An den Löhnungstagen, folglich ſechsmal in jedem Monate, verſammeln, wofern das Wetter ſich nicht ſchlechterdings widerſetzt, ſich die ſämtlichen Truppen des ganzen Quartierſtandes, und machen, nach Verhältniß ihrer Anzahl, größere oder kleinere Evolutionen.

Bey der Reiterey verhält es, im Ganzen, ſich eben ſo; und wenn gleich bey einigen Arten derſelben, als bey den Küraſſiren und Huſaren, die Wachparaden nür wenige Uebungen zu Fuße machen; ſo werden doch vorher täglich, acht, zehn bis zwölf Mann von jeder Schwadron, auf den Reitbahnen, oder auch, wenn es das Wetter geſtattet, oder die Reitbahn zu dem, was gemacht werden ſoll, zu klein iſt, im Freyen zu Pferde vorgenommen.

Dieſes ſind die beſtändigen Uebungen, bey welchen alle Offizier, von dem erſten General an, wofern ſich einer in der Garniſon befindet, bis zum jüngſten Fähndrich, wenn nicht als Theilnehmer, doch wenigſtens als Zuſchauer gegenwärtig ſeyn müſſen, ohne unter irgend einem Vorwande, ausgenommen wegen Krankheit, fehlen zu dürfen.

Hiemit verbindet ſich eine andere Einrichtung, ohne welche die vorhergehenden nicht von großem Nutzen ſeyn würden, dieſe nämlich, daß es den Offizieren nur ſelten geſtattet wird, ſich aus ihren Standquartieren zu entfernen. Alle vier oder fünf Jahr ein Urlaub auf höchſtens drey Monate, und nur für den, welcher trifftige Gründe dafür anzuführen weiß, iſt alles, was man ſich ſchmei-

cheln darf, in dem preussischen Dienste zu erhalten, und gewöhnlich werden nur die strengen Win-
termonate, in welchen, im Ganzen, die wenigsten
Uebungen möglich sind, hiezu verwilligt. Folglich sieht ein Offizier nichts als seine Compagnie,
sein Regiment, seinen Quartierstand, und denkt
an nichts, als militärische Uebungen und Bewegungen. Die tägliche Gewohnheit würde auch
dem stumpfsten Sinne so einfache Dinge einzuprä-
gen vermögen. Dadurch wird gleichsam ein Gefühl dafür gebildet; der kleinste Fehler fällt nun
ins Auge; an einem Wiederschein von den Gewehren, an dem Klange allein sehen oder hören sie,
welcher Mann in einem ganzen Bataillon gefehlt
hat; durch Wahrnehmen, Tadeln, Verbessern
werden sie alle vollkommen fähig, einen rohen
Bauerkerl in einen geschickten Soldaten umzu-
bilden. s)

Diese täglichen Uebungen werden mit denen
Soldaten angestellt, welche beständig bey ihren
Fahnen bleiben. Zwey Monate von der schönen
Jahrszeit sind zur Uebung aller derer bestimmt,

T 3

s) Die Herren Verfasser hätten immer noch hinzu
setzen können, daß jeder preussische Offizier, entweder schon als Cadet, oder bey dem Regimente,
alle Uebungen des gemeinen Mannes zu machen
lernen, und daß, wer nicht Cadet gewesen ist,
der Regel nach, drey Monate als Gemeiner,
obgleich in Unteroffizier-Montirung, dienen
muß.

A. d. Uebers.

die zum Heere gehören. Die Regimenter ziehen
dann ihre Beurlaubten ein, und die Cavallerieregimenter, welche in mehrern einzeln Städten
ſtehen, verſammeln ſich, Regimenterweiſe, bey
irgend einer. Mit den Uebungen der Rekruten
und Beurlaubten wird der Anfang gemacht; dann
üben ſich die Compagnien und Schwadronen für
ſich, und endlich die Regimenter im Ganzen, und
auch da, wo mehrere zuſammen ſtehen, noch vor
der Muſterung, mehrere zuſammen. Eben dieſe
Ordnung wird auch in andern Dienſten beobachtet,
aber nicht mit eben ſolcher Strenge; und wenn
wir Strenge ſagen: ſo verſtehen wir darunter
nicht diejenige, welche den gemeinen Soldaten betrifft, ſondern diejenige, welche man gegen den
Offizier übt. Man verlangt von ihm, daß er
eben ſo aufmerkſam als der gemeinſte Soldat ſey,
man verlangt, daß er im Marſchiren, bey Führung ſeines Zuges, die Richtung und Entfernung
genau, ohne jemals zu fehlen, beobachte, damit,
bey der Einſchwenkung, das Bataillon vollkommen gerichtet ohne Lücken und ohne Gedränge
da ſtehe. Mit einem Worte, man will, daß
alles, was der Offizier zu thun hat, mit eben ſo
vieler Vollkommenheit, als die Bewegungen des
gemeinen Soldaten, gemacht werde, und dieſes
von dem Befehlshaber des Bataillons an bis
zum jüngſten Fähndrich. Der Offizier, welcher
fehlt, wird unfehlbar in Verhaft geſetzt; und
wenn er ſich häufige Fehler zu Schulden kommen

ließe; würde man ihm rathen, einen Dienst, zu welchem er nicht schicklich ist, zu verlaßen.

Auf diese Art werden die Offiziere und die Gemeinen zu den Uebungen und Bewegungen gebildet, welche die Grundlage der größern Bewegungen bey Märschen und an Schlachttagen sind; Was diese Bewegungen, wodurch Generale gezogen werden, anbetrifft; so hat Friedrich auch diesen wichtigen Theil der Kunst keineswegs vernachläßigt. Gegen das Ende der festgesetzten Uebungszeit versammeln seine Truppen sich in verschiedenen Lägern. Es ist deren eines bey Potsdam, eines bey Berlin, eines bey Magdeburg, eines bey Stargard, eines bey Cüstrin, zwey in Schlesien, eines in Ostpreußen, und eines in Westpreußen. Außer den allgemeinen Vortheilen, welche hieraus insofern für die Bildung der Truppen entstehen, als sie, weil sie, bey den mehrsten dieser Versammlungen, ordentlich Zelter aufschlagen und unter Zeltern leben, dadurch zu den Ideen vom Feldleben gewöhnt, oder darin unterhalten werden, und ordentliche Felddienste thun lernen, führen sie hier, unter den Befehlen der Generale, und unter den Augen des Königs, dergleichen größere Bewegungen aus; hier bilden sich die Stabsoffizier, indem sie das Bild des Kriegs sehen, in ihrer Reihe wieder zu Generalen. Auch versammeln sich die Truppen zum Theil im Herbste noch einmal, nur mit dem Unterschiede, daß dabey die Beurlaubten nicht eingezogen werden; und machen alsdenn gewöhnlich noch künstlichere und gelehrtere Ma-

noeuvres. Man theilt die Truppen in zwey verſchiedene Corps, welche ſich gegenſeitig angreifen
und vertheidigen. Die Anordnungen dazu werden nur im Allgemeinen gegeben, und die General-
müſſen ſelbſt die kleinen Umſtände der Ausführung
beſtimmen.

Dieſes iſt ihre Schule, und zweifelsohne iſt
ſie nicht hinlänglich, diejenigen zu Feldherren zu
bilden, welchen die Natur keine Anlagen dazu
gegeben hat. *) Aber, erſtlich war unter Frie-

*) Dieſe würden es wahrlich auch nicht, wenn
ſie gleich mit wiſſenſchaftlichem Unterricht in der
Kriegskunſt anfingen. Es iſt ein wenig
lächerlich, die Herren Verfaſſer immer, bald di-
recte, bald indirecte, auf den Vorzug der Theorie vor der Praxis, und auf den Werth der
Vorleſungen über die Taktik, auf die Nothwendigkeit, von ſolchen auszugehen, zurückkommen
zu ſehen. Geſchieht es etwan, weil Einer von
ihnen dergleichen Vorleſungen hielt, und mit
der Theorie derſelben ſich beſchäftigte? Den
Werth dieſer Theorie, oder des theoretiſchen
Studiums der Kriegskunſt überhaupt verkennt
gewiß kein Soldat; aber was hätte denn die
preuſſiſchen Generale gehindert, mit jenen Uebungen dieſes Studium zu verbinden? Wenigſtens
iſt es nicht die Schuld Friedrichs, wenn ſie es
nicht gethan haben; Luſt dazu hat er ihnen genug, wie ich ſchon bemerkt habe, zu machen
geſucht; und er wollte nicht blos, daß ſie, ſondern daß auch die Subalternen ſchon den Krieg
theoretiſch ſtudieren ſollten. Sie konnten alſo

brich dieser es selbst, welcher sein ganzes Heer
beseelte; und dann, wenn es gleich sehr wahr ist,
daß diese Ordnung der Dinge nicht immer dauern
kann, wenn es sich gleich nicht denken läßt, daß
derjenige, welchen die Natur zum preussischen
Throne berufen wird, immer der erste Feldherr

T 5

auch nicht auf die Praxis zu hohen Werth zu
legen verleitet, und dadurch abgehalten wer-
werden, sich mit der Theorie zu beschäftigen.
Und haben denn nicht mehrere Generale, als die
Herren von Saldern, von Saudi, u. a. m. sogar über die Taktik geschrieben? Auch ist die
Beschäftigung mit der Theorie derselben, noch
wahrlich nicht das rechte Mittel, sich zum eigentlichen Feldherrn zu bilden; man kann alles,
was zu ihr gehört, theoretisch und praktisch inne
haben, und deswegen dieses doch noch lange
nicht seyn. Hiezu führt, mehr wie alles andre,
das fleißige aufmerksame Studium der Feldzüge
von großen Feldherren. Ueberhaupt bekenne
ich gern, daß ich nicht genau weiß, was die
Herren Verfasser mit dem ganzen obigen Absatz
haben sagen wollen. Genau zugesehen, ist es,
als ob sie geglaubt hätten, daß man durch bloßes theoretisches Studium in der Stube sich
zu einem Feldherrn bilden könne, oder daß besondre Anstalten zur Bildung derselben möglich
wären; aber dieses setzte so sonderbare Begriffe
voraus, daß ich lieber glaube, sie haben selbst
nicht recht gewußt, was sie gewollt; wenigstens sich die Sache nicht recht deutlich gemacht.

A. d. Uebers.

ſeiner Zeit ſeyn ſollte: ſo kann und muß man doch
mit Recht annehmen, daß, unter der Menge
preuſſiſcher Generale, die von Natur gut gebildeten Köpfe, durch dergleichen Einrichtungen, immer werden in Stand geſetzt werden, ein Heer mit
ſehr glücklichem Fortgange und ſehr gut anzuführ-
ren. Was die übrigen anbetrifft: ſo werden ſie
wenigſtens fähig ſeyn, unter den Befehlen eines
andern, einer Diviſion oder einem Flügel der Infanterie oder Cavallerie, mit aller möglichen Geſchicklichkeit vorzuſtehen. Die neuern Heere nehmen gewöhnlich einen ſo großen Raum ein, daß
der oberſte Befehlshaber derſelben, weder alles
ſehen, noch zu rechter Zeit den möglichen Unordnungen abhelfen kann; es wird alſo ſchlechterdings
nothwendig, daß die ihm untergeordneten Generale Kenntniſſe genug beſitzen, um bey einer
Schlacht, für ſich ſelbſt, und dem Geiſte der allgemeinen, von dem Feldherrn gemachten Anordnung gemäß, handeln zu können; ſie müſſen wiſſen, einen irgend begangenen Fehler ſogleich zu
verbeſſern, und den entſcheidenden Augenblick und
die Gelegenheit zu benützen, um einen großen
Streich auszuführen. Hiezu aber ſind die allgemeinen Muſterungen vollkommen hinlänglich.
Bey jeder derſelben werden mehrere große Bewegungen gemacht, zu welchen eine allgemeine Anordnung, wie im Kriege, gegeben wird. Die
Generale lernen alſo eine allgemeine Anordnung
verſtehen, und den Geiſt derſelben faſſen. Dieſe
Anordnungen ſind ſo gut eingerichtet, daß alles,

was die verschiedenen Arten von Truppen bey den
verschiedenen Vorfällen des Krieges, als Angriff,
Vertheidigung, Verfolgung, Rückzug u. s. w.
zu thun haben, vollkommen daraus zu erlernen
ist; aber alles ist nicht so genau und ausführlich
vorgeschrieben, daß die Generale als bloße Ma-
schinen angesehen würden; sie müssen auch von dem
ihrigen hinzu thun. Ein halbwäg verständiger
Kopf lernt also dadurch unfehlbar von der Theorie
seiner Kunst so viel, als er bedarf, um seine Di-
vision im Kriege mit Einsicht und Fortgang anzuführen.

Auch haben die Wirkungen die Richtigkeit
dieser Grundsäße erwiesen. Preussische, unter den
übrigen nicht besonders ausgesuchte Generale, haben
Thaten verrichtet, welche in jedem andern Dienste
sehr berühmt, und mit Recht, gemacht hätten,
weil sie in jedem andern Dienste einzig und allein
Wirkungen des Genies gewesen wären, die aber in
dem preussischen Heere als ganz gewöhnliche Dinge
angesehen werden, weil sie hier einzig und allein
die Folgen einer beständigen, unendlichemal wie-
derholten Uebung, und auch überdem noch deswegen hier leichter zu verrichten sind, weil die sehr
gut geübten und sehr gut unterrichteten Truppen
alles, was man will, mit einer Regelmäßigkeit und
Genauigkeit ausführen, wovon man in andern
Heeren keine Begriffe hat.

Aber das, was vorzüglich die bewunderungs-
würdige Wirksamkeit aller dieser Einrichtungen
erweißt, ist die Schnelligkeit, mit welcher das

militäriſche Genie in dem preuſſiſchen Heere ſich
entwickelt. Es hat in dem preuſſiſchen Dienſte
bloße Hauptleute gegeben, und, gibt deren noch,
welche fähig ſind ganze Corps anzuführen, und die
deren wirklich, unter dem Namen der Generale,
deren Adjutanten ſie waren, geführt haben.

Uebrigens hat Friedrich, ungeachtet er der
Gewohnheit und Uebung, und gewiß mit vollkom-
menem Rechte, den Vorzug als Mitteln des Unter-
richts gab, doch den wiſſenſchaftlichen Unterricht
der Offizier nicht vernachläſſigt. Wir reden nicht
blos von den Cadetten, bey deren großen Anzahl,
verbunden mit der kleinen Anzahl der Lehr-
meiſter, nur die ſehr guten Köpfe das, was über
die ganz gewöhnlichen Kenntniſſe hinaus geht, erlernen können, ſondern von einer, vorhin ſchon erwähnten Einrichtung des Königs, von dem Ingenieuroffizier, welcher, in dem Mittelpunkt jeder
Inſpection, dem Unterrichte der jungen Offiziers
von der Infanterie vorgeſetzt iſt.

Friedrich wußte, daß die Menſchen gewöhnlich erſt mit dem Anfange der reifern Jahre den
mehrſten Theil derjenigen Kenntniſſe erwerben, zu
welchen Nachdenken und Ueberlegung erforderlich
ſind. Die Urſache hievon iſt ſehr natürlich; die
zu dem Erwerb dieſer Kenntniſſe gehörige Anſtrengung hängt einzig und allein von dem Willen ab,
dieſer Wille aber entſpringt nur aus dem Gefühl
der Vortheile, welche man durch dieſe Anſtrengung
erlangen kann, und dieſes Gefühl ſelbſt iſt in dem
Menſchen nur die Wirkung der Erfahrung; die

ſtürmiſchen Leidenſchaften der Jugend halten gewöhnlich die Entwickelung deſſelben nur zu lange
zurück. t)

Ueberhaupt gibt es bey dem Soldatenhandwerke, in jedem Dienſte, ein doppeltes Hinderniß,
wodurch immer ein großer Theil der Offizier wird
abgehalten werden, ſich mit Ernſt und Nachdruck

t) So richtig alles dieſes, vorzüglich in Anſehung
der ſehr lebhaften Köpfe iſt: ſo kann, meines
Bedünkens, die Luſt zum Erwerb dieſer Kenntniſſe doch ſchon in der früheſten Jugend eingeflößt werden, und ſie muß es ſogar, wenn ſie
jemals thätig ſeyn ſoll. Dieſes iſt das Werk
der eigentlichen Erziehung, die immer von
dem bloßen Unterricht unterſchieden werden
muß. Ob aber in den militäriſchen Schulen,
auf die Einflößung dieſer Luſt, auf die Bildung
des Willens und der Neigungen überhaupt, in
Rückſicht auf die Beſtimmung der jungen militäriſchen Zöglinge, bis jetzt noch ſehr gedacht
worden iſt, ob man nicht gewöhnlich darin mehr
auf Unterricht, als Erziehung geſehen hat, iſt
eine andere Frage. Mit allgemeinem moraliſchen Unterricht, oder Vorleſungen über die
Moral, beſonders von Perſonen, welche das,
was der künftige Offizier, um ſeines Namens
werth zu ſeyn, einſt wollen ſoll und wollen muß,
und die Hinderniſſe, welche dagegen aus ſeinem
Handwerke, ſeiner Lebensweiſe, ſeinen Verhältniſſen entſpringen, nicht kennen, iſt es wahrlich
nicht gemacht.
                                        A. d. Ueberſ.

auf den Erwerb der ihm nothwendigen Kenntniſſe
zu legen. Einmal ſchränkt das Bedürfniß dieſer
Kenntniſſe ſich auf den Krieg ein, der immer nur
ein ſeltener und vorüber gehender Zuſtand iſt, indeſſen daß, in allen übrigen Ständen, die Anwendung der dazu gehörigen Kenntniſſe immer-
während und ununterbrochen Statt findet. Der
Offizier ſoll alſo, um einer ungewiſſen Zukunft
willen, ſtudieren, nachdenken, ſich anſtrengen.
Zuverſichtlich wird er dadurch ſehr wenig aufgemuntert werden; nur ſehr wenig Köpfe werden
den Nutzen dieſer Bemühungen einſehen, und
folglich dabey ausdauern.

Das zweyte Hinderniß entſpringt daraus,
daß unter der militäriſchen Jugend ſich immer
eine viel größere Anzahl Menſchen von lebhaften
Leidenſchaften, als unter irgend einer andern Claſſe
oder in irgend einem andern Stande findet, weil
im allgemeinen immer dergleichen Menſchen allein
Neigung zum Soldatenſtande haben, und daß,
zum Theil, durch das Soldatenhandwerk ſelbſt,
dieſe Leidenſchaften begünſtigt und genährt werden,
daß ſie damit wenigſtens ſich vertragen, und aus
dieſem Grunde nicht unmittelbar die Beförderung
darin verhindern. Die Menſchen von ſehr leb-
haftem und zugleich geſetzten Geiſt, welche von
einem edlen Ehrgeiz, von einer wahren Leidenſchaft in die militäriſche Laufbahn getrieben werden,
ſind ſehr ſeltene Ausnahmen. Folglich ſind denn
die jungen Offizier, wenn ſie auch über zwanzig

Jahre hinaus sind, nicht sehr geneigt, sich einem anhaltenden Studio zu ergeben.

Friedrich hatte durch die vorher erwähnte Anstalt, so viel es nur an ihm lag, ihnen sowohl Mittel als Bewegungsgründe dazu verschaft. Zweifelsohne wäre es zu wünschen, daß mehrere von diesen lehrenden Ingenieurs besser in ihrer Wissenschaft bewandert wären (der allergrößte Theil ist es sehr mittelmäßig,) und daß die jungen Zöglinge, anstatt daß sie durch allerhand Listen und Vorspiegelungen sich in den Ruf zu bringen suchen, als ob sie die Kenntnisse, die ihnen ganz fremde sind, bereits erworben hätten, in der Wirklichkeit fleißiger wären, und fleißiger arbeiteten. Aber, wenn es nun auch unwissende Lehrer, und träge, nachläßige Schüler gibt; so gibt es deren auch fähige und fleißige; und diese Pflanzschule bringt sicherlich großen Nutzen.

Dieses sind die Unterrichtsmittel, welche Friedrich angewandt hat, seine Offizier zu bilden. Jetzt wollen wir die Einrichtungen untersuchen, woburch er sein Heer in Stand gesetzt hat, sich, wenn nicht in dem Augenblicke, worin er es befielt, doch viel schleuniger, als irgend ein anderes Heer in Europa es fähig ist, zu versammeln und in Thätigkeit zu setzen.

Mittel, wodurch das preussische Heer in Stand gesetzt wird sich auf den ersten Befehl in Bewegung zu setzen.

Zuerst haben alle Regimenter zu allen Zeiten ihr vollständiges Feldgeräthe; und sie haben es gewiß immer in gutem Stande, weil sie dessen sich

jährlich bedienen Dieſer letztere Umſtand trägt
unſtreitig viel zu jener Beweglichkeit des Heeres
bey; denn, wenn man alle dieſe Sachen in Friedenszeiten beſtändig in Vorrathshäuſern aufbewahrt hielte, ſo würden ſie verſtocken, ohne daß
man daran dächte, ſie zu unterhalten; und wollte
man nun ſchleunig Gebrauch davon machen, ſo
würde man finden, daß ſie nicht mehr tauglich
ſind; man würde Monate warten müſſen, ehe
alles neu gemacht, oder ausgebeſſert wäre.

Aber es iſt nicht genug, Zelter, Feldkeſſel,
Feldflaſchen, Zeltdecken, Brodwagen, u. ſ. w. zu
haben, man bedarf auch Pferde, um dieſes und alles
übrige Geräthe, ſo wie die Artillerie, die Schiff-
brücken, das Mehl u. ſ. w. fortzuſchaffen; und in
Rückſicht hierauf hat man eine vollkommen gute
Einrichtung getroffen. Eben diejenigen Kreiſe
und Ortſchaften, aus welchen die Regimenter ihre
Cantoniſten ziehen, liefern ihnen auch die ihnen
nöthigen Pack- und Wagenpferde, und den Infanterieregimentern zugleich ſo viel, als für die Offizier, welchen der König ebenfalls dergleichen auf
ſeine Koſten gibt, zum Reiten nöthig ſind. Das
was jeder an Equipage mitnehmen darf, iſt genau beſtimmt. Ein Offizier könnte hunderttauſend Thaler Einkünfte beſitzen, und dürfte deswegen nicht mehr mit ſich führen, als ihm erlaubt
iſt. Er kann ſich koſtbarere Pferde für diejenigen, welche ihm geliefert werden, kaufen; aber
er

er darf deren nicht mehrere haben. ") Folglich
weiß man genau, wie viel Pferde jedes Regiment
bedarf; diese liefert der Canton, sie können binnen sehr wenig Tagen bey den Regimentern eintreffen, und der König bezahlt sie nach einem festgesetzten, ganz erträglichen Preise. ˣ)

ⁿ) Das heißt, er erhält für nicht mehrere, als er
haben soll, das Futter geliefert; auch war es
freylich keinem gestattet, deren sehr viel
mehrere überhaupt zu haben, wenn er auch auf
seine Kosten, das Futter sich zu verschaffen gewußt hätte, weil dadurch immer die Subsistenz
eines Heeres erschwert wird. Indessen haben
doch immer die Subaltern-Offizier der Cavallerie, wenigstens diejenigen, welche einiges Vermögen besaßen, deren eins oder zwey mehr unterhalten, weil zur guten Verrichtung ihres
Dienstes die drey, welche der König ihnen gut
that, oder auf welche er das Futter gab, besonders bey der leichten Reiterey, nicht hinlänglich
waren. Was die Infanterieoffizier, so wie die
Schwadroninhaber und Stabsoffizier bey der
Cavallerie betrifft: so erhalten sie völlig so viele
Rationen vom Könige, als sie Pferde bedürfen. Wenigstens waren ehedem die Sachen so
beschaffen; ob sie es noch so sind, ob sich nicht
vielleicht auch in das preussische Heer ein gewisser Luxus eingeschlichen hat, kann ich nicht beurtheilen.

A. d. Uebers.

ˣ) Meines Bedünkens hätte es bemerkt zu werden
verdient, daß der König, außer den Packpfer-

U

In Ansehung der Artillerie sind eben diese Anstalten getroffen. Der Regel nach sollen die dazu vom Lande zu liefernden Pferde jährlich besichtigt und gezeichnet werden. Und sobald solche abgeliefert sind, kann die Artillerie sich in Bewegung setzen. Die Stücke selbst sind beständig marschfertig, und Pulver, Kugeln und was sonst dazu gehört, beständig in hinlänglichem Maße vorhanden, um sogleich die Unternehmungen anfangen zu können.

Es fehlen also nur noch die Lebensmittel. Der König von Preussen hat in allen seinen schlesischen Festungen und zu Magdeburg große Magazine, welche mehr als siebenzigtausend Wispel Getraide enthalten, und sein Heer ein ganzes Jahr lang im Felde zu unterhalten hinlänglich sind. Zwar gibt er in Friedenszeiten seinen Truppen kein Brod; und wir wundern uns hierüber. Es würde das Mittel seyn, eine beständig fertige Feldbäckerey zu haben; und man würde nicht fürchten dürfen, daß das zu lange Zeit aufgeschüttete Getraide in den Magazinen verdürbe. y)

ben, welche er den sämtlichen Offiziers und den Reitpferden, welche er noch besonders den Infanterieoffiziers auf seine Kosten liefern läßt, noch jedem derselben eine Summe baaren Geldes, zur Anschaffung der übrigen Feldequipage gibt.   A. d. Ueberf.

y) Dieser Vorschlag klingt äußerst billig und einsichtig; ist aber doch wieder ganz unpraktisch,

Aber es sey, daß Friedrich hiebey allerhand Unterschleife befürchtete, oder daß er den Beckern
in den Städten diesen großen Absatz nicht entziehen wollte, er hat dieses Mittel nicht gewählt.

U 2

beweißt von neuem, wie wenig die Herren Verfaffer bey ihren Vorschlägen, Rückficht auf die
wirkliche Lage der Sachen und den Zustand der
Dinge zu nehmen gewohnt find. Wo sollen die
Feldbäckereyen angelegt werden? Doch wohl nur
an den Orten, wo die Magazine fich befinden?
Nun liegt aber das preuffische Heer in allen
Städten und Städtchen des preuffischen Staates zerstreut; und die mehrsten Cavallerieregimenter in fünf, sechs, acht bis zehn verschiedenen Orten; das Brod müßte also unaufhörlich
aus jenen Plätzen in diese hingeschaft werden,
und nun denke man fich das hiezu erforderliche
Fuhrwesen, und die daraus entstehenden Kosten!
Oder soll in jeder Garnison eine eigene Feldbäckerey seyn? Aber diese müßten doch das
Mehl, oder das Getraide aus den Magazinen
ziehen, und da haben wir jenes Fuhrwesen mit
allen seinen Kosten wieder. Sollte aber in jedem Standquartier auch ein eigenes Magazin
errichtet werden, nun so geht die Bestimmung
und der ganze Nutzen dieser Magazine für den
Krieg gänzlich verloren; denn wie wollte man
fie aus so vielen Orten schleunig genug, bey
einem ausbrechenden Kriege, auf die Punkte,
wo das Heer fich versammelt, hinbringen? Alle
diese Dinge find von unsern Herren Verfassern
gar nicht in Erwägung gezogen worden.

A. d. Ueberf.

Er macht von dieſem beſtändig aufgeſchütteten Getraide einen andern Gebrauch. Wenn der Preis
deſſelben im Lande, durch Mißwachs, ſteigt, oder
zu großen Theurung entſteht, verkauft er es um
einen mäßigen Preis, und läßt dafür in wohlfei-
lern Zeiten wieder im Lande, vorzüglich aber
auswärts, beſonders in Pohlen, dergleichen ein-
kaufen.

Dieſer Einkauf, ſo wie die Anlegung und
Fortſchaffung der Magazine überhaupt, wird durch
die innere Schifffahrt ſehr erleichtert; und zu dieſem Zwecke iſt, vorzugsweiſe, der neue Canal von
Bromberg angelegt worden, deſſen großer Nutzen
dadurch einleuchtend wird. Ohne dieſen Canal
müßte man das Getraide aus Pohlen von Königsberg, oder wenigſtens von Elbingen und Danzig,
über das Meer, nach Stettin führen, um es in
die Oder zu bringen. In einem Kriege mit Rußland aber, oder mit irgend einem andern nordi-
ſchen Staate, welcher eine Seemacht hat, würde
dieſe Schifffahrt großen Schwierigkeiten ausgeſetzt
ſeyn, und ſogar gänzlich können gehemmt werden.
Jetzt iſt dieſes nicht möglich; man kann zu Waſſer
alles, was man will, von Memel an bis nach
Breslau, oder von Magdeburg bis in das Herz
der preuſſiſchen Staaten bringen. Von Memel
hängt man, durch Tabiau und Labiau, mit dem
Innern des Königreichs Preußen, mit Königsberg zuſammen; von Königsberg fährt man, unter dem Schutz der Erdzunge, welche das friſche
Haff durchſchneidet, nach Elbingen, wo man in

die Weichſel läuft; dieſer Fluß führt nach Bromberg, von wo man auf dem Canal nach Nackel in
die Netze kommt; dieſe ergießt ſich zu Zanow,
ohnweit landsberg, in die Warte, und die Warte
endlich fällt bey Cüſtrin in die Oder, auf welcher
man bis Breslau, und auf zwey verſchiedenen
Wegen nach Magdeburg gelangen kann, entweder
durch den Canal, welcher von Mühlroſe in die
Spree, und von Berlin in die Havel geleitet iſt,
oder auf dem Canal von Oberberg, welcher gerade
in die Havel zu liebenwalde führt, von wo der
Canal von Plauen in die Elbe bringt.

Auf ſolche Art hat Friedrich ſich durch ſeine
Vorrathshäuſer nicht allein in Stand geſetzt, auf
allen Punkten ſeines Staates ein Heer zu verſammeln, und es während aller der Zeit zu verpfle-
gen, welche erforderlich iſt, um die letzten Anſtalten zu treffen, und entſcheidende Streiche auszuführen, ſondern er hat auch ſogar während einem
Kriege ſich eine ſichre Verbindung mit ſeinem
Königreich Preuſſen, und durch dieſe mit allen den
pohlniſchen Provinzen, welche von den verſchiedenen Seiten an daſſelbe gränzen, verſchaft, und
kann, was er zur Erhaltung ſeiner Heere aus ihnen
bedarf, daraus ziehen, wenn dieſe auch an dem
entgegen geſetzten Ende ſeiner Staaten gebraucht
werden.

Aber aller dieſer weiſen und großen Anſtalten
ungeachtet, muß man nicht glauben, daß das
preuſſiſche Heer, wie man gewöhnlich ſagt, von
einem Tage zum andern ins Feld rücken könne:

Das Beyſpiel des kleinen Krieges im Jahre 1778, wo man vier Monate zu Zubereitungen anwandte, und den Regimentern doch noch eine Menge nöthiger Sachen fehlte, beweißt dieſes zur Gnüge. Indeſſen muß man etwas hievon auf den Widerwillen ſchieben, welchen der König gegen dieſen Krieg hatte, zu welchem er ſich mit mehr Geräuſch als Nachdruck rüſtete. [z]) Das Leben

z) Meines Bedünkens lag die Schuld daran, daß, wie der Feldzug eröfnet wurde, oder der Krieg ſchon ſo gut als erklärt war, noch hin und wieder nicht alles im marſchfertigen Stande ſich fand, einzig und allein in jenem Widerwillen, und keinesweges in den eigentlichen Einrichtungen des Heeres überhaupt. Auch fehlte es nicht etwan an ſo vielen Dingen, wie die Herren Verfaſſer zu ſagen ſcheinen; und wenn auch, während dem funfzehnjährigen Frieden, manches von dem, was nicht jährlich gebraucht wird, als die Wagen bey dem eigentlichen Proviantfuhrweſen, die Geſchirre dazu, ſo wie zu der Beſpannung der Artillerie, u. d. m. wohl wären vorräthig, aber doch nicht eigentlich mehr brauchbar geweſen; ſo würde alles dieſes doch von der Zeit, wo die erſten Zurüſtungen anfingen, bis da, wo das Heer ins Feld rückte, ſehr gut haben in Stand geſetzt werden können. Aber jener Widerwille, der ſo mancherley Urſachen hatte, und die Nothwendigkeit, einen hinlänglichen Vorwand zur Einmiſchung in dieſe ganze Sache zu haben, und mit andern Mächten darüber ſich zu verabreden, ſo wie die Hoffnung, den ganzen Streit durch Verhandlungen

in den Garnisonen ist von dem Feldleben so sehr
verschieden; und dieses läßt so wenig sich mit den
Friedenslägern vergleichen, daß es einer wirklich

U 4

beyzulegen, war die Schuld, daß die zur Wiederherstellung jener Dinge nöthigen Summen,
ob sie gleich bereit lagen, nicht gleich, nicht auf
einmal, hergegeben wurden, und hatten auch
ihren Einfluß auf die Betriebsamkeit derer, welchen die Besorgung dieser Dinge oblag. Denn,
eben weil man wußte, und aus dem, was geschah, urtheilen konnte, daß der König zu diesem Kriege keine Lust hatte, daß er nicht ganz
fest dazu entschlossen war; so glaubten auch sehr
viele Offizier, daß es nicht dazu kommen würde,
und schoben, was sie zu verrichten hatten, immer auf, oder gingen langsam zu Werke dabey.
Vielleicht mögen auch wohl Befehle, sich Zeit
zu nehmen, oder schon befohlne Dinge anstehn
zu lassen, gegeben worden seyn, weil der König
nicht gern unnütze Kosten machen wollte, und
von Zeit zu Zeit sich Aussichten zur Erhaltung
des Friedens zeigen mochten. Daß er aber,
wie die Herren Verfasser ferner sagen, überhaupt
nicht genug gegeben habe, ist ungegründet; er
gab, was nöthig war, gab sogar in einzeln
Punkten mehr, als er bey dem Ausbruch des
siebenjährigen Krieges, z. B. den Offizieren, gegeben hatte; aber er gab es, wie gedacht, zum
Theil, nicht mit einem Mal, oder gab es zu
spät; die schlesischen Regimenter z. B. erhielten
ihre Pack- und Proviantwagen-Pferde erst einen
Tag vor dem Aufbruche, die sie eben so leicht
schon mehrere Tage vorher haben konnten. Die

praktischen Erfahrung bedarf, um genau zu wissen, was man im Kriege wirklich nöthig hat, und was man entbehren kann. Ueberdem müssen die Truppen im Anfange eines Krieges sehr schwer zu befriedigen seyn; und Friedrich wollte alles mit einer außerordentlichen Sparsamkeit machen; wahrscheinlicherweise gab er nicht genug, und man getraute sich nicht mehr zu fordern. Und endlich müßte man wissen, in welche Hände das Geld zur

übrigen von den Herren Verfassern angeführten Gründe, daß man nämlich nicht so aus dem Stegreif wissen könne, was man im Kriege bedarf, und daß die Truppen im Anfange eines Kriegs schwer zu befriedigen sind, haben mich ein wenig lächeln gemacht. Denn bey dem Anfange dieses einjährigen Kriegs bestand nicht allein ein großer, und der größte Theil der Offizier noch aus Personen, welche den siebenjährigen Krieg mitgemacht hatten, sondern alles, was ins Feld mitgenommen werden muß, oder dazu nöthig ist, ist auch zu allen Zeiten genau bestimmt; und was die Befriedigung der Truppen anbetrifft, so gehört dazu nur, daß sie ihr Brod und Fleisch erhalten, welches sie, so wie alles übrige, was ihnen zukommt, viel besser und viel leichter im Anfange eines Krieges, als nachher erhalten können; nach dem übrigen frägt man nicht. Uebrigens will ich noch bemerken, daß, zu Folge des Reglements, jedes Regiment zwölf Tage, nach erhaltenem Befehle zum Aufbruch, muß ins Feld rücken können.

A. d. Uebers.

Anschaffung aller nöthigen Kriegsbedürfnisse nie-
bergelegt war. Es ist bey den Soldaten nur zu
gewöhnlich, daß das zu einem gewissen, aber seltenen und wenig dringenden Gebrauch bestimmte,
und ihnen zur Vergütung künftiger Kosten zum
Voraus ausgezahlte Geld, von ihnen als ein
Theil ihres Gehaltes angesehen, und gar nicht
seiner Bestimmung gemäß angewandt, oder dazu
aufbewahrt wird. Wir können hierüber nichts
mit Gewißheit sagen; aber was wir mit Gewißheit wissen, ist, daß die Inhaber der Regimenter eine ansehnliche Summe, unter dem Namen
von Regimentsunkosten, ziehen; und es ist
möglich, daß die Unterhaltung sehr vieler zum
Marsch nothwendiger Dinge darunter mitbegriffen
ist, und daß jene Inhaber es sich eben nicht angelegen seyn lassen, hieran zu denken. *)

U 5

a) Wenn ich nicht befürchtet hätte, von den Lieb-
habern des Mirabeau-Mauvillonschen Werkes,
und von den Gläubigen an die darin befindlichen Behauptungen, einer Zerstümmelung desselben, und einer Partheylichkeit für das preussische Heer beschuldigt zu werden: so würde ich
diese ganze Stelle stillschweigend weggelassen haben. Sie ist ganz im Geist eines schlecht unterrichteten, jungen Fähnrichs geschrieben, beruht auf ganz verworrenen Begriffen, und zeigt
einen Mangel an aller Nachforschung und Untersuchung. Daß die Herren Verfasser sich
nicht durchaus entscheidend ausdrücken, ent-
schuldigt sie nicht. Wenn auch nicht bloße

Doch dem ſey, wie ihm wolle, die preuſſiſchen
Truppen können immer nicht allein viel eher, als
alle übrigen, ſondern auch ſobald, als der König

Winke in ſolchen Fällen bedeutender und hämi-
ſcher wären, als eine offene Anklage, ſo hätten
ſie doch hierüber die Wahrheit ſehr leicht erfahren können. Aber ſie hatten, wie das Sprich-
wort ſagt, läuten hören, ohne zu wiſſen, wo
die Glocken hingen; und dieſes war ihnen genug. Erſtlich, iſt es nicht wahr, ſo gewiß
unſre Herren Verfaſſer es auch wiſſen wollen,
daß die Inhaber der Regimenter, unter
der Rubrik von Regimentsunkoſten, zu
dem von ihnen vermutheten Behufe, in Friedenszeiten, irgend etwas an Gelde zögen; das
beweiſen die verſchiedenen, hieher gehörigen
Reglements und Verpflegungsetate., welche zu
Geſichte zu bekommen dem Grafen Mirabeau,
bey ſeinen vielen Verbindungen in Berlin, wohl
nicht ſo unmöglich geweſen wäre; und warum
er ſich auf alle Fälle alle mögliche Mühe hätte
geben ſollen, wenn er über alles, was die Unterhaltung des Heeres angeht, hätte etwas Zu-
verläßiges und Bündiges ſagen wollen. Freylich ziehen die Oberſten, unter der Rubrik von
Doußeurgeldern, monatlich eine gewiſſe
Summe; und von dieſer ſollen auch gewiſſe
Regimentsunkoſten beſtritten werden; aber keine
von denen, welche zum Feldetat gehören; dieſes zeigen jene Reglements und Etats ausdrücklich; die, laut ihnen, von den Oberſten davon
zu bezahlenden Unkoſten ſind diejenigen, welche,
z. B. bey Erekutionen vorfallen, oder für das

es will, und wenn gleich nicht so gut, als es viel=
leicht seyn sollte, doch wenigstens immer besser,
als irgend andre, welchen es, nach vielen Mona=

Stempelpapier bey Assignationen, u. d. m.
Zweytens können jene Regimentsinhaber zu
dem angeführten Zwecke nichts an Gelde erhal=
ten, weil nicht ihnen, sondern den Inhabern
der einzeln Compagnien und Schwadronen es
obliegt, für die Marschfertigkeit derselben zu
sorgen. Dieses konnten die Herren Verfasser
von jedem Feldwebel oder Wachtmeister erfahren,
denn jeder von diesen weiß, daß die Oekonomie
der Regimenter nicht von jenem, sondern von
diesen abhängt, daß jede Compagnie und jede
Schwadron ihre eigene Montirungskammer,
und der Inhaber des Regiments, und jetzt auch
der Generalinspecteur, nur eine allgemeine Auf=
sicht darüber hat. Nun wird zwar auch an
alle Inhaber der Compagnien und Schwadro=
nen, als solche, bey der Infanterie, unter der
Rubrik von Compagnieunkosten, und bey der
Cavallerie, unter der Rubrik von Douceur,
monatlich eine gewisse Summe gezahlt, und sie
sind allerdings verbunden, alles Feldgeräthe
immer in fertigem Stande zu erhalten; aber,
wenn auch nicht die Inhaber der Regimenter,
wie gedacht, die Aufsicht über diese Erhaltung
desselben hätten, so wird dasselbe doch größten=
theils jährlich in den Uebungslägern gebraucht,
und muß also immer in brauchbarem Stande
seyn. Wäre indessen auch einiges davon, hin
und wieder, bey dem Ausbruche des gedachten
einjährigen Krieges mangelhaft, oder zu einem

ten von Zurüstungen noch immer an vielen Dingen
fehlt, ins Feld rücken. Im Jahre 1756 brach
Friedrich gleich einem Blitzstrahl aus seinen
Staaten hervor, und setzte sich in den Besitz von
Sachsen, ehe dieses kleine, eng zusammen liegende Land sein sehr schwaches Heer nur zusammen
gezogen hatte. Eben die Anstalten, durch welche
dieses damals bewirkt wurde, bestehen noch; es
bedarf nur eines thätigen, kraftvollen Geistes,
um alle Springfedern dieses großen Heeres, das,

Feldzuge nicht mehr ganz tauglich gewesen: so
frage ich einen jeden, ob Friedrich II., falls er
sonst das Heer hätte zusammen ziehen und in
das Feld damit rücken wollen, hierauf würde
Rücksicht genommen, und aus diesem Grunde
es aufgeschoben haben? Ob man ihm nur etwas
dieser Art hätte dürfen merken lassen? Doch genug, um das Windschiefe, Widersinnige und
wirklich Verläumderische in der Behauptung
unserer Herren Verfasser einzusehen! Nur will
ich noch diejenigen Leser, welche diesen und mehrere Bemerkungen zu umständlich, zu sehr ins
Kleine zu gehen scheinen sollten, erinnern, daß
ohne eine solche freylich übrigens vielleicht lang-
weilige Umständlichkeit, keine eigentliche Widerlegung möglich ist. Blos widersprechen und
absprechen läßt sich freylich in einigen allgemeinen Worten; aber erweißlich lassen Unrichtigkeiten sich wohl nur machen, wenn man zu zeigen sucht, wie die Sachen, wenigstens zum
Theil, sich wirklich verhalten.

A. d. Uebers.

in Anfehung aller der Dinge, wovon wir gehan=
delt haben, das ewige Mufter aller übrigen we=
nigftens fenn follte, in Bewegung zu fetzen. Daß
es, was die Artillerie und das Ingenieurwefen
anbetrifft, nicht eben den hohen Grad von Voll=
kommenheit erreicht hat, werden wir aber jetzt zu
zeigen fuchen.

Fünfter Abſchnitt.

Artillerie, Ingenieur, Feſtungen.

Die Artillerie ſpielt in jedem Heere eine große Rolle; auch die Ingenieur und die Feſtungen machen, zu unſern Zeiten, einen ſehr anſehnlichen Theil in der Zuſammenſetzung des militäriſchen Syſtems eines Staates aus.

Man kann es Friedrich II. nicht vorwerfen, daß er zu wenig Wichtigkeit auf die Artillerie gelegt, und ſie vernachläßigt oder verachtet hätte. Indeſſen war dieſer Theil ſeines militäriſchen Staates nie an Güte mit ſeinem Fußvolk, noch ſogar mit der Artillerie in andern Heeren, ſo weit dieſe ſonſt auch in allen übrigen unter dem preuſſiſchen ſeyn mochten, zu vergleichen. Wir wollen ſuchen, die Urſachen hievon zu entwickeln.

Wir haben geſehen, daß die preuſſiſche Artillerie in Feld- und Garniſon-Artillerie abgetheilt iſt, und daß die erſtere aus drey und vierzig Compagnien, jede ungefähr zweyhundert Mann ſtark beſteht.

Es finden ſich darunter nicht, wie bey der franzöſiſchen, beſondre Bombardier-Compagnien. Die bloßen Kanonier müſſen alle Arten von Geſchütz bedienen; aber man nennt im preuſſiſchen

Dienste eine Classe von den Unteroffizieren der Artillerie, Bombardierer, und diese stehen den Mörsern und Haubitzen vor, ob man sie gleich auch noch zur Bedienung der Kanonen gebraucht.

Das vierte Regiment war ursprünglich bestimmt, die Dienste der sogenannten Zimmerleute zu verrichten, und die Wege zu verbessern und zu öffnen. Es hatte keine Bombardierer, und die Gemeinen trugen statt der Pulverflasche, an einem Riemen über der einen Schulter, Hacke und Schippe, und an einem Riemen über der andern eine Pistole. Eine gewisse Mannschaft von jeder Compagnie wurde im Sappiren geübt. Aber jetzt, seit dem Jahre 1782, ist es mit den andern Regimentern auf gleichen Fuß gesetzt; und wirklich, wenn man die unermeßliche Artillerie in Erwägung zieht, welche bey den preussischen Heeren mit zu Felde genommen wird, so sieht man wohl ein, daß zu ihrer Bedienung neun Bataillone nicht zu viel sind.

Außer den Regimentsstücken, wovon jedes Bataillon zwey Dreypfünder hat, ª) welche bey dem Gebrauch von den Zimmerleuten gezogen,

---

a) So viel ich weiß, hatte zur Zeit, wie unsre Herren Verfasser schrieben, jedes Musketier- oder Füselier-Bataillon im ersten Treffen zwey Sechspfünder, und die im zweyten Treffen zwey Dreypfünder; alle Grenadierbataillone aber zwey Sechspfünder, und überdem noch eine siebenpfündige Haubitze.

A. d. Uebers.

und von der Artillerie bedient werden, rechnet
man in dem preuſſiſchen Heere auf jedes Bataillon
zwey Sechspfünder, zwey Zwölfpfünder, zwey
oder auch wohl drey Haubitzen, nämlich eine
ſchwere und eine leichte, oder auch zwey leichte. [b]

Eine

[b] Woher die Herren Verfaſſer dieſe ungeheure Anzahl genommen haben, iſt mir unbekannt;
wahrſcheinlicherweiſe haben ſie ſolche aus einer
von ihnen in der Folge angeführten, aber wirklich ganz gräulich mißverſtandenen, in der deutſchen Ueberſetzung des Feuquieres befindlichen
Stelle heraus gebracht. Wie ſchlecht ſie unterrichtet waren, will ich durch Thatſachen zu
erweiſen ſuchen. In dem einjährigen Kriege
vom Jahr 1778 beſtand das Heer, welches
Friedrich II. in Perſon nach Böhmen führte,
aus 80 Bataillonen, und es führte außer den
Regimentsſtücken mit ſich:

> 40 ſchwere Zwölfpfünder
> 20 mittlere Zwölfpfünder
> 50 leichte Zwölfpfünder
> 10 ſchwere Sechspfünder
> 40 leichte Sechspfünder und
> ſiebenpfündige Haubitzen.

Alſo nicht mehr als 160 Stücke, oder auf jedes
Bataillon nur zwey überhaupt. Auch ſtimmt
dieſes mit der gedachten Stelle aus dem deutſchen
Feuquieres, wenn ſie richtig verſtanden wird,
vollkommen überein. Indeſſen befanden ſich
auch noch, woferne ich mich nicht irre, zwey Batterien ſchwerer Haubitzen bey dieſem Heere. So
viel iſt aber immer gewiß, daß Friedrich II. ſelbſt

auf

Eine Sonderbarkeit in dem Kriege vom Jahre
1778 war, daß diese Artillerie beständig bey den
Infanteriebrigaden blieb, und ihnen, so wie die
Regimentsstücke, allenthalben hin folgte. c) Die
Ursache hievon, so wie von dieser außerordent-

auf sein ganzes Heer nur 868 Kanonen überhaupt rechnet. (S. Oeuvr. posth. Band 5.
S. 172.) Nimmt man nun, bey seinem Ableben, 178 Bataillone, und unter diesen auf
jedes der 31 Grenadierbataillone drey und auf
jedes der übrigen zwey Feldstücke, und für die
berittene Artillerie 60 Sechspfünder (als aus
so vielen sie wirklich bestand) an: so kommen
überhaupt 447 Feldstücke heraus, und folglich
bleiben, von der vorher angegebenen Anzahl, für
die schwere Artillerie nur noch 421 Stück übrig,
wovon, wenn sie auf die sämtlichen Bataillone
vertheilt werden, nur auf 65 derselben drey,
auf jedes der übrigen aber nur zwey kommen.
Unsre Herren Verfasser haben also das preussische Heer mit mehr als noch einmal so viel Kanonen, wie es wirklich mit sich führt, beschenkt.
Und warum? Doch wohl nur, um unnütze
Weisheit und vermeintliche Einsichten an den
Mann zu bringen? Um etwas zu tadeln zu haben? Gerade wie der Arzt auf dem Theater, der
die Menschen krank macht, damit er seine Kunst
zeigen könne.

A. d. Uebers.

c) Es ist ein, unseren Herren Verfassern eigenes
Unglück, daß sie das, was sie wissen, nie recht,
nie genau wissen. Schon im siebenjährigen

lichen Menge des Geſchützes, ſoll keine andre geweſen ſeyn, als weil die Oeſterreicher eine dergleichen Einrichtung getroffen hatten. Ob dieſe Urſache giltig iſt, werden wir bald ſehen. Dem ſey
indeſſen wie ihm wolle, jedes Bataillon hat acht
bis neun Stücke überhaupt; und wenn folglich die
hundert und neun und ſechzig Bataillone, aus
welchen das preuſſiſche Heer beſteht, d) ſämtlich
ins Feld rücken; ſo führen dieſe 1352 bis 1521
Stücke mit ſich, e) welche, wenn wir auf jedes

Kriege, vom Jahr 1759 an, wurde das ſchwere
Geſchütz auf die von ihnen erwähnte Art vertheilt. Mehrere Nachrichten hierüber werden
ſich in einer der folgenden Anmerkungen finden.
A. d. Ueberſ.

d) Ueber die Vergeßlichkeit unſrer Herren Verfaſſer!
Sie haben uns im erſten Abſchnitte dieſes Werkes, wie es auch ganz richtig war, 178, nicht
169 Bataillone vorgerechnet, hier zählen ſie
alſo neun weniger. Woher dieſes? Wahrſcheinlicherweiſe, weil es ihnen auch hier nicht auf
Genauigkeit, nicht auf etwas mehr oder weniger, ankam.
A. d. Ueberſ.

e) Nach dem Vorderſatze unſrer Herren Verfaſſer
würde, wenn wir die Bataillone richtig zählen,
gar eine Summe von 1424 bis 1602 heraus
kommen; aber ich habe über die Unrichtigkeit
jenes Vorderſatzes mich ſchon hinlänglich erklärt.
A. d. Ueberſ.

acht Artilleristen rechnen, zehntausend achthundert und sechszehn, oder zwölftausend einhundert und acht und sechzig (oder vielmehr gar, 11392 bis 12816) Mann zur Bedienung erfordern. ')

X 2

') Um einen Begriff von dem preussischen Artillerie-System zu geben, wollen wir hier, aus der Uebersetzung des Feuquieres, den Abschnitt von der Artillerie anführen, weil der deutsche Uebersetzer dieses vortrefflichen Werkes die seit den Zeiten des Feuquieres hierin getroffenen Veränderungen an die Stelle der damals üblichen Einrichtungen gesetzt und den gegenwärtigen Zustand derselben so angegeben hat, wie er in dem preussischen Heere sich findet. Hier sind seine Worte:

„Außer den Regimentsstücken, welche bey „jedem Bataillon sich befinden, rechnet man „auf eine Brigade (deren jede aus fünf Bataillo-„nen besteht,) eine Batterie von zehn Stücken. „Diese Stücke sind von verschiedenem Caliber. „Es gibt Zwölfpfünder und Sechspfünder, „leichte und schwere. — Jede Batterie besteht „aus Stücken von gleichem Caliber, das heißt, „entweder aus schweren oder aus leichten „Zwölfpfündern, u. s. w. Außer den Kanonen „führt ein Heer auch Haubitzen bey sich, es gibt „deren von sieben, von zehn und von fünf und „zwanzig Pfund. Der Gebrauch der Mörser „findet nur bey Belagerungen statt. Die An-„zahl der Artilleristen, welche ein Heer bedarf, „wird durch die Anzahl der Batterien bestimmt.

„Ein Regimentsstück erfordert acht Mann: „vier um es zu bedienen, und vier um es zu

Nun rückt zwar freylich dieſes Heer nicht mit
einem Male, oder gänzlich ins Feld; aber angenommen, daß auch nur hundert und vierzig Bâ-
taillone ſich in Bewegung ſetzen, ſo ſieht man,

„ziehen, und jedes derſelben einen Unter-
„offizier.

„Die Dreypfünder erfordern drey, und die
„leichten Sechspfünder ſechs Pferde, weil ſie
„eine gewiſſe Anzahl Schüſſe in einem Kaſten
„auf der Protze mit ſich führen. Vier Regi-
„mentsſtücke haben einen Wagen, auf welchem
„ſich ihre übrigen Patronen und ſechszehntau-
„ſend Flintenpatronen finden.

„Ein ſchwerer Sechspfünder erfordert zu ſei-
„ner Bedienung acht Mann; und jedes Stück
„dieſer Art hat einen eigenen Wagen, welcher
„hundert und zwanzig Schüſſe führt.

„Zu einer Batterie von zehn ſchweren Sechs-
„pfündern gehören ein Hauptmann, drey Lieu-
„tenants, zehn Unteroffizier, achtzig Artilleri-
„ſten, ein Trainoffizier, drey Wagenmeiſter,
„ein Wagner, fünf und ſechzig Knechte, und
„hundert neun und dreyßig Pferde, ohne die
„Pferde der Trainbedienten.

„Ein Zwölfpfünder braucht zu ſeiner Bedie-
„nung zwölf Mann, und eine Batterie von
„zehn derſelben, einen Hauptmann, vier Lieu-
„tenants, achtzehn Unteroffizier, hundert und
„zwanzig Artilleriſten, einen Trainoffizier, vier
„Wagenmeiſter, einen Wagner, hundert und
„zehn Knechte, zweyhundert ſechs und zwanzig
„Pferde.

daß diese, welche nach dem unten angegebenen
Fuße, acht und zwanzig Brigaden ausmachen,
zu der Bedienung des Geschützes, welches man
ihnen nach den daselbst angeführten Grundsätzen
mitgeben würde, mehr Mannschaft erfordern.

X 3

„Jede Haubitze hat ihre, mit Grenaden be-
„ladenen und mit sechs Pferden bespannten
„Munitionswagen. Die siebenpfündige Hau-
„bitze wird von vier, die zehnpfündige von
„sechs, die achtzehn und fünf und zwanzigpfün-
„dige von zwölf Pferden gezogen.

„Die sieben- bis achtzehnpfündigen Haubi-
„tzen haben zu ihrer Bedienung zehn Mann,
„und folglich bedarf eine Batterie von zehn
„Stück einen Hauptmann, drey Lieutenants,
„zehn Feuerwerker, und hundert Bombardier.

„Die fünf und zwanzigpfündige Haubitze er-
„fordert zu ihrer Bedienung zwölf Mann, und
„also eine Batterie von zehn Stück einen Haupt-
„mann, drey Lieutenants, zehn Feuerwerker,
„und hundert und zwanzig Bombardier.— "

So weit unsre Herren Verfasser. Da ich
indessen die deutsche Uebersetzung des Feuquieres
nicht nachschlagen können, und auch, aus weiter unten vorkommenden Ursachen, nicht einmal
nachschlagen mögen, sondern die angeführte
Stelle aus ihrer französischen Uebersetzung derselben gezogen, so kann ich auch für die Richtigkeit ihres Inhaltes nicht Bürge seyn.

A. d. Uebers.

als das ganze preuſſiſche Artillerie-Corps ſtark
iſt: ²)

²) Folgende Anzahl würde ihnen nöthig ſeyn:

Zur Bedienung der Feldſtücke auf jedes ein
Unteroffizier und vier Mann wenigſtens gerechnet, folglich

für zehn Feldſtücke — — 51 Mann
für zehn Sechspfünder — 94 —
für zehn Zwölfpfünder — 134 —
für zehn kleine Haubitzen — 114 —
für fünf große dergleichen — 67 —

Ueberhaupt 460 —

welches auf 28 Brigaden 12880 Mann
ausmacht. —

So weit unſre Herren Verfaſſer! Aber wo
ſie, indem ſie dieſe Anmerkung, und was zu
ihr im Texte gehört, niederſchrieben, ihre Augen und — ihren Kopf hatten, das mögen die
Götter wiſſen! Wenig Schriftſteller mögen ſo
ſchlecht verſtanden worden ſeyn, als hier der
arme Ueberſetzer des Feuquieres. Wie? dieſer
ſoll in der von ihnen vorher angeführten, und
von mir in Rückſicht hierauf, treu überſetzten
Stelle, geſagt haben, daß jede Brigade Infanterie eine Batterie von jeder Art des
ſchweren Geſchützes bey ſich führte? Dieſes ſoll
ſich aus ſeinen Worten ergeben, oder ergibt ſich
daraus? Wahrlich! Etwas der Art iſt mir noch
nicht vorgekommen, und wäre nur Menſchen,
welche von dem ganzen Soldatenweſen gar keinen Begriff haben, zu verzeihen. Aber bey
ſolchen Behauptungen noch Anſpruch auf milli-

Daß die Artillerie bey den Heeren nicht entbehrt werden kann, daß diese von jener, wegen

X 4

tärische Kenntniß, oder auf richtige Darstellung
der Dinge, auf Wahrheit machen, ist etwas
stark. Es steht ja, mit dürren Worten, in
dieser Uebersetzung, „daß man auf eine Brigade eine Batterie von zehn Stücken,“ das heißt,
von zehn Stücken überhaupt, rechnet. Oder
soll, weil es in der Uebersetzung heißt, daß alle
Arten schweren Geschützes in Batterien abgetheilt sind, und daß es Stücke von verschiedenem Caliber gibt, hieraus folgen, daß eine
Batterie von jedem derselben bey jeder
Brigade befindlich ist? Nun so müßte jede von
diesen, außer den, von unsern Herrn Verfassern
angeführten Batterien, diesem zu Folge auch
noch eine Batterie von leichten Zwölfpfündern,
von mittlern Zwölfpfündern, von leichten Sechs-
pfündern, und da der Uebersetzer dreyerley
Art leichter Haubitzen anführt, drey leichte Hau-
bitzen-Batterien bey sich führen! Freylich fiele
dieses ins Ungeheure; aber wenn unsre Herren
Verfasser den deutschen Feuquieres einmal so
verstanden, so auslegten, so mußten sie, um
bündig zu bleiben, auch dieses annehmen; und
da sie die starke Mahlerey lieben, so wundert
mich, daß es nicht geschehen ist. Ernsthaft gesprochen, sind sie zu ihren Uebertreibungen und
Ungereimtheiten, in Rücksicht hierauf, wohl
durch das mancherley Gerede über die Vermehrung des schweren Geschützes bey den Heeren
verleitet worden. Sie hatten davon viel gehört, wurden vielleicht von einem Sachverstän-

ihres großen Nützens, an allen Orten und zu allen
Zeiten viel bedürfen, iſt ſehr wahr; aber zu viel
iſt zu viel. Durch eine ſo große Menge, als das
preuſſiſche Heer mit ſich führt, wird nicht allein
der Krieg unendlich koſtbarer, und die Fortſetzung
deſſelben alſo ſehr unmöglich gemacht, ſondern
auch alle Bewegungen des Heeres, ſo wie die
Subſiſtenz deſſelben, werden dadurch unglaublich
erſchwert. Außerdem ſteht eine ſolche Vermehrung des ſchweren Geſchützes im Widerſpruch mit
dem militäriſchen Syſteme der Preuſſen; und wir
können uns nicht genug wundern, daß Friedrich,
in Rückſicht hierauf, dem Beyſpiel ſeiner Gegner
gefolgt iſt, da er ſonſt in allen übrigen Dingen
ſich ſeinen eigenen, und faſt immer gerade entgegen geſetzten Weg gebahnt hat. f)

bigen, wegen dieſer Vermehrung in dem preuſſiſchen Heere, auf den deutſchen Feuquieres
verwieſen, und brachten, weil ihnen die Sache
als übertrieben mochte dargeſtellt worden ſeyn,
nun ihre ungereimte Uebertreibung heraus.
Aber wie ein Mauvillon ſo etwas annehmen,
ſo etwas ſtehen laſſen können, iſt und bleibt mir
doch unbegreiflich! Ich ſetze noch hinzu, daß jene
Eintheilung der ſchweren Artillerie in Batterien
(oder wie ſie urſprünglich hieß, in Brigaden)
erſt im Jahr 1758 anfing.
                              A. d. Ueberſ.

f) Ey, das wäre! Und unſre Herren Verfaſſer
haben hier ſchon vergeſſen, was ſie ſelbſt bey
Gelegenheit der Huſaren und der leichten In-

Die große Ueberlegenheit der preußischen
Truppen, sowohl des Fußvolkes als der Reiterey,
entspringt aus der Schnelligkeit, der Leichtigkeit
und der Genauigkeit aller ihrer Bewegungen.
Dieser unermeßliche Vorzug hat nicht blos auf
Schlachten und Gefechte, sondern auch auf alle

X 5

fanterie gesagt und behauptet haben? Auch haben alle Heere sich, bis jetzt noch, mehr oder
weniger, nach ihren Gegnern gerichtet; und
wenn sie es nicht thaten, sich auf Dauer schlecht
dabey befunden. — Uebrigens haben die
Oesterreicher, oder hatten damals die Oesterreicher, noch beynahe um ein Drittheil Geschütz
mehr, als die Preussen; man konnte bey ihnen
auf jedes Bataillon sechs Stücke überhaupt
rechnen; auch bey dem französischen, so wie bey
dem preussischen Heere, kamen auf das Bataillon, mit Inbegriff der Regimentsstücke, ungefähr vier Kanonen. Und was wird nun, bey
diesen Thatsachen, aus dem ganzen vorhergehenden und einem Theil des folgenden Raison-
nements unser Herren Verfasser, oder worauf
läuft es hinaus? Auf — Wind! Auf leeres
Geschwätz! Und wenn dergleichen ganz aus der
Luft gegriffener Tadel nicht ekelhaft ist, so weiß
ich nicht, was so heißen kann. Die geringste
Nachfrage, die geringste Untersuchung würde
unsre Herren Verfasser haben lehren können,
daß der Riese eine — Windmühle war: aber
dergleichen anzustellen, scheint ihre Sache nicht
gewesen zu seyn.

A. d. Uebers.

übrige Unternehmungen im Kriege ſeinen Einfluß. Mit Hülfe dieſer Kunſt der geſchwinden, leichten und genau beſtimmten und beſtimmbaren Evolu- tionen, werden alle Märſche ſchneller und alle Bewegungen ſicherer, weil ſie ſich nun mit völliger Gewißheit berechnen laſſen. Aber dieſer Vorzug geht gänzlich verloren, wenn man das Fußvolk durch einen ungeheuren Zug von Artillerie ſchwer- fällig macht, und noch mehr, wenn die Brigaden ſolches immer bey ſich führen. Die Bewegungen ſolcher ungeheuren Maſſen geſtatten ſchlechterdings keine Berechnung; ſie hangen von den Wegen ab, und was noch mehr iſt, nicht von den Wegen über- haupt, ſondern von einzeln ſchlechten Stellen der- ſelben. Tauſend kleine Zufälle, welche eine Co- lonne Infanterie nicht fünf Minuten lang aufhal- ten würden, werden ſolche, wenn ſie ihre ſchwere Zwölfpfünder, und achtzehnpfündige und fünf und zwanzigpfündige Haubitzen bey ſich führt, halbe Tage lang verſpäten. g)

g) Ein Mann, welchen unſre Herren Verfaſſer ſelbſt, und mit Rechte, als einen der erſten mi- litäriſchen Köpfe ſchildern, und der noch oben- drein in der preuſſiſchen Artillerie dient, der Herr von Tempelhof, verſichert, daß durch dieſe Eintheilung des Geſchützes nicht allein der Marſch der Artillerie, ſondern auch des Heeres überhaupt ſehr erleichtert worden iſt. Wem wird der Leſer nun glauben? Doch wohl dem, der aus Erfahrung ſpricht. Auch laſſen die Ur- ſachen davon ſich ſo leicht finden, daß es kaum

Man wird sagen, daß die Artillerie bey Schlachten nothwendig ist. Zweifelsohne wird, wenn man sich dazu nöthigen läßt, wenn man blos

der Mühe lohnt, einige davon besonders anzuführen. Es ist sehr begreiflich, daß, wenn die Wege z. B. schlecht sind, oder andre Hindernisse das Fortkommen des Geschützes hindern, die Mannschaft der Brigade, welcher eine Batterie zugetheilt ist, dieser gleichsam zu Hülfe kommen, oder Beystand leisten kann; daß das Heer selbst bey seinen Märschen nicht mehr in so viele Colonnen abgetheilt werden, und man nicht über den besondern Weg, welchen die Artillerie zu nehmen hat, besorgt, oder verlegen seyn darf; daß das Heer bey dieser Einrichtung immer zum Schlagen bereit ist; daß alle Leichtigkeit, Genauigkeit und Schnelligkeit seiner Bewegungen ihm denn doch nicht, wenn es zum Schlagen kommen soll, den Mangel an schwerem Geschütz ersetzen können, u. s. w. Indessen war diese Einrichtung keinesweges bey den preussischen Heeren allgemein. Ob solche gleich schon, wie ich bereits erinnert habe, im Jahr 1759 eingeführt wurde; so machte doch noch im Jahr 1778 bey dem Heere, welches der Prinz Heinrich führte, die Artillerie gewöhnlich eine eigne Colonne; auch wurden die Batterien noch in den Lägern seines Heeres, wofern es nicht Stand-Läger waren, oder Verschanzungen angelegt wurden, zusammen in den Park aufgefahren; in jenen Fällen aber einige davon vertheilt. Selbst bey dem Heere des Königes hatte die Artillerie einige Mahle in eben diesem Kriege noch ihren eigenen

Vertheidigungsweiſe zu Werke geht, es ſehr vortheilhaft ſeyn, eine mit groben Geſchütz an allen
Stellen wohl geſpickte Fronte zu haben; denn man
weiß nicht, wo der Feind angreifen wird, und
alsdann iſt man auf allen Punkten gleich gut zur
Gegenwehr gerüſtet. Aber in dieſem Falle müſſen die Preuſſen ſich nie befinden. Ihnen kommt
es immer zu, den Feind anzugreifen; verfahren
ſie anders, ſo berauben ſie ſich ihres größten Vortheils. Sie müſſen überdem immer ihren Angriff
auf einen Hauptpunkt, welchem am leichteſten beyzukommen iſt, richten; denn, wenn es ihnen gelingt, irgendwo die feindliche Linie zu durchbrechen
und in Unordnung zu bringen: ſo wird die Schnelligkeit ihrer Bewegungen ihnen die Mittel verſchaffen, hievon ſo viel Vortheil zu ziehen, daß ſie,

---

Weg. (S. Oeuvr. poſth. de Fred. II. Band 5.
S. 254. 257.) Gewöhnlich aber blieb ſolche
ſowohl auf Märſchen, als im Lager, bey den
Brigaden, welchen ſie zugetheilt war, und nur
einige Batterien zur Reſerve im Park. Indeſſen
wechſelten die Brigaden, welche Batterien bey
ſich führten, zuweilen nach Maßgabe der Umſtände ab, das heißt, der König machte Veränderungen in der Vertheilung der letztern. Daß
die Sache übrigens die Beweglichkeit des preuſſiſchen Heeres nicht hindert, oder ſchwächt, beweiſen diejenigen Feldzüge des ſiebenjährigen
Krieges, in welchen dieſe Einrichtung ſchon
gemacht war.

A. d. Ueberſ.

ehe der Feind diesen Unordnungen noch hat abhelfen
können, schon einen vollständigen Sieg werden
erfochten haben. h) Hiezu aber bedarf man keiner
durchaus, und in ihrem ganzen Umfange, mit
Kanonen bepflanzten Fronte; zwey gute und starke,
und gut angelegte Batterien, welche die Punkte
des Angriffes bestreichen, und was sonst den Angreifenden nachtheilig werden kann aus dem Wege
räumen, sind dazu hinlänglich. i) Um nun zwey
solcher Batterien, wo solche nothwendig sind, zu
haben, bedarf ein Heer nicht fünf bis sechshundert

h) Dieses klingt ja gar so, als ob das preußische
Heer bis dahin nichts von dieser Art des Angriffes gewußt hätte? Als ob unsre Herren Verfasser es erst darüber unterrichten müßten?
Aber, der Wahrheit nach, haben diese, was sie
hier lehren, nur aus dem, was schon lange
vorher gemacht war, abstrahirt.
A. d. Uebers.

i) Auch wenn der Feind sechs oder acht, oder noch
mehr Batterien dagegen aufgeführt hätte?
Oder werden etwan die auf seiner übrigen Fronte
vertheilten Batterien gar nicht auf den Angriffspunkt hinreichen, und die angreifenden Truppen in die Flanken nehmen, oder die sie unter-
stützenden Batterien balde zum Stillschweigen
bringen können? In der Schlacht bey Torgau
wußte der General Daun den allergrößten Theil
seiner Artillerie auf den einzeln Angriffspunkt
sehr gut hinzubringen und zu gebrauchen.
Ueberhaupt ließe gegen das, was unsre Herren

Stücke Geſchütz, wie das preuſſiſche im einjährigen
Kriege mit ſich führte. k) Dieſer ungeheure Zug
von Artillerie war zwar nicht die Haupturſache der
wenigen Fortſchritte, welche es in dieſem Feldzuge
machte; es wurde aber doch dadurch in große
Verlegenheiten geſetzt, und zu außerordentlich
langſamen Bewegungen genöthigt. Und will
man die Schuld hievon größtentheils auf die
ſchlechte Beſpannung dieſer Artillerie ſchieben: ſo
iſt ja dieſes ſelbſt eine natürliche Folge eines ſolchen übertriebenen Zuges von derſelben; denn wie
kann man gute Pferde haben, wenn man deren ſo
viel bedarf? Und wie könnten ſie gut bleiben, weil
ihnen bey einer ſo großen Menge alle Augenblicke
das Futter fehlen wird? Auch waren ſie in dem
einjährigen Kriege ſo ſchlecht, daß, bey dem Rück-
marſche des Königs aus Böhmen, die Artillerie
aus den ſchlechten Wegen nur mit Hülfe der
Pferde von der Cavallerie heraus gebracht werden
konnte. ¹)

Verfaſſer oben herpredigen, ſich ſo bieles erin-
nern, daß ich lieber nichts mehr ſagen mag.
Auch würde hier nicht die Stelle dazu ſeyn.
A. d. Ueberſ.

k) Daß die Zahl dieſes Geſchützes ſich lange nicht
ſo hoch belaufen hat, werden die Leſer ſich hof-
fentlich noch aus einer der vorhergehenden Anmerkungen erinnern.
A. d. Ueberſ.

l) Daß die Cavallerie zur Fortſchaffung des Geſchützes, in dieſem Kriege, Pferde hergeben

Die Feldartillerie hat indessen den Preussen zwey so nützliche Erfindungen zu verdanken, daß man sich wundern muß, warum die übrigen Nationen solche nicht auch angenommen haben.

Die erste ist der häufigere Gebrauch der Haubitzen. Die Verschanzungskunst hat dadurch sehr viel von ihren Vortheilen verloren. Eine geschlossene Redoute, ein Dorf, ein elender Flecken, deren sich zu bemächtigen sonst eine Sache von Wichtigkeit war, sind durch dieses Mittel in einem Augenblicke wegzunehmen. Auch sind solche in ebenem Felde von großen Nutzen, besonders gegen die Reiterey, wenn solche, wie es öfterer geschieht, hinter Anhöhen versteckt steht, oder zu weit entfernt ist, als daß sie mit Kanonen erreicht werden könnte. Freylich tödtet man mit Haubitzen nicht eben viel Menschen; aber das Platzen der Granaten macht, wenn solche zwischen die Pferde, oder vor ihnen niederfallen, diese scheu, und der Angriff auf sie wird dadurch sehr erleichtert. Die Preussen sind die ersten gewesen, welche von dieser Art des Geschützes den bestmöglichsten Gebrauch gezogen haben.

Ihre zweyte Erfindung ist die reitende Artillerie, m) welche zur Feldartillerie sich ungefähr

Erfindungen der Preussen in Ansehung der Artillerie.

müssen, ist, mit Erlaubniß der Herren Verfasser, wieder nicht wahr, wie der Uebersetzer mit völliger Gewißheit versichern kann.

A. d. Uebers.

m) Man glaubt, daß die reitende Artillerie unter

ſo verhält, wie die Dragoner zu der Infanterie.
Die Stücke, deren man ſich dazu bedient, ſind
leichte Sechspfünder, und ſiebenpfündige Haubitzen. Zu ihrer Bedienung ſind ſieben bis neun
Mann erforderlich, und dieſe ſind beritten. Die
Stücke ſind mit ſo viel Pferden (mit ſechs) be-
ſpannt, daß ſie, im Fall der Noth, im Galop
fort-

Ludwig XIV. erfunden worden iſt; aber im
Kriege hat man erſt unter Friedrich II. Gebrauch
davon gemacht.
A. d. Verf.

So ſagen unſre Herren Verfaſſer, oder vielmehr wohl nur einer, der Graf Mirabeau; aber
wie die reitende Artillerie erfunden worden ſeyn
kann, ohne daß man die Artilleriſten beritten
gemacht, und Verſuche damit angeſtellt, oder
mit andern Worten, auch Gebrauch davon gemacht hätte, bekenne ich nicht ganz zu verſtehen. Hier ſcheint Erfindung und Gebrauch
ſich nicht wohl trennen zu laſſen. Und deſto
ſchlimmer, wenn es bey der Erfindung allein
geblieben wäre! Auch iſt mir von dieſer Erfindung ſonſt nirgends die geringſte Nachricht vorgekommen. Der Ausdruck des Herrn Grafen iſt
alſo wohl nur ein bloßer Gallicismus. Soviel
iſt bekannt, daß die preuſſiſche Cavallerie bereits unter dem Churfürſten Friedrich Wilhelm
dem Großen wirklich Kanonen mit ſich geführt
hat; aber ob die Artilleriſten dabey beritten geweſen, weiß ich nicht mit Gewißheit zu ſagen.
A. d. Ueberſ.

fortgebracht werden können, und man legt alsdenn auch die Pferde der Mannschaft, wenn nicht gänzlich, doch zum Theile mit vor. Man bedient sich deren allenthalben, wo die gewöhnliche Artillerie zu späte kommen, oder auch, wo man diese nicht fortbringen würde. Die reitende Artillerie hat dem preussischen Heere unendliche Dienste geleistet, und es ist wirklich unbegreiflich, daß man eine so nützliche Erfindung noch nirgends eingeführt hat. n)

Die Preussen haben zuerst die Nothwendigkeit eingesehen, die Artillerie leichter, und in Rücksicht hierauf, einen Unterschied zwischen Belagerungs- und Feldartillerie zu machen. Die erstere besteht aus Achtzehn- und aus Vier- und Zwanzigpfündern, und aus Mörsern von verschiedenem Caliber, sämtlich gegossen nach den alten Verhältnissen. Die andere theilt sich in leichte und in schwere Stücke. Wir haben es nicht mit Gewißheit in Erfahrung bringen können, ob die letztern noch nach den alten Verhältnissen gegossen werden; wir glauben es aber, und halten sogar dafür, daß die mehresten davon noch in den alten

---

n) Die Oesterreicher haben solche längst, unter der Benennung von Cavallerie-Artillerie, eingeführt; aber die Mannschaft dabey ist nicht zu Pferde, sondern hat Sitze in der Form von Sätteln auf der Lafete. Auch in Frankreich soll, wie unsre Herren Verfasser in der Anmerkung sagen, die Artillerie ein ähnliches Fuhrwerk, eine Art von Wurstwagen haben. A. d. Ueberf.

Stücken beſtehen, welche vor den Jahren 1758
bis 1760, wo die Preuſſen anfingen, die Artillerie leichter zu machen, gegoſſen worden ſind; °)
wiſſen aber nicht, ob man deren noch ſchwere gießt,
oder ob man das ganze Feldgeſchütz in leichtes verwandeln will. Sicherlich iſt die preuſſiſche Artillerie, mit Ausnahme der engliſchen, ſchon die
leichteſte in ganz Europa. Die preuſſiſchen

o) Von allen dem, was unſre Herren Verfaſſer
hier erzählen, iſt leider! wieder nichts genau
wahr. Weit entfernt, daß in den, von ihnen
benannten Jahren, alles preuſſiſche Geſchütz
wäre leichter gemacht worden, wurde vielmehr
in eben dieſen Jahren, in dem Winter zwiſchen
1758 und 1759 ein Theil dieſes leichten Geſchützes, nämlich die ſogenannten Holzmann-
ſchen mit den koniſchen Kammern, und die
Dieskauſchen Vier und zwanzig Pfünder mit
den cylindriſchen Kammern abgeſchaft; und zugleich blieben die ſogenannten leichten Zwölfpfünder bis zum Ende des Krieges, und waren,
ſo viel ich weiß, ſchon vor demſelben eingeführt.
Nach dem Hubertsburger Frieden wurde die
Feldartillerie größtentheils ganz und nach verſchiedenen Verhältniſſen umgegoſſen, dergeſtalt,
daß die Regimentsſtücke, ſo wie die zehnpfündigen Haubitzen, ſämtlich ſchwerer als im ſiebenjährigen Kriege, und die Batterieſtücke etwas
weniges leichter ſind. Indeſſen ſind auch die
leichten Zwölfpfünder nach dem einjährigen
Kriege eingegangen.
                                        A. d. Ueberſ.

Stücke sind nur vierzehn Caliber lang, p) und haben auf ein Pfund Kugelschwere nur hundert Pfund
Metall, dergestalt, daß der leichte Zwölfpfünder,

Y 2

p) Daß das preussische Geschütz nicht durchaus
leicht ist, habe ich schon in der vorhergehenden
Anmerkung überhaupt gesagt; hier will ich nähere Rechenschaft von der Sache geben. Es ist
eine eben so lächerliche als unverschämte Lüge,
wenn unsre Herren Verfasser erzählen, daß alles
preussische Geschütz nur vierzehn Caliber lang
sey; nur der leichte Zwölfpfünder hatte diese
Länge, ist aber, wie ich bereits vorher erwähnt
habe, seit dem einjährigen Kriege abgeschaft
worden. Der schwere Zwölfpfünder ist 22,
der mittlere 18, der schwere Sechspfünder 22,
die sechspfündigen Regimentsstücke 18 bis 19,
und der Dreypfünder 20 Caliber lang, und der
erste wiegt 3100, der zweyte 1980, der dritte
1500, der vierte 910, und der fünfte 600
Pfund; folglich kommen auf ein Pfund der Kugel, bey dem ersten 233, bey dem zweyten 160,
bey dem dritten 250, bey dem vierten 150, und
bey dem fünften 200 Pfund. Wenn man dieses
mit der Länge und Schwere der Stücke anderer
Heere vergleicht, so sind die preussischen Stücke
beynahe die schwersten. Der französische Zwölfpfünder z. B. war zuletzt nur 18, der Oesterreichische und der Sächsische nur 16 Caliber
lang, und jener hatte auf ein Pfund Kugelschwere nur 150, der Oesterreichische nur 125,
der Sächsische nur 200 Pfund. Eben so übertrieben also, als vorher die Anzahl der Stücke
war, ist jetzt die Leichtigkeit derselben; und folg-

bey einer Länge von 5 Fuß 1 Zoll, 10 Lin. nur
zwölfhundert Pfund, der leichte Sechspfünder, bey
einer Länge von 4 Fuß, 3 Zoll, nur ſechshundert
Pfund, und der Dreypfünder bey einer Länge von
3 Fuß, 3 Zoll, nur dreyhundert Pfund wiegt.
Unſers Bedünkens heißt dieſes von dem einen äuſ-
ſern Ende in das entgegen geſetzte hinüber ſpringen; und es würde unſtreitig beſſer ſeyn, weniger
Geſchütze zu haben, welches weit trüge und gut
träfe, als viel, das kurze und unſichre Schüſſe
gibt, wie es das preuſſiſche, unſrer Meynung
nach, ſeyn muß. Doch alles dieſes ſind Dinge,
welche nur die Erfahrung entſcheiden kann.

Außer der zur Bedienung der Feldartillerie
nöthigen Mannſchaft, haben die Preuſſen auch

lich auch das, dieſe Angabe begleitende Raiſonnement eben ſo falſch, als jenes. Und gerade
hier hätte man am erſten die richtigſten Nachrichten erwarten ſollen, weil der eine der Herren
Verfaſſer, nämlich Mauvillon, ſelbſt urſprünglich Artilleriſt geweſen war. Oder iſt vielleicht
eben dieſes die Schuld, daß das preuſſiſche
Artillerieweſen ſo falſch dargeſtellt worden iſt?
Wahrlich, wenn die Angaben unſrer Herren
Verfaſſer in dem Werke: Von der preuſſiſchen
Monarchie, nicht genauer ſind, als in gegenwärtigen: ſo hätte es nur, ſeiner Unrichtigkeiten
wegen, Aufſehen verdienen ſollen. Uebrigens
ließe ſich über das Weittragen und das Guttreffen
des Geſchützes, inſofern ſolches hier vorzugsweiſe der Länge deſſelben zugeſchrieben wird,
noch mancherley ſagen; kein Menſch, der etwas

noch befondre Garnifon-Artillerie. Diefe verhält zu jener fich ungefähr fo, wie die Garnifon-
Regimenter zu den Feld-Regimentern. Offiziere, welche man zum Feldbienfte für phyfifch
oder moralifch unfähig hält, und Gemeine,
welche daju zu klein oder zu alt fcheinen, bilden
die Compagnien, welche diefen Namen führen.
Es find ihrer überhaupt dreyzehn, welche wir
nicht für gleich ftark halten, fondern die nach dem
Umfange der Feftung, welche fie bedienen, zu-
fammengefetzt fcheinen.

Der Gedanke, jeder Feftung eine befondre
Compagnie Artillerie zuzutheilen, fcheint uns fehr
zweckmäßig. Die Offizier können durch ihren be-
ftändigen Aufenthalt in dem Platze, ihn vollkom-

Ŋ 3

von der Sache verfteht, glaubt z. B. jetzt wohl
mehr, daß die alten, fehr langen Kanonen
weiter, als diejenigen fchießen, die nur 21 oder
18 Caliber lang find, u. d. m. Doch diefes
würde eigentlich nicht hieher gehören. Ich bemerke nur noch, daß unfre Herren Verfaffer ein
Paar Seiten vorher, da, wo fie die Vertheilung des Gefchützes unter die Brigaden tadeln,
auch von der Schwere des preuffifchen Gefchützes überhaupt, und unter andern von achtzehnpfündigen und fünf und zwanzigpfündigen
Haubitzen (wovon aber fonft kein Menfch etwas
weiß,) reden. Das heißt doch die Sachen, je nach
dem man fie gebraucht, je nach den Abfichten, die
man hat, dort fchwer, und hier leicht machen, gerade, wie es — Sophiften geziemt und gebührt.

A. d. Ueberf.

men kennen lernen, und dieſe Kenntniß, wenn es
zu einer Belagerung kommt, nützlich anwenden.
Die Gemeinen werden ſich haushäblich darin
niederlaſſen, daburch eine größere Anhänglichkeit
an ihren ſtäten Wohnſitz gewinnen, und nun
alle Kräfte anſtrengen, um zu verhindern, daß er
nicht in die Hände des Feindes falle. Es iſt ſogar ganz natürlich, in dieſen Compagnien diejenigen Offizier anzuſtellen, welche älter, oder weniger rührig ſind, als diejenigen, die den Feldbienſt
zu thun haben. Aber man würde ſich gräulich
irren, wenn man glaubte, daß man, ohne Gefahr,
in die Feſtungen Offiziere von geringern Fähigkeiten, oder von minder geprüftem Muth und Einſichten, verlegen dürfe; vielmehr müſſen es Männer von vollkommener Erfahrung, von unerſchüt-
terlicher Entſchloſſenheit, und von einer dauerhaften Geſundheit ſeyn, wofern ſie, während einer
Belagerung, ihre Pflichten gehörig erfüllen ſollen.

Mineur.   Das Mineur-Corps iſt in dem preuſſiſchen
Dienſte gänzlich von der Artillerie getrennt. Es
beſteht, wie wir bereits bemerkt haben, aus vier
Compagnien. Die Mannſchaft dazu wird aus
benjenigen preuſſiſchen Provinzen, wo es Berg-
werke gibt, und aus den Arbeitern darin gezogen.
Sie hat einen ſehr hohen Solb, und ein großer
Theil davon iſt beurlaubt, und arbeitet zu Hauſe
in den Bergwerken; die Hauptleute ziehen den
Solb dieſer Beurlaubten, woburch die Compagnien ſehr einträglich werden.

Die Offizier und Unteroffizier dieses Corps zeigten bey der Belagerung von Schweidnitz nicht eben eine große Geschicklichkeit. Ihre erste Druckkugel (Globe de compression) blieb in einer ungeheuren Entfernung von dem Hauptgegen-stande, und sie tappten lange umher, ehe es ihnen gelang, eine andre, von einer etwas größern Wir-kung auszuführen. Aber auch diese würde den Commendanten nicht zur Uebergabe gezwungen haben, wenn nicht andre Ursachen ihn dazu genö-thigt hätten. Indessen hat Friedrich diesen Theil seines Heeres nicht vernachläßigt; er hat dazu Offiziere aus Sardinischen Diensten kommen lassen, unter andern einen, um seine Mineure zu lehren, wie sie Minenkammern, welche auf sehr lange Zeit aller Feuchtigkeit widerstehen, anlegen können. Was aber aus diesen Offizieren gewor-den ist, wissen wir nicht; unter den Hauptleuten dieses Corps scheint, dem Namen nach, der einzige Herr von Aller kein Deutscher von Geburt zu seyn. q)

Sonst findet bey der Artillerie sich auch noch ein besonderes Corps von Pontonnieren. Es be-

P 4

q) Er ist, der Rangliste zu Folge, aus Savoyen gebürtig, und jetzt Major. Auch befand sich, bey dem Ableben Friedrich II. noch unter den Lieutenants dieses Corps ein Herr von Stechini, dessen Namen wenigstens italienisch klingt.
A. d. Ueberf.

ſteht aus einem Hauptmann, einem Lieutenant,
brey Unteroffizieren, und fünf und ſiebenzig Ge=
meinen, deren Quartierſtand Berlin iſt.

Die preuſſiſche Artillerie macht jährlich, ſo
wie der Ueberreſt der preuſſiſchen Truppen,
Uebungen im Großen, und die Rüſtung der
Mannſchaft iſt ihrer Beſtimmung ſo ganz ange=
meſſen, daß dieſe nicht einmal, wie faſt in allen
andern Dienſten, kleine Gewehre führt. Sie
hat daher auch keine Handübungen mit dem Ge=
wehr, und dieſe ſind auch ohne allen Nutzen.
Wirklich kommen die Gelegenheiten, bey welchen
das Gewehr ihnen Dienſte leiſten könnte, ſo äuſ=
ſerſt ſelten vor, daß die Rückſicht hierauf nicht mit
der unaufhörlichen Beſchwerlichkeit, welche das
Gewicht und das Tragen deſſelben veranlaßt, in
Vergleichung kommen kann. Die Schildwachen
des Corps verſehen ihren Dienſt mit gezogenem
Seitengewehr.

Man ſollte glauben, daß die preuſſiſche Ar=
tillerie vortrefflich wäre, und doch iſt ſie nicht ein=
mal gut. Zweifelsohne gibt es in dieſem Corps
mehrere Männer von Verdienſt, und ſogar von
großem Verdienſt. Der Herr von Tempelhoff be=
weißt dieſes zur Gnüge. Aber eine kleine Anzahl
ſolcher Männer unter einer großen Anzahl mittel=
mäßiger Offiziere iſt nicht hinlänglich, um eine
vortreffliche Artillerie zu bilden, welche aus lauter
ausgeſuchten, in ihrer Kunſt ſehr erfahrnen Leuten

bestehen sollte. ᵣ) Warum verhält die Sache sich nicht so im Preussischen? Uns sind folgende Ursachen davon bekannt.

In Ansehung der Besoldung steht die preussische Artillerie auf einem sehr guten Fuße; wenigstens sind die Compagnien bey ihr sehr einträglich, und wie man uns versichert hat, einträglicher als bey der Infanterie. Sie hat ihr eigenes Avancement, aber sie ist zahlreich genug, und die Zahl der Compagnien steht in einem hinlänglichen Verhältniß mit der Zahl der Offiziere, um daß diese hoffen können, nach ungefähr eben so vielen Dienstjahren, als bey der Infanterie, Compagnien zu erhalten. ˢ) Von dieser Seite fehlt es also nicht

P 5

ᵣ) Ich möchte wohl ein Beyspiel von irgend einem, aus ein Paar hundert Köpfen bestehenden, Corps wissen, das aus nichts, als lauter ausgesuchten Personen zusammen gesetzt wäre.

A. d. Ueberf.

ˢ) Nach den letzten Worten dieses Paragraphen, kommt man in die Gefahr zu glauben, daß die übrigen Regimenter, nicht jedes für sich, auch bis zum Posten des Majors, ihr eigenes Avancement haben. Ich habe schon öfterer bemerkt, daß unsre Herren Verfasser von der Art der Beförderung in dem preussischen Heere schlechterdings keinen richtigen Begriff hatten. Hier tritt der Fall wieder ein; und der ganze Paragraph sollte ungefähr so lauten: „Die Stabs-

an Aufmunterungen. Allein nichts beweißt beſſer,
als dieſes, daß bey dem Soldatenhandwerke das
Geld nicht alles macht. Eine der großen Urſachen
von der Unvollkommenheit der preuſſiſchen Artillerie liegt unſtreitig darin, daß Friedrich ſie nicht
genug ſchätzte, zu wenig Achtung für ſie bewieß.
Es iſt unbegreiflich, aber darum nicht minder
wahr, daß derjenige König, welcher das zahlreichſte Corps Artillerie in ganz Europa hatte, der
dieſe Art von Truppen über alle Gränzen hinaus
vermehrte, und folglich, mehr wie jeder andre
Fürſt, die Nothwendigkeit und den Nutzen derſelben einzuſehen ſchien, ſolche dennoch unter ihren
natürlichen Rang herabgeſetzt hat. Die Beweiſe
hievon ſind auffallend.

Wer mit den preuſſiſchen Offizieren umgeht,
wird ſehr bald gewahr, daß die Offizier der Infanterie, der Cavallerie und der Huſaren ſich eine
große Ueberlegenheit über die Offiziere der Artillerie anmaßen, und daß dieſe ſolche gleichſam aner-
kennen. Zwar hält allenthalben jedes Corps ſich

offiziere der Artillerie rangiren unter ſich allein,
und nicht mit den übrigen Stabsoffizieren der
Infanterie, oder irgend eines andern Corps;
jene werden nicht, vom Major zum Obriſtlieutenant, u. ſ w. je nachdem die Reihe unter dieſen
ſie träfe, ſondern nach ihrer Reihe unter ſich
befördert. Und zugleich iſt das ganze Corps
zahlreich genug u. ſ. w. Das Aber unſrer
Herren Verfaſſer verwirrt die ganze Sache.
A. d. Ueberſ.

für das wichtigste im Heere, erhebt sich im Geiste über alle übrigen, und würdigt diese unter ihren Werth herab. Aber, zum Beweise unsrer Mey-nung, wollen wir auch feinere, unmerklichere, und aus eben diesem Grunde entscheidendere, aus den wahren Verhältnissen entspringende Schattirungen anführen. Die Offizier der Artillerie werden z. B. eher zehnmal den Umgang und die Gesell-schaft der übrigen Offizier auffuchen, sie anreden, u. s. w. ehe einer von diesen nur einmal einen Ar-tillerieoffizier auffucht; die Offizier aller Regi-menter und aller Arten von Truppen vermischen sich ohne Unterschied unter einander, kommen zu-sammen, leben mit einander; aber es gehört eine Art von Wunder dazu, wenn zwischen den Offizie-ren der Artillerie, und den übrigen, eine Art freundschaftlicher Verbindung entstehen soll. Zweifelsohne liegt die Quelle dieser flüchtigen, aber darum nicht minder wirklichen Schattirungen in der Denkart des Souverains selbst, und in dem Beyspiel, welches er, in Rücksicht hierauf, gibt. So klein und unmerklich auch immer die Züge seyn mögen, in welcher diese Denkart sich äußert: so lassen doch so aufmerksame Beobachter, als die Offizier in Ansehung alles dessen sind, was sie an-geht, solche gewiß sich nicht entwischen. Eines dieser Zeichen unter mehrern andern war, daß Friedrich nur sehr selten den Orden für das Ver-dienst irgend einem Artillerieoffizier ertheilte. Der Major von Anhalt ist der einzige, welcher ihn seit dem Tode des General von Holzendorf und des

Oberſten von Meerfaß, gehabt hat. Und doch
gab Friedrich ihn, im Kriege, ſehr oft an Subalternoffizier von allen Arten von Truppen, und
im Frieden, zuweilen bey den Muſterungen, an
die Inhaber und Befehlshaber der Regimenter.
Es würde ein noch viel ſchlimmeres Zeichen für
die preuſſiſche Artillerie ſeyn, wenn ihn nie ein
Offizier derſelben verdient hätte. Glücklicher-
weiſe läßt etwas der Art ſich gar nicht vermuthen.
Es geſchah alſo aus einer Art von Geringſchätzung,
daß Friedrich mit dieſer Verzierung ſo karg gegen
die Artillerie war. Ueberdem beſchäftigte er ſich
minder mit dieſem Corps, als mit den übrigen.
Er wohnte ihren Uebungen jährlich nicht viel öfter
als einmal bey; er lobte ſie nur mittelmäßig: mit
einem Worte, es ſind hundert Anzeichen vorhanden, daß Friedrich ſeine Artilleriſten minder, als
ſeine übrigen Truppen ſchätzte. Auch verſtand er
das, was dazu gehört, wirklich nicht. Das was
wir gleich von den übrigen Einrichtungen der
preuſſiſchen Artillerie, welche der Vervollkommung
derſelben ſo ſehr im Wege ſtehen, ſagen werden,
wird dieſes hinlänglich erweiſen; und die bekannten Worte: „Was haben denn die Leute für große
„Verdienſte? Iſt es denn ſo ſchwer recht zu rich-
„ten und zu treffen?“ haben ſolches längſt lehren
müſſen. [1])

[1]) Wenn auch das, was unſre Herren Verfaſſer
oben geſagt haben, im Ganzen, vollkommen
gegründet wäre; ſo liegt, meines Bedünkens,
doch der Grund davon, zum Theil, in andern

Ein Nachtheil für das preussische Artillerie-
Corps entspringt aus einer Art von Nepotismus,
welchen man darin herrschen läßt. Wir wollen

Dingen. Vielleicht ist z. B. eine von den Ursachen, warum die Offizier von der Artillerie
damals weniger vertrauten, oder freundschaftli-
chen Umgang mit den Offizieren von den übrigen
Truppen hatten, und geringerer Achtung, von
Seiten ihrer, zu genießen schienen, darin zu suchen,
daß jene, im Ganzen, von anderer Abkunft, als
diese waren, und folglich andre Sitten, andre
Manieren, andre Denkart zeigten, daß sie nicht
gemeinschaftlichen Dienst mit einander verrichteten, daß die letztern zu wenig von dem verstanden, was zum Artilleriedienst erforderlich ist,
daß das Verdienst oder die Einsichten des Ar-
tillerieoffiziers minder in die Augen fallen, minder anschaulich, wenigstens dem größten Theil
der übrigen Subalternoffizier werden können,
als die Verdienste der Offiziere in den übrigen
Arten von Truppen, u. d. m. Es wird z. B.
gleich unmittelbar in einem Heere bekannt, und
kann und muß, der Natur der Sache nach, bekannt werden, wenn irgend ein Regiment, oder
nur ein einzelner Offizier, sich gegen den Feind
auszeichnet; aber selten oder nie ist es genau
zu bestimmen, welchen Antheil überhaupt die
Artillerie an einer glücklichen Unternehmung gehabt hat. Dieses kann öfterer nur der Feldherr allein einsehen. Und diesen Antheil hat selten oder nie das ganze Corps, sondern immer
allenfalls nur einzele Batterien; folglich kommt
denn auch die Sache nie auf Rechnung des

uns erklären. In einer Dienſtart, wo alles von
den Fähigkeiten abhängt, kann die Geburt nicht
in Anſchlag kommen; und da Geiſtesgaben und
Einſichten gerade im umgekehrten Verhältniß mit
der Leichtigkeit, Bedienungen zu erhalten, ſtehen:
ſo ſind jene, bey Perſonen bürgerlicher Abkunft,
auch gewöhnlicher anzutreffen. Daß, im Ganzen,
alle Beförderungen in dem preuſſiſchen Heere, nach
der Reihe, nach der Zeit der Dienſtjahre in jedem

ganzen Corps; und die nothwendige Vertheilung deſſelben im Felde iſt unſtreitig eine von den
Urſachen mit, warum die Verdienſte deſſelben
nicht ſo, wie ſie ſollten, von den übrigen Offizieren anerkannt werden. Ferner veranlaßt
eben jene Unbekanntſchaft mit dem Artillerie-
dienſt den Wahn, daß dieſer Dienſt mehr Einſichten als geradezu Muth erfordert; und dieſe
Vorſtellung, ſo irrig ſie iſt, hat denn wieder
auf Achtungsbezeigungen Einfluß. Dieſe nächſ-
ſten Urſachen hängen indeſſen zum Theil wieder
an entferntern, hängen vielleicht an Dingen,
an Meynungen, Vorurtheilen, Vorſtellungs-
arten, welche in das Ganze des preuſſiſchen
militäriſchen Syſtems äußerſt tief verwebt ſind,
und welche man vielleicht nicht würde antaſten,
oder völlig ausrotten können, ohne jenem Ganzen dadurch Nachtheile zuzuziehen. So an-
ſchaulich ſich auch alles dieſes machen ließe; ſo
würde es doch hier zu viel Raum wegnehmen;
ich ſetze alſo nur noch hinzu, daß nicht blos an
dem Betragen Friedrich II. gegen ſeine Artillerie
die Schuld zu liegen ſcheint, wenn die übrigen

Grade gehen, ist von uns bemerkt worden, und
scheint uns sehr gerecht und einsichtig zu seyn.
Aber, unsers Bedünkens, sollte man, in Ansehung der Artillerie und der Ingenieur, hievon
vielleicht Ausnahmen machen; man sollte dem
Verdienst, aber dem erwiesenen Verdienst, den
Vorzug einräumen.   Diesen Grundsatz hat man
in der preussischen Artillerie nicht befolgt. ᵘ) Alle
Offizier derselben werden der Reihe nach befördert;

Offiziere seines Heeres für solche nicht die ihr
wirklich zukommende Achtung bezeigten.   Vielleicht glaubte er sogar, daß ein solches Betragen
nothwendig sey, um in den übrigen Theilen
seines Heeres, gewisse, dem Geiste desselben vortheilhafte Vorstellungsarten, zu erhalten. Wenigstens wußte er sehr gut, daß nur durch Zu-
rücksetzung und Aufopferungen von einem Theile,
ein anderer zur höchsten Vollkommenheit gebracht
werden kann, daß gewisse Zwecke vernachläßigt
werden müssen, wenn andre sicher und völlig
erreicht werden sollen, u. s. w.

A. d. Uebers.

u) Ob eine solche Ausnahme von den sonst allgemein befolgten Grundsätzen, und in einem, obendrauf ganz in sich selbst geschlossenem Corps,
wie die Artillerie ist, nicht wieder andre, demselben höchst nachtheilige Wirkungen darin hätte
hervorbringen müssen? ist eine andre Frage,
die sich schwer verneinen läßt, wenn man ungefähr weiß, wie in der wirklichen Welt, und
unter dem preussischen Offizier-Corps Vorzug

ſie fangen mit dem Unteroffizierdienſte an, werden
dann Offizier, und ſteigen ſo bis zu den höchſten
Poſten herauf. Friedrich II. überließ alles dieſes
faſt gänzlich dem Inhaber und Generalinſpecteur
des Corps, welcher ſelbſt auf dieſe Art zu dieſem
wichtigen Poſten gelangt iſt. Dieſer Mann befolgt die Grundſätze, welche er von Jugend auf
eingeſogen hat; er hält darauf, daß alles bey
den angenommenen Gebräuchen bleibt, daß keine
fremden Offiziere in das Corps kommen, daß
keiner, auf andre Art, wie er, den Weg zum
Glücke

in der Beförderung, oder gar ſogenannter Ein-
ſchub, ſelbſt unter denjenigen Arten von Truppen wirkte, wo dergleichen Dinge inſofern weniger auffallend waren, als ſie durch Verſetzung
in andre Regimenter, und ſogar in andre Corps,
wie bey der Cavallerie, gleichſam gemildert werden konnten. Sogar ein, ſonſt völlig erwieſe-
nes Verdienſt läßt denen, die dadurch zu leiden
glauben, ſich ſelten oder nie erweiſlich machen.
Die Verbeſſerung alſo, welche unſre Herren
Verfaſſer für nöthig halten, könnte wohl nur
durch eine zweckmäßige angelegte Artillerie-
Schule, nur dadurch bewirkt werden, daß Niemand eher zu einer Offizierſtelle befördert würde,
als bis er alle die dazu erforderlichen Eigenſchaften und Kenntniſſe beſäße, oder keiner, der
nicht wenigſtens alle die Anlagen und alle die
Fähigkeiten mit Gewißheit hätte und zeigte,
welche ihn zu einem vollkommen brauchbaren,
einſichtigen Offizier machen können; und daß
nun auf die Fort- und Ausbildung ſolcher Anlagen

Glücke macht. Alle Offizier der Artillerie unterhalten und unterstützen ihn, so viel wie sie können
und mögen, in diesem, alles Genie unterdrücken-
dem, System.

Woburch aber diese Einrichtung vollends
höchst schädlich wird, ist, daß es keine wahre
Artillerie-Schule in dem preußischen Dienste
gibt. ˣ) Zweifelsohne ist es nothwendig, daß
die Artillerie »recht zu richten und zu treffen wisse;«
dieses ist ein Hauptpunkt, aber es ist nicht alles.
Die Artillerie erfordert ein theoretisches Studium,

lagen mit der größten Sorgfalt gesehen würde.
Ein Gebäude ohne gehörigen Grund wird
durch alle mögliche Anhängsel nie zu einem festen
Gebäude. Uebrigens setze ich noch hinzu, daß
auch bey allen übrigen preußischen Corps und
Regimentern, nicht bey der Artillerie allein,
wie unsre Herren Verfasser zu sagen scheinen,
die Vorschläge zu den Beförderungen, bis zu
dem Posten des Stabsoffiziers, von den Inspecteurs und Inhabern der Regimenter, gemacht werden.
A. d. Ueberf.

ˣ) Auf den Vorschlag des Herrn von Tempelhoff
ist, unter der gegenwärtigen Regierung, eine
Artillerie-Schule errichtet, welche in seinem
Hause ihre Zimmer hat, und worin Er selbst,
nebst acht Professoren und fünf andern Lehrern,
den Offizieren Unterricht ertheilt.
A. d. Ueberf.

Z

erfordert physikalische und mechanische Kenntnisse, von welchen die Vollkommenheit in der Kunst, das Pulver zu machen, und die Stücke zu gießen und zu bohren, die Kenntnisse zum Fuhrwerkwesen, und tausend andre, sowohl zum Großen, als zum Kleinen, dieser Dienstart nützliche Kenntnisse, abhangen. In allen diesen Dingen wird bey der preußischen Artillerie kein, oder doch ein sehr schlechter Unterricht gegeben. Die Offizier dabey erwerben höchstens einige Kenntnisse in der Geometrie, im Zeichnen, und eine praktische Fertigkeit. Friedrich hat deren nie einen reisen lassen, y) und die Erlaubniß auf Urlaub zu gehen, wird bey

y) Was das Reisen zur Bildung eines Artillerieoffizieres besonders beytragen könne, gesteh ich, nicht zu begreifen. Die zur Kenntniß seines Handwerkes nöthigen Kenntnisse, so mannichfaltig sie seyn mögen, finden sich, sogar bis auf die Nachrichten von der Einrichtung der Artillerie bey den verschiedenen Heeren, alle in Büchern; und die sich nicht darin finden, werden gewöhnlich als Geheimnisse angesehen, und dürften dem Artilleriecoffizier, auch wenn er auf Ort und Stelle wäre, noch weniger als jedem andern, mitgetheilt werden. Daß der sinnliche Anblick die Dinge anschaulicher lehrt, daß sie nun sich tiefer eindrücken, ist freylich sehr wahr; aber dieses ist bey fast allen Einrichtungen der Fall, und um solche nachzumachen oder einzuführen für den, welcher sonst den Kopf dazu hat, selten nöthig.

A. d. Ueberf.

diesem Corps nicht allein eben so selten als bey
den übrigen ertheilt, sondern es läßt sich auch nicht
denken, daß jemand eine Reise auf seine eigenen
Kosten unternehmen, und Einsichten zu erwerben werde suchen wollen, da er, wahrscheinlicherweise, nie für sich Vortheile davon würde gezogen haben. Man setze hinzu, daß diese Einrichtungen schon ein halbes Jahrhundert dauern. Wie
sollten Offiziere, die, bey sehr beschränkten Kenntnissen, zu ihren hohen Posten gelangt sind, und
von welchen die Beförderung der Subaltern abhängt, es zugeben, daß bey der wenigen Aufmerksamkeit, welche der König für seine Artillerie be-
zeigt, Männer von Fähigkeiten und Kenntnissen
darin emporkämen? Man muß, wie sie, von
unten auf darin dienen, wie sie Schritt vor
Schritt weiter rücken, vorzüglich aber nicht mehr
als sie zu wissen und zu verstehen scheinen. Und
dieses ist es denn, was wir den Nepotismus in
diesem Corps nennen, und welches uns eine der
großen Ursachen seiner Mittelmäßigkeit zu seyn
scheint. Das Beyspiel selbst des Herrn von Tempelhoff, das als unerhört angesehen wurde, weil
der König ihn aus eigener Bewegung, und außer
seiner Reihe, vom Hauptmann zum Major machte,
ist ein hinlänglicher Beweis von dem, was wir
hier sagen. Denn, wenn es der außerordentlichen
Talente dieses Offiziers bedurfte, um nur einigen
wenigen vorgezogen zu werden; wenn man, wie
er, ein in aller Art vortreffliches Werk schreiben
muß, um einen so geringen Vortheil zu erlangen;

wenn die vorher gegangenen Beweiſe von ſeinen
hohen Einſichten ihm keinen haben verſchaffen können, wer darf da ſich ſchmeicheln, den Weg zum
Glücke ſich zu öffnen? Wie kann Nacheiferung in
einem Corps entſtehen, wenn man ein durchaus
ſeltener Mann ſeyn muß, um Vorzüge zu erhalten?

Die Kargheit Friedrichs muß als eine andre
der Urſachen von der Mittelmäßigkeit ſeines
Corps der Artillerie angeſehen werden. Wir
haben davon ſchon darin einen Beweis, daß er
keine ordentliche Artillerie-Schule für daſſelbe
geſtiftet hat; wir ſetzen hinzu, daß er keine als
die gewöhnlichen Unterhaltungskoſten darauf ver-
wendet; keine koſtbaren Erfahrungen, keine Preiſe,
keine großen Verbeſſerungen finden Statt; mit
einem Wort, es geſchieht nichts von dem, was
geſchehen müßte, um die Artillerie zu einem
Glanze zu erheben, welcher demjenigen, den dieſer große Fürſt allen übrigen Theilen des Solda-
tenhandwerkes gegeben hat, gleich käme.

Auch läßt es ſich nicht verhehlen, daß es bey
ihr eine Menge unwiſſender Offizier gibt, und
daß im Kriege es ihr oft an dem nothdürftigſten
Dingen gefehlt hat. Ein Augenzeuge erzählte
in unſerm Beyſeyn, daß, wie in den einjährigen
Kriege der Herzog von Braunſchweig ein Dorf,
welches die Croaten beſetzt hatten, anzünden laſſen
wollte, um ſie daraus zu vertreiben, und zu dieſem Zwecke einen Artillerieoffizier mit einer Haubitze kommen ließ, dieſer auf keine Art die Sache

auszuführen vermochte; alle Granaten fielen ent«
weder disseit, oder jenseits des Zieles. Der Her«
zog, aufgebracht darüber, gab dem Offizier scharfe
Verweise, und dieser erklärte alsdenn dem Feld«
herrn sehr deutlich, woran es ihm zu der Errei«
chung dieses Endzweckes fehlte. Der Zeuge, ein
Offizier der Cavallerie, konnte uns nicht genau
sagen, worin dieses bestand; aber er setzte hinzu,
daß der Herzog genöthigt gewesen sey, Husaren
vorrücken zu lassen, welche mit brennenden Lunten
die ersten Häuser des Dorfes in Brand gesteckt
hätten, ohne daß man die Croaten gänzlich aus
demselben hätte vertreiben können. ᶻ)

Z 3

z) Wahrscheinlicherweise werden diejenigen Leser,
welche nicht einen besondern Hang zum Glauben
haben, und nicht geschworne Liebhaber von den
sogenannten Anecdotes des Corps de Gardes
sind, (wenn sie auch sonsten nicht die Wahrheit
der Sache selbst läugnen,) doch mit mir wün«
schen, daß die Herren Verfasser uns hier den
Namen des Erzählers, so wie des Artillerie«
offiziers, und des Dorfes, besonders aber die
Gründe, aus welchen die Sache nicht gelang,
angeführt, und den Erzähler genau gefragt hät«
ten: ob die Granate auch gewiß eben so wohl
disseits als jenseits des Zieles gefallen, und wie
viel Schritte wohl das Dorf entfernt, so wie
von welcher Beschaffenheit es gewesen wäre?
Ob das Wetter helle war? u. d. m. So etwas
wird jenen Lesern, bey Dingen solcher Art, noth«
wendig scheinen; denn, so wie die Sache hier
steht, sieht sie einem alten Weiber-Mährchen

Zu Berlin ſieht man ein, als Gebäude betrachtet, ſehr ſchönes Zeughaus. Es iſt mit
Kriegsbedürfniſſen aller Art angefüllt; man hat
ein Gieshaus damit verbunden, wo, wie es heißt,
alle Stücke für das Heer gegoſſen werden. Die
Maſchinen zum Bohren der Kanonen ſind von
einer ſinnreichen Erfindung; aber ſie werden, ohne
beſondre Erlaubniß, keinem Menſchen gezeigt,

vollkommen ähnlich; ſie kann wahr ſeyn; aber
auch die alten Weiber‐Mährchen ſind es;
wenigſtens zum Theil, und es iſt bey keiner
Artillerie unerhört, daß, wenn die Häuſer
eines Dorfes weit auseinander liegen und
nicht mit Stroh angefüllt ſind, ſie nicht ange‐
ſteckt werden. So viel erhellt indeſſen aus der
Erzählung unſrer Herren Verfaſſer, daß die
Schuld des Mißlingens nicht an dem Artil‐
lerieoffizier lag; ſie ſagen ausdrücklich, daß er
vor dem Herzoge ſich zu rechtfertigen gewußt
habe. Folglich kann denn auch die Schuld
nicht an der Labung und Richtung der Haubitze
gelegen haben. Aber — nun geht das Ge‐
wäſche unſrer Herren Verfaſſer an — ſie ſagen
zugleich, daß der Offizier das Dorf nicht habe
treffen können, ſondern daß ſeine Granaten bald
diſſeits, bald jenſeits deſſelben gefallen wären;
und was folgt hieraus? Daß es doch in der La‐
bung oder Richtung irgendwo, oder daß es,
mit andern Worten, dennoch dem Offizier an
Einſichten fehlte; denn nur hievon hängt das
Treffen ab. Doch dahin wollen unſre Herren
Verfaſſer nicht; und ich ſelbſt glaube gern, daß

und diese Erlaubniß haben wir nicht gesucht. Ob jährlich eine gewisse Anzahl Kanonen darin gegossen wird, und wie viel von jedem Caliber, wissen wir nicht.

In dem ersten Stockwerke des Gießhauses findet sich die Bibliothek des Artillerie = Corps. Es ist eine sehr nützliche, bey mehrern Corps des preußischen Heeres getroffene, und von andern,

Z 4

der Offizier ganz unschuldig war; aus dem Zusammenhange ihrer Erzählung sieht man, daß sie die Schuld des Mißlingens in das Materiale setzen; nun fiel aber, wie sie ebenfalls berichten, keine einzige Granate in das Dorf; diese konnten also auch in dem Dorfe keine Wirkung hervorbringen, es also auch nicht in Brand stecken, folglich auch nicht Schuld seyn, daß es nicht in Brand gerieth; — und folglich erzählen unsre Herren Verfasser (wenn es auch sonst ganz wahr seyn kann, daß ein preußischer Artillerieoffizier ein Dorf nicht in Brand stecken können,) ganz eigentlich hier in der sogenannten Muhmen-Manier, oder in der Manier der Anecdotes des Corps de Garde; und ein Mann, wie Mauvillon, wofern er sonst geglaubt hat, daß Leute von Handwerk ihn lesen, oder er überhaupt nur aufmerksame Leser finden würde, hätte sich schämen sollen, dergleichen Zeug niederzuschreiben, oder stehen zu lassen. Wirklich ist die ganze Erzählung so abgefaßt, daß man mit dem besten Vorsatz, den Vorfall an und für sich selbst zu glauben, dadurch geneigt wird, ihn durchaus für eine Erfindung zu halten.

A. d. Uebers.

welche nach dieſen ſich bilden, nachgeahmte Einrichtung, Bibliotheken für die Regimenter anzulegen.
Monatlich wird jedem Offizier, nach Maßgabe
ſeines Ranges, etwas Gewiſſes dazu abgezogen,
und man kauft jährlich Bücher dafür, beſonders
militäriſchen Inhaltes. Dadurch ſind, unter den
preuſſiſchen Truppen, einige Einſichten verbreitet
worden, wenigſtens ſo viel, als in einem Heere
ſich verbreiten können.

Wir wollen noch, bey Gelegenheit der Artillerie, hinzu ſetzen, daß der König, ſo viel er
gekonnt, die Verfertigung des Salpeters in ſeinen
Staaten befördert hat.   In einigen Provinzen
ſind die Dörfer mit kleinen Mauern von Leimerde
(Wellerwänden) umgeben, in welchen der Salpe-
ter ſich erzeugt. An einigen Orten bereiten ihn
die Landleute zu, und verkaufen ihn an die königlichen Salpetrieren, wo er raffinirt wird.   Der
König hat, für ſeine Rechnung, verſchiedene Anſtalten dieſer Art, welche alle in ſehr gutem Stande
ſind.   Uebrigens haben wir auch eine ſehr ſchöne
Salpetriere zu Caſſel gefunden, deren Vorſteher,
ein Mann von vieler Geſchicklichkeit, Herr Ebert,
in preuſſiſche Dienſte gegangen iſt.   Mit Hülfe
dieſer Einrichtungen kann man, wenn man nur
verhältnißmäßige Vorſchüße macht, ſo viel Sal-
peter, als man will, ſich verſchaffen, und dieſer
ſoll, wie man ſagt, dem Indiſchen an Güte ganz
gleich kommen. — a)

a) Unſre Herren Verfaſſer hätten hier noch ſehr
   vieles hinzu ſetzen können, und billig hinzu ſetzen

Und nun zur Untersuchung des preussischen Ingenieur-
Ingenieur-Corps. Das Ingenieurwesen umfaßt
so viel, daß schlechterdings mehrere Männer von

Z 5

sollen. Meines Bedünkens zeigt sich hier ihr
Mangel an wirklicher Einsicht in das Soldatenwesen überhaupt, oder der Mangel an Bekanntschaft mit dem Gegenstande, sehr auffallend.
Der Leser, welcher Unterricht wünscht, hätte
hier erwartet, Untersuchungen und Auskunft
über eine Menge Dinge, als z. B. über das
Holzwerk an den preussischen Kanonen? Ob die
bessere Art von Holz dazu gebraucht und warum
sie nicht dazu gebraucht wird; über die Bespan-
nung, vorzüglich in Rücksicht auf Geschirr;
über das Geleise; über das Eisen zu den Kugeln;
über die Art des Pulvers, u. d. m. zu finden,
denn jeder Leser, der auch nur einen allgemeinen Begriff von Soldatensachen hat, weiß,
daß alle diese Dinge Einfluß, und zum
Theil sehr großen Einfluß auf die Führung
eines Krieges, und auf die Beschaffenheit
des Artilleriewesens eines Staates haben.
Freylich aber kommen Nachrichten darüber
nicht eben öfters in bloßen allgemeinen
Unterhaltungen vor; man muß Nachfragen
darüber anstellen, und um diese anzustellen
vorher wissen, wonach man zu fragen hat.
Hätte aber auch Mauvillon (wie ich nicht
zweifle,) dieses gewußt; so hat es ihm denn
doch an der Gelegenheit dazu gefehlt, und hiedurch wird, meiner Meynung nach, sehr anschaulich erwiesen, daß das, was bey Gelegenheit dieses Werkes schon so oft bemerkt worden

Verdienſt ſich darin theilen, und den einzelnen
Zweigen deſſelben ſich gänzlich widmen müſſen.
Man muß Feldingenieur und Feſtungsingenieur
haben; und unter den letztern muß man noch diejenigen, welche zur Erbauung von Feſtungen gebraucht werden, von denjenigen, deren man ſich
zum Angriff und zur Vertheidigung derſelben bedient, unterſcheiden, weil die erſten einer viel
gründlichern Kenntniß der einzeln Theile, als die
letztern bedürfen. Ein Offizier, welcher alle die
verſchiedenen Zweige dieſer Wiſſenſchaft umfaſſen

iſt, ſehr guten Grund hat, daß, nämlich, um über
irgend einen Staat etwas richtiges zu ſagen,
man in dieſem Staat gelebt, und lange Zeit mit
unpartheyiſchem Unterſuchungsgeiſte darin gelebt haben müſſe. Man wird auf mehrere
Dinge nur dadurch aufmerkſam, daß man ſie
öfterer unter Augen hat; und man muß ähnliche Dinge ſchon an mehrern Orten geſehen und
beobachtet haben, um die erſtern richtig zu beurtheilen. Aus Büchern, was auch die Ge-
lehrten davon ſagen mögen, läßt von Dingen
in der wirklichen Welt ſich gerade das wenigſte,
und dieſes nur ſehr oberflächlich kennen lernen.
Daß Mirabeau's Aufenthalt in den preuſſiſchen
Ländern, wenn auch ſeine Kenntniß vom Soldatenweſen über das Allgemeine und Alltägliche
hinaus gereicht hätte, dazu, beſonders bey ſeinem Mangel an Kenntniß der deutſchen Sprache,
nicht hinlänglich war, darf ich wohl nicht erſt
hinzu ſetzen.

A. d. Ueberſ.

will, oder umfassen muß, wird unfehlbar nur
mittelmäßig in jedem seyn. Und doch ist es das
Schicksal der deutschen Ingenieur, daß sie, ohne
Unterschied, auf alle diese Arten sich müssen ge=
brauchen lassen. Indessen würde dieses, wenig=
stens im preussischen Dienste, noch das geringere
Uebel seyn, wenn man sie nur, indem man so viel
Geschicklichkeit von ihnen fordert, mit mehrerer
Achtung behandelte.

Friedrich hat von diesem wichtigen Gegen=
stande der Kriegskunst nie den geringsten richtigen
Begriff gehabt; und man kann auf ihn anwenden,
was er von einem seiner Vorgänger sagt: wenn
er deutlich gewußt hätte, welchen Gebrauch man
von den Ingenieurs machen kann, so würde es ihm
nicht daran gefehlt haben. Es ist unbegreiflich,
aber dennoch vollkommen wahr, daß er während
seinem ganzen Leben, entweder das Spiel von
Maulmachern, oder das Opfer von Unwissenden
war. Die Folgen sind, diesem gemäß, ausge=
fallen. Wenige Fürsten, wenn man Ludwig XIV.
ausnimmt, haben so viel Festungen anlegen lassen,
und so viel Ingenieur beschäftigt, als er; und
dennoch hat keiner sie so unwürdig behandelt, und
keiner ihre Kunst so tief herab gewürdigt, als
Friedrich. b)

b) Wenn auch diese Thatsache völlig gegründet
wäre, (welches sie denn doch bey weiten nicht
ist, weil Mangel an Achtungsbezeugungen noch
nicht Verachtung und Herabwürdigung voraus
setzt,) und wenn auch dieser bloße Mangel an

Alle die verſchiedenen Arten von Truppen
haben, in dem preuſſiſchen Dienſte, einen genau

Achtung überhaupt ſich keineswegs rechtfertigen
ließe; ſo würde der denkende Leſer denn doch
gewünſcht haben, daß die Herren Verfaſſer uns
die Gründe dieſes Verfahrens Friedrichs II. angegeben hätten. Zwar führen ſie in der Folge
etwas der Art an; aber meines Bedünkens ſind
dieſe Gründe vorzugsweiſe in dem Ganzen, oder
in dem eigentlichen militäriſchen Syſtem Friedrich II. überhaupt zu ſuchen. Daß ein ſolches
für einen jeden Staat, nach Verhältniß ſeiner
Lage, ſeiner Größe, ſeiner innern Stärke, ſeiner Nachbarn, u. d. m. verſchieden ſeyn, d. h.
daß die verſchiedenen Theile dieſes Syſtems,
nach Maßgabe dieſer Umſtände, verſchieden or-
ganiſirt, behandelt und geſchätzt werden müſſen,
verſteht ſich (ob es gleich in der Wirklichkeit ſelten geſchehen mag, weil ſich in der Wirklichkeit
ſelten, beſonders bey militäriſchen Dingen,
durchdachter Zuſammenhang findet,) von ſelbſt;
und wer z.B. verlangt, daß das Corps der Ingenieur allenthalben in dem Anſehn ſtehe, als
in Frankreich, verlangt, daß einem Bewohner
der Provence ein Zobelpelz eben ſo werth ſeyn
ſoll, als einem Kamtſchadalen, oder, um bey
dem Handwerke zu bleiben, daß die Schweizer,
im Fall eines Krieges, der Reiterey den Vorzug
vor dem Fußvolk geben, oder auf Errichtung
derſelben bedacht ſeyn ſollten. Wenn nun Friedrichs militäriſches Syſtem ein, nach Verhältniß jener Dinge vollkommenes Ganzes ausgemacht hat, (und ich geſtehe, daß ich es, je auf-

beſtimmten Fuß, das heißt, es gibt eine immer
beſtimmte Anzahl von Oberſten, Obriſtlieutenants,

merkſamer und je länger ich es unterſuche, um
deſto zuſammenhängender und allen jenen Umſtänden um deſto angemeſſener finde,) und die
Feſtungen, in dieſem Syſtem, nicht den Rang
einnehmen können, welchen ſie z. B. in dem
franzöſiſchen militäriſchen Syſteme haben; ſo
wird es hieraus ſehr begreiflich, warum die
Ingenieur nicht bey ihm in ſolchem Anſehen ſtanden, und folglich auch nicht ſo gut waren, als in
Frankreich. Hiezu kam vielleicht noch das In-
dividuelle in ſeinem Charakter als Feldherr, das,
wenn es gleich durch ſein militäriſches, ſeiner
Lage angemeſſenes Syſtem wäre beſtimmt worden, doch natürlich wieder Einfluß auf dieſes
hatte. Auch iſt wirklich zwiſchen der Zahl der
Feſtungen, welche Ludwig XIV. und welche Er
anlegen laſſen, gar keine Vergleichung zu machen; und noch minder zwiſchen der Art und
der Beſtimmung, und zwiſchen dem Verhältniß
derſelben zu dem Ganzen dieſer zwey verſchiedenen Staaten; und unſre Herren Verfaſſer ſelbſt
würden wahrſcheinlicherweiſe nicht ſo etwas an-
gedeutet haben, wenn ſie nicht, durch Vergleichung des franzöſiſchen und des preuſſiſchen In-
genieurweſens, Friedrichs Betragen in Anſehung
des letztern hätten um deſto ſträflicher darſtellen wollen, und wenn der eine von ihnen (Mauvillon) nicht ſelbſt Ingenieur geweſen wäre.
Aber ſo begreiflich es iſt, daß jeder Menſch ſeine
Kunſt, ſeine Wiſſenſchaft vorzugsweiſe geehrt
und geſchätzt wünſcht; ſo hat denn doch kein

Majors, c) Hauptleuten, u. ſ. w. Jeder weiß
alſo den Weg, welchen er zu machen hat, um zu
ſeinem Glücke zu gelangen, wofern er ſonſt ſeine
Pflichten erfüllt.   Das Corps der Ingenieur
allein macht eine Ausnahme von dieſer allgemeinen Regel.   Zuweilen beſteht es aus vier Oberſten, ſechs Obriſtlieutenants, zehn Majors,
dreyßig Hauptleuten; zuweilen aus einem Oberſten, einem Obriſtlieutenant, und vier Hauptleuten, weil einige geſtorben, oder abgegangen ſind,
und der König nicht für gut gefunden hat, ihre
Plätze zu beſetzen.

Ding in der Unterwelt einen unbedingten Werth;
und das Ingenieurweſen verliert durch alles
dieſes nichts von dem ſeinigen.
                                A. d. Ueberſ.

c) Ey das wäre! So etwas höre ich heute zum
erſten Male; ich weiß es wohl, daß es eine beſtimmte Anzahl von Stabstraktamenten gibt;
aber von einer beſtimmten Anzahl von Stabsoffizieren weiß kein Menſch in dem preuſſiſchen
Heere ein Wort.   Doch ich habe vorher ſchon
öfterer bemerkt, daß die Herren Verfaſſer von
der Zuſammenſetzung dieſes Heeres, ungeachtet
ſie darüber ein Buch geſchrieben haben, ganz
falſche Begriffe hatten, und verweiſe daher auf
die vorigen Berichtigungen; nur will ich noch
erinnern, daß hier daraus Folgen gezogen
werden, und daß dieſe alſo, jener Unrichtigkeit
gemäß, zu beurtheilen ſind.
                                A. d. Ueberſ.

Eben so verhält es sich mit der Besoldung der Hauptleute. Einige haben fünfhundert, einige achthundert, einige tausend, einige zwölfhundert Thaler. Es gibt Majore, welche acht- bis neunhundert, andre, welche zwölf- bis funfzehnhundert Thaler Gehalt ziehen. [d]) Wenn ein Ingenieur stirbt, oder den Dienst verläßt; so wird deswegen sein Hintermann, und wenn er auch um vieles geschickter wäre, und sonst auf alle Art sich ausgezeichnet hätte, deswegen nicht befördert, deswegen seine Besoldung nicht im geringsten erhöht, dadurch seine Lage nicht verbessert. Vielmehr wird der König dem ersten, besten Abenteurer, welcher ankommt, eine Stelle in dem Corps ertheilen, ihm das doppelte Gehalt von dem zurückgesetzten sehr brauchbaren Offizier geben, und würde es sehr übel empfinden, wenn dieser sich es einkommen ließe, darüber klagen zu wollen. [e])

d) Hat sich denn die Sache, in Ansehung der Einkünfte überhaupt, bey den übrigen Arten von Truppen, je nachdem sie bey dem Hubertsburger Frieden auf dem alten Fuße blieben, oder auf den neuen Fuß gesetzt wurden, von dieser Zeit an anders verhalten? O über das Geschwätz und die Vergeßlichkeit, die Unbündigkeit u. s. w. unsrer Herren Verfasser!

A. d. Ueberf.

e) Wirkliche, ächte Abenteurer möchten doch wohl selten in dem preussischen Ingenieur-Corps auf solche Art angestellt worden seyn, oder wenig-

Auf dieſe Art hat Friedrich ſeine Ingenieur beſtändig behandelt. Daraus, daß das franzöſiſche
Ingenieur-Corps einer ſehr großen und verdienten Achtung in Frankreich genießt, folgerte er,
daß die Franzoſen als Ingenieur geboren werden;
und ſobald ſich ihm einer darſtellte, und dafür aus-
gab, ſo machte er ſolchen ſogleich zum Hauptmann
unter ſeinem Ingenieur-Corps. Er bedachte
nicht, daß ein Mann, der die Fähigkeiten gehabt
hätte, in einem ſo ausgezeichneten Corps, als das
königlich franzöſiſche, zu dienen, wo, wer Einſichten und Ehre beſitzt, ſein Glück zu ſeiner Zeit mit
Gewißheit macht, ſich nicht um eine Stelle in
einem Corps bewerben würde, das ſo geringſchä-
ßig, wie die preuſſiſchen Ingenieur, behandelt
wird f) Und ſo mußten die Subalternoffizier
dieſes

ſtens ſich lange darin erhalten haben. — Ich
ſetze noch hinzu, was wohl bemerkt zu werden
verdient, daß, nach unſrer Herren Verfaſſer vorhin geäußerten Behau-
ptung, alle deutſche Ingenieur nicht anders,
als mittelmäßig ſeyn können. Wie verträgt ſich dieſes nun mit einem Theil der obigen
Darſtellung? Und ſieht man nicht auch hieraus,
wie ſelten die Herren Verfaſſer ihre Begriffe
vollkommen auf das Reine gebracht hatten, und
mit ſich ſelbſt einig waren? Wer zu viel beweiſen will, beweißt immer nichts.
A. d. Ueberſ.

f) Dieſem gemäß wären alſo alle, im preuſſiſchen
Dienſt befindlichen Ingenieur von franzöſiſcher
Abkunft

dieses Corps es sich gefallen lassen, daß diese neuen
Ankömmlinge ihnen vorgezogen wurden, und alle
Hoffnung zu Beförderungen nahmen. Es gibt
deren, die schon im siebenjährigen Kriege gedient
haben, und noch als Lieutenants dienen, g) indessen, daß ihre Zeitgenoßen in der Infanterie Obersten und Generale geworden sind. Und was die
Hauptleute anbetrifft: so ist es fast ohne Beyspiel,
daß einer von ihnen wäre zum Major befördert
worden. Niemals hat ein Offizier dieses Corps,
so viel Dienste er auch geleistet haben mag, den
Orden für das Verdienst erhalten; h) niemals ist

> Abkunft äußerst mittelmäßig gewesen? Und nun
> vergleiche man, was in der Folge von dem Gra-
> fen d'Heinze gesagt wird! Dergleichen Wider-
> sprüche lassen sich nur begreifen, wenn man
> bedenkt, daß zugleich ein Deutscher und ein
> Franzose an dem Werke gearbeitet haben; In-
> deßen werden diese Widersprüche dadurch nicht
> entschuldigt.
>   A. d. Uebers.

g) Bey dem Absterben Friedrich II. war der Lieutenant Wolf der einzige, welcher, als Lieutenant, schon im siebenjährigen Kriege gedient
hatte.
             A. d. Uebers.

h) Der Widersprüche in diesem Abschnitte sind so
viele, daß ich endlich müde werde, sie alle zu
rügen. Aber wenn, wie die Herren Verfasser
vorher behauptet haben, und in der Folge noch

der Chef deſſelben, ſeit der Verhaftnehmung des
Grafen von Walrave, welcher es bey der Thronbeſteigung Friedrich II. war, General geweſen; [i])
mit einem Worte, ein preuſſiſcher Jngenieur iſt,
was er iſt, hat, was er hat, ohne alle andre
Ausſicht, als alle Arten von Demüthigungen und
Erniedrigungen.

Woher entſtand nun dieſer Haß Friedrich II.
gegen ſeine Jngenieur? Denn nicht anders, als
Haß kann dieſe ſeine Geſinnung in Anſehung ihrer
genannt werden. Er entſprang aus einer Urſache,
welche durch gewiſſe Begebenheiten verſtärkt
wurde. Die Unternehmungen der Jngenieur, ſo
wohl bey Erbauung der Feſtungen, als bey Belagerungen, erfordern ungeheure Summen. Dieſem gemäß ſtand Friedrich mit den ſeinen, welche
immer mit höchſt koſtſpieligen Bauanſchlägen vor
ihm erſchienen, in Verhältniſſen, welche ihm verhaßt waren. Bey ſeiner gänzlichen Unbekannt-

mehr behaupten, alle preuſſiſche Jngenieur ſehr
mittelmäßig waren, nicht anders als mittelmäßig ſeyn konnten, ſo mußten unſre Herren Verfaſſer es auch nicht ſonderbar finden,
daß Friedrich II. keinen davon auszeichnete.
A. d. Ueberſ.

i) Dieſes iſt, ſo viel ich weiß, wieder nicht wahr;
denn auch der General von Seers, welcher erſt
im Jahr 1757 ſeinen Abſchied erhielt, war
Chef der Jngenieurs.
A. d. Ueberſ.

schaft mit dieser Wissenschaft, wußte er nicht zu
bestimmen, ob diese Anschläge billig oder ob sie
übertrieben seyn konnten; mit den Entwürfen und
Planen, welche sich dabey befanden, konnte er sie
nicht vergleichen; er sah nichts, als die Summe,
welche ihm immer ungeheuer schien, weil sie sehr
groß war. Seine Ingenieur waren also in seinen Augen nichts als Betrüger, ohne alles
Ehrgefühl, welche es sich zur Pflicht gemacht hatten, ihn zu hintergehen, und er behandelte sie
diesem gemäß. k) Und dieses war denn nun das

Aa 2

k) Ich habe diese ganze Tirade stehen lassen, so unwahr sie auch im Ganzen, und so ungereimt sie
in sich ist. Wenn Friedrich auch nicht fähig
gewesen wäre, die Bauanschläge ganz genau
zu beurtheilen, wenn er auch hiezu keine andern
Menschen hätte finden können; so wußte er
denn doch so viel vom Festungsbaue, daß dieser
große Kosten erfordert, und konnte wenigstens
ungefähr einsehen, ob jene Anschläge übertrieben waren oder nicht. Und hätte er alle Menschen gehaßt, welchen er Geld zu geben genöthigt
war; so hätte er beynahe alle Welt hassen müssen. Ferner hat er ja bey weitem nicht allen
seinen Ingenieurs Festungsbaue anvertraut;
und doch soll er sie, der Darstellung unsrer
Herren Verfasser zu Folge, alle gehaßt haben?
Dieses ist indessen so wenig gegründet, daß
mehrere, wovon ich hier nur den Obersten Balby
nennen will, lange Zeit zu seinen Günstlingen
und Gesellschaftern gehörten.

A. d. Uebers.

beſte Mittel, ſie auch wirklich dazu zu machen.
Hiemit verband ſich noch ein anderes Verfahren,
das aus andern Eigenheiten Friedrichs entſprang.

Erſtlich verlangte er, daß die Baukoſten nie
einen Heller höher ſteigen ſollten, als die Summen, welche er bewilligt hatte.   Man mußte
alſo die Anſchläge ſo hoch als möglich machen, um
ſeiner Sache gewiß zu ſeyn.   Zweytens, war es
ſein Gebrauch, dieſe ihm vorgelegten Anſchläge
immer auf die Hälfte herab zu ſetzen, und er beſtand unbedingt darauf, daß dieſes hinlänglich
ſeyn ſollte.   Wie war es alſo möglich, ihn nicht
zu hintergehen? Man legte ihm immer ganz ungereimte Anſchläge vor, weil ſie jenen Grundſätzen
gemäß eingerichtet waren; und da man einmal der
Wahrheit nicht treu bleiben durfte, ſo ſetzte man
dem Betruge keine Gränzen. Der Betrüger hin-
terging ihn ſeines Vortheils wegen, weil er genöthigt war, ihn, ſeiner Sicherheit wegen, zu
hintergehen. [1)] Auch haben die mehrſten Inge-

1) Wie Friedrich, wenn er auch bey Gelegenheit
    der Bauanſchläge wirklich auf die oben er-
    zählte Art verfahren wäre, und wofern ſeine
    Ingenieur ihn ſonſt, zu ihrem eigenen Vortheil,
    hintergangen haben, hieran ſelbſt, bey voll-
    kommen rechtſchaffenen Männern, wirklich
    Schuld ſeyn könne, geſtehe ich nicht zu be-
    greifen. Denn, wie konnte ein ſolcher, ein voll-
    kommen rechtſchaffner Mann, durch jene dem
    Könige zugeſchriebene Eigenheit (welche unſre
    Herren Verfaſſer eine manie zu nennen für gut

nieur, welchen er die Ausführung großer Baue
anvertraute, troß dieses seines Systemes, Mittel
gefunden sich zu bereichern; und es ist eine, im
preußischen Heere allgemein angenommene Meynung, daß das Glück eines Ingenieurs gemacht ist,
sobald ihm eine Arbeit an einer Festung aufgetragen wird. m) Glücklich, wenn nur das Land nicht,
durch diese erniedrigende Ordnung der Dinge, gelitten hätte! Aber die Frohnleute sind die ersten

Aa 3

gefunden hatten,) bewogen werden, absichtlich
an seine Bereicherung zu denken, und zu diesem
Zwecke den König zu betrügen? Wie ließe ein
solcher Betrug sich dadurch entschuldigen?
Man muß wahrlich schon einen Hang dazu haben, schon, wie die Herren Verfasser es ausdrücken, an ein Glückmachen dieser Art
denken, um solche Veranlassungen zu benützen!
Und sollte nicht Friedrich, wenn er die Bauanschläge der Ingenieur immer herabsetzte, immer
nicht bewilligte, was gefordert wurde, vorher,
seiner Seits, Veranlassungen zu einem solchen
Verfahren erhalten haben?

A. d. Uebers.

m) Daß die Herren Verfasser eine solche Bereicherung ein Glückmachen nennen, klingt
denn doch ein wenig unphilosophisch, wenn es
gleich dem gewöhnlichen Sprachgebrauch und
der gewöhnlichen Denkart der Menschen ganz
gemäß seyn sollte. Auf eben solche Art könnte
man von falschen Spielern, von Betrügern
und Gaunern sagen, daß sie Glück machen.

Opfer dieſer Geldſchinderey. ⁿ)   Einer dieſer Ingenieur, ein gewiſſer le Febvre, welcher durch die
Belagerung von Schweidnitz bekannt iſt, ſpannte
die Saiten ſo ſehr an, daß ſie platzten.   Man

Hier alſo hätten unſre Herren Verfaſſer ihre
Strenge im Urtheilen ſollen obwalten laſſen.
Oder hielten ſie ſo etwas nicht eben für unmo-
raliſch? hielten ſie es für erlaubt, ſich auf dieſe
Art zu bereichern? Ich ſetze hinzu, daß dieſe
Glückmacherey, oder Geldmacherey, vorzüglich
der Verkürzung des von dem Könige den Arbeitern ausgeſetzten Lohnes und dem Umſtande
zugeſchrieben worden iſt, daß, da die ausge-
ſchriebenen Arbeiter, zum Theil, die Arbeit nicht
in Perſon verrichteten, oder verrichten wollten,
man ſie nun nöthigte, zu jedem ausgeſetzten
Arbeitslohn noch von dem Ihrigen etwas hinzu
zu legen, um von der Arbeit loszukommen,
und daß man Arbeiter (Beurlaubte und Frey-
wächter) zu bekommen ſuchte, welchen man
noch weniger, als das ausgeſetzte gab. War
dieſes etwan auch dem Könige zuzuſchreiben?
                                        A. d. Ueberſ.

ⁿ) Daß dieſes allerdings geſagt worden iſt, habe
ich bereits bemerkt. Aber, wenn die Ingenieur,
auf Koſten dieſer, ſich bereichert, oder, mit den
Herrn Verfaſſern zu reden, ihr Glück gemacht
haben, wie verträgt ſich dieſes mit dem, was
unſre Herren Verfaſſer vorher von der Uebertreibung der Bauanſchläge ſagten? Man ſieht
allenthalben, daß ſie nirgends genau unterrichtet waren, daß ſie immer die Dinge unter ein-

brachte Klagen gegen ihn an, und der König
hatte befohlen, die Sache zu untersuchen, wie
ße Febvre sich selbst sein Urtheil sprach, und sich
entleibte. °)

Aa 4

ander verwirrten, daß sie, genau zugesehen,
selten selbst recht wußten, was sie wollten.
Uebrigens war der, den Arbeitern (welche die
Krieges- und Domainen-Kammern aus der
Classe der sogenannten Häusler und Tagelöhner
im Lande ausheben,) bewilligte Schanzlohn so
groß, daß die mehrsten davon nicht mehr zu
Hause hätten verdienen können, und die Kammern waren ausdrücklich angewiesen, darauf
zu sehen, daß ihnen dieser Lohn richtig ausge-
zahlt würde. Sie wollten indessen, zum Theil,
lieber bey den ihrigen bleiben; und mögen, zum
Theil, vielleicht auch wohl veranlaßt worden
seyn, an ihrer Stelle andre annehmen zu lassen.
Auch kann ihnen wohl hin und wieder der ausgesetzte Lohn verkürzt worden seyn. So viel sieht
aber wohl ein Jeder, daß an dem hieraus
entstandenen Unterschleife das Verfahren des
Königs mit seinen Ingenieurs, das Herabsetzen
der Bauanschläge, u. s. w. auf keine Art Schuld
war. - Diese Unterschleife hätten Statt finden
können, wenn Friedrich auch diese Anschläge,
ohne alle Einschränkung, hätte gelten lassen.
A. d. Uebers.

°) Ob Le Febvre, (der übrigens denn doch, wenigstens den militärischen Lesern nicht ganz so
unbekannt ist, daß er blos „ein gewisser
Le Febvre" genannt zu werden verdient hätte,)

Wenn man sich über irgend etwas verwundern muß, so ist es darüber, daß bey dieser treuen Darstellung des Zustandes und der Lage des preussischen Ingenieur-Corps sich dennoch darunter mehrere schätzbare Männer finden, wie wir solches mit Wahrheit versichern können. So sehr dieses Corps auch herab gesetzt ist; so sind die Offizier desselben doch immer noch preussische Offizier, immer noch Mitglieder des ersten Standes im Staate, und genießen, im Ganzen, aller derjenigen Vorzüge, die in gewisser Art das allen übrigen eigene Ehrgefühl wenigstens denjenigen einflößen, welche dessen von Natur fähig sind. Bey den Eingebornen verbindet sich hiemit der Nationalgeist. Der Deutsche, im Allgemeinen genommen, ist fleißig, arbeitsam, pünktlich, und ein

sich, bey dem ihm anvertrauten Festungsbaue von Neiß bereichert hat, lasse ich dahin gestellt. Aber so viel ist gewiß, daß der Einsturz einer von ihm daselbst erbauten Caserne die nächste Veranlassung zu seiner Entleibung war; verschiedene Arbeiter kamen bey diesem Einsturz um; und da Le Febvre zugleich beschuldigt wurde, daß er, um sich zu bereichern, so schlecht gebaut habe, ließ ihn der König in Verhaft setzen, worauf er sich, mit mehrern Messerstichen, ums Leben brachte. So viel ich weiß, wurde die fernere Untersuchung niedergeschlagen; nur seiner Wittwe wurde aufgelegt, an die Familien der unglücklich Erschlagenen einige Entschädigungen zu bezahlen.

A. d. Uebers.

Freund der Ordnung; wenn er einmal ein Handwerk ergriffen hat, so legt er sich mit Ernst darauf. Sogar unter den ausländischen preussischen
Ingenieuren finden sich, obgleich in weit geringerer Anzahl, einige ausgezeichnete Köpfe, welche
Friedrich, durch irgend ein großes Opfer, wozu
die Umstände und die Lage der Dinge ihn nöthigten, in seinen Dienst gezogen hat. Zu diesen gehört der Obristlieutenant, Graf d'Heinze, welchen
er im Jahr 1768 mit einem Gehalt von zweytausend Thalern hinberief. Das Schicksal desselben aber bestätigt zur Gnüge alles das, was wir
von dem Systeme des Königs, in Ansehung seiner Ingenieur, gesagt haben.

Der Graf d'Heinze wurde anfänglich, seinen
Kenntnissen und Talenten gemäß, gebraucht; und
wie Friedrich im Jahre 1772 zu dem Besitz von
Westpreussen gelangte, trug er ihm die Erbauung
einer Festung auf, welche er an den Ufern der
Weichsel, zur Beherrschung dieses Flußes, anlegen
ließ. Der Platz dazu wurde gewählt. Vergeblich stellte man dem Könige vor, daß die Weichsel,
zur Zeit ihrer Anschwellung, die Festungswerke
unfehlbar mit fortschwemmen würde; er wollte es
nicht glauben, und befahl dem Grafen d'Heinze die
Arbeit fortzusetzen. Im folgenden Jahre trat die
Weichsel nur wenig aus, und die angefangene
Festung litt folglich keinen Schaden; nun spottete
der König, wie er diese Provinz besuchte, über
die vorgebliche Einsicht der Befestigungsweisen,
und gab einen noch nachdrücklichern Befehl, mit

Aa 5

der Unternehmung fortzufahren, und ſolche mit
Ernſt und Eifer zu betreiben. Der Graf d'Heinze
gehorchte; aber in dem nächſtkommenden Früh-
jahr führte die Weichſel ſo viel Eisſchollen und ge-
ſchmolzenen Schnee, und ihr Waſſer wuchs ſo
hoch an, daß alles, was war aufgeführt worden,
bis auf den Grund umgeſtürzt wurde. Friedrich,
um nicht das Anſehen zu haben, als ob er Unrecht
gehabt hätte, welches er nie haben wollte, ſchob
die Schuld auf den Grafen d'Heinze, nahm ihm
die Aufſicht über die Arbeit, rief ihn nach Potsdam zurück, und hat ihn ſeit dieſer Zeit mit ſeinem Gehalt von zweytauſend Thalern im Müßiggange ſchmachten laſſen. Nicht beſſer iſt es dem
Major von Haas gegangen. Dieſer Offizier hatte
ſich als ein Ingenieur von Einſicht bekannt gemacht; der König wollte ihn haben, fand aber die
Bedingungen, welche dieſer ſich machte, anfänglich zu ſtark, entſchloß ſich indeſſen, da ſolcher darauf beſtand, ſie zu bewilligen, ließ ihn aber, aus
Verdruß darüber, ſieben Jahre unbeſchäftigt. p)

p) Alſo hätte Friedrich wohl jährlich ſollen neue
Feſtungen anlegen? wohl ſeinen Staat ſo anſehen, als ob er blos der Ingenieur wegen
da wäre? Wie man ſolch Zeug in den Tag hinein ſchwatzen kann! Freylich, von einem bloßen
Ingenieur wäre es mir begreiflich; aber Mauvillon wollte ja mehr als Ingenieur ſeyn.
Es iſt wahrlich zu bedauern, daß er ſo ſelten
in dieſem Werke, vorzüglich in dieſem Abſchnitte, ſich ſelbſt, und was er war, vergeſſen
hat! A. d. Ueberſ.

Alle diese Sonderbarkeiten haben aus dem
preussischen Ingenieur-Corps ein unerklärbares
Gemengsel gemacht. Und dennoch finden sich,
wie wir bereits gesagt haben, einige Köpfe von
seltenen Fähigkeiten darunter. Dieses wird durch
mehrere Thatsachen erwiesen. Zwar nicht durch
die preussischen Festungen. Ob wir gleich solche
nicht genau genug kennen, um darüber mit Gewißheit zu urtheilen; so haben uns doch mehrere
Kenner versichert, daß es keine darunter gibt,
welche nicht auffallende Mängel hätte. Noch
minder haben jene Einsichten sich bey Belagerungen, sowohl bey der Vertheidigung, als bey dem
Angriff von Festungen, gezeigt. Die Preussen
haben keine, weder mit Kunst, noch mit Entschlossenheit vertheidigt. Schweidniß und Breslau wurden im Jahr 1758 (im Jahr 1757) mit
vieler Leichtigkeit von den Oesterreichern weggenommen; und das erstere ging im Jahr 1761
sehr ungeschickterweise durch eine Bestürmung verloren. q) Zwar wurde Dresden mit mehrerer

q) Nur bey der Belagerung dieser Festung, im
Jahre 1757, hätten die Preussen allenfalls von
einem guten Ingenieur darin Vortheile ziehen
können. Eben dieser Ort würde aber im Jahr
1761, so wie Breslau im Jahr 1757, genommen worden seyn, wenn auch die ersten Ingenieur von ganz Europa sich darin befunden
hätten. Dieses ist aus der Geschichte des siebenjährigen Krieges bekannt genug, und selbst
Kindern begreiflich.

A. d. Uebers.

Hartnäckigkeit von den Preuſſen vertheibigt; aber
auch dieſer Widerſtand zeigte nichts außerordentliches. r) Weit tapferer war die Vertheibigung
von Torgau (im Jahre 1759); allein dieſe beweißt nichts zu Gunſten des preuſſiſchen Ingenieur-
Corps, denn es hatte keinen Antheil daran. Tor-
gan, wo der General von Wolfersdorf, mit vielem
Muthe, einen Angriff während verſchiedenen
Tagen zurück ſchlug und einen ehrenvollen Abzug
erhielt, iſt gar keine Feſtung. Die einzige Vertheidigung, welche den Preuſſen Ehre bringt, iſt
die von Colberg, welche indeſſen ebenfalls nicht
der Geſchicklichkeit des Ingenieur-Corps zuzuſchreiben iſt, denn es befand ſich kein einziger da-

r) Dreßben wäre mit Hartnäckigkeit vertheidigt
worden? Nun, wenn die Herren Verfaſſer hier
nicht im Traume ſchrieben, ſo müſſen ſie mit
den Worten Vertheidigung und Widerſtand ganz
andre Begriffe als wir übrigen Soldaten verbinden. Es iſt ja weltkundig, daß, wenn dieſer Ort gleich einige zwanzig Tage eingeſchloſſen
war, und wenn der Feind gleich zu dieſer Zeit
mancherley kleine Angriffe darauf machte, er
ſich doch ergab, ehe das feindliche Heer die
Laufgraben eröffnet, und die Feſtung förmlich
beſchoſſen hatte. Daß es nicht Mangel an
Muth und Entſchloſſenheit war, welcher den
Commendanten, Graf von Schmettau, zu der
Uebergabe bewog, gebe ich gerne zu; aber bey
hartnäckiger Vertheidigung denkt doch ein jeder
immer einen ernſthaften, förmlichen Angriff.
A. d. Ueberſ.

von in dem Orte; sie war einzig und allein das
Werk der unerschütterlichen Standhaftigkeit des
Commendanten, und der Ungeschicklichkeit der
Russen. ⁵)

Was die Belagerungen anbetrifft, welche
die Preussen geführt haben, so sind nur zwey,
ihrer Wichtigkeit wegen, bemerkungswerth; es
sind die von Olmütz im Jahre 1758, und die
von Schweidnitz im Jahre 1762. Bey beyden
zeichneten die preussischen Ingenieur sich nicht
durch Einsichten aus. Die erstere dieser Belagerungen wurde unter der Aufsicht und Leitung des
Obersten von Balby geführt, welcher eines großen
Rufes genoß, und damals das Vertrauen des
Königs besaß. Dieser Offizier beging dabey sehr
große Fehler. Er eröffnete die Laufgräben und
errichtete seine Bätterien in einer viel zu großen
Entfernung von der Stadt; er ließ die Stücke

---

s) Sollten die, von unsern Herrn Verfassern selbst
angeführten, und mehrere ähnliche Beyspiele,
von muthvollen Vertheidigungen, ohne allen
Beystand von Ingenieurs, nicht auch eine von
den Ursachen gewesen seyn, warum Friedrich II.
seine Ingenieur nicht so hoch hielt, als ihre
Wissenschaft überhaupt es verdient? Daß er,
bey Vertheidigungen, von der Fassung und
Entschlossenheit des Commendanten immer vorzüglich alles erwartete, zeigt sich an mehrern
Stellen in seinen Werken; und hatte er denn so
sehr Unrecht?
                                          A. d. Uebers.

mit zwey Drittheil der Kugelſchwere laben; r) die Mörſer, weil man ihnen einen großen Er-höhungswinkel geben mußte, ſprangen, u) und die Kanonen wurden, durch die übermäßige Ladung, ausgeſchoſſen, ohne daß das Feuer der Feſtung dadurch im geringſten wäre vermindert worden. Dieſes alles war ein doppelter Fehler.

Erſtlich iſt es ein Irrthum zu glauben, daß, durch übermäßige Ladung, die Schußweite anſehn-lich vergrößert wird. Man vermehrt die anfäng-liche Geſchwindigkeit; aber, da der Widerſtand der Luft eben dadurch auch zunimmt, ſo läuft die

r) Nicht doch; er wollte die Vier und zwanzig-Pfünder nur mit dreyzehn, und die Zwölf-Pfünder mit ſieben Pfund Pulver geladen ha-ben, und das war ſchon unüberlegt genug. S. hierüber und über alles, was die Herren Verfaſſer von dieſer Belagerung ſagen, Tempel-hofs Geſchichte des ſiebenjährigen Krieges, Theil 2. S. 59. u. f.
A. d. Ueberſ.

u) Nicht die Größe des Erhöhungswinkel, der zu der größten Weite immer nur 45° haben kann, ſondern die Ladung mit drey Pfund Pulver war Schuld, nicht daß die Mörſer ſprangen, (denn nur einer bekam einen Riß,) ſondern daß die Klötze derſelben, zum Theil unbrauchbar, zum Theil ſo ſchadhaft wurden, daß ſolche, ſo wie die Bettungen ohne Ausnahme, ſchon in den erſten Tagen ausgebeſſert werden mußten.
A. d. Ueberſ.

Sache am Ende auf eins hinaus. Folglich können starke Ladungen nur dazu dienen, die Wirkungen des Geschützes in der Nähe zu vergrößern. Außerdem wird das genaue Richten, in einer großen Entfernung, um vieles schwerer, und eine Menge Schüsse gehen also verloren.

Aber, was zweytens noch viel wichtiger ist, ein Ingenieur muß ein Mann von Erfindung seyn, und nicht immer den hergebrachten Gebräuchen treu bleiben. Er muß sein Angriffssystem den Umständen gemäß einrichten, den gewöhnlichen Regeln folgen, und die Menschen schonen, wenn er kann; aber von diesen Regeln abweichen, und selbst auf Kosten von Blut die Hindernisse mit Gewalt wegzuräumen suchen, sobald es nothwendig ist. Nun hätte aber die Lage Friedrichs vor Olmütz erfordert, die gewöhnliche Ordnung der Dinge umzukehren; man hätte dem Feuer der Belagerten trotzen, und auf die Gefahr einige hundert Menschen mehr in der Belagerung zu verlieren, die ersten Arbeiten so nahe als möglich an dem Platze anfangen; die ersten Batterien so nahe als möglich errichten, und dabey alle Vorsicht, alle List gebrauchen müssen, welche die Kunst an die Hand gibt; denn hier, wie in mehrern Fällen, ist der Verlust oft Gewinn. Aber so weit gingen die Einsichten des Herrn von Balby nicht; und die Belagerung hatte den Ausgang, welchen jeder weiß. Indessen kostete das Gefecht bey Domstädtel, wobey Friedrich noch obendrauf seinen großen Transport von Lebensmitteln und

Kriegsbedürfniſſen verlor, dem Könige mehr
Menſchen, als ihm der kühnſte Angriff, woburch
er ſich unfehlbar zum Meiſter von Olmütz gemacht
hätte, würde gekoſtet haben. x)

Die Belagerung von Schweidnitz wurde mit
noch größerer Ungeſchicklichkeit geführt. Die
Kunſt der Minen, woburch ſie entſchieden werden
ſollte, wurde ſehr übel dabey angewandt. Vier
Druckkugeln, an welchen man zwey Monat arbeitete, nahmen nicht einmal den Kamm des be-
beckten Weges weg; y) die Feſtung war noch weit
entfernt, ſich zu ergeben, und würde mit Hülfe
ihrer Gegenminen, welche noch nicht gänzlich vernichtet

x) Der größte Fehler bey der Belagerung von
Olmütz war wohl, daß man, bey Anlegung der
Laufgräben, gar keine Rückſicht auf die Waſſer-
forts genommen hatte.
A. d. Ueberſ.

y) So wenig ich Willens bin, die Führung dieſer
Belagerung in Schutz zu nehmen, ſo iſt es ja
benn doch nichts ſo ſehr außerordentliches, daß
ein mit einer ſtarken, hinlänglichen Beſatzung
und allen nöthigen Bedürfniſſen verſehener Ort
ſich zwey Monate lang vertheidigt. Auch iſt
es ſehr gewiß, daß die vierte Druckkugel nicht
ohne gute Wirkung war; die benachbarten
Minengänge der Feſtung wurden nicht allein
dadurch eingeſtürzt, ſondern ſie ſprengte auch
einen Theil des bedeckten Weges in die Luft.
Und zugleich iſt es ja bekannt genug, daß der
Commenbant ſchon, nach dem Treffen bey
Reichen-

nichtet waren, sich vielleicht bis zum Einbruch der
schlechten Witterung haben vertheidigen können,
wodurch Friedrich zur Aufhebung der Belagerung
wäre gezwungen worden, wenn nicht eine Haubitz-
grenade in ein Pulvermagazin, deſſen Thüre man
offen gelaſſen hatte, gefallen wäre, und einige
hundert Menſchen von der Beſatzung in die Luft
geſprengt hätte. ²) Dadurch wurde dieſe mit
Schrecken erfüllt; ſie war aus einzeln Comman-
dirten von allen öſterreichiſchen Regimentern zuſammen geſetzt, welches denn immer ein ſehr
ſchlechtes Mittel iſt, irgend ein gutes Ganze zu
bilden, und außerdem durch eine Belagerung von
drey und ſechzig Tagen ermüdet und erſchöpft.

Uebrigens wollen wir noch, um gerecht zu
ſeyn, bemerken, daß die Preuſſen bey dieſer Gelegenheit, Beweiſe eines bewunderungswürdigen
Muthes gaben. Friedrich, um dieſe Belagerung
gegen einen viel ſtärkern Feind zu decken, befand

Reichenbach, in der Mitte des Septembers ſich
zu ergeben erbot, wenn man ihm einen freyen
Abzug geſtatten wollte.

A. d. Ueberſ.

²) Dieſe Haubitzgrenate ſprengte auch einen Theil
des Forts, in welches ſie fiel, in die Luft, und
machte eine Oeffnung darin, daß nun ein
Sturm darauf hätte unternommen werden können; dieſes, und die vorhergedachte Wirkung
der vierten Druckkugel, bewog unſtreitig den
Commendanten zur Uebergabe. A. d. Ueberſ.

Bb

ſich in einer äußerſt bedenklichen Lage, und bedurfte ſeines ganzen Genie's, um nicht unterzuliegen. Er konnte alſo nur wenig Fußvolk zu dieſer
Belagerung hergeben; und ſein Heer beſtand nicht
mehr aus jenen Preuſſen, welchen nichts unmöglich war, aus jenen unüberwundenen Kriegern,
die im Jahre 1756 in Sachſen einrückten; nur
ein Drittheil war davon übrig; die beyden andern
waren aus ſächſiſchen Rekruten, feindlichen Ueberläufern und einheimiſchen ganz jungen Leuten zuſammen geſetzt. Und dennoch zogen dieſe Truppen einen Tag um den andern in den Laufgräben
auf die Wache, und brachten eine Belagerung zu
Ende, bey welcher wahrſcheinlicherweiſe alle,
aus freywillig angeworbenen beſtehende europäi-
ſchen Heere, durch die Feldflucht würden zuſammen geſchmolzen ſeyn. Wenn indeſſen le Febvre,
welcher die Belagerung führte, ſeine Batterien
beſſer anzulegen verſtanden, und die preuſſiſchen
Mineure mehrere Geſchicklichkeit beſeſſen hätten;
ſo wäre der Ausgang früher entſchieden geweſen.
Zwey Anekdoten bey dieſer Gelegenheit verdienen
angeführt zu werden. [1] Da Friedrich ſah, daß
die Belagerung ſich zu ſehr in die Länge zog, ſo
begab er ſich hin, den Zuſtand der Dinge ſelbſt zu
unterſuchen. Bey Beſichtigung der Arbeiten
wurde er ſogleich gewahr, daß es nothwendig ſey,
noch zwey Batterien anzulegen, und dieſe beyden
Batterien brachten eine vortreffliche Wirkung

---

[1] Aus Tielkens Beyträgen zur Kriegskunſt.

hervor. Die zweyte Anekdote zeigt, welche Gewalt dieser große Fürst über sich selbst hatte.
Le Febvre, wie er alle seine Maßregeln vereitelt
sah, warf sich zu den Füßen desselben, und gestand
mit Thränen, daß sein Wissen zu Ende sey, und
daß er an einem glücklichen Ausgange der Belagerung zweifele. Friedrich, so heftig er sonst war,
so wenig er sonst Unfähigkeiten verzieh, weit entfernt in Zorn zugerathen, tröstete ihn, munterte
ihn auf, und gab dem armen Le Febvre dadurch
wieder einigen Muth. Der große Mann fühlte
unstreitig, daß, wenn er auch einen geschicktern
Ingenieur gehabt hätte, die einmal verlorne Zeit
doch dadurch nicht ersetzt werden konnte, und daß,
wenn Le Febvre nicht noch mehr Fehler machen
sollte, er ihm wieder Ruhe und Zuversicht einflößen müßte.

Aber, wenn das preussische Ingenieur-Corps
gleich nie viel Geschicklichkeit in Erbauung der
Festungen und bey Belagerungen bewiesen hat;
so hat es doch in der Feldbefestigungskunst einige
ausgezeichnete Männer hervor gebracht; und diese
Kunst ist bey keinem Volke so weit getrieben worden. Das Lager bey Bunzelwitz, wo Friedrich
mit einem Heere von höchstens sechs und dreyßig
bis vierzigtausend Mann, a) sich zwischen dem vereinten österreichischen und russischen Heere, welches

Bb 2

a) Herr von Tempelhof rechnet das Heer des
Königs auf mehr als funfzigtausend Mann. —
Ich setze noch hinzu (was auch allgemein be-

über hunderttauſend Mann ſtark war, in einen
Umfang von einzeln Werken einſchloß, iſt bis jetzt
das vollkommenſte Denkmahl der Feldbefeſtigung,
die Verſchanzungen waren nicht allein an und für
ſich ſelbſt gut angelegt, alle Vortheile, welche die
Gegend und der Boden darbot, mit der größten
Kunſt und mit der vollkommenſten Einſicht und
Beurtheilung benutzt, obgleich alles binnen der
kurzen Friſt von drey bis vier Tagen entworfen
und vollendet wurde, ſondern, was die mehrſte
Bewunderung verdient beſtand darin, daß das
Ganze dem Genie und Verfaſſung des preuſſiſchen
Militairs ganz genau angepaßt war. [2])

Die Befeſtigung eines Lagers iſt eine ganz
andre Sache, als die Befeſtigung einer Stadt, und
es gibt weit weniger Mittel, die Theorie derſelben ſich zu erwerben. Die Grundſätze der einen
laſſen ſich ſchlechterdings nicht auf die andre anwenden. Die Feldbefeſtigung iſt genau mit der
Taktik verbunden; und die Ueberlegenheit der
Preuſſen in dieſer letztern hat ihnen auch in jener
eine ſo entſcheidende Ueberlegenheit über alle andre
bekannte gegeben. Ein Mann von Einſicht wird
die Arbeiten dieſer Art immer der, bey ſeiner
Nation eingeführten Taktik, und dem Grade der

kannt iſt,) daß der König ſelbſt die Verſchanzungen dieſes berühmten Lagers im Ganzen
angab.

A. d. Ueberſ.

[2]) S. Tielkens Beyträge zur Kriegskunſt.

Vollkommenheit gemäß, bis zu welchem sie es darin gebracht hat, einrichten. Verschanzungen für Franzosen, für Oesterreicher, für Preussen, müssen, so lange die Theorie und die Anwendung dieses Theiles der Kriegskunst, bey diesen verschiedenen Völkern, in wesentlichen Punkten von einander abweicht, ganz verschieden angelegt werden. Dieses ist die Kunst und ihre Vollkommenheit. [b)]

Ein anderer Theil der Wissenschaft des Ingenieurs, welcher weit wichtiger ist, als man es gewöhnlich glaubt, und auf welchen die preussischen Ingenieur sich mit vielem Fleiße legen, ist das Aufnehmen topographischer Plane. Außer dem großen Nutzen, welcher für militärische Unterneh-

Bb 3

[b)] Da die Herren Verfasser sich hier einmal auf die Theorie der Kriegskunst eingelassen haben; so wäre es zu wünschen, daß sie das, was sie sehr richtig über die nothwendige Verschiedenheit in der Feldbefestigung im Allgemeinen sagen, durch nähere Angabe dieser Verschiedenheiten etwas bestimmter und anschaulicher gemacht, und besonders gezeigt hätten, wodurch denn die Verschanzungen des Lagers bey Bunzelwitz Vorzugsweise den Einrichtungen des preussischen Heeres so angemessen waren? Jenes allgemeine Lob habe ich bey mehrern militärischen Schriftstellern gefunden; aber dergleichen Weibsprüche lehren nie ein Ding kennen, unterrichten nie, und sagen im Grunde nicht viel mehr als — Nichts. Und doch war es

mungen daraus entſpringt, iſt, für den Krieger,
dieſes das beſte Mittel, ſich ein richtiges Augen-
maß zu bilden. Freylich wird ein beſchränkter
Kopf, der blos durch Uebung ein guter Zeichner
dieſer Art wird, darum ſein lebenlang nichts mehr
als eine gute topographiſche Maſchine ſeyn; aber,
ein junger Menſch von Einſicht, welcher ſich dieſer
Kunſt befleißigt, und ſie mit Eifer betreibt, wird
unfehlbar einen richtigen Blick erlangen, und dadurch ſich zu einem ſehr ſchätzbaren Offizier machen.
Unglücklicherweiſe beſteht das preuſſiſche Ingenieur-Corps, weil es ihm an Aufmunterung mangelt, mehr aus Offizieren von jener, als von dieſer Art. Friedrich, welcher im Kriege die Sonderbarkeit, in Rückſicht auf Plane, ſo weit trieb,
daß er, ob er gleich im Frieden deren unaufhörlich aufnehmen ließ, ſich doch, bey dem Heere,

hier vielleicht gar nicht ſchwer, die Sache mit
ein paar Worten beſtimmter anzugeben. Meines Bedünkens nämlich waren jene Verſchanzungen vorzüglich deswegen den preuſſiſchen
Truppen ſo angemeſſen, weil ſie ſolche nicht,
wie es bey Verſchanzungen gewöhnlich iſt,
durchaus verhinderten, auch noch offenſiv an
mehrern Stellen und in gewiſſen Fällen zu
handeln. Hiemit verband ſich noch der Umſtand, daß ſolche, ſo wie die Vertheilung der Artillerie und der Truppen, ſelbſt vollkommen der
Lage der Sachen in dieſem Zeitpunkte gemäß
war. Doch es iſt hier nicht der Ort, dieſes
weitläuftiger aus einander zu ſetzen.
A. d. Ueberſ.

der gemeinsten geographischen Karten bediente, c)
Friedrich legte nicht einen genug großen Werth auf
das Verdienst eines Mannes, welcher, wenn wir
uns so ausbrücken dürfen, das ähnlichste militäri=
sche Bildniß eines Landes entwerfen kann, um
die ihm vorgelegten Plane genau zu untersuchen,
und das Talent dazu und den Fleiß dabey zu be=
lohnen. Die Folge davon war, daß man öfters
nur zeichnete, um sein Auge zu täuschen.

Es ist ein großer Unterschied zwischen einem
gut gezeichneten und einem blos schön und reinlich
gezeichneten Plane. Außer der Genauigkeit,
besteht das große Verdienst desselben darin, daß
alle Anhöhen auf solche Art darauf aufgetragen
sind, daß sie, wie wir schon gesagt haben, ein
wahres, getreues Bild von der Gegend liefern.

Bb 4

c) Wirklich? Auch da, wo er nicht durch wieder=
holte Ansicht die Gegend schon selbst kannte?—
Bis jetzt hat Friedrich, und wirklich mit Rechte,
für denjenigen Feldherrn gegolten, welcher
vorzugsweise eine genaue Localkenntniß derjeni=
gen Länder besaß, in welchen er den Krieg
führte. Davon sind hundert Beyspiele bekannt,
und der Uebersetzer selbst könnte deren einige
anführen; auch zeigt sich dieses anschaulich,
wenn man seine Anordnungen zu den mehrsten
Märschen, und zu den Schlachten (die bey
Kunnersdorf abgerechnet,) genau untersucht;
woher und woburch wäre er nun zu dieser
Kenntniß gelangt? Etwan durch Eingebung?

A. d. Uebers.

Die Umriſſe und Bezeichnungen, durch welche
man alles Uebrige darſtellt, ſind ganz gleichgültig;
bloße Farben ſind dazu hinlänglich. Was aber
die Anhöhen anbetrifft; ſo iſt die Methode der
preuſſiſchen Ingenieur, ſolche zu zeichnen, keinesweges die beſſere; ſie iſt nicht genau genug. Es iſt
indeſſen zu weitläuftig, und hier nicht der Ort, die
Fehler dieſer Methode umſtändlich anzugeben; [3])
doch glauben wir einige Muſter den Leſern empfehlen zu müſſen. Dieſes ſind ſicherlich nicht die,
dem Werke des Herrn Deſſoſſe', von dem Angriff
und der Vertheidigung kleiner Poſten, beygefügten
Plane; man findet ſie freylich allerliebſt; es ſind
die niedlichſten Illuminirungen von der Welt;
allein im Grunde nichts als Kindereyen, auf welche
zu ſehen, im Kriege gewiß nicht Zeit übrig iſt.
Feder und Tuſche ſind hinlänglich, alles das auszudrücken, was man durch einen Plan darſtellen
will. Vorzüglich gut aber iſt der Plan, welchen
Herr Dumont, ehemaliger Hauptmann in Heſſi-

---

[3]) In der Einleitung in die militäriſchen Wiſſenſchaften von Maubillon findet ſich ein Kapitel von
der Kenntniß des Landes, worin eine ſehr deut-
liche, beſtimmte Beſchreibung alles deſſen, was
in einen Plan gehört, gegeben worden iſt.
                              A. d. Verf.
Die Herren Verfaſſer hatten hier eine Ueberſetzung
von einem Theil dieſes Kapitels beygefügt,
welche ich weglaſſe, da das Werk den deutſchen
militäriſchen Leſern unſtreitig bekannt iſt.
                              A. d. Ueberſ.

ſchen Dienſten, von der Gegend zwiſchen Wil-
helmsthal und Fritzlar in der Länge, und von
Wolfshagen bis Spangenberg in der Breite, das
heißt von ungefähr ſechzig Quadratmeilen, in
welchen der Feldzug vom Jahr 1762 zwiſchen den
Franzoſen und den Verbündeten geführt wurde,
herausgegeben hat. Ausgezeichnete Offiziere,
welche die allerkleinſten Theile dieſer Gegend
genau kennen, haben uns verſichert, daß dieſer
Plan, vorzüglich in Rückſicht auf die Anhöhe,
das vollkommenſte iſt, was man ſehen kann. Die
andern in Frankreich bekannt gemachten Plane,
z. B. die von den Feldzügen des Marſchall Turenne, die von Beaurain, von Maillebois, u. a. m.
ſind damit gar nicht zu vergleichen. Indeſſen
nähert die franzöſiſche Schule ſich doch immer dem,
hierin möglichen, höchſten Grade von Vollkommenheit am mehrſten. d)

Bb 5

d) Daß, für deutſche militäriſche Leſer hier wenigſtens ſehr vieles hinzu zu ſetzen wäre, werden
dieſe ſelbſt einſehen; und die unterrichteten
unter ihnen alſo auch leicht das hinzuſetzen,
was ich hier nicht, ohne große Weitläuftigkeit,
ſagen könnte. — Ich will nur noch bemerken,
daß, unter der Regierung Friedrich Wilhelm II.
eine eigene Ingenieur-Akademie zu Potsdam
angelegt iſt, welche einen Stabsoffizier des Ingenieur-Corps zum Direktor hat, und worin
achtzehn junge Edelleute zu Ingenieurs gebildet
werden.

A. d. Ueberſ.

Feſtungen. Um einen vollſtändigen Begriff von dem
preuſſiſchen militäriſchen Syſteme zu geben, wäre
es nothwendig, hier eine genaue Beſchreibung
aller Feſtungen in den verſchiedenen Provinzen dieſes Staates zu liefern; aber dieſes iſt, aus mehr
als einem Grunde, unmöglich. Es gibt deren
ganz neue, von welchen die Plane, wofern dergleichen ſchon gemacht ſind, ſich nur in dem inner-
ſten Geheimniſſe derjenigen Kabinetter finden,
welche auf ſolche Dinge das mehrſte Geld verſchwenden; andre ſind, ſeit dem ſiebenjährigen
Kriege, gänzlich umgeändert worden, dieſe Veränderungen aber ſind unbekannt; man weiß kaum,
daß deren Statt gefunden haben, denn zu Friedrichs Zeiten war das Prahlen der Plauderey eine
im Preuſſiſchen unbekannte Sache. Wir werden
uns alſo begnügen, dasjenige hier anzuführen,
was wir in den verſchiedenen Schriftſtellern,
welche dieſen Gegenſtand berühren, darüber
finden. *)

e) Daß ich bey allem, was die Herren Verfaſſer
von den preuſſiſchen Feſtungen ſagen, mich weder auf Ergänzungen, noch Verbeſſerungen ein-
laſſe, werden die Leſer, auch wenn ſie eine genauere Kenntniß der Sache bey mir voraus
ſetzten, ſehr begreiflich finden. Ich ſchränke
mich auf die einzige allgemeine Bemerkung ein,
daß unſre Herren Verfaſſer, meines Bedünkens,
auch ohne eine genaue Kenntniß dieſer Feſtungen,
blos aus der Lage oder der Stelle derſelben, und
ihrem Verhältniß gegen einander, beſonders in
Schleſien, ſo wie aus der Form, oder der Ge-

Friedrich haßte die Festungen und nichts
ging natürlicher zu.   Wie wäre dieses, bey,
einem vortrefflichen Heere, das in den Bewegun
gen im freyen Felde die höchste Vollkommenheit
besaß, und bey einem Corps von Ingenieurs,
welches weder Festungen anzulegen, noch zu vertheidigen und anzugreifen verstand, anders möglich gewesen? Aber was für diesen großen Fürsten, welcher lange Zeit das Geld aus Grundsätzen
liebte, und damit aufhörte, es aus Leidenschaft
zu lieben, tausend Mal schlimmer war: die Festungen kosten ungeheuer viel Geld zu erbauen
und zu unterhalten.   Wir sind überzeugt, daß
Friedrich darein gewilligt hätte, alle die seinigen
schleifen zu lassen, wenn er dadurch diese teuflischen
Erfindungen von der ganzen Erde hätte wegschaffen
können; f) aber er hatte zu viel Einsicht, als daß

statt der verschiedenen Provinzen und dem Ganzen, das Eigenthümliche des preussischen Ver-
theidigungssystems, die nähere Bestimmung
jeder dieser Festungen, ihren verhältnißmäßigen
Werth für das Ganze der Provinz und des
Staates, u. d. m. füglich hätten ausmitteln,
und so den Lesern etwas bestimmtes und bündiges darüber sagen können.   Jetzt erhalten
wir nicht viel mehr, als was wir aus jeder
Erdbeschreibung, oder aus jeder Landkarte,
lernen könnten.
                         A. d. Uebers.

f) So wahrscheinlich dieses auch für einige Menschen klingen mag, so wenig hat es denn doch

er nicht von der Nothwendigkeit wäre überzeuge
geweſen, dergleichen anlegen zu müſſen. Wir
wollen dieſe Nothwendigkeit, welche, beſonders in
neuern Zeiten, ſogar von Ingenieurs ſelbſt beſtritten worden iſt, hier näher unterſuchen, und
ſie auf die Staaten des Königs von Preuſſen anwenden.

Allgemeine Betrachtungen über die Nothwendigkeit von Feſtungen, beſonders für den preuſſiſchen Staat.

Wir finden in den Briefen des Marquis von
Montalembert, dieſes Offiziers, der, was auch
die militäriſchen Charletane gegen ihn geſagt
haben mögen, über die Befeſtigungskunſt eine
Menge ſinnreicher und neuer Ideen vorgetragen
hat, den ſtärkſten militäriſchen Grund gegen die
feſten Plätze. „Man liefert,“ ſagt er, „eine
„Schlacht, um eine Belagerung unternehmen zu
„können; man opfert acht bis zehntauſend Men-
„ſchen auf, in der Hoffnung, ſolche zu gewinnen;
„eben ſo viel koſtet eine Belagerung, bey der man

Sinn. Was die Herren Verfaſſer ſagen, kann
nichts anders heißen, als daß Friedrich jene
Einwilligung gegeben haben würde, wenn er
von den Feſtungen ſeiner Gegner nichts zu beſorgen geglaubt hätte; von dieſen hatte er aber,
wie er die mehrſten in Schleſien anlegen ließ,
nichts zu beſorgen, oder zu befürchten; denn
das Haus Oeſterreich hatte damals, auf der
Seite ſeiner Staaten gegen die preuſſiſchen,
keine einzige Feſtung, von welcher es große
Vortheile gegen ihn ziehen konnte.
                                    A. d. Ueberſ.

„noch obendrein drey Monate Zeit verliert, und
„welche unermeßliche Summen Geldes wegnimmt.
„Auch läuft man zuweilen noch Gefahr, die Un-
„ternehmung aufgeben zu müssen, wenn der Feind
„mit Macht anrückt. Dieses trägt sich täglich
„vor Plätzen zu, von welchen man sich, wenn
„man den zehnten Theil der Menschen daran ver-
„wenden wollte, die man in einer Schlacht und
„in einer Belagerung verliert, binnen vier und
„zwanzig Stunden Meister machen könnte. Nun
„sieht man freylich immer die Bestürmung einer
„Festung als eine ausschweifende Thorheit an,
„und daraus entspringt der Widerwille eines
„Feldherrn dergleichen zu versuchen; er fürchtet,
„wenn ihm solche nicht gelingt, dadurch eine üble
„Meynung von seiner Klugheit zu erwecken; er
„scheut sich also weniger, sich schlagen zu lassen,
„und ein ganzes Heer aufs Spiel zu setzen, weil
„er hoft, daß man ihn dann nur für unglücklich
„halten wird. Es ist folglich nicht zu verwun-
„dern, daß er die Lieferung eines Treffens vorzieht.
„Aber, wenn die Gelegenheit sich nicht dazu dar-
„bietet, oder, wenn er zu schwach dazu und doch
„aus besondern Ursachen genöthigt ist, irgend
„etwas Glänzendes zu unternehmen; so muß er
„sich immer für glücklich halten, wenn er in der
„Nähe eines Ortes sich befindet, von welchem er
„durch eine Bestürmung sich Meister machen kann;
„denn erobert er ihn, so bedeckt er sich mit Ruhm,
„der nur wenig Menschen kostet; schlägt die Un-
„ternehmung fehl, so kann er sich mit einem weit

„geringern Verluſt, als nach einer verlornen
„Schlacht, zurücke ziehen, und wird von einer
„Beſatzung, welche ſich für ſehr glücklich halten
„muß, einer ſehr großen Gefahr entgangen zu
„ſeyn, nicht verfolgt werden.   Folglich iſt denn
„bey der Sache ſehr viel zu gewinnen, und ſehr
„wenig zu verlieren.‟

Dieſe Idee iſt groß, kühn, neu, und von
mehr als einer Seite wahr.   Indeſſen muß ein
Feldherr immer, bey allen ſeinen Entwürfen, die
Einbildungskraft des Soldaten mit zu Rathe ziehen, und hier iſt ſolche doppelt wirkſam.   Er
ſieht ſeinen Feind in einer ſehr vortheilhaften
Stellung, auf ſteilen Anhöhen, und bedeckt vor
ſeinem Feuer, vor ſich; folglich ſich ſelbſt einer
größern Gefahr, als ſeinen Gegner ausgeſetzt;
dadurch wird er, natürlicherweiſe, furchtſam gemacht, und geneigt werden, zurück zu weichen,
ſobald die Vertheidigung nur ein wenig ſeine Er-
wartung übertrifft.   Ferner muß man die Art und
Weiſe des dabey möglichen Verluſtes nicht aus
den Augen laſſen.   Tauſend Menſchen, welche
binnen einer halben Stunde Zeit, vor den Augen
derjenigen, welche ihnen folgen ſollen, in einem
Graben niedergeſtreckt liegen, machen eine ganz
andre Wirkung auf den Geiſt des Soldaten, als
zehntauſend Mann, welche in dem Laufe einer
Belagerung von zwey Monaten, einzeln oder zu
ſechſen und achten, an verſchiedenen und entfernten
Stellen von einander, an den Enden, oder in der
Mitte der Laufgräben, getödtet werden, deren

Unfall man kaum hundert Schritte davon, und
also noch minder im Lager erfährt, wo man kaum
weiß, daß eine Belagerung gemacht wird. 8) .

g) Noch ein Grund gegen Unternehmungen dieser
Art liegt, meines Bedünkens, darin, daß, da
man nicht mit einem ganzen Heere zugleich
stürmen kann, und man also einzele Corps,
oder vielmehr Abtheilungen aus den Regimentern dazu nehmen muß, die Gefahr dabey
in den Augen dieser immer größer scheinen
wird, als sie vielleicht wirklich ist, weil sie
solche nicht, wie in einem Treffen, mit mehrern
oder mit allen theilen, und weil sie, wenigstens die vorbersten davon, auch wirklich des
Todes gewiß seyn müssen, welches, bey einer
Schlacht, der Fall keines einzigen ist. Aus
einer solchen kann Einer so gut, wie der Andre
gesund und siegend heraus zu kommen hoffen,
und hoft es auch; bey einer Bestürmung kann
keiner der Stürmenden diese Vorstellung fassen
und hegen; und so sehr der wahre Soldat es sich
auch zur Ehre rechnet, zu den mißlichsten und
gefahrvollsten Unternehmungen ausgesucht zu
werden; so gewiß wirkt doch auch jene Vorstellung auf ihn. Genau bestimmte, sichre Gefahr
des Einzeln ist ein ganz ander Ding, als Gefahr überhaupt. Ferner wird man, zu einer solchen Unternehmung, nur immer die besten Leute
gebrauchen können; und der Verlust, welchen das
Heer dabey leidet, ist also, nach Verhältniß,
sehr viel größer, als in einer Schlacht, weil
er den Kern der Truppen trifft, u. d. m.

                                 A. d. Uebers.

Zwar, wenn die gemeinen Soldaten philo-
ſophiſchen Geiſt hätten, ſo könnte ein Feldherr
ihnen ſagen: „Meine Freunde, es iſt nothwendig,
„uns in den Beſitz dieſes Platzes zu ſetzen; und
„dem gewöhnlichen Lauf der Dinge gemäß, würden
„wir auf folgende Art dabey zu verfahren haben.
„Wir würden zuerſt eine Schlacht liefern müſſen,
„damit der Feind uns nicht, während der Belage-
„rung, beunruhigen könne; dieſe wird uns wenig-
„ſtens vier bis fünftauſend Menſchen, auch wenn
„wir Sieger ſind, koſten, und des Sieges ſind wir
„denn doch immer nicht vollkommen gewiß. Eben
„ſo viele wird nachher, wahrſcheinlicherweiſe, die
„Belagerung wegraffen. Nun bin ich ganz ſicher
„dieſen Ort zu nehmen, wenn ich zweytauſend
„Menſchen aufopfere; ich erſpare alſo dabey das
„Leben von ſechs bis achttauſend Mann, und ge-
„winne zwey Monate Zeit; dieſes iſt, wie ihr
„ſelbſt einſehen werdet, ein offenbarer Vortheil,
„und ſo laßt uns denn zu dem Angriffe dieſes Or-
„tes, durch einen Sturm ſchreiten.‟

Ohnſtreitig braucht man kein La Grange zu
ſeyn, um die Richtigkeit dieſer Rechnung zu begreifen; aber ſelbſt die La Grange und Euler, auch
wenn die unerſchütterliche Lehre der Stoa ſie unter-
ſtützte, könnten ſolche, im Gemetzel um ſich her,
vergeſſen. Um wie viel eher wäre es alſo zu fürchten, daß Soldaten, indem ſie in den Graben
ſpringen, oder die Leitern anwerfen ſollten, den
Muth verlören. Auch könnten ſie ihren Feldherrn

herrn, wofern sie auf das Argumentiren sich ver-
ſtånden, antworten:

»In einer Schlacht vertheilt der Verluſt ſich
»über den größten Theil des Heeres, und noch
»mehr in einer Belagerung. ᵇ) Hier kommen
»alle Infanteriebataillone nach der Reihe daran:
»Aber, wenn Sie uns den Ort beſtürmen laſſen,
»ſo werden die leßtern nur über die Körper der
»erſtern zum Angriff kommen können, und dieſe
»leßtern, ohne Gefahr, die Frucht des Sieges
»genießen. Nun ſicht aber jeder von uns um des
»Sieges willen. Entſchuldigen Sie uns alſo,
»wenn keiner von uns die Brücke der todten Kör-
»per helfen machen will, auf welcher die übrigen
»in die Stadt bringen werden.«

Wir wiſſen, und dieſe Bemerkung iſt von
Wichtigkeit, daß im Kriege öfters Feſtungen durch
einen Sturm würden wegzunehmen ſeyn. Die
Befehlshaber in den mehrſten ſind nur darauf bedacht, ſich gegen Ueberfälle zu ſchüßen; gegen
eine Beſtürmung haben ſie weder eine hinlängliche
Anzahl von Geſchüß auf den Wällen, beſonders
auf den Flanken der Baſtionen, noch Kriegsvorrath gleich bey der Hand, um ſich lebhaft vertheidigen zu können. Angenommen, daß die Pa-
troüillen auch den Feind auf dem Marſche gegen

ᵇ) Schwerlich hätten Soldaten ſelbſt ſo argumen-
tirt; denn auch die Reiterey theilt bey Treffen
die Gefahr, nicht aber, oder doch nur ſehr wenig, bey Belagerungen. A. d. Ueberſ.

Cc

die Feſtung entdecken, daß dieſer aber ſolchen
ſchnell und nahe folgt; ſo wird der Befehlshaber
kaum eine oder zwey Stunden übrig behalten, um
ſich in Vertheidigungsſtand zu ſetzen. Außer der
Kürze dieſer Zeit, welche hiezu nicht hinlänglich
iſt, wird die Unruhe und die Angſt ihn hindern,
an alles gehörig zu denken, und es würde alſo
vielleicht nicht ſchwer ſeyn, ſich des Platzes zu
bemeiſtern. Denn zum Angriffe deſſelben wird
man die Soldaten leicht bringen können; nur,
wenn ſie ihre Kammeraden bey hunderten fallen
ſehen, wird die Furcht ſie ergreifen. Trägt aber
dieſes ſich nicht zu; ſo wird jeder den Anfall mit
Nachdruck fortſetzen, und der Ort wird erobert
werden. Folglich muß denn der Befehlshaber
einer Feſtung eben ſo ſehr auf ſeiner Huth gegen
eine Beſtürmung, als gegen einen Ueberfall ſeyn,[1]
und ja nicht glauben, wie es nur zu gewöhnlich iſt;

[1] Wenn er gegen den letztern auf ſeiner Huth
iſt; ſo iſt er es zugleich faſt immer auch gegen
den erſtern; denn ein Ueberfall überhaupt kann
ſich ja nur dadurch von einer eigentlichen Beſtürmung unterſcheiden, daß, bey jenem der
Feind gänzlich unentdeckt bis an die Feſtung
kommt, Sturm laufen aber muß er immer bey
beyden; wenigſtens iſt mir, außer dem Ueberfall von Cremona, in dem ſpaniſchen Erbfolgkriege, keine Ueberrumpelung bekannt, welche
ganz ohne allen Sturm wäre ausgeführt worden, oder bey welcher der Feind ſich in die Feſtung blos hinein geſchlichen hätte. Ein Com-

daß zwischen einer Belagerung und einem Ueberfall kein Mittelding Statt findet. Hat er aber
gegen eine Bestürmung die nöthigen Vorkehrungen getroffen; so glauben wir, daß es verwegen
seyn würde, eine solche zu unternehmen.

Wenn aber auch die mehrsten Festungen
durch einen freyen Angriff zu erobern wären; so
ist es, unsrer Meynung nach, dennoch nothwendig,
dergleichen anzulegen. Ein Heer hat Bedürfnisse
vielerley Art, von welchen große Vorräthe zusammen gebracht und irgendwo niedergelegt
werden müssen. Bey der Vollkommenheit, zu
welcher man die Artillerie gebracht hat, bey der
großen Anzahl von schwerem Geschütz, welche
man ietzt im Felde mit sich führt; bey der berittenen Artillerie, welche man täglich bey allen
Völkern einführen kann, und gewiß bey jedem
bald einführen wird, sind Niederlagen dieser Art
Cc 2

menbant muß also auch, um nicht durch einen
Ueberfall seine Festung zu verlieren, das nöthige
Geschütz auf den Wällen, und die erforderliche
Munition ausgetheilt, so wie der Besatzung
ihre Posten gehörig angewiesen haben, u. s. w.
Auch wird wohl jeder Feldherr immer noch,
wenn es nur möglich ist, den Ueberfall mit der
Bestürmung zu verbinden, das heißt, der Festung sich bey Nachtzeit, oder sonst zu nähern,
suchen, daß er unerwartet die Unternehmung
anfangen kann, und die Besatzung unvorberei-
tet findet.

A. d. Uebers.

in einen blos geſchloſſenen, nur mit Mauern um-
gebnen Orte keinesweges gegen die Unternehmungen eines kleinen, abgeſonderten Corps, und ſogar
der leichten Truppen, in gehöriger Sicherheit.
Eine Feſtung kann doch wenigſtens nur von der
Hauptarmee, oder von einem ſehr ſtarken Corps,
durch einen Sturm weggenommen werden; und
jene kann dieſes ſelten lange entbehren, ohne ſich
ſelbſt einer großen Gefahr auszuſetzen. Weil es
nun aber unmöglich iſt, alle jene Niederlagen unaufhörlich vollkommen zu decken; ſo muß man ſie
in Feſtungen machen, und folglich auch Feſtungen
haben, und deren anlegen, wenn man ſie nicht
hat. Auch verſchaffen dieſe noch mehrere Vortheile. Man bedarf ihrer oft, um den Feind
einige Zeit aufzuhalten, und dadurch ſelbſt Zeit
zur Wiederherſtellung nach einem erlittenen Un-
falle zu gewinnen; ſie decken das Land, und
ſchützen bey der Entfernung der Heere es gegen die
Streifereyen kleiner Partheyen, dienen zur Erhaltung der Ordnung in neu eroberten Provinzen,
u. d. m. Und dann wird es immer noch äußerſt
ſchwer ſeyn, ſich ihrer durch einen Sturm zu bemächtigen, wann ein Mann von Ehre Befehlshaber darin iſt. Sind ſie nicht äußerſt ſchlecht
angelegt, ſo wird man, ſelbſt wenn ſie einen trocknen Graben und bloße Erdwälle haben, ſie dennoch förmlich belagern müſſen; und muß man dieſes, was ſich ſchwer beſtreiten läßt, einmal einräumen, ſo iſt die Nützlichkeit derſelben entſchieden
und unläugbar: ſie laſſen durch nichts ſich erſetzen.

Zwar hat man in verschiedenen neuern militärischen Schriften, an die Stelle derselben, verschanzte Läger vorgeschlagen; aber auch dieser Vorschlag scheint uns auf irrigen Vorstellungen zu beruhen.

Zuforderst entsprechen solche nicht der eigentlichen Bestimmung einer Festung. Diese ist, eine kleine Anzahl von Menschen in Stand zu setzen, daß sie sich gegen eine weit größere vertheidigen können. Je kleiner die Anzahl der Vertheidigenden im Verhältniß zu der Anzahl der Angreifenden ist, je mehr muß die Kunst thun, um die Gleichheit wieder herzustellen. Nun unterscheiden sich aber die befestigten Läger nur dadurch von den Festungen, daß sie minder fest, daß die Gräben minder tief und breit, die Wälle minder dick und hoch sind, daß solche keine Außenwerke haben, u. s. w. Hieraus folgt nun von selbst, daß man zur Vertheidigung von Lägern mehrere Menschen nöthig hat, als zur Vertheidigung von Festungen, und hiedurch wird der Vorwurf, daß durch die Besatzung der letztern die Heere geschwächt werden, gehoben, und trifft, in weit stärkerm Grade, die erstern.

Will man die befestigten Läger mit eben so vieler Sorgfalt anlegen, und mit eben so viel Werken umgeben, als die wirklichen Festungen; so läuft die Sache auf ein Wortspiel hinaus, oder vielmehr so setzt man, an die Stelle guter Festungen nichts als schlechte. Denn dieser neuen Art derselben wird es an mehrern wesentlichen Din-

gen gebrechen. Dieſe beſtehen in den Häuſern
und Gebäuden überhaupt, und ſogar in den übrigen Bewohnern. Alle dieſe Dinge ſind, zu Niederlagen von Kriegs = und Mundbedürfniſſen, unentbehrlich. Oder will man das zuſammen gebrachte Getraide, Mehl, Heu, Stroh, Pulver,
Pferde, u. ſ. w. unter freyem Himmel laſſen? Und
wie oft iſt man nicht genöthigt, das große Lazareth
eines Heeres in eine Feſtung zu verlegen! Oder
glaubt man, daß die kranken und verwundeten
Soldaten ſich eben ſo gut unter Zelten befinden
werden? Bey einer Feſtung nur auf den Augenblick der Belagerung ſehen, heißt nur eine Seite
der Sache in Betracht ziehen.

Und endlich wird unſre Meynung durch die
Erfahrung beſtätigt. Nie würde Ludwig XIV.
den Folgen aller der Fehler entgangen ſeyn, welche
er, in dem ſpaniſchen Erbfolgkriege, aus Alter
und aus Schwäche beging, wenn die Niederlande
nicht wären mit Feſtungen angefüllt geweſen.
Die dreyfache Kette derſelben war, nach einer
ununterbrochenen Reihe von Unglücksfällen und
Verſehen, während einem Zeitraum von ſieben
Jahren, noch nicht durchbrochen; ſie ermüdete die
Geduld und erſchöpfte die Mittel ſeiner Feinde; der
Unfall, welcher dieſe bey dem letzten Hinderniſſe
traf, verſchafte dieſem Fürſten, an welchem Europa
ſich wegen ſo vieler erhaltenen Demüthigungen zu
rächen hatte, einen weit erträglichern Frieden,
als der troſtloſe Zuſtand von Frankreich zu verſprechen ſchien. Gründe und Thatſachen beweiſen

also, daß, militärisch gesprochen, zu der Vertheidigung eines großen Staates, eine gewisse Anzahl gut gebauter und gut vertheilter Festungen
unentbehrlich nothwendig ist.

Ohnstreitig sah Friedrich diese Nothwendigkeit ein, und überwand dadurch den Widerwillen,
welchen er gegen Ingenieur und Festungen hatte.
Kaum war Schlesien erobert, so ließ er sogleich,
in der Ueberzeugung, daß diese Provinz lange
Zeit die Zwietracht zwischen seinem Hause und
dem Hause Oesterreich unterhalten würde, daselbst
eine ziemliche Anzahl fester Plätze anlegen. Die
Erfahrung des siebenjährigen Krieges verminderte,
wie wir gesehen haben, seine Abneigung gegen die
Ingenieurs nicht; aber seine Meynung in Ansehung der Festungen wurde dadurch nicht verän-
dert. Er ließ in Schlesien noch neue anlegen,
und die Werke an den alten vermehren. Da indessen das Haus Oesterreich nicht die einzige gefährliche Macht für den ausgedehnten Umfang seiner Staaten ist, so hat er deren auch noch in andern Provinzen erbauen lassen, und diejenigen,
welche er schon hatte, sorgfältig beybehalten. k)
Wir wollen hier unsern Lesern alle die Nachrichten
mittheilen, welche wir von den verschiedenen, in

Cc 4

k) Nicht doch! die in Westphalen liegenden Fe-
stungen hat er größtentheils alle schleifen lassen.
Dieses erzählen uns die Herren Verfasser in der
Folge selbst.
A. d. Uebers.

den Provinzen des preuſſiſchen Staates befind-
lichen Feſtungen beſitzen, und dabey eben der
Ordnung folgen, welche uns in unſern übrigen
Unterſuchungen geleitet hat.

Feſtungen An dem äußerſten Ende des fünf und funfzig-
und feſte ſten Grades der Breite, und folglich an der nord-
Plätze. lichen Spitze des Königreichs Preuſſen, findet ſich
Memel, das an dem einzigen und engen Eingange
des baltiſchen Meeres in das curiſche Haff liegt.
Die deutſchen Ritter befeſtigten im Jahre 1312
dieſe Stadt nach der Art der damaligen Zeit.
Sie hat einen ſichern, aber nicht ſehr tiefen Hafen.
Um ihn noch ſicherer zu machen, hat man zwey
Reißbänke, welche ſich funfzig Ruthen weit in das
Haff erſtrecken, angelegt. Memel iſt von zwey
ganzen und drey halben Baſtionen umgeben, wovon zwey, zweifelsohne, an der Seite der Citadelle, und das eine gegen das Meer liegt; wenigſtens ſtellen wir uns die Sache ſo vor, weil wir
unſre Beſchreibung aus Werken nehmen, welchen
keine Plane beygefügt ſind. Die Citadelle iſt ein
Schloß von vier Baſtionen mit halben Monden,
und einem mit Werkſtücken ausgeſetzten Graben.
Eine dieſer Baſtionen beſtreicht die Eingangs-
wege in das curiſche Haff, das andre den Hafen.
Mehr wiſſen wir davon nicht; und nach dieſen
unvollkommenen Begriffen zu urtheilen, ſcheint
uns die Citadelle allein einer Vertheidigung fähig
zu ſeyn, weil die Stadt ſehr große Vorſtädte, und
nichts als alte Werke, ohne Außenwerke hat, um

deren Vertheidigung willen man sich nicht entschließen würde, jene anzuzünden. Die Rußen
belagerten im Jahre 1757 diesen Platz zu Wasser
und zu Lahde; sie kamen am sieben und zwanzigsten
Junius mit einem Heere von sieben und zwanzigtausend Mann davor an, bombardirten ihn, und
er ergab sich am fünften Julius, obgleich die Besatzung aus zweytausend Mann bestand. Indessen
sind wir weder von den Umständen des Ortes, noch
der Lage der Dinge genau genug unterrichtet, um
ein bestimmtes Urtheil fällen zu können. Wir
wissen nur, daß die rußischen Ingenieur ganz erbärmliche Belagerer sind, und daß, ohne Haupt-
fehler an den Werken, oder ohne Mangel an den
nöthigen Bedürfnissen, der Ort sich viel länger
hätte halten und besonders die Citadelle dem
Feinde einen stärkern Widerstand hätte entgegen
setzen sollen. Wir werden bald zeigen, daß
Memel, in verschiedenen Rücksichten, ein Platz
von Wichtigkeit ist.

Auf der nördlichen Spitze des Vorgebirges,
von welchem die Erdzunge sich anhebt, welche das
Frische-Haff von dem baltischen Meere trennt,
liegt Pillau. Die Oeffnung, welche dieses Meer
sich hier gemacht hat, soll, sagt man, die vierte,
die übrigen aber gänzlich verschlemmt seyn. Die
Stadt hat eine kleine Citadelle, welche ein fast
regelmäßiges Fünfeck ist, und deren Werke schön
und in gutem Stande seyn sollen. Sie bestreicht
den Hafen und den Canal, der ungefähr fünfhundert Ruthen breit ist, und welchen man das

Thief, oder das Gatt nennt... Uebrigens iſt
Pillau eine Art von vorgeſchobenem Außenwerke
von Königsberg, wodurch dieſe Hauptſtadt gegen
alle Unternehmungen, welche von dem Meere aus
dagegen verſucht werden könnten, gänzlich gedeckt
und in Sicherheit geſetzt wird.

Königsberg liegt an der Spitze des nördlichen Winkels von dem Friſchen-Haff, und hat
einen ſehr großen Umfang. Es iſt von einem
Walle umgeben, welcher von zwey und dreyßig
halben Monden, oder Baſtionen beſtrichen wird,
und welcher, wie man leicht begreifen kann, ſich
nicht vertheidigen läßt. Aber bey dieſer großen
Stadt liegt eine Citadelle, welche die Friedrichs-
burg heißt, und ein regelmäßiges Viereck mit großen Gräben iſt. Auch wird ſie noch nahe von dem
Pregel umfloſſen. Eine ſo kleine Citadelle kann,
zweifelsohne, nicht große militäriſche Vortheile
verſchaffen, beſonders bey einer ſo großen Stadt.
Wie die Ruſſen, im Jahre 1758 von neuem in
Preuſſen eindrangen, fanden ſie Pillau und Königsberg verlaſſen, und bemeiſterten ſich ohne
Schwertſtreich derſelben.

In Weſtpreuſſen ließ Friedrich, ſobald er
zum Beſitze deſſelben gelangt war, eine Feſtung,
auf einer Inſel der Weichſel, in der Nachbarſchaft
von Graudenz anlegen, wodurch ihm dieſer Beſitz
geſichert worden iſt. Schon im zweyten Jahre
riß der Strom in ſeiner Anſchwellung alle Werke
fort, welche man aufgeführt hatte, und der König wählte nun für die Feſtung einen andern Platz,

und ließ sie zu Graudenz selbst, oder nahe bey
Graudenz, wovon sie den Namen trägt, aufführ-
ren. Sie liegt auf einer Insel, welche von der
Ossa, die sich in zwey Armen in die Netze ergießt,
geleitet wird. Von ihrer Beschaffenheit wissen
wir keine umständliche Nachricht zu geben.
Wahrscheinlicherweise hat sie Gegenminen, weil
eine Compagnie von den Mineuren dort in Besatzung liegt.

Die Festungen in Pommern sind Colberg
und Stettin.

Colberg liegt in Hinterpommern, nahe an
den Ufern des baltischen Meeres, an der Persante,
welche sich, in einer kleinen Entfernung von der
Stadt, in jenes Meer ergießt. Sie ist durch
drey Belagerungen berühmt, welche die Russen
in den Jahren 1758, 1760 und 1761 darauf
unternahmen; der Ort war indessen damals von
geringer Bedeutung. Man findet den Plan
davon in des Herrn von Thielke Beyträgen zur
Geschichte des siebenjährigen Krieges. Die Werke
sind äußerst einfach, und scheinen durch eine Anhöhe, welche in einer Entfernung von dreyhundert
Ruthen von der Stadt liegt, und durch eine andere, kleinere, in der Entfernung von hundert
und funfzig Ruthen, bestrichen werden zu können.
Die Weite der Stadt von dem Meere beträgt ungefähr vierhundert Ruthen. Aber in den Jahren
1770 bis 1773 hat Friedrich die Festungswerke
vermehren, und ansehnliche Außenwerke anlegen
lassen; man hat, vor dem Ausfluß der Persante,

an der östlichen Seite des Hafens, ein Fort mit
Wällen und einen großen hohen Thurm erbaut,
wodurch die Rehel bestrichen wird, und die Bom-
bardier-Galioten zurück gehalten werden können.
Ein anderes Werk ist an der entgegen gesetzten
Seite des Forts aufgeführt; ein drittes dient zur
Verbindung des Hafens mit der Stadt, und ein
viertes liegt da, wo der Holzgraben in die Persante fließt. Vor dem Gelbernschen, so wie vor
dem Lauenburger Thore, sind ebenfalls mehrere
Werke angelegt, und zugleich Casematten für die
Besatzung und zu Niederlagen gemacht worden.
Dieses ist der gegenwärtige, sehr ansehnliche Zustand von Colberg, welches, mit diesen Verbesse-
rungen, den Vortheil verbindet, jetzt eine stärkere
Besatzung, als vor dem siebenjährigen Kriege,
fassen zu können, wodurch es die umliegende Gegend decken, und die Unternehmungen des Feindes aufhalten kann. Dieses ist aber immer der
Hauptpunkt. Die kleinen Festungen, so viel
Widerstand zu leisten sie auch im Stande seyn
mögen, lassen sich leicht sperren, und dann ist ihr
Einfluß von gar keiner Bedeutung.

Stettin ist eine große Stadt, und der
Schlüssel der Oder, wodurch sie denn zu einem
der wichtigsten Plätze in den preussischen Staaten
wird. Der Begriff, welchen der Marquis
Montalembert von ihren Festungswerken gibt, ist
nicht sehr vortheilhaft. Da wir keinen Plan derselben besitzen, so können wir darüber nicht urtheilen. Hier sind seine Worte:

„Die Gräben sind trocken," sagt er, „und
„die Wälle von Erde, ohne mit Mauerwerk be-
„kleidet zu seyn. Es hat keine Contrescarpe.
„Zwar hat man mit vielen Kosten den alten Um-
„fang mit Außenwerken umgeben, welche aus-
„gemauert sind, und die ganze Stadt einschließen:
„Aber die mehrsten dieser Werke haben keine
„Gräben; sie werden durch einen bloßen bedeckten
„Weg und ein Glacis geschützt, woraus denn
„folgt, daß man ohne alle Schwierigkeit in den
„bedeckten Weg kommen, und zwischen den Auß-
„senwerken durchgehen kann, um zu dem Haupt-
„graben zu gelangen. Noch leichter kann man
„sie, selbst wenn sie einen Graben haben, von der
„Rückseite wegnehmen, und dann, mit Hülfe
„kleiner Leitern, den Hauptwall und mit desto
„minderer Mühe ersteigen, da er einen Unterwall
„(fausse braie) hat; und wenn dieser einmal
„stark besetzt ist, jener nicht mehr sich zu halten
„vermag." Alles dieses indessen beweißt noch
nicht die Möglichkeit, daß man des Ortes sich
durch eine Bestürmung bemeistern könne. Man
müßte noch wissen, 1) wie diese Außenwerke sich
gegenseitig einander bestreichen und beschützen, so
wie die Entfernung, in welcher sie von einander
liegen, und folglich, ob es so leicht ist, zwischen
ihnen durchzugehen, wie Herr von Montalembert
versichert, welches schlechterdings von jener An-
lage und von der vereinten Wirkung des Auf-
risses und Durchschnittes dieser Werke abhängt.
2) Welche Verbindungen der Unter- oder Vorwall

(fauſſe braie) und die Außenwerke mit dem Platze
ſelbſt, und dieſe letztern wieder unter ſich haben;
denn dieſes iſt bey Beſtürmungen, beſonders zur
Nachtzeit, ein ſehr wichtiges Vertheidigungsmit-
tel, weil man dann leicht ausfallen, und die Angreifenden ſelbſt wieder von der Seite angreifen
kann. Aber hiezu ſind ſehr viele und mannigfal-
tige Verbindungen nöthig, und der Befehlshaber
in dem Orte muß ſolche, und die Vortheile,
welche, nach Maßgabe des Angriffes, ſich davon
ziehen laſſen, mit der größten Genauigkeit kennen, und ſich, lange vorher, ein auf dieſe genaue
Kenntniß des Ortes gegründetes und auf alle mögliche Anfälle des Feindes berechnetes Vertheidi-
gungsſyſtem gemacht haben, damit er in dem entſcheidenden Augenblicke nichts als die nöthigen
Befehle zur Ausführung der in dem Falle
möglichen und nützlichen Maßregeln zu geben hat.
Nur der zu gewöhnliche Mangel dieſes Studiums,
von Seiten der Befehlshaber in den Feſtungen,
kann ähnliche Unternehmungen begünſtigen; aber
alsdann liegt die Schuld an jenem, und nicht an
den Feſtungen ſelbſt. Wenn es indeſſen an Verbindungen mangelt, wenn die Werke ſich ſchlecht
einander vertheidigen, wenn es Stellen gibt,
welche gar keine Vertheidigung haben, und wo das
Feuer der Beſatzung nicht hinkommen kann, wenn
dieſe zu ſchwach, und der Ort mit den, zum Wi-
derſtande gegen ſolche Angriffe, nöthigen Bedürfniſſen, als mit geſchickten Artilleriſten, u. b, m.
nicht hinlänglich verſehen iſt, ſo kann auch der

einsichtigste und tapferste Gouverneur den Platz
durch einen Sturm verlieren, und dann bleibt ihm
nichts übrig, als sich auf den Werken tödten zu
laffen, weil er nur dadurch der Schmach zu ent=
gehen vermag, welche das von den Umständen
immer schlecht unterrichtete, mit der Kriegskunst
unbekannte, und in seinen Urtheilen immer vor=
eilige Publikum über ihn verbreiten, und wovon
ihn zu retten der Fürst, oder der Feldherr, wel=
cher durch ihn ein Unglück erlitten hat, sich nicht
sonderlich bereitwillig finden wird. In Ansehung
einer Belagerung aber ist der Unterschied groß.
Manches Werk, welches leicht durch einen Sturm
wegzunehmen ist, kann gegen einen langsamen
Angriff sich lange Zeit sehr gut vertheidigen, und
so umgekehrt.

Um von den Festungswerken von Stettin so
vollständige Begriffe, als in unserm Besitze sind,
zu geben, wollen wir hier einrücken, was Herr
Brüggemann davon sagt. „Die Werke,“ sagt
dieser Verfasser, „sind von weitem Umfange; sie
„bestehen von der Landseite, an dem linken Ufer
„der Oder, in einem starken, halb bekleideten
„Walle, mit einem breiten Graben und einer
„Menge Außenwerken. Die wichtigsten unter
„diesen sind: 1) das Fort Preussen, welches eine
„besondre Citadelle bildet, und südwärts in dem
„Winkel zwischen der Stadt und der Oder liegt;
„es ist ein regelmäßiges Fünfeck. 2) Das Fort
„Willheim, ebenfalls ein regelmäßiges Werk.
„3) Das Fort Leopold, ein unregelmäßiges Werk.

„Beyde hängen mit dem bedeckten Wege des Or-
„tes zuſammen.   Der an der rechten Seite der
„Ober liegende Theil der Stadt heißt die Laſtadie,
„und dieſer iſt ebenfalls mit einem Walle umge-
„ben, und außerdem durch die Natur feſt; denn
„er wird durch die Parnitz, welche eine Brücke
„von dreyhundert acht und vierzig Fuß hat, ge-
„deckt; und moraſtige Wieſen, welche ſich auf
„eine Meile weit erſtrecken, und an deren äußer-
„ſtem Ende das Fort Alten-Damm liegt, machen
„die Annäherung unmöglich.   Nur ein Stein-
„weg, welcher drey bis vier Ruthen breit iſt,
„führt durch dieſe Wieſen, und wird durch neun-
„zehn kleine ſteinerne Brücken über den ſogenann-
„ten Waſſergang dieſer Wieſen, und durch zwey
„große hölzerne Brücken über zwey Arme der
„Ober, welche die große und die kleine Regelitz
„heißen, und wovon der eine ſechshundert und ein
„und ſechzig, und der andre hundert und zwanzig
„Fuß breit iſt, durchſchnitten.   Außerdem kann
„die Ober noch oberhalb und unterhalb der Stadt
„durch ſtarke Pfähle gehemmt werden.‟

    Wir finden nicht, daß Friedrich, ſeit dem
Hubertsburger Frieden, die Werke von Stettin
hätte vermehren laſſen; aber wir haben gehört,
daß er die, in den Briefen des Marquis von
Montalembert befindlichen Bemerkungen benützt
habe, um den Platz gegen alle plötzliche Anfälle
in Sicherheit zu ſetzen.

                                            Im

In der Neumark ist Cüstrin eine Festung; nicht daß die Werke derselben an und für sich selbst sehr stark, noch auch sehr gut angelegt wären, sondern weil die Lage derselben es sehr schwer macht, solche zu belagern und zu erobern. Dieses ist ein sehr wichtiger Posten. Cüstrin liegt an dem Zusammenflusse der Warte mit der Oder, und beherrscht folglich diese beyden Flüsse. Die Werke derselben sind in dem bereits angeführten Werke des Herrn von Tielke beschrieben. Man braucht übrigens nur die Karte anzusehen, um wahrnehmen, daß Cüstrin, so wie Colberg, gleichsam nur entfernte Vormauern von Stettin sind, und daß man die Belagerung von Cüstrin nicht unternehmen kann, ohne sich vorher, zur Erleichterung der Transporte, der einen oder der andern von jenen, nachdem man von der einen oder von der andern Seite kommt, bemächtigt zu haben.

Von allen preußischen Provinzen enthält keine so viele feste Plätze, als Schlesien. Wir wollen von der östlichen Seite, von der Gränze von Pohlen und von den österreichischen Staaten, unsre Beschreibung anfangen, und so zu den Gegenden fortschreiten, welche näher an den übrigen Staaten des Königs liegen.

Hier findet sich zuerst Cosel, das an der Oder, nicht weit von der Gränze, wo dieser Fluß in das preußische Schlesien fällt, und kaum noch schiffbar ist, liegt. Friedrich hat aus Cosel einen wichtigen Ort gemacht. Die Oesterreicher hatten

Db

es im Jahre 1758 eingeschlossen, und im Jahre 1760 belagert, aber beyde Male vergeblich. Nähere Nachrichten besitzen wir von dem Platze nicht; aber die Wichtigkeit desselben ist sichtbar, weil, so lange man sich dessen nicht bemeistert hat, es unmöglich ist, sich der Oder zu bedienen, um von hier aus weiter in Schlesien einbringen zu können. Er deckt, so lange Pohlen neutral bleibt, diese Seite der Provinz, und zugleich die Seite des Heeres, das solche gegen Oesterreich vertheidigt.

Hierauf folgt in der vordersten Linie, Neisse. Es liegt an einem kleinen Flusse gleiches Namens, und ein andrer kleiner Fluß, die Bielau genannt, fließt durch die Stadt. Friedrich eroberte den Ort im Jahr 1742, am vierten Tage nach Eröffnung der Laufgräben; und so bald er sich im ruhigen Besitze von Schlesien sah, säumte er nicht, Neisse in Stand zu einer längern Gegenwehr zu setzen. Da eine, nahe an dem Ort gelegene Anhöhe ihm, bey der Belagerung, eine vortheilhafte Stelle zu der Errichtung der ersten Batterie verschaft hatte; so ließ er im Jahre 1743 ein Fort, unter der Benennung von Fort Preussen, darauf anlegen. Erfahrung im Kriege gewährt denn also auch eben so sehr in Ansehung von Festungen, als über andre Theile der Kunst, richtige Einsichten; aber freylich nur ein einsichtiger und kriegerischer Fürst benützt dergleichen Erfahrungen augenblicklich.

Nach Neiſſe, aber noch weiter vorwärts, liegt Glaß. Ueberhaupt bildet die Graſſchaft dieſes Namens eine vorſpringende Spiße, welche größtentheils von den öſterreichiſchen Staaten umgeben iſt. Glaß liegt auf dem Abhange eines Berges; es hatte, als Friedrich ſich deſſen im Jahre 1742 bemächtigte, zwey Schlöſſer, wovon eines auf der Mitte des Abhanges, das andre auf dem Gipfel der Anhöhe erbaut war. Die Stadt ergab ſich ſogleich; das Schloß aber, welches er, um ſeine Eroberungen weiter fortzuſeßen, blos ſperrte, erſt einige Monate nachher. Nach dem Frieden vermehrte Friedrich die Feſtungswerke deſſelben, und dieſe enthalten jeßt Gewölbe, welche eine zahlreiche Beſaßung faſſeu können. Dieſes Fort beherrſcht die ganze Graſſchaft; man kann es faſt von allen Orten her ſehen, woburch es benn geſchickt zu allen Arten von Signalen wirb. Was man aber eigentlich die Feſtung Glaß heißt, iſt davon verſchieden; dieſe leßtere iſt ganz neu, und auf einem Berge, welche der Schäferberg heißt, erbaut, und iſt ziemlich regelmäßig und mit Sorgfalt angelegt. Sie wird durch die Neiſſe von jener getrennt, und zwiſchen beyden iſt eine Schleuſe angebracht, woburch man die Gegenden ziemlich weit unter Waſſer ſeßen kann. Die Stadt ſelbſt, welche ungefähr vierhundert Häuſer enthält, iſt ebenfalls mit einigen Werken umgeben. Indeſſen wurde ſolche, ſo wie die alte Feſtung, im ſiebenjährigen Kriege, durch einen Sturm weg-

genommen, worauf ſich die neue Feſtung, ohne
alle Bedingung, ergab.

Zwiſchen Glaß und Schweidniß iſt Silberberg, eine ganz neu angelegte Feſtung. Der
eigentliche Zweck bey ihrer Erbauung iſt uns nicht
bekannt. [1]) Sie liegt Glaß gegen über, aber
rückwärts, von dort aus ein wenig gegen Nord-
weſten. Sie beherrſcht nicht, wie die bereits
angeführten, irgend eine von den großen Straßen,
welche aus den Oeſterreichiſchen in die Preuſſiſchen
Staaten führen, und noch minder ſchiffbare Flüße;
ſie dient indeſſen zur Sicherung des Weges, welcher von Glaß, durch das Gebirge, weiter ins
land geht. Sie beſteht aus lauter einzeln Werken, welche in den Felſen eingehauen, und durch
einen gemeinſchaftlichen bedeckten Weg mit einander verbunden ſind. Das Hauptwerk iſt ein
Schloß von gothiſcher Bauart, mit ſehr ſtarken
Thürmen; die Gräben ſind ſechzig Fuß tief, und
in den Wällen, welche aus dem Felſen ſelbſt beſtehen, finden ſich drey Reihen von Gewölben,
welche fünftauſend Mann faſſen können, aber ſo
kalt ſind, daß man ſie im Monat Auguſt heizen
muß, wenn ſie wohnbar ſeyn ſollen. Herr

1) Da dieſer Zweck in den Oeuvr. poſth. de Fred. II.
Band 5. S. 177 angegeben iſt, ſo trage ich
kein Bedenken, ſolchen hier herzuſetzen; man
iſt dadurch Meiſter von den Wegen, die von
Schleſien aus, links nach Glaß, rechts nach
Braunau führen.

A. d. Ueberſ.

Büsching, aus dessen Werke wir diese Nachrichten von Silberberg ziehen, sagt, daß man in einem Kriege die benachbarten Anhöhen werde besetzt halten müssen, weil der Feind von dort aus diese Festung würde beunruhigen können, woraus wir schließen, daß die Erzählung derjenigen Personen, welche uns versichert haben, daß Silberberg wesentliche Fehler habe, vollkommen gegründet ist.

Näher gegen die übrigen preussischen Provinzen liegt Schweidnitz. Diese Festung ist bekannt genug, und man findet in dem angeführten Werke des Herrn von Tielke sehr umständliche Plane davon. Die Stadt ist von mehrern einzeln Werken, welche aber mit einander zusammen hängen, umgeben, und diese sind, mit Hülfe der Contreminen, der hartnäckigsten Vertheidigung fähig. Es steht nicht zu zweifeln, daß Friedrich solche, nach der merkwürdigen Belagerung im Jahre 1762, welche zwey Monate dauerte, werde haben vervollkommnen lassen; und nur durch die Unfähigkeit des Commendanten kann solche binnen kürzerer Zeit erobert werden. [m]

Weiter hinauf, wo Schlesien anfängt mit der Lausitz zu gränzen, hat Friedrich nicht für gut gefunden, Festungen in der vordersten Linie an-

Dd 3

[m] Warum die Herren Verfasser unter den Schlesischen festen Plätzen Brieg vergessen haben, weiß ich nicht.

A. d. Uebers.

legen zu laſſen.   Wahrſcheinlicherweiſe rechnete
er, im Fall eines Krieges mit dem Hauſe Oeſterreich), auf eine Verbindung mit Sachſen; oder
wofern dieſes verblendet genug wäre,   ſich mit
ſeinen Feinden zu vereinen, auf die augenblickliche
Beſitznehmung, wenn nicht des ganzen Churfür-
ſtenthums, doch der Lauſitz.   Und zweytens, ſetzen
die von uns erwähnten Feſtungen ihn, falls ein
öſterreichiſches Heer durch die Lauſitz in Schleſien
eindringen wollte, vollkommen in Stand, dieſes
Heer ſo zu beunruhigen und zu necken, daß es
gänzlich zu Grunde gerichtet werden müßte.   Eine
genaue Unterſuchung der Karte beweißt, daß dieſe
Hoffnung gar nicht ungegründet iſt.

In der zweyten Linie finden ſich zwey Plätze,
Breslau und Großglogau.

Breslau, die Hauptſtadt von Schleſien, war
vor dem ſiebenjährigen Kriege ein nur wenig be-
feſtigter Ort.   Man ſagt, daß die, ſeit dieſem
Kriege, daſelbſt angelegten Werke, ihn zu einer
anſehnlichen Feſtung gemacht haben.   Auf der
Seite nach Schweidnitz zu, ſo wie an den Ufern
der Oder, ſind deren mehrere aufgeführt worden,
bey welchen man eine neue Idee von Befeſtigung
ins Werk geſetzt hat, die uns ſehr nützlich ſcheint,
und wovon wir hier eine Nachricht geben wollen.

Man beklagt ſich ſchon ſeit langer Zeit, daß
die Kunſt des Angriffes ſehr viel weiter, als die
Kunſt der Vertheidigung, und ſo weit gebracht
worden iſt, daß man faſt kein Mittel einer hart-
näckigten Gegenwehr mehr, als die Gegenminen

kennt. Nun glauben wir zwar, daß die Schuld
hievon mehr an der Unfähigkeit und Ungeschicklichkeit der Commendanten, als an der Ueberlegenheit
der gebräuchlichen Angriffsmittel liegt; indessen
ist es doch nicht minder wahr, daß die Anzahl
von Geschütz aller Art, und die Kunst es zu gebrauchen, so weit getrieben worden sind, daß eine
hartnäckigte Vertheidigung unendlich schwerer,
als ehemals, ist.

Wenn man noch immer die Belagerung von
Grave, welches sich vier Monate hielt, und nur
auf einen ausdrücklichen Befehl Ludwigs XIV. sich
ergab, als das Beyspiel einer solchen anführt; so
bedenkt man nicht, daß dieses aus Zeiten sich her-
schreibt, in welchen die Besatzungen noch in den
Werken im Lager stanben. Jetzt muß man alles,
was nicht im Dienste ist, in unterirdischen Gewölben verbergen, um es vor jenem Hagel mörde-
rischer Kugeln, welcher auf einen Ort von allen
Seiten herströmt, in Sicherheit zu setzen. Wie
kann man so ganz verschiedene Systeme mit einander vergleichen?

Wenn dieser Hagel von Bomben, Kugeln
und Grenaden nicht alles Geschütz zerschlüge und
unbrauchbar machte, so würde das Uebel nicht
sehr groß seyn, weil, nach der Art und Weise, wie
unsre Festungen angelegt sind, der Angriff des bedeckten Weges, wofern nur noch eine hinlängliche
Anzahl von Geschütz auf den Batterien sich be-
fänbe, sehr schwer werden, und sehr viel Blut
kosten würde. Hätte aber auch der Feind sich

durch Blut und Arbeit, Meiſter davon gemacht;
ſo würde die Anlegung der Breſchbatterien noch
immer viel Zeit und Mühe erfordern, und den Angreifenden theuer zu ſtehen kommen. Und endlich
würde der Uebergang ſogar über einen trocknen
Graben, wenn ſolcher von den Seiten her durch
gutes Geſchütz vertheidigt, und die Beſatzung
wachſam wäre, ſich noch lange ſtreitig machen
laſſen.

Aber man hat kein anderes Mittel, das
Geſchütz des Ortes in Sicherheit zu ſetzen, als
unter der Erde. Dieſe Betrachtung hat, von den
erſten Zeiten der neuen Befeſtigung an, die Veranlaſſung zu dem, was man Caſematten heißt,
gegeben, welche aus Kellern, oder Aushöhlungen
gewiſſer Art, mit Schießſcharten beſtehen, worin
man das Geſchütz ſtellt. Dieſe ſo einfache Erfindung würde der Vertheidigung äußerſt zu Hülfe
kommen, und ihre natürliche Stärke erhalten,
wenn ſie nicht mit einer Unbequemlichkeit verbunden wäre. Wenn man des auf ſolche Art bedeckten Geſchützes ſich bedient, ſo werden dieſe Aushöhlungen oder Keller ſehr bald dergeſtalt mit
Rauch erfüllt, daß, nach einer kleinen Anzahl
von Schützen, der Poſten nicht mehr haltbar iſt.
Und dieſer Rauch iſt ſo ſchwer und ſo dick, daß er,
mit Hülfe einiger Luftlöcher, nicht in die Höhe
ſteigt und ſich verzieht; ſogar eine große Anzahl
von ſolchen Luftlöchern würde dazu nicht hinlänglich ſeyn, und dadurch würde wahrſcheinlicherweiſe
die große Caſematte des Marquis von Montalem-

bert, troß aller Oeffnungen, welche er darin für
den Rauch angebracht hat, unnüß werden, ob sie
gleich sonst, verbunden mit seinen andern Vorschlägen, ein vortreffliches Wertheidigungsmittel
seyn könnte.

Die preussischen Ingenieur sind auf den Einfall gerathen, in den leeren Bastionen Casematten
einer neuen Art anzulegen. Für jedes Stück
Geschüß wird eine eigene Höhlung oder Keller gemacht, dessen Wölbung durch den ganzen Wall
geht, und das hinten ganz offen ist. Dieses ist
das letzte Hülfsmittel gegen den Pulverrauch, wofern es der Chemie nicht gelingt ihn zu vermindern; und wenn diese Erfindung nicht davon befreyt, so ist es vergeblich das Geschüß gegen die
Wurfbatterien sicher stellen zu wollen. Indessen
ist auch diese Einrichtung noch allerhand Unbequemlichkeiten ausgesetzt. Man muß die Seiten-
wände der Gewölbe sehr stark machen, wenn die
Festigkeit des Walls nicht durch die vielen Oeffnungen leiden soll; und dadurch wird die Zahl der
Stücke, welche man auf einer gegebenen Länge
stellen kann, sehr vermindert werden. Zwar kann
man sich in Rücksicht hierauf dadurch helfen, daß
man die Kanonen auf Schifflaveten legt, vermittelst deren die Casematte ungefähr eben so viele
wird fassen können, als der Feind, auf einer
gleich langen Linie, im Felde zu stellen vermag.
Auch wird man noch die Stärke der Bekleidung
vermehren, und vielleicht sogar den Wall an der
innern Seite bekleiden müssen, um der Luft einen

deſto freyern Zugang zu der Caſematte zu verſchaffen. Aber Betrachtungen dieſer Art dürfen nicht
in Anſchlag gebracht werden, wenn es darauf ankommt, den Feſtungen eine größere Vollkommenheit zu geben.

Dieſe Erfindung ſcheint uns alſo, troß aller
Unbequemlichkeiten, und aller Einwendungen,
welche dagegen ſich machen laſſen, ſehr einſichtig
und nüßlich zu ſeyn. Man erhält dadurch eine
Reihe Geſchüß, wodurch das Glacis, der bedeckte
Weg und der Graben beſtrichen und rein gehalten
werden können, und deren Zerſtörung viel Zeit,
Arbeit und Menſchen koſten wird. Indeſſen muß
die Erfahrung erſt den ganzen Werth dieſer Erfindung beſtimmen, und dieſe Erfahrung kann uns
die erſte künftige Belagerung von Breslau verſchaffen, weil, wie unterrichtete Offizier uns verſichert haben, man dort Caſematten dieſer Art
angelegt hat.

Glogau, Großglogau genannt, um es von
einem Plaße gleiches Namens in Oberſchleſien zu
unterſcheiden, war ſchon vor der preuſſiſchen Eroberung dieſer Provinz eine Feſtung. Der
Prinz von Deſſau nahm, im März des Jahres
1741, ſie in der Nacht weg, und ſeit der Zeit
hat Friedrich ſie in Stand geſeßt, nicht mehr einen
ähnlichen Anfall fürchten zu dürfen. Indeſſen iſt
uns über ihre wahre Stärke, und ihre Werke,
nichts genaues bekannt.

In der Mittelmark iſt Spandau die einzige
Feſtung. Dieſe Stadt, zwey Meilen von Berlin

und zwey Meilen von Potsdam, liegt an dem Ufer
der Havel, und ist von einem Wall mit Bastionen
und einem bedeckten Wege umgeben, aber ohne
Halbemonden. Die eigentliche Festung ist die,
auf einer Insel von der Havel angelegte, Citadelle.
Diese ist ein Viereck, dessen längste Seiten ungefähr neunzig Ruthen, und die kürzesten achtzig
Ruthen lang sind. Drey Viertheil ihres Um-
fanges sind mit einem bedeckten Wege versehen,
und das Polygon nach der Stadt zu hat einen
Halbenmond, welcher von einem breiten und schnellen Fluße umgeben ist. Durch eine Belagerung
würde sie schwerlich weggenommen werden können;
aber so bald man Meister von der Stadt wäre,
würde es leicht seyn sie zu sperren. Uebrigens
war solche lange Zeit nur schlecht unterhalten worden; besonders waren die unterirdischen Gewölbe,
von welchen gleichsam die militärische Existenz
einer Festung abhängt, fast gänzlich verfallen;
Friedrich hat indessen die nöthigen Verbesserungen
machen lassen; wir wissen aber nicht, wie weit
solche gehen und wie weit es damit gekommen ist.

Die preussischen Provinzen in dem obersäch-
sischen Kreise werden, gegen Süden zu, von
Magdeburg vertheidigt, welches von einigen Unwissenden als eine unüberwindliche, von andern
eben so Unwissenden als eine Festung von keinem
Werthe dargestellt worden ist. Durch das, was
wir davon gesehen haben, [1] sind wir überzeugt

[1] So viel wir, nach dem Anschein, urtheilen können, haben die Werke von Magdeburg nichts

worden, daß, wenn dieser Ort einen Commendanten von Einsicht, einige gute Ingenieur, und
eine hinlängliche Besatzung hat, er einen langen
Widerstand zu leisten im Stande ist. Die Citadelle ist, unsrer Meynung nach, nicht von großem
Werthe. Die Bastionen derselben sind so eng,
so spitzig, und haben so kurze Flanken, daß wir
ihr keinen sonderlichen Nutzen zuschreiben können.
Uebrigens ist Magdeburg, da es gleichsam der
Schlüssel der Elbe ist, und besonders die Citadelle

ähnliches mit dem Plan, welchen Herr Rouge
im Jahr 1757 davon bekannt gemacht hat.
Wenn man von der Seite von Berlin kommt,
findet man zuerst vor der Elbe einen guten bedeckten Weg, und dann eine sehr lange Brücke
über drey Arme dieses Stromes; hierauf folgt
das Viereck oder die Citadelle, welche mit Geschütz, Kugeln und Bomben angefüllt ist. Diese
Citadelle ist ein sonderbares Werk, ein Viereck
mit sehr spitzen Winkeln, und sehr eingebogenen,
sehr kurzen Seiten. Dann kommt man auf
eine Brücke über den letzten Arm der Elbe, welcher an den Mauern der Stadt hinfließt; denn
an dieser Seite hat die Stadt nichts, als eine
Mauer. Von der andern Seite, von Braunschweig her, ist zuerst ein bedeckter Weg, welcher
durch innere Werke vertheidigt wird; dann ein
trockner Graben, vor welchem ein besondres
Werk in Form einer Zange (Tenaille) liegt,
dessen Umfang uns unbekannt ist. So bald
man hindurch ist, findet man einen mit Wasser
angefüllten Graben, welcher Werke von der

diesen Fluß vollkommen beherrscht, ein Platz von der größten Wichtigkeit.

In Westphalen hatte der König von Preuſſen ehedem drey Feſtungen.

Lippſtadt, in der Grafſchaft Mark, gehört dem Grafen (Fürſten) von der Lippe und dem Könige von Preuſſen gemeinſchaftlich. Die Feſtungswerke ſtanden unter dem letztern, und es hatte das Recht, eine Beſatzung daſelbſt zu unter- halten. Seit dem ſiebenjährigen Kriege aber,

gewöhnlichen Form deckt. So zweckmäßig auch jene Art von Außenwerken immer angelegt ſeyn mag, ſo ſcheint ihr Nutzen, wofern ſich ſolche nicht um die ganze Stadt herum erſtrecken, nicht ſo groß, als man glaubt, aus folgenden Urſachen zu ſeyn: Magdeburg iſt in länglichter Geſtalt an dem weſtlichen Ufer der Elbe gebaut; folglich wird man es nie von der Waſſerſeite angreifen. Und da man ferner einen Ort auch niemals auf einer Stelle angreift, die man nicht ganz umfaſſen kann, ſo würde dieſes, auf der Landſeite, nur an den ſchmalen Nord- oder Süd-Enden der Stadt geſchehen, wobey man ſich, entweder links oder rechts, an die Elbe anlehnen könnte. Welcher von dieſen beyden Punkten der ſchwächere iſt, wiſſen wir nicht; es ſcheint als ob auf dem erſtern einige Anhöhen lägen, welche einigen Nutzen verſchaffen könn- ten; aber der letztere hat eine vorgehende Spitze, und etwas der Art gewährt dem Angreifenden immer große Vortheile.

A. d. Verf.

wo Lippſtabt der Waffenplaß der vereinten Heere war, ſind die Werke geſchleift worden, und der König von Preuſſen hat dort keine Beſaßung mehr.

Geldern war ehedem ein ziemlich feſter Plaß, weil es in einer moraſtigen Gegend liegt. Wie die Franzoſen in Weſtphalen im Jahre 1757 einrückten, ſperrten ſie den Ort vom April an bis zum Auguſt, wo er ſich ergab. Und er würde ſich noch länger gehalten haben, wenn nicht die faſt gänzlich aus Ueberläufern beſtehende Beſaßung ſich gegen den Commendanten empört und ihn zu der Uebergabe gezwungen hätte. Friedrich hat auch hier die Werke ſämtlich ſchleifen laſſen.

Weſel war vor Zeiten ebenfalls eine Feſtung mit einer mächtigen Citadelle; jeßt aber beſteht nur noch dieſe, und jene iſt ebenfalls geſchleift. Nach dem Plane zu urtheilen, welchen wir davon vor uns haben, iſt ſie ein regelmäßiges, ganz gut ausgeführtes Fünfeck.

Wir wollen dieſe Nachricht von den preuſſiſchen Feſtungen mit einer ſehr auffallenden Bemerkung ſchließen. Friedrich, mit ungefähr fünf Millionen von Einwohnern in ſeinen Staaten, und mit ungefähr hundert Millionen Livres Einkünften, hat, während einer Regierung von ſechs und vierzig Jahren, vier Kriege, welche überhaupt vierzehn Jahre dauerten, ausgehalten; hat, an Feſtungen, Schweidniß, Glaß, Silberberg und Graudenz, neu erbaut, und faſt alle die übrigen verbeſſert und vergrößert; hat dreyhundert Millionen Livres in seinem Schatze, die vortrefflichste Armee, und die zahlreichste Artillerie, welche in Europa sind, hinterlaffen. Die Bewohner seiner Staaten sind nicht reich; aber es gibt Völker, welche viel ärmer und viel unglücklicher sind. Mit diesem schwachen Umriß vergleiche man die bekannten Erfolge der Regierungen Ludwigs XIV. und Ludwigs XV., diese Monarchen, welche zwanzig Millionen Unterthanen, und mehrere hundert Millionen Livres Einkünfte hatten, und deren Staaten unermeßlich reich waren; und dann wird man sehen, was der Geist der Ordnung, und eine weise, kräftige, feste und beharrliche Staatsverwaltung vermögen.

Sechſter Abſchnitt.

Angriffs- und Vertheidigungs-Syſtem der preuſſiſchen Monarchie.

Das Jahrhundert der Alexander iſt nicht mehr. Ein König von Preuſſen, wenn er gleich hinlängliche Mittel beſitzt, jeden ſeiner einzeln Gegner zu beſiegen, darf doch nicht daran denken irgend einen derſelben anzugreifen, um Eroberungen zu machen. Hegt er den Entwurf, ſich zu vergrößern, und beſonders ſeine Staaten zu runden; ſo muß dieſes im Stillen geſchehen; und kann nur dadurch bewerkſtelligt werden, daß er ſich immer bereit hält, günſtige Umſtände zu benützen; denn nur mit Hülfe ſolcher kann er dieſes ausführen. Alle Mächte von Europa beobachten ſich gegenſeitig einander ſehr aufmerkſam; ſobald eine davon nach einer überwiegenden Größe offenbar ſtrebt, vereinen ſich alle gegen ſie. Nun darf aber ein König von Preuſſen, bey der Lage ſeiner Staaten, und mit ſeiner wirklichen Stärke, nicht hoffen, den vereinten Kräften mehrerer Feinde zu widerſtehen, wenn er auch alle die politiſchen und militäriſchen Talente, verbunden mit dem nicht minder ſeltenen Glücke des außerordentlichen Mannes beſäße, welchen das Haus Brandenburg in Friedrich II. verloren hat.

Freylich

Freylich hat Friedrich dem fürchterlichsten aller Bündnisse sieben Jahre lang widerstanden, aber nur Vertheidigungsweise, nur dadurch, daß seine bis zum Wahnsinn ungeschickten Feinde, mit der größten Thorheit, auf seinem völligen Untergange bestanden. Dieser letztere Umstand hat auf den Ausgang dieses merkwürdigen Krieges mehr Einfluß gehabt, als man glaubt. Oefterer als einmal sind die Mächte selbst, oder ihre Feldherren, durch die Erbitterung der übrigen bewogen worden, nicht alle ihre Kräfte zu seiner Unterdrückung anzustrengen. Aber wie wesentlich verschieden ist nicht die gegenwärtige Verfassung von Europa von dem, was sie damals war? Und dennoch ist Friedrich nur durch eine Art von Wunder von seinem Untergange gerettet worden!

Nur Frankreich, England, Oesterreich, Rußland und Preussen allein können jetzt, aus eigenem Antriebe, und mit eigener Kraft, die Ruhe von Europa stören. Zwar würde auch Spanien, in seinen natürlichen Verhältnissen, dessen sehr fähig seyn; aber zwey Arten von Ursachen legen dagegen Hindernisse in Weg. Die Besitzungen dieser unermeßlichen Monarchie liegen so weit auseinander, und nehmen so viel Raum ein, daß sie jenseits des Meeres, eben so leicht als in Europa, angegriffen und empfindlich verwundet werden kann; und durch die Beschaffenheit ihrer innern Verfassung ist ihre Macht so entnervt und verstümmelt worden, daß sie, bey unermeßlichen Küsten, es noch nicht so weit gebracht hat, sich eine angesehene Seemacht

Ee

zu verſchaffen, und daß, bey dem fruchtbarſten
Boden von der Welt, und bey einem National=
charakter, der zu großen Dingen vielleicht ge=
ſchickter iſt, als der Charakter irgend eines andern
Volkes, ſie dennoch in Ohnmacht und Elend hin=
zuſterben ſcheint.

Von allen dieſen Staaten iſt keiner ſo übel,
als der preußiſche, zum Kriege gelegen.

England iſt vorzugsweiſe nur Seemacht.
Wenn es den Ehrgeiz hat, die Welt zu beherr=
ſchen, und dieſer unerſättliche Durſt nach Macht
nicht bald zu einer Klippe für ſeine Größe, und
vielleicht für ſeine ganze Exiſtenz werden ſoll; ſo
muß es nur durch ſeine Reichthümer, nicht durch
ſeine Beſitzungen auf dem feſten Lande, wenigſtens
nicht durch Beſitzungen in Europa, herrſchen wol=
len; dazu hat die Natur ihm die Mittel verſagt.
Glückliches Europa! Glückliches Menſchenge=
ſchlecht, wenn dieſes großmüthige Volk ſich über
die Vorurtheile falſcher Weisheit erheben, ſich
ſeinem Nebenbuhler aufrichtig nähern, und den
Verſuch mit dem heilſamen und edlen Syſtem
machen wollte, ohne welches alle Staaten unauf=
hörlich, auf gut Glück, zwiſchen den Aengſtlich=
keiten eines ſchlechten Friedens, oder vielmehr
eines unbeſtimmten, durch gegenſeitige Erſchö=
pfung bewirkten Waffenſtillſtandes, und den Schre=
cken von nichts entſcheidenden, aber alles verhee=
renden Kriegen herum ſchwanken werden.

Frankreich — wofern es nicht der innern
Arbeit und Anſtrengung eines halben Jahrhunder=

tes bedürfte, um wieder zu seiner natürlichen Kraft, welche durch die Ausschweifungen seiner verdorbenen Satrapen so tief untergraben worden ist, zu gelangen — Frankreich muß entweder See- oder Landmacht seyn wollen. Es erschöpft sich und richtet sich zu Grunde, wenn es eine sehr große Rolle auf beyden dieser Elemente spielen will, und wird dann nie das Uebergewicht auf einem derselben erhalten. Es würde, bey einem solchen Vorhaben, nichts als die bittern Früchte eines allgemeinen Mißtrauens einärnten, und in die äußerste Ohnmacht der Erschöpfung verfallen. Die Natur der Dinge läßt sich nicht zwingen; sie gestattet nicht, daß der nämliche Staat beyde Zepter führe, weil zu der Errichtung und Aufrechthaltung einer Seemacht unermeßliche und immer wieder zu erneuernde Summen nothwendiger Weise verschwendet werden müssen; sie schlägt mit Unsegen und Unfruchtbarkeit alle Entwürfe, welche darauf zwecken, eine künstliche Stärke an die Stelle derjenigen zu setzen, welche sie selbst gegeben hat, und deren Keime sie eben so sehr pflegt und entwickelt, als sie alles das vereitelt, was ihr zum Trotze geschieht. — O, um wie vieles natürlicher, wir hätten fast gesagt, leichter würde es seyn, auf die ewige und unerschütterliche Grundlage des gemeinschaftlichen Nutzens, die Verbündung zweyer Länder aufzuführen, welche gemacht sind, der Welt den Frieden zu gebieten, oder welche sonst immer, durch Zerstörung desselben, sich mit Blute beflecken werden! Die, in Anstiftung von Verwirrungen

und Neckereyen geübten Köpfe, ſonſt Politiker
genannt, mögen immer hohen Werth auf ihre be-
unruhigenden Syſteme legen; es giebt nur einen
großen Plan, nur eine lichtvolle Idee, nur einen
weit genug greifenden Entwurf, der alles umfaßt,
alles vereint, alles zurück hält, und wobey nicht
die Mitbewerbung im Handel, wohl aber die un-
gereimten und blutigen Feindſeligkeiten, welche
daraus entſpringen, verſchwinden würden; es iſt
der, welcher der väterlichen und wachſamen Vorſorge des mit einander verbündeten Frankreich und
England, mit welchen, ſeiner eigenen Sicherheit
wegen, das Haus Brandenburg ſich immer vereinen müßte, den Frieden und die Freyheit der
Erbkugel anvertraute; der, indem er den Mittel-
urſachen ein freyes, gleiches Spiel ließe, nur dem
großen Ganzen einen gleichförmigen und dauerhaften Anſtoß gäbe.   Was dann anfänglich nur das
Werk von der vereinten Macht der beyden erſten
Völker der Erde wäre, würde bald die bloße und
natürliche Wirkung der vereinten Weisheit aller
Völker ſeyn; jedes würde dann ſeine Stärke in ſeiner innern Glückſeligkeit, und in der allmähligen
Verbeſſerung der menſchlichen Dinge ſuchen! —
Zweifelsohne wird dieſe Idee ſehr romantiſch ſcheinen; aber iſt es unſre Schuld, wenn alles, was
ganz einfach iſt, romantiſch erſcheint? Eben ſo
werden kurze Blicke ſolche für unausführbar,
wenn nicht gar für thöricht anſehen; aber unter-
ſcheidet der Menſch ſich nicht dadurch, daß er in
das mehr oder weniger ferne Reich der Möglichkeit

hinschweift? Und wenn diese Hoffnung eine Täuschung wäre, ist sie nicht eine herrliche Täuschung,
welche in Wahrheit zu verwandeln man alle
Kräfte aufbieten muß, weil die dazu erforderliche
Anstrengung nicht allein nicht den menschlichen
Zustand verschlimmert, sondern weil man auch
diesen Versuch nicht machen kann, ohne vernünf-
tigere, edelmüthigere, brüderlichere Maßregeln
zu ergreifen. — Arme Sterbliche! Berechnet
einmal, wie viel euch, selbst das gleichste Spiel
kostet, wie viel ihr zum Voraus bey der günstig-
sten Lotterie verliert, wie oft eure Hoffnungen euch
hintergehen, eure Begierden euch irre leiten, eure
Gewohnheiten euch schädlich werden; und dann,
wann ihr den Muth dazu habt, tadelt uns, daß
wir einen bessern Zustand der Dinge träumen,
oder vielmehr versuchen, euch zu natürlichen
Begriffen zurück zu bringen. — —

Da indessen die Weisheit der neuern Politik
immer auf Krieg hinaus läuft; so wollen auch
wir zum Kriege zurück kehren. Frankreich besitzt
durch seine Lage unendliche Vortheile, wenn es
sich darauf einschränkt, seine natürliche Rolle auf
dem festen Lande zu spielen. Zwey große Küsten
seines unermeßlichen Gebietes sind von Meeren
umflossen; den Eingang in dieses Gebiet von
Spanien, Italien und der Schweiz her, kann es
sehr leicht versperren, und alle seine Kräfte gegen
Deutschland und die Niederlande richten.

Rußland ist noch glücklicher zum Angriff
anderer Mächte gelegen. Es bricht auf seinen

Feind aus einem Punkte, und mit der, ihm dazu
nöthig ſcheinenden Stärke hervor; gelingt es
ihm: ſo ſetzt es ſeine Unternehmung fort; miß=
lingt es ihm, ſo zieht es ſich zurück, und wer
kann es unter einen Himmelsſtrich verfolgen,
welchen die Ruſſen allein zu ertragen vermögen?
Dieſes iſt der unzerſtörbare Portheil dieſes
Reiches, welches allmählig alles, was ihm nahe
liegt, beherrſchen und unterjochen wird. Wie
viel Umwälzungen, wie viel Zertrümmerungen
von Menſchen und Dingen, wird nicht die Ent=
wickelung der Schickſale deſſelben nach ſich zie=
hen! Zwar wird ſein Einfluß auf jeden einzelnen
Punkt, nur nach Verhältniß der Menge derſel=
ben ſeyn können; aber die Zahl dieſer Punkte
vermehrt ſich für Europa täglich; und wenn
Rußland ſich der pohlniſchen Ukraine bemächtigt,
wie es, nach der Aufmerkſamkeit, welche es
auf das ſchwarze Meer richtet, und der Wendung,
welche es ſeinem Handel gibt, zu urtheilen, die
Abſicht hat; ſo wird die Zahl derſelben, (ohne daß
man ſich übereilen darf, das Schickſal der euro=
päiſchen Türkey zu errathen, um auf Uebertrei=
bungen zu verfallen,) ſich noch vergrößern und ver=
vielfältigen. Wohin alſo der Kaiſer (Joſeph II.)
wohl denken mag, wenn es unmöglich iſt, ihn zu
überzeugen, daß Türken und Pohlen unendlich
viel beſſere Nachbarn für ihn ſind, als jenes ſon=
derbare Volk, das zu allem geſchickt, zu allem
aufgelegt iſt, welches die beßten Soldaten von
der Welt hervor bringt, und das ſich, unter allen

Bewohnern dieſes Erdballs, am leichteſten in alle
Formen hinein zwingen läßt!

Das Haus Oeſterreich hat an den ſüdlichen
und öſtlichen Gränzen Deutſchlands ſehr große
Beſitzungen, und wird ſchon dadurch in Stand zu
ſehr furchtbaren Angriffen geſetzt. Ungarn, Böhmen, Mähren, Gallizien, ') (durch welches letztere
es einen Theil Schleſiens von einer Seite mehr
umfaßt,) ſind die herrliche Grundlage einer Macht,
welche allen andern, Frankreich abgerechnet, über-
legen iſt. Zwar kommt das öſterreichiſche Heer
dem preuſſiſchen an Ausbildung und Vollkommenheit bey weitem nicht gleich; aber es iſt vielleicht noch einmal ſo ſtark, es beſteht aus vortrefflichen Soldaten, und jeder Sieg wird für die
preuſſiſche Macht zu einem Verluſt, indem jede
Niederlage zu einer ewig koſtbaren Lehre für die
öſterreichiſche wird. Dieſe kann, wie Cadmus,
Menſchen aus dem Schooß der Erde hervor ziehen; ſie kann alle Bewohner ihrer Staaten zu

Ee 4

') Wir würden den Beſitz Gallizens ſehr gefähr-
lich für das Haus Preuſſen halten, wenn nicht,
wie es ſcheint, Oeſterreich den Entſchluß gefaßt
hätte, Preuſſen nicht ſo bald anzugreifen.
Man verſichert, Friedrich II. ſey mit dem Ent-
wurfe umgegangen, in Oberſchleſien, an dieſer
Seite eine neue Feſtung anzulegen, und daß
ihn nur die ungeheuern Koſten daran gehindert
hätten.

A. d. Verf.

Soldaten machen; ſind aber die preuſſiſchen Bataillone einmal vernichtet: ſo müſſen ſolche durch
den Schatz erſetzt werden, und dieſer verſchaft
nur Rekruten, verſchaft mehr Ausreiſſer, als
Krieger. Zwar macht der Kaiſer das Gute, was
er macht, ſehr ſchlecht; aber er macht doch des
Guten inſofern genug, als er ſeine natürlichen
großen Vortheile dadurch in eine ſehr nachdrück-
liche Thätigkeit ſetzt. Auch mag er ſelbſt immerhin nicht Soldat ſeyn; ſo bald er es ernſthaft will,
werden ſich ſchon Soldaten in ſeinem Heere bilden;
bringt nicht jeder Krieg deren ſchon genug hervor?
Pohlen iſt und bedeutet nichts; die Pforte fällt zuſammen; von dieſen Seiten her hat alſo der Kaiſer nichts zu fürchten, und er kann faſt ſeine ganze
Stärke gegen Deutſchland richten.

Preuſſen hingegen beſitzt einen langen,
ſchmalen Strich Landes mitten in Europa; es iſt
von Völkern umgeben, welche alle die unermeßlichen Vortheile genießen, die eine natürliche
Folge von der, in dieſem Theile allgemein ver-
breiteten Aufklärung ſind. So bald zwey dieſer
Völker ſich mit einander vereinen, läuft es immer
Gefahr, von mehr als einer Seite angegriffen zu
werden. Wie könnte es, bey dieſer Lage, an
Vergrößerung, ſelbſt auf Koſten ſeiner ſchwäch-
ſten Nachbarn, geradezu denken? Nur in einer
allgemeinen Criſe von Europa darf es ſeinen Ehrgeiz zeigen.

So viel ergibt ſich aus ſeiner geographiſchen
Lage. Aber dieſes iſt noch nicht alles; die politi-

schen und militärischen Verhältniffe haben seit dem
siebenjährigen Kriege sich gänzlich geändert. Bey
dem Gegenstande, welchen wir behandeln, hängt
hievon zu viel ab, als daß es nicht nöthig wäre,
diefes umständlicher zu erörtern. [a])

Die Regierung von Schweden hat eine, für
Preuffen gänzlich nachtheilige Form erhalten.
Die republikanischen Staaten, sagt man, sind
weniger zum Kriege geschickt und geneigt, als die
monarchischen. Die Sache ist wahr; aber man
sieht nicht ein, daß diefes ein Lob, und nicht ein
Vorwurf ist. Schweden ist also durch die Veränderung im Jahre 1772 ein gefährlicher Nach-

Ee 5

[a]) Ob sich gleich, seit der Verfaffung diefes
Werkes, die politischen und militärischen Verhältniffe in Europa vielleicht noch mehr geändert haben, als seit dem siebenjährigen
Kriege bis zur Verfaffung deffelben, und ob
also gleich manches von dem, was unfre
Herren Verfaffer sagen, den ganz gewöhnlichen politischen Vernünfteleyen sehr ähnlich
sieht; so habe ich denn doch keine Verän-
berungen darin mir erlauben wollen. Ich
setze nur noch hinzu, daß es, meines Bedünkens, um alle politische Vorschriften und Vor-
herfagungen ein äußerst mißliches Ding ist,
weil das Verhalten der, auch am einsichtsvollsten regierten Staaten immer, mehr oder weniger, durch den jedesmaligen Zustand der Dinge
und die Lage der Sachen bestimmt werden muß,
und diefe sich unaufhörlich ändern.

A. d. Uebers.

bar für Preuſſen geworden. Und wenn Rußland
gleich ſeine Kriege ſchlecht führt; wenn ſeine Feldherrn und ſeine Offiziere gleich äußerſt unwiſſend
ſind; wenn ſeine Feldzüge gegen die Türken gleich
nur durch die größere Unwiſſenheit ſeiner Gegner
einen glücklichen Ausgang gewonnen haben; ſo hat
doch dieſer Krieg, vereint mit dem unvergleich-
baren Muthe ihrer Soldaten, durch welchen ſelbſt
die vortrefflichen Truppen Friedrichs II. beſiegt
worden ſind, dieſem Reiche ein ſehr gefährliches
Anſehen verſchaft.

Die militäriſche Verfaſſung von Oeſterreich,
im Verhältniß zu Preuſſen, hat ſehr große Veränderungen erlitten. Das Haus Oeſterreich iſt
der einzige, beſtändige und wirkliche Feind von
Preuſſen, und es iſt ein unverſöhnlicher Feind,
deſſen Ränke und Verfolgungen wahrſcheinlicherweiſe nur mit dem politiſchen Daſeyn des einen
oder des andern aufhören werden. Ehedem ver-
ſchluckte der Luxus die, zu der Führung eines
Krieges nöthigen Summen, und verhinderte die,
zu Zeiten des Friedens, nöthigen Vorkehrungen
gegen einen immer zum Kriege gerüſteten Gegner. Jetzt iſt alles dieſes ganz anders.

Erſtlich hält Oeſterreich auf eben ſolche Art,
wie ſein Feind, ſich zum Kriege bereit. Seine
Heere werden beym Frieden nicht auf die Hälfte
herab geſetzt, und bedürfen nicht mehr ganzer
Monate, um ſich, zu der Erſcheinung im Felde,
vollzählig zu machen und in Stand zu ſetzen;
ſeine Zeughäuſer und Magazine ſind nicht mehr,

wie sonst, an Kriegs- und Mundbedürfnissen
leer; sogar sein Schatz ist wahrscheinlicherweise
nicht mehr so erschöpft, daß noch lange Unterhand-
lungen erforderlich sind, um das nöthige Geld
herbey zu schaffen; das Heer ist beständig fertig,
und sogleich mit allem versehen, um ins Feld zu
rücken; die Zeughäuser und Magazine sind angefüllt, oder doch sichre Vorkehrungen getroffen,
daß sie, ohne Verzug, mit allen Bedürfnissen versehen werden können; und der Schatz enthält vielleicht mehr Reichthümer, als man es glauben
will.

Freylich kann das österreichische Heer auf
keine Art mit dem preussischen verglichen werden,
die ungeheure Stärke der österreichischen Compagnien, und die dabey befindliche so kleine Anzahl von Offizieren und besonders von Unteroffizieren, ¹) sind eine so ungereimte Zusammensetzung, daß aus dieser Ursache allein es unendlich
weit unter seinem Nebenbuhler steht. Und, so
viel der Kaiser auch immer thun mag, den Staat
und den Soldatengeist empor zu bringen; so werden beyde doch durch den, der Kaiserwürde ankle-
benden Glanz und die davon unzertrennliche Hof-
fart, so wie durch den Stolz des höhern Adels,
nieder gedrückt. Der Subalternoffizier ist ver-

---

¹) Die Compagnien sind zweyhundert Mann stark,
und haben nur drey oder vier Offizier und sechs
Unteroffizier.

A. d. Verf.

achtet; und jeder Bube kann, durch Gunſt oder durch Verſchlagenheit, zu einer Stelle in dem Heere gelangen. Dieſes Heer ſelbſt, ſo prächtig es unter den Waffen erſcheint, ſo gut gekleidet, ausgerüſtet und bewaffnet es auch iſt, ſo groß und ſchön und ſtark auch die gemeinen Soldaten ſind, iſt und bleibt immer eine ſchlecht zuſammen geſetzte Maſchine, welcher es an dem, alles belebenden, alles gleich ſehr durchſtrömenden Geiſte, und an innrer Ausbildung fehlt, und die ſich nicht zu bewegen weiß. Keine öſterreichiſche Linie kann dreyhundert Schritte vorrücken, ohne ihre Richtung und ihre Zwiſchenräume zu verlieren, und folglich ohne in die größte Unordnung zu gerathen; eine Sache, welche in dem preuſſiſchen Heere unerhört iſt. Eine öſterreichiſche Colonne marſchirt nicht hundert Schritte, ohne ſich auszudehnen und zu verlängern, ohne daß es nicht, wenn ſie aufmarſchirt, etwas zu ſchließen, oder zu öffnen gibt. Mit einem Wort, kein öſterreichiſches Corps iſt zweckmäßig geübt und gebildet; und dieſes gilt eben ſo ſehr von der Reiterey, als von dem Fußvolk.

Dieſes iſt unſtreitig ein unermeßlicher Nachtheil. Aber abgerechnet, daß ein großer Feldherr, an der Spitze dieſes Heeres, immer noch gegen die Preuſſen das freye Feld vermeiden, und ſeine Zuflucht zu einem bloßen Poſten-Kriege nehmen kann, wodurch der größte Theil der, aus jener Unbehülflichkeit entſtehenden Mängel würde gehoben werden, ſcheint man ſolche, von öſter-

reichischer Seite, eingesehen, und ihnen mit aller
möglichen Klugheit vorgebeugt zu haben. Es
hat das Ansehen, als ob das Wiener Kabinet den
Gedanken an die Wiedereroberung Schlesiens,
und an die Erniedrigung des Königs von Preussen
aufgegeben hätte, oder vielmehr, als ob dieses
nicht mehr der erste und unmittelbare Gegenstand
seiner Unternehmungen wäre. Es will vorher
alles Gleichgewicht gänzlich zerstören, will zu einer
völligen Uebermacht gelangen, um dann, mit
desto größerer Sicherheit, sein Vorhaben auszuführen, und durch seine Masse allein, ohne alle
Ungewißheit, den König von Preussen zu unter-
drücken, indem es zugleich gegen jeden gefährlichen
Angriff von einer andern Seite sich vorher in
Schutz gesetzt hat. In dieser Absicht ist die Besitznehmung von Bayern der einzige Gegenstand
seines gegenwärtigen Ehrgeizes. Ehedem hätte
der Kaiser an etwas der Art nicht denken dürfen.
Bey der ersten Bewegung dazu würde der König
von Preussen, mit seiner ganzen Macht, in Böhmen eingerückt seyn, das kaiserliche Heer angegriffen, wahrscheinlicherweise geschlagen, und auf
diese Art den Kaiser gezwungen haben, seine ganze
Stärke nach dieser Seite zu ziehen, oder, wenn
solcher auf der Besitznehmung von Bayern bestanden wäre, sein Königreich Böhmen Preis zu
geben. Aber, sey es, daß das Haus Oesterreich,
durch die Erfahrung des siebenjährigen Krieges,
oder durch einen Fremden, über die Lage von
Böhmen aufgeklärt worden ist, genug, es hat sehr

wirkſame Maaßregeln ergriffen, um den König
von Preuſſen zu verhindern, daß er nicht mehr
durch eine einzige gewonnene Schlacht ſich zum
Meiſter dieſes Königreiches machen kann. Der
General Lloyd, in ſeiner Einleitung zu der Geſchichte des ſiebenjährigen Krieges, hat die Stellen, wo man, zu der Beſchützung des Landes, Feſtungen anlegen muß, und das verſchanzte Lager,
wodurch es gedeckt werden kann, angegeben. Seit
dieſer Zeit ſind die Feſtungen Pleſſ und Thereſienſtadt erbaut, und das beſtimmte Lager im Jahre
1778 genommen worden, und, der König von
Preuſſen hat nicht mehr in Böhmen einbringen,
wenigſtens dieſer weitläuftigen Provinz ſich nicht
bemächtigen können.

Bis jetzt ſind die Preuſſen nicht ſehr geſchickt
in Belagerungen geweſen. Wenn der Kaiſer ſich
jemals entſchließt, in den Beſitz von Bayern ſich
zu ſetzen (welches er von einem Tage zum andern,
und in ſehr weniger Zeit thun kann, und was, zur
Zeit der ſonderbaren Händel wegen der Schelde,
nicht gethan zu haben, unbegreiflich iſt,) ſo kann
ein ſehr gewöhnliches, zu Königsgrätz geſtelltes,
und von Olmütz, Pleſſ und Thereſienſtadt unter-
ſtütztes Heer die öſterreichiſche Gränze gegen alle
preuſſiſche Unternehmungen decken, und der Kaiſer
während deſſen alle ſeine übrige Macht gegen die
andern Feinde, welche dieſer Angriff ihm erwecken
wird, gebrauchen. Wir ſetzen voraus, daß er
nicht ganz Europa, und nicht einmal Frankreich
zu bekämpfen hätte, als wodurch die Geſtalt der

Dinge gänzlich würde abgeändert werden; sondern daß Preussen und Deutschland hiebey gleichsam ihren eigenen Kräften allein überlassen wären. Wie leicht würde es ihm dann nicht seyn, die preussische Macht zu ermüden, und sie zum Frieden zu nöthigen? Denn worauf beruht diese Macht überhaupt? Nur auf ihrem Heer und auf ihrem Schatze, diese beyden großen Hülfsmittel werden zweifelsohne, drey Jahre lang, hinreichen; aber sind die Leute, welche das Land stellen kann, und der Schatz erschöpft, so ist auch alles zum Ende. Wir müssen bey allen Dingen auf die Grundlage sehen. Welch ungeheurer Unterschied zeigt sich hier, sowohl in Ansehung der alten Besitzungen, als der neuen Eroberungen! Wird Preussen immer ein reiches und bevölkertes Sachsen zum Aussaugen haben? Und, wenn es solches hätte, wie kann es so, als ehedem, seine Unternehmungen weiter treiben?

Bis jetzt haben wir die Macht des Hauses Oesterreich blos im Kampfe mit Preussen allein betrachtet; aber dieses ist ein Zustand der Dinge, welchen man kaum erwarten darf. Wenn der Kaiser das Gleichgewicht von Deutschland vernichten will, so wird das Feuer allgemein werden, und dann wird alles von den Bündnissen abhängen, welche statt finden.

Die gefährlichste Verbindung für Preussen ist die von Rußland und Oesterreich; und unglücklicher Weise hat der hohe Gedanke der russischen Kaiserinn, das orientalische Reich, durch Vertretbung der Türken aus Europa, wieder herzuſtellen, dieſer ehrgeizige Entwurf, der das ruſſiſche Reich, wenigſtens ſo arm wir ſolches jetzt kennen, zwar gewiß zerſtören, aber darum nicht minder durch ſeinen Ausbruch ganz Europa umkehren wird, und der zu einer Leidenſchaft geworden iſt, welche der Kaiſer mit vieler Geſchicklichkeit zu unterhalten und zu ſchmeicheln ſcheint, wahrſcheinlich den Zeit‑ punkt einer ſolchen Verbindung herbey geführt. Alle militäriſchen Talente eines andern Friedrichs, alle die Vollkommenheit des preuſſiſchen Heeres, werden einen König von Preuſſen nicht in Stand ſetzen, den Ruſſen und Oeſterreichern zu wider‑ ſtehen, wenn ſolche drey Jahre lang einſtimmig zu Werke gehen, noch es verhindern, daß er Ge‑ ſetze von ihnen annehmen müſſe. Nur eine Verbin‑ dung zwiſchen Preuſſen und Frankreich, verſtärkt mit dem deutſchen Fürſtenbunde, kann den preuſſi‑ ſchen Staat ſicher ſtellen; und wenn das Spiel auf eine entſcheidende und ſchnelle Art geendigt werden ſoll, würden ſogar die vereinten Anſtrengungen von Schweden, Dännemark und der Pforte dazu mitwirkend ſeyn müſſen. Angenommen, daß Schweden durch franzöſiſches Geld, und Dänne‑ mark durch das Gefühl ſeines eigenen Nutzens, in Thätigkeit geſetzt würde, daß eine, mit jedem Tage nothwendiger werdende Staatsklugheit die Pforte gegen den Kaiſer in Waffen brächte; ſo iſt noch zu bemerken, daß man von dem, in Rückſicht auf den Punkt, wovon wir ſprechen, mächtigſten Fürſten in Deutſchland, wir meynen von dem

Chur‑

Churfürsten von Bayern, nichts erwarten darf.
Und der deutsche Fürstenbund hat allerdings zwar
ein wichtiges Ansehen; aber nur, wenn Frankreich
und Holland Geld geben können und wollen, wird
solcher die ihm entgegen gesetzte Parthey zu Boden
zu drücken, und sich einen Weg bis in das Herz der
kaiserlichen Staaten, als worauf bey der Sache
alles ankommt, zu öffnen im Stande seyn. Hiebey kann ihm Frankreich, welches, wofern es nicht
ganz verblendet ist, unmöglich wollen kann, daß
die politische Freyheit von Deutschland gänzlich
untergehe, großen Beystand dadurch leisten, daß
es ihm hilft., die kaiserlich gesinnten Fürsten,
wenn nicht sich zu unterwerfen, doch von allem
Beystande abzuschrecken, und daß es ihn in Stand
setzt, Angriffsweise zu verfahren. Es kann sogar
den Fürstenbund selbst zusammen halten, und die
verschiedenen Mitglieder desselben nöthigen, die
gemeinschaftliche Sache aufrichtig zu unterstützen,
welches vielleicht nicht minder nothwendig ist, als
die andern zu zwingen, daß sie mit ihrer eigenen
Existenz sich beschäftigen.

Aber man würde sich irren, wenn man
glaubte, daß diese Verbindung mit Frankreich
gegen Oesterreich und Rußland, ohne die Hinzu-
kunft der deutschen Fürsten, für Preussen hinlänglich sey. Weder die Eroberung der Niederlande,
noch der italienischen Staaten, können die österreichische Macht stürzen. Von der Seite von
Bayern muß solche angegriffen werden. Wenn

F f

der Fürſt, welcher in dieſem Zeitpunkte dieſe weit-
läuftige und ſchöne Provinz regiert, wahnſinnig
genug iſt, ſich zu einem Werkzeug des Hauſes
Oeſterreich machen zu laſſen; ſo muß man ſein
Land erobern, und dadurch in das Herz der öſterreichiſchen Staaten eindringen, wo dann Heere
und Schlachten die Sache der deutſchen Freyheit
entſcheiden werden.   Auch wird dieſes um deſto
minder ſchwer ſeyn, da die Bayern die öſterreichiſche
Herrſchaft außerordentlich fürchten, und ſich bereitwillig zu allem werden finden laſſen, was man, zu
ihrer Befreyung davon, unternehmen kann.

Daß Preuſſen bey dieſem, ſo wie bey allen
Kriegen, ſich nicht auf einen gewöhnlichen bloßen
Vertheidigungskrieg einlaſſen müſſe, iſt eine
Wahrheit, die wir als einen unumſtößlichen
Grundſatz anſehen.   Es würde dadurch alle ſeine
Vortheile verlieren.   Wenn ſogar das allgemeine
Syſtem des Krieges, von ſeiner Seite, defenſiv
wäre, müßte es, einzeln, Angriffsweiſe zu Werke
gehen.   Die wahre Ueberlegenheit des preuſſiſchen
Heeres beſteht in ſeiner Kunſt der kriegeriſchen
Bewegungen; es muß Schlachten ſuchen; denn
ſeine ſo ſchnellen, ſo genauen, ſo entſcheidenden
Evolutionen ſichern ihm, wahrſcheinlicherweiſe,
immer einen glücklichen Ausgang derſelben.   Friedrich hat alles, was Märſche, Aufmärſche, Veränderungen in Stellungen, u. ſ. w. betrifft, zu
einem ſo hohen Grade von Vollkommenheit gebracht, daß es ſicher ſeyn kann, ſeinen Feinden
immer zuvor zu kommen und ſie zu übertreffen.

Die Lage eines Königs von Preussen ist indessen, wie man sieht, immer äußerst bedenklich. Alle seine Macht hängt erstlich an dem schwachen Faden, welcher seine politische Maschine lenkt. Er bedarf eines unermeßlichen Schatzes, und eines überlegenen Heeres. Das militärische System, und die ordentlichste, genaueste innre Staatsverwaltung und Wirthschaft, müssen folglich das Palladium dieses Staates seyn. Und dann bedarf er Beystand, und mächtigen Beystand. Ein Mensch, und wäre er der erste aller Menschen, kann nicht alles. Friedrich hatte seine ganze Aufmerksamkeit auf seine Gränzen, gegen die Seite von Oesterreich gerichtet, und er hat sie auf solche Art in Sicherheit gesetzt, daß der Kaiser drey glückliche Feldzüge machen müßte, wofern er Schlesien dem Hause Brandenburg entreißen wollte. Ein Heer von sechzigtausend Mann kann solches ohne Mühe schützen, und wenn dieses Heer nicht ein entscheidendes Unglück hat, vielleicht auch behaupten.

Jetzt ist es Zeit, daß der König von Preussen seine Gränzen gegen Rußland in eine eben so ansehnliche Verfassung bringe. Die Festungen an denselben sind keiner hinlänglichen und dauerhaften Vertheidigung fähig; und vielleicht sind sie nicht einmal mit hinlänglichem Kriegsvorrath versehen, um so lange Gegenwehr zu leisten, als sie es ihrer Natur nach könnten. Danzig, aus diesem Gesichtspunkte betrachtet, ist Preussen

ſchlechterdings nothwendig. Wir haben nicht ſo
viel Eigendünkel, daß wir uns getrauen, dasjenige zu beſtimmen, was man, in Rückſicht hierauf, thun, und ob man Königsberg, oder irgend
eine andre Stadt, als Tilſit zum Beyſpiel, befe-
ſtigen müſſe? Wir kennen das Land nicht genug;
auch reichen unſre Einſichten allerdings nicht ſo
weit; aber geſchehen muß etwas, denn, ob man
gleich voraus ſehen kann, daß die politiſche Exiſtenz von Rußland, wenigſtens in Beziehung auf
Europa, aufhören, und daß ſolches, frühe oder
ſpäte, durch innerliche Unruhen zerriſſen werden
wird; ſo iſt doch dieſer Augenblick, der eben ſo
ſehr von der Vermehrung der Volksmenge und
des Reichthums, als von dem Falle des Ottoma-
niſchen Reiches abhängt, wahrſcheinlicherweiſe
noch zu weit entfernt, als daß alles das Böſe,
was man von Rußland zu fürchten hat, nicht noch
vorher in Erfüllung gehen könnte.

Nächſt dieſer Vorſorge des Königs von
Preuſſen für ſeine Gränzen, eben ſo wohl gegen
Rußland, als gegen Oeſterreich, wodurch er in
den Stand geſetzt wird, ſeine Waffen nach derjenigen Seite zu richten, wo er es für gut findet, iſt
dem Hauſe Brandenburg nichts nothwendiger, als
eine Verbindung mit Sachſen. Es iſt wahrſcheinlich, daß das feſte Lager, welches man um
Dresden herum anlegt, wirklich gut ſeyn wird;
und dann kann Sachſen nicht mehr ſo leicht, als
im Jahre 1756, in Beſitz genommen werden.

Nun ist aber dieses Land dem Könige von Preussen,
wenn er Oesterreich angreifen will, unentbehrlich;
und es ist ihm noch mehr, wenn er zum Besitze
des Markgrafthums Anspach gelangt, weil dieses
durch jenes von seinen übrigen Staaten getrennt
wird.

Wenn Sachsen seinen wahren Vortheil versteht, so wird es sich auf das genaueste mit Preussen
vereinen; alsdann würde die preussische Parthey
in Deutschland sehr mächtig seyn, und Sachsen,
als ein Pfeiler der preussischen Macht, alles des
Ansehens genießen, welches das Haus Brandenburg ihm geben wollte; alsdann würde der Tausch
der fränkischen Fürstenthümer mit der Lausiß, dem
Könige von Preussen nicht so viele Vortheile verschaffen, als man glaubt, weil dieser, in jenen ab-
gelegenen Ländern, einen Punkt besißt, von welchem er in das Herz der österreichischen Staaten
eindringen, wo er zum Voraus alle hiezu erforderlichen Anstalten vorbereiten kann. Aber eine
dauerhafte Verbindung mit Sachsen ist zweifelhaft. Wenn gleich der gegenwärtige sehr schäß-
bare und einsichtige Fürst, welcher dieses schöne
Churfürstenthum regiert, seine Politik durch
nichts, als durch das Wohl seines Landes leiten
und bestimmen läßt: so ist Er denn doch nicht un-
sterblich, und es ist und bleibt im Ganzen eine
ausgemachte Wahrheit, daß die katholischen Fürsten immer dem Einflusse der katholischen Geistlichkeit offen stehen werden. Die katholische
Geistlichkeit aber wird immer daran arbeiten, die

die Macht des Hauses Oesterreich zu vergrößern.
Ohne sie würde August II. nie eine kaiserliche
Prinzessinn geheirathet, und der König von Preussen sich nicht in der traurigen Nothwendigkeit befunden haben, Sachsen so viel Böses zuzufügen.
Ein Churfürst von Sachsen kann also auch in der
Folge wieder sehr leicht dahin gebracht werden, die
preussische Sache zu verlassen, und die Entwürfe
des Wiener Hofes zu begünstigen. Hiemit vereinen sich andre Gründe. Man sieht selten ohne
Neid seines Gleichen sich erheben; und ein Churfürst von Brandenburg kann einem Churfürsten
von Sachsen leicht um desto verhaßter erscheinen,
da dieser in frühern, vergangenen Zeiten, jenem,
in gewisser Art, den Vorrang streitig machen
konnte. Ist es daher nicht traurig, daß die
deutschen Patrioten ihre Hoffnungen, in Ansehung
der Erhaltung der deutschen Freyheit, vorzüglich
darauf gründen müssen, daß das jetzt regierende
sächsische Haus ausgehen, und der protestantischen
Linie Platz machen wird?

Mit mehrerer Gewißheit kann Preussen,
wenn, frühe oder spät, die Sache Deutschlands
zur Entscheidung kommt, auf Hannover, (jedoch
nur insofern, als die Leidenschaften des Königs
von England nicht im Wege stehen werden,) auf
Hessen, auf das Bißthum Osnabrück, und endlich auf den Herzog von Braunschweig rechnen,
der durch die persönliche Achtung, welche er genießt, und die außerordentlichen Talente, welche

er besißt, ein größeres Gewicht in die Wagschale
legt, als seine politische Stärke jemals hinein legen
kann. Ohnstreitig unthalten diese verschiedenen
Staaten die Tapfern von Deutschland. Unter
der Anführung eines Mannes von Kopf, muß das
Heer, welches sie bilden würden, sich sogleich zum
Meister von ganz Westphalm, und von dem Churfürstenthum Cöln machen. Wenn dieses geschehen ist, und Frankreich einstimmig mit diesen
Fürsten zu Werke geht, so können sie zweifelsohne,
zum Vortheile der Unternehmungen des Königs
von Preussen, dadurch, daß sie die österreichische
Macht sich zu theilen nöthigen, nüßlich mitwirken;
das Uebrige hängt von dem Kriegsglücke ab.
Aber bey dem Kriege selbst muß alles auf das
Spiel gesetzt werden. Die preussische Perthey
muß suchen, durch entscheidende Schlachten ihre
Gegner zu Boden zu drücken, und den Krieg bal-
digst zu endigen. Wird dieser in die Länge gezogen, sind die preussischen Heere genöthigt, ihre
eignen Gränzen zu vertheidigen, so ist für das
Haus Brandenburg alles verloren. Nicht daß
die Provinzen desselben nicht einer langen Vertheidigung fähig wären; die Festungen darinnen sind
mit Einsicht vertheilt, und das Land voll von
Flüssen, Seen, Gebirgen, engen Pässen, welche
eine unendliche Menge fester Posten gewähren.
Aber der politische Nerv würde erschlaffen, und
der Körper in eine Auszehrung verfallen; dann
würde der fürchterliche Feind, dessen Volksmenge

nicht so leicht erschöpft werden kann, und der nicht
säumen würde, seine Angriffe zu verdoppeln, durch
neue Anstrengungen ihn zu Grabe bringen.

Bey dieser Lage der Sachen kann der Berliner Hof sich nicht sorgfältig genug zu den Begebenheiten vorbereiten, welche ihm bevorstehen.
Er muß sich bestreben, entweder die Verbindung
zwischen Rußland und Oesterreich zu trennen, oder
sich fest und unauslöslich mit Frankreich, Schweden und der Pforte zu verbinden. Alsdann hat
der König vor Preussen eine andre Thüre offen,
um auf eine entscheidende Art in die Staaten des
Hauses Oesterreich einzubringen; dieses ist Mähren. Aber zu diesem Zwecke muß er im Stande
seyn, Olmütz zu nehmen, das heißt, er muß gute
Ingenieur und eine vortreffliche Belagerungsar-
tillerie haben; denn man sagt, daß Olmütz jetzt
ein sehr fester Ort sey. Ohnstreitig ist dieses der
wahre Angriffspunkt; Lloyd hat es mit Recht behauptet. Eine entscheidende, in diesen Gegenden
gewonnene Schlacht, und die Eroberung von Olmütz werden das Haus Oesterreich nöthigen, das
Gesetz des Ueberwinders anzunehmen. Möchte
doch der gegenwärtige König von Preussen sich nie
durch ein, von seinen Staaten verschiedenes In-
teresse, oder gar durch die Verschlagenheit seines
unversöhnlichen Feindes, von dem politischen und
militärischen Systeme, an welchem das Schicksal von Deutschland hängt, abwendig machen
lassen! —

Wir wollen diese lange Reihe militärischer Betrachtungen mit zwey Bemerkungen schließen, welche uns von einiger Wichtigkeit zu seyn scheinen. Das preußische Heer ist durch die unwiderstehlichen Mittel von Nacheiferung, Ordnung, Mannszucht und Unterricht, das erste Heer von Europa geworden. Dieses ist die Frucht einer unausgesetzten Arbeit von mehr als siebenzig Jahren gewesen. Die Ordnung, die Mannszucht, der Wetteifer, das heißt diese Erhabenheit des Geistes, welche durch den, dem Soldatenstande gegebenen, besondern, beständigen und unveränderlichen Vorzug, der erste Stand im Staate ohne alle Nebenbuhler zu seyn, erzeugt worden ist: diese sind das Werk des Vaters von Friedrich dem Großen; der militärische, durch beständige Uebung und durch eine unverrückte Aufmerksamkeit auf das, was von diesen Uebungen wirklich brauchbar und anwendbar ist, und auf alle die Hülfsquellen, welche die Kunst gewähren kann, hervor gebrachte Unterricht: dieser ist das Meisterstück des außerordentlichen Mannes, welchen das Haus Brandenburg jetzt verloren hat.

Wird dieses Heer immer bleiben, was es ist? Ein Heer zu bilden, erfordert zwanzig Jahre Zeit, sagte uns einst der erste Feldherr von Europa; aber durch Erschlaffung und Nachläßigkeit kann in einem einzigen Jahre alles vernichtet werden. Nichts ist wahrer, als dieser, auf

Ff 5

tiefe Einſicht gegründete, und vielleicht nur zu
prophetiſche Ausſpruch. Alle Menſchen haben
einen Hang zur Trägheit, zur Fahrläßigkeit,
welcher, ſobald man aufhört die Springfedern an-
zuſpannen, oder ſolche ins Spiel zu ſetzen, die
Oberhand über die Erfüllung ihrer Pflichten gewinnt. Kann man hoffen, kann man glauben,
daß alle Nachfolger Friedrichs ſo unermüdlich, als
Er ſeyn? daß ſie alljährlich Muſterungen in allen
Theilen ihrer Staaten halten, die Berichte der
Inſpecteurs leſen, unterſuchen, prüfen, auf die
Aufrechthaltung der Mannszucht und Unterordnung unermüdet wachen, und immer die erſten
Feldherrn ihres Heeres ſeyn werden? daß nie,
weder Höfling, noch Freund, noch Maitreſſe, irgend einem von ihnen wichtiger, als ſein Heer
werden, daß dieſes in ihrer Schätzung, ihnen
immer über alles gehen, daß keine Partheylichkeit,
keine Vorliebe, keine Gunſt, jemals Einfluß auf
die militäriſchen Beförderungen haben, und auf
ſolche Art der militäriſche Stolz nie genöthigt ſeyn
wird, ſich vor andern, als vor ſich ſelbſt, zu beu-
gen? *) — Wenn die Sache nur einen Tag
aufhört zu ſeyn, was ſie iſt und war: ſo iſt auch

---

*) Friedrich hat in den Meynungen, welche er von
ſeinen Offizieren hegte, ſich irren können, und
hat ſich zuweilen wirklich darin geirrt; er hat
einige Männer von Verdienſte vernachläßigt,
und einigen ſeichten, unbedeutenden Köpfen
Vorzüge gegeben; aber auch dann folgte er nur
ſeiner eigenen Empfindung, nicht den Einge-

in einem Augenblick das preussische Heer verän-
dert. — Die Freunde der deutschen Freyheit
müssen zittern, wenn sie diese schreckliche Wahrheit erwägen! —

Und es gibt noch eine andre Klippe, welche
allen Staaten von Europa droht, und an welcher
ein König von Preußen zu scheitern mehr ausgesetzt ist, als irgend ein anderer. Der Krieg erfordert so ungeheure Summen, daß kein Staat
solchen mehr führen kann, ohne sich zu Grunde
zu richten. Indessen ist ganz Europa beständig
bewaffnet, und unterhält eine unzählbare Menge
von Soldaten. Von der andern Seite hat sich
die Geldmasse vermehrt; besonders haben Aufwand und Prachtliebe, vermittelst des Handels,
ungeheure Fortschritte gemacht; alles ist theurer
geworden; aber den militärischen Sold hat man
nicht erhöht; vielmehr hat man ihn, in einigen
Ländern, in Rücksicht auf baares Geld, verringert.
Man hat allerhand Arten von Mitteln angewandt,
um den Soldaten in Stand zu setzen, daß er von
seiner geringen Bezahlung leben könne. Dieser
Zustand der Dinge kann nicht dauern; man wird

bungen Anderer, und noch minder dem, was
eine mit dem Soldatenwesen nicht bekannte
Person ihm hätte sagen können. Ein Irrthum im Urtheil aber ist, in solchen Fällen,
jeder Art von Einblaserey tausendmal vorzuziehen.

A. d. Verf.

nothwendigerweiſe dahin kommen müſſen, den
Sold der Offizier ſowohl als der Gemeinen zu er-
höhen;[b] alles zielt ſichtlich hierauf. Der König
von Preuſſen hat, durch eine kluge und unerſchütterliche Staatswirthſchaft, und durch den, einer
wirklichen Macht gegebenen Vorzug vor dem
Glanz der Königswürde, es dahin gebracht, ein
weit ſtärkeres Heer zu unterhalten, als es ſeine
natürlichen politiſchen Kräfte, der gewöhnlichen
Meynung nach, zu geſtatten ſcheinen. Wenn er
immer eben dieſe Grundſätze befolgt, und eine
beſſere Verwaltung der Auflagen, des Kunſtfleiſ-
ſes und des Handels zu Hülfe nimmt; ſo könnte
er, ehe vielleicht als irgend ein anderer Fürſt, den
bedenklichen Augenblick entfernen, welcher allen
Fürſten von Europa droht, und der kein anderer
iſt, als derjenige, in welchem ſie nicht mehr die
zur Unterhaltung des Soldatenweſens nöthigen
Koſten werden herbey ſchaffen können. Was
wird man alsdenn mit dieſer Menge von Bajo-
netten anfangen? Wie ſie zurück halten, oder wie
ſie loslaſſen? Soll man alle dieſe Menſchen, die
zum Waffenhandwerk erzogen worden ſind, die kein
anderes verſtehen, und die für keine andre Moral,
für keine andre Grundſätze, als welche durch
Mannszucht bewirkt worden ſind, Sinn haben,

b) Daß der gegenwärtige König von Preuſſen den
Sold der Offiziere bereits erhöht habe, iſt ſchon
bemerkt worden.
$\qquad$ A. d. Ueberſ.

ohne Unterhalt fortschicken? Was wird aus diesen
zerstreuten, dann freyen, auf ihre Anzahl, auf
ihre Stärke stolzen, vielleicht kriegerisch gebildeten Soldknechten werden? Was werden sie
machen? Was werden sie unternehmen? Wird
kein Ehrgeiziger unter ihnen sich finden, der sich
an ihre Spitze stellt, und die Ruhe des Staates
stört? Gelegenheit und Umstände machen den
Menschen zu allem fähig. Jetzt, da die unruhi-
gen und unternehmenden Köpfe in den Heeren
selbst einen Weg zum Glücke finden, und besonders
durch die großen Heere im Zaum gehalten werden,
denkt Niemand daran, sich zum Meister irgend
einer Besatzung, irgend eines Zeughauses, irgend
eines festen Platzes zu machen; aber, man
nehme an, daß die Heere schwach und die
Festungen schlecht besetzt sind, und daß es solcher
kühnen und broblosen Menschen eine Menge
gibt, und man wird, in eben diesem Augenblicke,
wieder Empörungen, bürgerliche Zwiste, und
Staatsumwälzungen entstehen sehen. c)   Und

c) Diese ganze trostlose Prophezeihung unserer
Herren Verfasser gründet sich ohnstreitig nur
auf etwas, das freylich bis jetzt sehr gewöhnlich
gewesen ist, aber darum doch nicht immer unfehlbar gewiß statt finden muß, auf Mangel
der Vorhersehung von Seiten der Fürsten.
Nur wenn diese die Zukunft und die nothwendigen Wirkungen und Folgen ihrer Unternehmungen, als weitaussehender, kostspieliger Kriege,
u. d. m. gehörig zu berechnen unterlassen, können

dieses ist noch nicht das geringste Uebel einer, vielleicht nähern Zukunft, als man glaubt. Ein viel
schrecklicheres wird daraus entstehen, daß der Zeitpunkt, in welchem die Fürsten ihre Truppen nicht
mehr werden besolden können, nicht für alle gerade
- in eben demselben Augenblicke eintreten wird.
Wenn einer unter ihnen sich Hülfsquellen zu ersparen gewußt hat, welche Rolle wird dieser dann
spielen! Wie wird man seinen Unternehmungen
Widerstand leisten können? Dieses ist der bedenk-
liche Punkt, welchem alle Staaten von Europa
sich, aus Mangel an Ordnung in ihren Finanzen,
mit großen Schritten nähern.

    sie einst genöthigt werden, ihre stehenden Heere,
entweder gänzlich, oder doch größtentheils, mit
einem Mele abzudanken, und nur dann
kann der von unsern Herrn Verfasser sehr richtig
geschilderte Zustand eintreten. Halten sie aber
Rechnung mit der Zukunft, und mit der Gegenwart, mit den Einkünften und Ausgaben ihrer
Staaten, erwarten sie nicht den Augenblick der
Nothwendigkeit, suchen sie dem, was kommen
muß, durch weise Entschließungen vorzubeugen,
so werden sie die stehenden Heere allmählig
vermindern, und eine solche Verminderung kann
nichts von dem bewirken, was unsre Herren
Verfasser von einer gänzlichen, oder beynahe
gänzlichen Abdankung, voraus gesagt haben.
Vielleicht droht aber von einer ganz andern
Seite her, und aus ganz andern Ursachen, unsern bisherigen Verfassungen, oder den gegenwärtigen Zustand der Dinge, der Untergang.

                       A. d. Ueberf.

Ein König von Preussen würde bey seinen
großen Heeren, in Rücksicht hierauf, viel weniger
Hülfsquellen, als jeder andre Fürst haben, wenn
er sich von dem wirthschaftlichen, haushälterischen
System entfernte, welches die Grundlage seiner
Macht ist, und zweifelsohne dann zuerst den
schrecklichen Stoß empfinden. Aber ist es der
Ordnung der menschlichen Dinge gemäß, daß kein
Fürst des Hauses Brandenburg zur Verschwen-
dung, zur Prachtliebe, zu unnöthigen Ausgaben
geneigt sey? Daß alle sich entschließen werden, in
ihrer Residenz, als in einem Lager, zu leben? Und
doch hängt die Existenz des preussischen Heeres
hievon ab. Wenn jemals ein schwacher, be-
schränkter, unthätiger Fürst diesen Thron besteigt,
so wird dieser schreckliche Riese plötzlich zusammen
fallen, ohne daß man eine scheinbare Ursache davon wahrnähme; und das erstaunte Europa wird
an seiner Stelle nur einen schwachen Zwerg erbli-
cken. Dann wird Unordnung in die Verwaltung
der Finanzen einschleichen, man wird mehr ausgeben, als man einnimmt, oder unnöthige, zweck-
widrige Ausgaben machen, und die nothwendigen
verabsäumen; die Staatsbedienten werden aufhören für das Ganze, und anfangen für sich, oder
höchstens für ihr Departement zu arbeiten; die
Unterordnung und Mannszucht im Heere wird
nachlassen, der solches beseelende Geist und Ehrgeiz wird verfliegen, Beförderungen darin werden
nach Gunst ertheilt, Belohnungen unnütz darin
verschwendet werden — Dann wird Preussen

fallen, wie Schweden, und nur das Andenken der
glänzenden Rolle, welche es unter einem einzigen
Kopfe geſpielt hat, wird übrig bleiben. —
Wir wenden den Blick von dieſem Unglück weg,
Möchte doch der Schutzgeiſt von Europa ſolches
auf lange Zeiten entfernen! —

Eine andre Frage bietet ſich dar, indem wir
dieſen Umriß des preuſſiſchen militäriſchen Syſtems endigen. Welche Mittel können und müſſen die übrigen Fürſten gebrauchen, um ein eben
ſo gutes Heer, als das preuſſiſche zu haben? Wir
antworten, daß in mehreren Staaten dieſes nicht
möglich iſt, und daß es für ſolche auch das größte
Unglück ſeyn würde. Dieſes ſind diejenigen, in
welchen einige Freyheit herrſcht, England, Holland und die Schweiz. Freyheit iſt mehr, als
ein gutes Heer werth; denn ſie weiß ſich zu vertheidigen, und weiß nicht zu erobern, geht nicht
auf Eroberungen aus. d) Aber ſobald ein Land
unter

d) Mit aller Achtung für freye Verfaſſungen, iſt
dieſes, ihnen hier gegebene Lob unwahr und
ungereimt. Haben denn Holland und England
nicht Eroberungen genug, wenn nicht auf dem
feſten Lande in Europa, doch in andern Welt-
theilen, und das erſtere ſogar ehedem in Europa, nämlich in Flandern gemacht? Oder ſind
die, mit Flotten und Seemacht eroberten und
in Beſitz genommenen Länder nicht Eroberungen? Und wozu, warum, die Vorſtellung von
ſogenannten freyen Verfaſſungen noch mehr,
und

unter einer unbeschränkten Herrschaft steht, kann
es nicht allein ein gutes Heer haben, sondern es
ist auch der offenbare Vortheil des Volkes, daß
es ein solches habe. Denn außerdem, daß es die
Ordnung erhält, und die Regierung selbst gleichsam dazu zwingt, vermehren die Eroberungen
die Hoffnung zum Glück in den Köpfen der Kühnen und Unternehmenden; und gibt es keine Er-

und noch mehrern Köpfen, einschmeicheln wollen? Wird ihr Vorzug nicht verdächtig, wenn
man, um ihn anzupreisen, Zuflucht zu so plum-
pen Erdichtungen nimmt? Beweisen dergleichen
Erdichtungen nicht, daß es den Urhebern derselben minder um Freyheit und Wahrheit, als
darum zu thun ist, auch ein wenig regieren zu
wollen? Auch hat es ja nicht allen republikanischen Staaten an guten Heeren gefehlt. Zum
Beweise kann das römische, zu den Zeiten der
Republik, dienen. Und wenn in dergleichen
Staaten, in neuern Zeiten, keine guten Heere
mehr gedeihen; so ist dieses mehr die Folge von
der neuern Einrichtung dieser Heere, als von
dem Geiste dieser Verfassungen; das heißt, es
fehlte ihnen nicht an Lust zu erobern, oder an
dem Willen, gute Heere nach der neuern Art zu
haben, sondern an den Mitteln dazu. Nicht
durch weise Enthaltsamkeit thun sie Verzicht
darauf; sie werben und exerzieren, und halten
Läger trotz den monarchischen Verfassungen;
aber der Boden taugt gleichsam nicht zu der
Frucht, welche sie erzielen wollen.

A. d. Uebers.

G g

oberungen'; ſo genießt der Staat wenigſtens einer nützlichen Achtung, und einer vollkommenen Ruhe.

Um aber ein ſolches Heer zu haben, kennen wir nur ein einziges Mittel. Der Fürſt ſelbſt muß Soldat, und muß es wirklich, muß es nicht blos zur Parade, wie Ludwig XIV. ſeyn, muß nicht blos es für hinlänglich halten, eine Uniform zu tragen; er muß einen militäriſchen Geiſt, und alle die Feſtigkeit und Unbiegſamkeit des Charak= ters beſitzen, welche dieſer vorausſetzt. Dann wird er die Großen bald nach ſeinem Willen ſich richten lehren, und ſie nöthigen, ſich den Regeln der Mannszucht, welche er vorzuſchreiben für gut findet, zu unterwerfen. Die Herzoge und Prin= zen werden Secondelieutenants werden, und ihre Beförderung ſtillſchweigend von ihrem Dienſteifer erwarten. Der unruhigſte Kopf, ſtolz darauf, daß ſein Fürſt gleichſam ſein Kammerad iſt, wird ſich gern die ſtrengſte Zucht und Unterordnung ge= fallen laſſen; und die preuſſiſchen Einrichtungen werden leicht einzuführen ſeyn. Aber ohne dieſe Grundlage wird man nie, was man auch verſuchen mag, das Muſter erreichen, welches Friedrich II. in Rückſicht hierauf der Welt gegeben hat, und man wird ſich, im Augenblick des Kampfes, mit Heeren, welche nach dieſen Grundſätzen gebildet worden ſind, immer großen Unglücksfällen aus= ſetzen.

Wenn es ein Land gäbe, welches der Gegenstand des Neides und der Eifersucht von ganz
Europa wäre, welches große Eroberungen zu behaupten, große Siege zu büßen, große Niederlagen auszulöschen, und bey Strafe, sich von andern Staaten verlassen, und die ganze Macht der
Nordischen Kriegsschaaren auf sich fallen zu sehen,
die Vortheile anderer zu vertheidigen hätte; —
wenn man in diesem Lande die Gewohnheit zu
murren und zu tadeln für Freyheit, die Meynungen der Hauptstadt und die wortreichen Aus-
brüche derselben für ein Unterpfand von der
Wiederherstellung des Staates, eine beyspiellose
Prachtliebe, einen unmäßigen Aufwand, unüber-
sehbare Veruntreuungen in der Verwaltung der
Einkünfte, Unordnung und alle Ausschweifungen
derselben für Macht ansähe; — wenn in diesem
Lande jede Art von militärischem System dem In-
teresse des Hofes aufgeopfert, und Anwartschaften
und Aussichten auf Beförderungen an junge Leute
ohne Verdienst, ohne Kenntniß, ohne Erfahrung,
oft ohne Sitten, und immer ohne gegründete Ansprüche, verschwendet würden; — wenn man in
diesem Lande die großen militärischen Gnadenbezeugungen, und doppelte, dreyfache, vierfache
Aemter an eine und dieselbe Person vertheilte, und
solche, als Erbtheil, endlich in der Folge der Zeit,
bey bestimmten Geschlechtern blieben, dergestalt,
daß der Fürst, bey unermeßlichen Einkünften,
kein Mittel zur Belohnung seiner wahren Diener
übrig behielte, und genöthigt wäre, ihnen dafür

Geld zu geben, wodurch sein Schatz erschöpft, und
alle Nacheiferung erstickt, oder verderblich gemacht
würde; *) — wenn, in diesem Lande, die militärischen, nie nach Bedürfniß, sondern immer
nach Maßgabe von Vorsprache, Verbindungen,
u. d. m. vertheilten Gnadengehalte, jährlich mehr
als dreyßig Millionen verschlängen, und sich in
dreyßig Jahren, welche durch die schändlichsten
Niederlagen sich ausgezeichnet haben, zehnfach
vermehrt hätten; — wenn man die moralische
und die baare Belohnung um die Wette lüderlich
verschwendete; — wenn man den Preis für das
dem Vaterland geopferte Blut, die militärischen
Ehrenzeichen, durch Ertheilung an die niederträch-
tigsten aller Wesen, an die in dem Dienste der

*) „Man erinnere sich," sagt der, zwar zuwei-
len etwas mürrische, aber doch sehr einsichtige
Commentator der Denkwürdigkeiten des Grafen
von St. Germain, „man erinnere sich, daß
„unter der Regierung Ludwigs XIV. in diesem
„glänzenden Jahrhunderte der französischen
„Nation, man dem Marschall von Catinat,
„welcher Schlachten gewonnen hatte, mit
„zweytausend Thalern ein sehr ansehnliches
„Gnadengehalt zu geben glaubte, und daß der
„Herzog von Luxenburg erst nach dem berühm-
„ten Siege bey Nerwinden eine Compagnie in
„der Garde du Corps erhielt, indessen daß
„man jetzt dergleichen große Posten an junge
„Leute schon bey ihrem Eintritt in den Dienst
„gibt."

A. d. Verf.

durch verderbte Sitten erhöhten Sklaverey grau
gewordnen Schmeichler, an Kupler, an Werk-
zeuge der Wollust, an Auffeher der Polizey, öfterer schändete; — wenn in diesem Lande allen
Mißbräuchen und heimlichen Betrügereyen Thor
und Thür auf solche Art offen ständen, daß die
weisesten, aber ihrer Kraft beraubten Gesetze nur
denjenigen träfen, welcher nicht die Macht hat,
sich ihnen zu entziehen, und welchem man keine
Gunst zu statten will kommen lassen; — wenn
es daselbst keine feststehende Regel, keine dauernde
Einrichtung, keine gleichförmige Mannszucht
gäbe, dergestalt, daß der, durch die scheußlichste
Gesetzlosigkeit erniedrigte Soldatenstand, im Ganzen, aus einem Zusammenlauf verächtlicher, be-
waffneter Menschen ohne Gesetze und Grundsätze
bestände; — wenn im Verhältniß zu der Rolle,
welche dieses Land in Europa zu spielen berufen ist,
die Zahl der Truppen geringe wäre, und die Zahl
der Generale sich auf mehr als funfzehnhundert,
und der Obersten sich auf mehr als neunhundert
beliefe; — wenn man allenthalben Befehlshaber
von Provinzen, und Befehlshaber von Festungen,
welche nie dahin gekommen sind, allenthalben
Generallieutenants und königliche Statthalter,
welche kein Amt zu verwalten haben, allenthalben
erste, zweyte, dritte Commandeure von Regimentern, Obersten, welche Regimenter haben, Obersten, welche dergleichen nur commandiren, erste,
zweyte Obersten, dritte Obersten, einstweilige
Obersten, Obersten aus dem Gefolge, Obersten

von der Armee, Oberſtlieutenante, Oberſt-Majore,
Oberſt - Hauptleute , Oberſt - Unterlieutenante,
Oberſt-Quartiermeiſter, u. ſ. w. u. ſ. w., befehlende
Hauptleute, Stabshauptleute, Hauptleute mit
halbem Solde, Hauptleute aus dem Gefolge,
Finanzhauptleute, u. ſ. w. anträfe, und alle dieſe,
ſchlechterdings unnütze und unbeſchäftigte Schma-
rozer-Weſen (weil ein einziger dieſer Oberſten und
Hauptleute wirkliche Dienſte bey ſeinem Corps zu
leiſten hat,) ohne Arbeit, ohne Verrichtung, ohne
Verdienſt, ohne Gelegenheit etwas zu thun, oder
etwas zu lernen, bey dem faulſten Müßiggange,
und bey der tiefſten Unwiſſenheit, dennoch gleich
den wirklich Dienſtleiſtenden, alle Rechte zu Beförderungen, zu Würden, zu Gnadenbezeugungen
behaupten, und ſie dazu faſt immer ſogar denen,
welche in den Gefahren des Krieges Belohnungen
verdient haben, ganz unrechtmäßiger Weiſe vorgezogen ſähe; — — wenn es ein ſolches Land
gibt, nun ſo rathen wir ihm, über die Einrichtung
des preuſſiſchen Heeres, und über alle die Uebel
nachzudenken, welche früh oder ſpät, eine gerade
entgegen geſetzte Einrichtung nach ſich ziehen
muß. — —

Anhang des Ueberseßers.

Da der Nachfolger Friedrichs II. allerhand Veränderungen in der Einrichtung und Verfassung des preussischen Heeres gemacht hat, und also die, in dem vorhergehenden Werke davon gegebenen Nachrichten nicht mehr den gegenwärtigen Zustand desselben vollkommen treu darstellen; so will ich diese Veränderungen, so viel mir davon bekannt sind, hier den Lesern mittheilen.

Die Zahl der Feldregimenter von der Infanterie ist nicht vermehrt worden. Sie besteht jeßt (im Jahr 1794) noch wie vorher (jedoch mit Ausschluß der, in den Anspach-Bayreuthischen Landen vorgefundenen Truppen) aus den, vorhin angeführten fünf und funfzig, oder vielmehr drey und funfzig Regimentern, insofern nämlich unter jenen sich zwey einzele Bataillone, die alte Grenadiergarde und das Bataillon von Troschke, mit befinden. Aber alle diese Regimenter sind jeßt gleich stark gemacht worden, und jedes derselben besteht aus:

Fußvolk.
Feldregimenter.

Gg 4

55 Offizieren
144 Unteroffizieren
6 Hautboiſten
1 Regimentstambour
2 Bataillonstambour
36 Compagnietambour
12 Compagnieſelbſcheerey
7 Unterſtabsperſonen
120 Schützen
1920 Gemeinen, mit Inbegriff der
bey jeder Compagnie jetzt
befindlichen 7 Uebercompl.

_____

2303 Köpfen.

Hiezu kommen
die jedem Re-
giment beygefügten

3 Artillerieunteroffizier
51 Artilleriegemeine

_____

Ueberhaupt 2357.

Und hieraus zeigen ſich nun die, in den Beſtand-
theilen der Regimenter gemachten Veränderungen
von ſelbſt, als daß z. B. die Pfeiffer (jedoch mit
Ausnahme der bey den königlichen Garden befindlichen) ſo wie die Zimmerleute abgeſchaft, oder
dieſe letztern vielmehr in eigentliche Artilleriſten
verwandelt, daß die Zahl der Unteroffizier vermehrt, die Stärke der Regimenter um etwas vergrößert, und daß eine neue Art von Dienſtleuten,
nämlich beſondre Schützen, dabey eingeführt worden ſind, u. d, m,

Ferner sind diejenigen dieser Regimenter,
welche sonst nur aus zehn Compagnien bestanden,
(Nro. 41. 44. 45. 48 und 49.) und dasjenige,
was aus achtzehn bestand (Nro. 3.) sämtlich auf
zwölf Compagnien gesetzt, und in drey Bataillone
abgetheilt, und zugleich noch bey jedem zwey
Musketiercompagnien zu Grenadiercompagnien
gemacht worden, dergestalt, daß jedes Regiment
jetzt sein eigenes Grenadierbataillon hat, und jedes
Bataillon vier Compagnien stark ist. Die Garde
allein besteht noch immer aus drey Bataillonen, und
achtzehn Compagnien, nämlich die Leibgarde aus
sechs Compagnien, und das Regiment Garde aus
zwölf Compagnien. Auch die alte Grenadiergarde
oder das Regiment Nro. 6, so wie das Bataillon
Troschke (Nro. 50) haben sechs Compagnien behalten. —

Außer diesen drey Bataillonen, woraus jetzt **Depot-**
ein Regiment besteht, hat ferner jedes derselben, **Bataillone.**
(mit Ausnahme der Garde, der alten Grenadier-
garde und des Bataillon von Troschke) noch ein,
aus drey Compagnien bestehendes **Depot-**
bataillon, welches

   12 Offizier
   27 Unteroffizier
    1 Bataillontambour
    6 Compagnietambour
    3 Compagniefeldscheer
  360 Gemeine

Ueberhaupt 409 Köpfe,

ſtark iſt. Dieſer Depot=Bataillone ſind indeſſen
überhaupt demnach drey und funfzig, weil für die
Beſatzung von Danzig ein eigenes, keinem Regi=
mente beſonders zukommendes (jetzt Schaper) er=
richtet worden iſt. Uebrigens haben dieſe Depot=
Bataillone größtentheils ihre eigenen Quartier=
ſtände in den kleinen Landſtädten.

Die ſämtlichen Garniſon = ſo wie die drey
leichten Infanterieregimenter, und die ſtehenden
Grenadierbataillone, ſind (mit Ausnahme zweyer
Compagnien von den erſtern, welche, zur Beſetzung
des Forts Incks, in Memel ſtehen) aufgehoben,
Leichte und an deren Stelle zwanzig einzele Bataillone
Infanterie, leichter Infanterie, welche den Namen von
Füſelier=
bataillone. Füſelierbataillonen führen, und deren jedes
aus vier Compagnien; und aus

19 Offizier
48 Unteroffizier
1 Bataillontambour
8 Horniſten .
4 Compagnietambour
4 Feldſcheerern
40 Schützen
560 Gemeinen
2 Unterſtabsperſonen

_____

Ueberhaupt 686 Köpfen
beſteht, errichtet worden. Die gegenwärtigen
Inhaber und Standquartiere derſelben ſind:

1. v. Pellet, zu Czenſtochow

2. v. Schulz, zu Reichenbach
3. v. Thabben, zu Jauer
4. v. Presch, zu Weschnik
5. v. Rühle, zu Radomske
6. v. Martini, zu Breslau
7. v. Eisenhart, zu Namslau
8. v. Bork, zu Treuenbriezen
9. v. Renouard, zu Höff
10. v. Webel, zu Halle
11. v. Legat,   ⎫
12. v. Ernst,   ⎬ zu Magdeburg
13. v. Mufling, ⎭
14. Gr. v. Anhalt, zu Königsberg in Preuß.
15. v. Dessauniers, zu Memel
16. v. Thiele, zu Rössel
17. v. Rembow, zu Königsberg in Preuß.
18. v. Lieberoth, zu Bromberg
19. v. Hinrichs, zu Lowicz
20. v. Oswald, zu Peterkau.

Uebrigens sind solche in sogenannte Brigaden ein=
getheilt, wovon die erstern sieben die Ober= und
Niederschlesische, die sechs folgenden die Magde=
burgische, das vierzehnte bis zum siebzehnten die
Ostpreussische, und die drey letzten die Westpreussi=
sche Brigade heißen.

Das Jägercorps zu Fuß ist vermehrt und Fußjäger.
auf zehn Compagnien gesetzt; es besteht gegen=
wärtig aus:

42 Offizieren

100 Unteroffizieren

10 Waldhorniſten

10 Compagniefeldſcheeren

1200 Gemeinen.

4 Perſonen vom Unterſtab,

Ueberhaupt 1366 Köpfen.

Reiterey. Die Küraſſier- und Dragonerregimenter haben in Anſehung ihrer Stärke keine Veränderung erlitten; nur iſt bey den erſtern die Eintheilung in Compagnien aufgehoben, und ſie ſind, gleich den Dragonern, auf fünf Schwadronen geſetzt, ſo wie bey den letztern die Tambour und Hautboiſten gänzlich abgeſchaft, und dafür die Zahl der Trompeter, mit Inbegriff des Stabstrompeters, welcher die Paukerdienſte verrichtet, bis auf ſechszehn und die Zahl der Unteroffiziere bey jedem dieſer Regimenter mit fünf, bey jedem Küraſſierregimente mit zehen vermehrt, ſo wie eine einzele Dragoner-Schwadron für Danzig errichtet worden.

Die Huſarenregimenter haben bey jeder Eskadron vier Unteroffizier und zwey Trompeter mehr erhalten, dergeſtalt, daß bey jedem Regimente die Zahl der erſtern ſich gegenwärtig auf hundert und funfzig, und der letztern auf dreyßig beläuft. Vermehrt iſt die Zahl der Regimenter mit einem, für die Anſpach-Bayreuthiſchen Lande errichteten Bataillon von fünf Schwadronen.

Die Feldartillerie besteht noch aus vier Regimentern; aber sie sind sämtlich gleich stark, und
und jedes derselben besteht aus

53 Offizieren

10 Oberfeuerwerkern

30 Feuerwerkern

100 Unteroffizieren

220 Bombardirern

1600 Kanonirern

8 Hautboisten

1 Regimentstambour

10 Compagnietambouren

10 Compagniefeldschereren

Ueberhaupt 2042 Köpfen.

Die reitende, oder berittene Artillerie bildet
aber jetzt ein eigenes, aus drey Compagnien bestehendes Corps.

Zu der Versorgung der Invaliden, ist jedem
Feldregimente von der Infanterie (mit Ausnahme
der Garden, der alten Grenadiergarde und des
Bataillon von Troschke) eine Invalidencompagnie
von

2 Offizier

4 Unteroffizier

1 Tambour

45 Gemeine

welche größtentheils in den kleinen Landstädten
liegen, hinzugefügt, und außerdem noch ein, aus
zwölf Compagnien bestehendes Invalidencorps in

den Provinzen, so wie für die Weichselmünde bey Danzig eine besondre Invalidencompagnie errichtet worden.

Zusammensetzung der Regimenter; Ausländer, Einländer, Beurlaubung. Werbung. Was die innre Verfassung des Heeres anbetrifft, so bestehen die Regimenter, Compagnien und Schwadronen noch immer aus einer bestimmten Anzahl von Ausländern und Einländern oder Cantonisten; für jede Compagnie der Linienregimenter sind jetzt von den erstern 76 und von den letztern 94; für jede Compagnie der Füselierbataillone, von den erstern 75, von den letztern 90 (mit Inbegriff der Unteroffizier und Hornisten,) festgesetzt; und bey der Cavallerie ist, da die Schwadronen nicht verstärkt worden sind, das vorige Verhältniß derselben beybehalten worden. Aber die Werbung wird, im Frieden, von allen Regimentern jetzt selbst besorgt, und sie sind insofern alle auf einen gleichen Fuß gesetzt. Der König bezahlt dazu den Inhabern der Compagnien bey der Infanterie jährlich 500, und den Inhabern der Schwadronen bey den Kürassiers und Dragonern jährlich 360 Thaler. Da er aber dagegen die sämtlichen Beurlaubtengelder, bis auf den Sold von acht bis zwölf Freywächtern, zurück behält, so erhalten jene Chefs hiefür eine festgesetzte Vergütung, dergestalt, daß die Einkünfte derselben jetzt bey allen Regimentern, und in Krieges- sowohl als Friedenszeiten, sich jetzt gleich hoch belaufen. Die Zahl der zu Beurlaubenden ist bey der Cavallerie unverändert geblieben; aber

bey der Infanterie, insofern die Compagnien
stärker als ehedem sind, auf 76 Mann festgesetzt.

Die Eintheilung in Cantons besteht wie zuvor; nur haben die Füselierbataillone deren keine,
sondern erhalten ihren Abgang an Einländern
aus den Cantons der Regimenter ersetzt. Jedes
Regiment hat aber in seinem Canton immer eine
bestimmte Reserve, die aus bereits geübten Leuten
besteht, und aus welcher, im Fall eines Krieges,
die Vermehrung der Regimenter zusammen gesetzt wird. Auch ist ein neues Cantonreglement
abgefaßt worden; die darin von der Dienstver-
bindlichkeit freygesprochenen Personen sind die
Edelleute, die Söhne der Geistlichen, die Verabschiedeten, die Ausländer, Colonisten und ihre
Söhne, die Postknechte, die Uhrenfabrikanten,
die Bergleute, die Bernsteinfischer, die Wollen-
arbeiter, die über vierzig Jahr alte, oder sonst
von Körper schwächliche Personen, die Bewohner
von Berlin, Potsdam, Brandenburg, und von
den sonst schon ausgenommenen Städten.

Was den Sold anbetrifft, so ist bereits be- *Sold, Klei-*
merkt, daß der Sold der sämtlichen Subaltern- *dung, Be-*
offizier monatlich mit einigen Thalern erhöht wor- *waffnung.*
den ist. Die Uniformen haben einige äußere
Veränderungen erlitten; die größte darunter ist
die Abschaffung der Grenadier- und Füseliermützen,
an deren Stelle diese (mit Ausnahme der alten
Grenadiergarde, oder des Regiments Nro. 6.) so
wie die Infanterieregimenter an die Stelle der

ehemaligen Hüthe, eine neue Art von Hüthen er⸗
halten haben.   Die Feldwebel, Oberfeuerwerker,
und Wachtmeiſter tragen jetzt, wie die Offiziere,
ſilberne Degenquâſte.   Bey den Küraſſierregi⸗
mentern ſind die halben Harniſche, und bey den
Dragonern die Bajonette abgeſchaft, ſo wie der
Carabiner der letztern um etwas verkürzt.   Bey
der Infanterie führen die Schützen gezogene Ge⸗
wehre, mit welchen ſie beſonders geübt werden,
und zu deren Ladung ein feineres Pulver gegeben
wird.

Zur Belohnung des Wohlverhaltens der
Unteroffizier und Gemeinen hat der König eine
Denkmünze, mit der Inſchrift: Verdienſt um
den Staat, geſtiftet, welche für die erſtern aus
Golde, für die letztern aus Silber beſteht.

Eine der wichtigſten Veränderungen iſt die
Errichtung eines beſondern Ober⸗Kriegs⸗Colle⸗
giums, welches die ſämtlichen Angelegenheiten des
Heeres zu beſorgen hat, und aus acht verſchie⸗
benen Departements zuſammen geſetzt iſt. —
Auch ſind neue Kriegsartikel eingeführt worden,
welche ſich vor den ältern, durch genauere Beſtim⸗
mung, ſowohl der Grade der Vergehungen, als
Beſtrafungen, auszeichnen, und eine Reviſion
der, von dem Kriegs⸗ oder Standrecht geſproche⸗
nen Urtheile zulaſſen.